学术共同体文库

中国政法大学县域法治研究中心 主办
杨玉圣 主编

任东来（1961~2013），笔名东来，江苏宜兴人。先后毕业于东北师范大学（1982年）、中国社会科学院研究生院（1985年）和南开大学（1988年），分别获历史学学士、法学硕士和历史学博士学位。系中国1978年恢复学位与研究生教育制度后第一位美国史博士学位获得者（导师为杨生茂教授）。1988年起执教于南京大学-约翰斯·霍普金斯大学中美文化研究中心，生前系该中心教授、历史学系博士生导师，兼任中国美国史研究会副理事长。

任教授主要研究美国外交史、中美关系史、国际关系理论、美国宪政史，在《历史研究》《国际问题研究》《世界历史》《美国研究》及中国香港《亚洲评论》、美国《亚洲事务》等刊物发表数十篇学术论文。还在《读书》《社会科学论坛》《南方都市报》等发表大量学术评论与国际时评。著有《争吵不休的伙伴——美援与中美抗日同盟》《政治世界探微》《小视角下的大历史》等，合著《美国宪政历程——影响美国的25个司法大案》《在宪政舞台上——美国最高法院的历史轨迹》《最有权势的法院——美国最高法院研究》《美国外交政策史1775~1989》《学术规范导论》《当代美国——一个超级大国的成长》等。

任教授也是中西学术交流的积极参与者，先后获得全美社会科学理事会（1992年）、挪威诺贝尔研究所（1993年）、美国威尔逊国际学者中心（1994年）、美国洛克菲勒基金会（1999年）、中国香港华英文教基金会（1999年）和美国福特基金会（2002年）等研究基金资助，以访问学者或客座研究员身份，进行学术交流。1999~2000年、2005~2006年，以富布莱特学者身份，两度赴美进行学术研究。2013年4月，约翰斯·霍普金斯大学授予任教授霍普金斯大学学人社（The Johns Hopkins Society of Scholars）终身会员荣誉身份。

2013年5月2日18时11分，任东来教授因病医治无效，在南京鼓楼医院逝世。

扉页题签：李万生

读书的学问
——任东来教授书评集

吴耘 杨玉圣 胡晓进 编

社会科学文献出版社
SOCIAL SCIENCES ACADEMIC PRESS (CHINA)

编者简介

吴　耘　江苏镇江人，1964年生，南开大学英美语言文学硕士（1989年）。现为南京大学大学外语部副教授。著有《电影视听英语教程》《大学英语高级听力教程》《美国法治面面观（英语注释本）》，参编《新标准大学英语　视听说教程》。

杨玉圣　法学博士，现任中国政法大学法学院暨新闻与传播学院双聘教授、河南大学兼职教授，主要研究领域为美国早期宪政史、小区善治、县域法治。著有《学术共同体》《史学评论》《中国人的美国观》《小区善治研究》等。

胡晓进（胡小进）　南京大学历史学博士（2007年），中国政法大学副教授，主要研究方向为美国历史，侧重于美国宪政、法律史，合著《在宪政舞台上——美国最高法院的历史轨迹》《最有权势的法院——美国最高法院研究》，翻译著作包括《政治和命运》《风暴眼——美国政治中的最高法院》《反对有理——美国最高法院历史上的著名异议》《最民主的部门——美国最高法院的贡献》等。

目　录
CONTENTS

序 ··· 杨玉圣 / 001

一　美国史书评

一部书　四分之一个世纪　三代人
　　——写在六卷本《美国通史》出版之际 ················ 003
从城市化到都市区化
　　——评王旭的《美国城市史》 ····························· 008
作为冷战历史的战后美国外交
　　——略评《战后美国外交史》 ····························· 017
凯南的遏制思想与美国的遏制战略
　　——张小明《乔治·凯南遏制思想研究》读后 ········ 025
凯南：从遏制到缓和
　　——读乔治·凯南著《美国外交》 ······················· 031
美国外交史和国际关系理论的现实主义学派 ··············· 036
探求中美关系的历史谜底
　　——评陶文钊主编的《中美关系史 1949～1972》 ···· 042
美国为什么会在中国失败？
　　——评《美国对华政策的缘起和发展（1945～1950）》 ········ 053

对自由永无止境的追问和追求
　　——读方纳《美国自由的故事》……………………055
由富到强的大国成长之路
　　——读《从富到强：美国世界作用的不寻常的起源》……057
邓蜀生新著《罗斯福》……………………061
克林顿的政治人生与性格缺陷
　　——读《我的生活》……………………063

二　美国宪政史书评

一本民众的经典
　　——《美国最高法院》译后……………………071
还司法神殿以平常
　　——《风暴眼：美国政治中的最高法院》评介……076
能动还是克制：一场尚无结果的美国司法辩论
　　——评《司法能动主义》……………………088
权利是争取来的
　　——读《吉迪恩的号角》……………………095
一场打了两百年的言论自由保卫战
　　——读《言论的边界：美国宪法第一修正案简史》……102
探索美国对外关系的宪政源泉
　　——读路易斯·亨金的《对外事务与美国宪法》……111
改变美国宪政历史的一个脚注……………………125
马歇尔大法官与杰斐逊总统的恩怨
　　——点评《杰斐逊全传》中的一段历史公案……133
"我们正在解释的乃是一部宪法"……………………139
"反多数难题"不是一个难题……………………146
除去总统神秘的光环
　　——美国记者伍德沃德及其新著……………………153

枪的政治　自由的代价
　　——从克林顿回忆录《我的生活》说起 …………………… 156
老人司法：总统也奈何不得
　　——读《九人：美国最高法院风云》 ………………………… 158
《美国法律辞典》及其中译本评介 …………………………………… 165

三　国际问题研究书评

当代国际关系研究中的政治经济学方法与"霸权稳定论"
　　——评《国际关系政治经济学》 ……………………………… 173
美欧分歧与"适应霸权"
　　——读罗伯特·卡根《天堂与实力：新世界秩序中的美国与欧洲》 …… 181
冷战后审视欧洲统一的新视角
　　——评古索《20世纪的欧洲统一：阅读精粹》 ……………… 188
对国际体制和国际制度的理解和翻译 ……………………………… 195
探索东亚的国际关系
　　——读赵穗生教授《争雄东亚》 ……………………………… 204
研究美国对外关系的钥匙
　　——《美国对外关系大全》 …………………………………… 208
美国对台湾地位问题的立场
　　——也谈"认识到"和"承认" ……………………………… 212
中国学者对冷战"其他问题"的研究
　　——对夏亚峰教授文章的补充 ………………………………… 215
谨防傲慢
　　——读王缉思教授主编的《文明与国际政治》 ……………… 219

四　世界史书评

纪念一项延续了四分之一世纪的学术事业
　　——为《战后世界历史长编》写的墓志铭 …………………… 223

朱瀛泉著《近东危机与柏林会议》·················231
公有制与英国工党的沉浮
　　——读刘成《理想与现实：英国工党与公有制》·········236
冷战史中的苏联解体
　　——读《美国、俄国和冷战，1945~2006》···········242
中俄密档里的朝鲜战争
　　——读沈志华《毛泽东、斯大林与朝鲜战争》·········246
回眸20世纪
　　——《牛津20世纪史》简介·················251
巴勒克拉夫的《当代史导论》·····················255
小人物情书中的插图史
　　——读格里斯特《我最亲爱的洛蒂》·············258
寻求画中的真历史
　　——读陈仲丹《画中历史》·················263
有趣又益智的文明之旅
　　——评陈仲丹编著《图说兵器战争史》等···········268

五　学术规范与学术批评

国际问题研究论文的内在要求和外在形式·············273
学术期刊的注释标准
　　——兼谈非学术因素对学术的干预···············287
我们需要什么样的学术注释规范？··················290
学术注释规范与国家权力
　　——再与周祥森先生讨论·····················298
"核心期刊幼稚病"···························303
也谈核心期刊、专家审稿及其他··················306
社会科学学科硕士学位论文要准确、适量、注重社会效果·····309
学术批评为何不署本名························311
在学术批评中确立学术规范·····················313

学术批评与学术界人际关系网络
　　——以苗怀明与吕小蓬的"抄袭案"争议为例 …………… 315
从"《读书》奖"事件看理性的重要性 …………………………… 320
切实重视翻译质量 ……………………………………………… 324
自吹自擂与学者的职业道德 …………………………………… 327
学术腐败的"中国特色" ………………………………………… 331

附：序/跋

政治：难以摆脱的公共空间
　　——《政治世界探微》序言 …………………………………… 337
《小视角下的大历史》前言 ……………………………………… 341
盟友之间霸权和平转移的实证研究
　　——《从英镑到美元》序 ……………………………………… 345
记一次愉快的精神之旅
　　——《美国宪政历程》后记 …………………………………… 351
《在宪政舞台上》前言 …………………………………………… 359
尊重学术　敬重学者
　　——写在《美国史研究与学术创新》面世之际 ………………… 366
《政治和命运》中译本絮语 ……………………………………… 369
学生时代的读书记忆 …………………………………………… 373

编后记 …………………………………………………………… 376

序

在美国的美国史学界，书评一直很受重视。从德高望重的前辈，如伍德沃德教授（C. Vann Woodward）、杰克·格瑞尼教授（Jack P. Greene），到中青年专家，大都是热衷于书评写作的。除了《美国历史评论》（*American Historical Review*）和《美国历史杂志》（*Journal of American History*）以及《威廉和玛丽季刊》（*William and Mary Quarterly*）这三大著名史学刊物经常发表长短不一的书评外，还有《美国历史书评》（*Reviews in American History*）这样专门的书评刊物。这是美国史学繁荣发达的象征之一。

在中国的美国史学界，与国内其他地区史国别史研究不同，也与其他人文社会科学学科迥异，相对而言，在改革开放以来的三十多年里，书评也一直是相当发达的。其中，老一辈美国史学者中，从年逾百岁的武汉大学刘绪贻老教授到年近百岁的中国社会科学院黄绍湘研究员、复旦大学汪熙教授，再到年逾九旬的人民出版社资深编审邓蜀生先生、业已作古的南开大学杨生茂教授，从年逾七旬的北京师范大学黄安年教授、武汉大学李世洞教授到中国社会科学院黄柯可研究员，均为书评事业的发展作出了开创性的突出贡献。在中青年一代学者中，从如日中天的北京大学李剑鸣教授到河南大学周祥森编审、东北师范大学梁茂信教授，再到新生代的南开大学张聚国副教授、温州大学黄卫峰教授，均写作了许多有价值的书评力作；其中，不幸于2013年5月2日英年早逝的南京大学教授任东来博士，更是中年一代史家中成就卓著、名副其实的书评家。

在我们这一代美国史学人中，东来的"辈分"最高：因为东来是杨生茂教授在南开大学培养的第一位美国史博士学位获得者（1988年）；东来的研究领域和学术兴趣也是最广的：除了中美关系史，他还兼涉美国史、世界史、国际关系史与国际问题研究、美国宪政史（尤其是联邦最高法院史），并积极参与学术规范讨论与学术批评实践。在这些领域，东来都有许多书评作品问世。

东来是我们这一代美国史学人中，写作书评最早，也是写作书评最勤奋的之一。东来的书评作品，有如下三个显著特点：其一，学科跨度广；其二，有专门家的学术视野；其三，文笔华美，深入浅出。这既与东来爱读书、爱思考、爱写作的书生习性有关，也与他热衷学术公益有关。

东来是一位谦谦君子，儒雅，厚道，与人为善。与此同时，东来还是一位急公好义、仗义执言、勇于坚持学术原则的纯粹的学者。因此，在书评中，东来实事求是，既好处说好，也不回避问题；立场中正，态度谦和，但不放弃批评家的原则。对于学术不端以及学界不良现象，东来均坚持其始终如一的批评立场。这是东来的君子人格在书评以及批评之作中的具体体现。这在"表扬与自我表扬""好人主义"蔓延学界之今日，尤其弥足珍贵。

《读书的学问——任东来教授书评集》，比较全面地反映了东来教授"有厚度的学术人生"的一个侧面。透过本书，我们可以更全面地了解、理解这位英年早逝的历史学家的学术追求。与其中美关系史、美国宪政史的论著一样，我相信，本书也将是东来教授留给学界的一笔宝贵的学术遗产。念及此，不禁为东来未尽其才、英年早逝而悲伤。

东来未竟的学术事业，包括他三十多年一直热爱并始终耕耘其间的书评事业，都应由我们这些生者继续光而大之。也许，这才是对东来最好的纪念。

言不尽意。是为序。

杨玉圣

2013 年 11 月 8 日

于法大逸夫楼办公室

一　美国史书评

一部书 四分之一个世纪 三代人
——写在六卷本《美国通史》出版之际

在沸沸扬扬的王铭铭事件中，学界认识到了浮躁学风所造成的危害，更加强调学术的规范和创新。但学术创新谈何容易！著名学者陈乐民教授曾经很坦率地说，一些自己颇为得意的观点、看法，前人早就想透了，"属于我的只是我思前想后由我自己想明白而已"。他虽然谈的是思想，但对学术研究来说，也何尝不是如此呢？对大多数学者而言，他所研究的问题都是对前人研究成果的继承，很多是在把前人和别人的研究成果"想明白"后，用最符合新的或特定读者群口味的角度、方式、结构和语言，来对原有的问题进行重述。这实际上就是现代社会中专家们日复一日的工作。如果谁能够在这一基础上寻找出新问题，进而建立新的研究范式，开某种风气之先，便可卓然成为一个大家，完成从学者到思想家的转换。显然，不论是专家还是大家，万万离不开学术的积累和传承。离开学术的积累和传承，便不会有学术的创新，更不会有思想的产生，有的只能是井底之蛙的天空，夜郎自大的世界。

这一感受是我在翻阅李剑鸣教授的新著《美国的奠基时代1585~1775》（《美国通史》第一卷）时突然冒出来的。剑鸣教授这本书，洋洋洒洒，45万字，广征博引，既注意吸纳"新史学"中数据统计、百姓生活、族裔交融、文化变迁等内容，又不忘"旧史学"注重故事、突出人物和叙事生动的长处，进而把美国的胚胎时期——英属北美13个殖民地的近200年历史勾画得棱角分明，有声有色，实在是一本不可多得的外国史著作。

在某些历史学者看来，研究美国史实在不算是什么学问。"200多年的历史，有什么好研究的？"这是一些朋友在知道我是研究美国历史后的第一个反应。实际上，这一提问本身就说明提问者的偏见。正如李剑鸣教授著作所展示的那样，在美国立国前的 200 年，英属北美殖民地已经有丰富的历史值得我们去研究和探索。最令人疑惑的问题便是，为什么西方殖民列强在拉丁美洲和加勒比海地区建立的众多殖民地，没有像北美殖民地那样走上"合众而一"的发展道路？由于国内各种媒体和出版物有关美国的知识供应过度，国人的美国知识相对丰富，自诩美国研究专家的人也不在少数。但实际上，正像上面的问题一样，许多有关美国的信息，甚至是基本信息都是错误的。比如说，几乎每年 7 月 4 日，国内媒体都把美国的"独立日"想当然地称为"国庆节"；每一个新总统上台，国内美国史学者都要改正媒体把"××任总统"称为"××届总统"的问题。此外，社会上总是有些人愿意把中国人对美国的认识与美国人对中国的认识相比，而且觉得美国远比中国更容易研究和认识。针对这一观点，我曾经指出，不抱偏见的话，应该说中美这两个世界大国由于独特的国情，都不是那么容易被深入认识和了解的。如果说中国因其独特的传统性（悠久的历史、灿烂的文化和微妙的社会关系，等等）而让外来的研究者有"一部二十四史，从何说起"之叹的话，那么，美国也因其复杂的现代性（多样化的族裔构成、多相度的政治法律结构和多元化的价值取向，等等）而令外来的观察者眼花缭乱、扑朔迷离。

  现代美国已经够复杂了，而产生现代美国的北美殖民地背景就更复杂了。要知道作为美国奠基时代的殖民地时代，时间的长度与美利坚合众国的历史差不多，都是 200 年上下。但是，其内容的多样性和复杂性，却不是后来的统一的联邦国家可以比拟的。虽然都有"英属"这个共同的标签，但 13 个殖民地的建立背景各不相同，有的是追求利润的商业冒险公司所建，有的是英王的亲朋好友从皇家获得特许状建立的业主殖民地，还有的是个别宗教领袖与所在的殖民地主流不和，拉走一彪人马建立的自治殖民地。就人口构成和经济特征而言，新英格兰的马萨诸塞等四个殖民地是清教徒的天下，小型农耕和工商业并重；大西洋沿岸中部的纽约等四个殖民地族裔和宗教各异，以生产谷物为主；位于大西洋切萨皮克湾（Chesapeake Bay）的弗吉尼亚和马里兰两殖民地是使用奴隶和契约仆的烟草种植区；而最南部的北卡罗来纳等三个殖民地则采用典型的奴隶制，种植稻米和靛蓝草。这也是为什么 1776 年北美殖民地人民发表《独立宣言》时，建立的并不是今天的美利坚合众国，而是"13 个独立和自由的国家"，统一的美利坚合众国要到 1787 年美国宪法被这"13 个独立和自由的国家"中的 9 个批准后才算成立。

如何把这些殖民地放在一个统一的框架中叙述,从而说明北美13个殖民地最终走在一起,团结起来争权利、闹革命,宣布独立,实在不是一件容易的事情。针对13个殖民地的复杂性、多样性和不确定性,历史学家就不得不去寻找所谓的"内在统一性"。而李剑鸣教授对这样的统一性有着一种历史学家应有但却又是不少历史学家常常缺乏的自觉:"要寻求统一性,就不免剪裁或舍弃多样性。历史著述总是为这种顾此失彼的尴尬所困扰。事实上,无论以某个或某些殖民地作为英属北美的典型或代表,都难以避免削足适履之弊"(《美国的奠基时代1585~1775》,第10页)。

这番议论反映出作者较高的史识。一般说来,历史学家写通史类著作时,都设立了类似司马迁提出的"究天人之际,通古今之变"的目标,往往想寻求一幅全面、完整的图画,结果却是,或者毕生的研究都是未完成的残稿,或是一幅虽然面面俱到但却缺少神韵的工笔画。正是有这样难能可贵的自觉,李剑鸣教授便放弃了一种我们在学术著作中常常见到的"高大全"的追求。既然不可能获得只存在于理论上的"高大全"结果,他就把目标放在了最有益于读者的行之有效的叙述方式:"既然全面综述实无可能,就选取某些重点,力求以点带面,简约地交代北美社会的基本特征,兼及不同人群置身其中的各种情势的演化,着重叙述殖民地居民如何在新的环境中立足、求生、取得发展、进而谋求独立的经历。实际上,即便是这种设想,也很可能仍是一个需要付出更大努力来实现的长远目标"(同上,第16页)。

很显然,李剑鸣教授并没有认为自己已经完成了这个长远目标。但是,从另一方面,他的《美国的奠基时代1585~1775》的出版的确实现了一个"长远目标",这就是延续了1/4个世纪的《美国通史》研究项目。1979年,中美关系刚刚正常化。中国老一辈美国史学者敏锐地意识到,中国的改革开放必然激发学界乃至全社会对西方特别是美国的兴趣,向广大读者提供准确的而不是夸大的、鲜活的而不是教条的有关美国的知识,是学者义不容辞的责任。因此,他们决心整合全国的研究力量,撰写多卷本《美国通史》。为此,由南开大学杨生茂教授和武汉大学刘绪贻教授担纲主编的《美国通史》项目上马了。刘教授还亲自主撰了《战后美国史1945~2000》和《富兰克林·D.罗斯福时代1929~1945》两卷。他们两位教授和《美国内战与"镀金时代"1861~19世纪末》主编、已故的丁则民教授,是中国第一代美国史研究者,而且都是20世纪40年代中期或50年代初从美国著名研究院拿到硕士学位后回国的。《美国的独立和初步繁荣1775~1860》的主编张友伦教授和《崛起和扩张的年代 1898~1929》主编余志森教授则是第二代美国史研究者，分别属于新中国留苏学者和中国自己培养的世界史学者。李剑鸣教授则是改革开放后的第一批大学毕业生，可谓第三代美国史研究者。所以，把这一项目称为"一部书　四分之一个世纪　三代人"，是一点都不为过的。这一项目的成功，不仅仅表现为六本高质量著作的出版，更重要的是，在编写这部书的过程中，新一代的美国研究者迅速成长起来了，同时不同学校各自的研究重点和特点也形成了，由此形成国内美国史研究各个基地各有其特点的均衡局面。

在这项历时长达 1/4 个世纪的学术事业中，通史的责任编辑邓蜀生先生是位不能不提及的重要人物。长期以来，他对这部通史的关心、督促和认真的编辑，保证了书的学术质量和以目前这种完璧的形式出版。他和作者们的交流、切磋和合作，树立了新时期中国出版界编辑和作者完美合作的典范。这位 40 年代中期就以报道抗战中缅北大捷而成名的年轻记者，后来却因政治原因被迫离开了新闻界。这是新闻界的不幸，因为它失去了一位出色的国际问题评论家；但却是出版界的收获，它多了一位才识兼备的学者型编辑。

在这部通史的撰著过程中，除了资金短缺、资料不足和人员有限等学术研究中通常都会遇到的难题外，还有一些特殊的困难。因为，比起其他外国史研究来，美国史的译著较多，有相当多的、质量不错的苏联学者和美国学者的美国史论著中译本出版。如何写出自己的特色，是一个很大的挑战。此外，也有海外华人学者对总主编泼冷水说，找几本美国人写得比较好的著作，翻译出来就行了。言下之意，中国学者根本没有必要（或许还暗含着没有能力）自己去费力编写多卷本《美国通史》。

另外一个意想不到的困难是，由于编撰人员的变动和兴趣的转移，其中两卷的主编中途换人，影响了出版进度。这时，这部通史的两位总主编和责任编辑都已是七八十岁的高龄，开始了他们的退休生活，因此许多人认为这部通史将不会以完整的面貌问世。但是，出乎人们的意料，这三位可敬的老人，从历史学家高尚的责任感出发，毫不气馁，重新物色了有关人选，另起炉灶，在第三个千年开始的时候，完成了全套书的编撰和出版，为他们敬业的、平凡的学术生涯画上了一个辉煌灿烂的圆满句号。

现在，以李剑鸣教授大著的出版为标志，这部六卷本《美国通史》经三代历史学家的共同努力，历经 1/4 个世纪的撰写和编辑之后，终于成为一块完璧，实在是件令人欣慰和值得庆贺的事情。另一件需要提及的事是，这部通史虽然列入了1981～1985年国家哲学社会科学重点研究项目，但是，当年其资助的额度比起今天的少则数万元、多则数十万元的项目来，可谓杯水车薪。它的成功，可能是社科项目资助中少有的几个"低投入高产出"的典范，而且也证明了已经被人淡忘了的一个常识：在以文献研究为基础的人文学科中，最重要的不是有多少资助，而是由谁来主持和从事研究。

六卷本《美国通史》也是一部按严格学术规范编就的书。且不谈六本著作中规范的注释和参考书目，仅就每卷必备的附有英文对照的中文主题和术语索引，就使其在众多的历史著述中鹤立鸡群。严格的规范加上丰富的内容和出色的作者队伍，将使六卷本《美国通史》成为中国外国史研究和写作中的范本，成为中国历史学家笔下的最具权威性的美国历史读本。三代人1/4个世纪的共同努力，体现的是学术积累与承传的重要性。当然，这一出色的成果不会是中国美国史学发展历程的终点，但却是它一个重要的里程碑，必将成为新一代学者研究美国历史的起点。毫无疑问，这部通史还存在这样或那样的问题，有待各领域专家的具体和细致的批评；而且，未来的学术发展以及相关的成果最终也会超过它，但是，它所体现的学术研究中的严谨态度、规范做法、坚忍不拔和合作精神，却是永远不会过时的。

（刘绪贻、杨生茂总主编《美国通史》，共六卷，人民出版社，2008）

（原载《史学月刊》2003年第5期）

从城市化到都市区化

——评王旭的《美国城市史》

王旭教授可谓是中国研究美国城市史的第一人。1990年他出版了博士论文《美国西部城镇与西部开发1860~1910》。在出版了第一本书（在现代学术体制中，它往往是作者的博士论文）后，王旭和大部分学者一样，在学术道路上面临着三种选择，一是进行新的专题研究；二是不再写作，致力于教学，也就是过去所云的"一本书主义"；三是在原有的专题研究基础上，撰写有关领域的概览性著作（survey）。王旭教授开始了新的专题研究，在1994年又出版了第二本专著《美国西海岸大城市研究》，[①] 对美国太平洋沿岸重要的大城市进行了深入的个案研究。就这两书的性质来说，它们都是专题性论著（monograph），以材料和分析见长，通常是写给同行看的，这类著作是当代历史研究成果外在表现的基本形式，也是任何一位严肃的历史学者成功的第一步。但是，一个有抱负的历史学者不会满足于只为非常专业化的同行服务，他还希望有更多的读者了解他的研究，希望他的成果产生更积极的社会影响。正是从为中国的城市研究者和中国城市化道路提供一种借鉴、提供一个参照系这一考虑出发，王旭教授在2000年出版了他的第一本概览性著作《美国城市史》[②]，这也是目前国内唯一一本外国城市史。

与专题著作相对重视第一手文献的发掘和使用不同，概览性著作更多强调对本学科前沿的掌握和最新成果的吸收，同时还要注意叙述的全面、分析的周到和评价的公允。因此，写好一本优秀的概览性著作并非易事，绝非目

[①] 两书均由东北师范大学出版社出版。
[②] 王旭：《美国城市史》，中国社会科学出版社，2000。

前常见的临时拼凑起来的写作班子和未经严格训练的研究生新手所能为。具体说来，一本好的概览是在综合一系列有关专题研究（别人的和自己的）基础上形成的。它所依据的专题研究的广泛程度和新旧程度构成了它成功的必要条件。要做到这一点，特别是对中国的世界史学者来说，存在着相当的难度。尽管目前国内世界史学科中，概览书远远多于专著。但仔细研读就可以发现，这些概览性著作的大部分并不是以研读和综合研究专著为基础，好一点的是以国外的一两本概览为蓝本来编写，次一点的干脆以"复印机加电脑"的方式，用国内若干本中文的概览书来拼凑，再加上一些编者根本没有参考和核对过的专著文献注释作为充门面的伪注。目睹了太多这样的著作之后，王旭教授的《美国城市史》的确给人全新的感受。

一

王著的最大特点是作者对美国学术界城市史研究的最新成果进行了有选择性的借鉴和引进。基于对美国城市史研究重要著作和最新成果较全面的了解，作者就可以择善而从，利用不同学者的理论来分析和解释美国城市在不同时期的发展变迁。

在讨论19世纪后半叶美国城市化的鼎盛时期时，王旭教授充分利用了美国西部城市史研究权威理查德·韦德（Richard Wade）提出的"城市边疆"的研究方法和理论，突出了采矿和铁路对城市兴起的推动作用，进而有说服力地说明了美国西部城市发展不同于美国中西部的特性：其一，绝大多数城镇是西部开放的先导和主体；其二，西部的主要城市均呈跳跃性发展（第87页）。

在研究20年代以来美国城市郊区不断发展和扩展时，作者突出汽车的普及对郊区扩展的推动作用，并导入了肯尼思·杰克逊（Kenneth Jackson）教授的"马唐草（crabgrass）边疆"理论，对如马唐草（一种繁殖力极强的、蔓延成片的野草）般蔓延扩展的郊区进行了深入的分析，认为美国中产阶级的文化传统、种族隔离的居住模式、相对便宜的房地产和较高的人均财富是造成郊区不断扩展的重要原因（第181~188页）。

郊区的扩展在统计学上的一个表现便是，70年代美国非大都市区人口增长率超过了大都市区增长率。进而，有学者认为美国出现了"逆城市化"。对此，作者根据卡尔·埃博特（Carl Abbott）的"大都市边疆"的理论，指出郊区化是与更大范围内的城市化相一致的，甚至是它的一部分。作者认为进入20世纪20年代，美国城市人口超过了农村人口，大城市人口开始向郊区迁移，形成了功能相对集中的市中心商业区和以居民为主的郊区，构成了美国大都市区的两个基本要素。大都市的郊区不断横向扩展，每当其外延地区达到了大都市区规定的标准时，便被划入大都市区。而正是这种大都市区，尤其是大型大都市区的发展"构成了20世纪美国城市化的主导趋势。这种以大城市为轴心横向扩展，从而使其市区和郊区规模不断扩大、大城市水平不断提高的过程，又可以称为大都市区化。与较宽泛的城市化概念相比，大都市区化更准确地概括了大都市区在城市化中的地位和作用，同时突出了城市化在地域上的整体特征，易于把握城市发展的总体趋势"（第177页）。

王著对大都市区（Metropolitan District）非常重视。这一美国城市统计中的重要区划标准最早是在1910年的美国人口统计中首次使用，其内涵后来几经变化，目前大体是指在一定范围内，人口超过10万，其中5万以上生活在城市的区域。这一标准在实践中已经取代了美国建国以来一直沿用的以2500人为底线的城市标准。今天，美国人口的分布标准是大都市和非大都市的区别，而非城乡的区别。在作者看来，这一新的城市统计标准，反映了美国城市化的现实。有鉴于此，作者把美国城市史划分为两个时期加以论述，从而构成了王著的上下两篇："殖民地时期至1920年——美国成为城市化国家"和"1920年至今——美国成为大都市区国家"。

二

《美国城市史》作为一本专门史，它的写作难度在于如何把它置于美国通史的背景中，并与重大政治事件和主要经济技术发展相结合加以论述；既要注意美国城市发展的内在一致性，又要突出不同时期的特点。王著在这方面做得相当好。在分析殖民地时期的城市时，王著特别指出了城市在美国独立战争中的中心地位，以及新英格兰的市政会议（town meeting）对美国民主制度的影响。

在论述19世纪城市化时，作者突出这一时期美国西进运动和工业革命，特别是水上汽船运输体系和陆地铁路系统构成的全美交通网对城市化的推进作用。作者对中西部的专业化工业城市、密西西比河和西海岸的港口城市、西部速成式矿业城镇和铁路城镇的不同发展道路都有意识地进行对比分析。

在讨论美国内战后到20世纪最初二十年的城市发展时，作者又结合美国移民史，对美国城市管理的种种混乱和不当，以及为克服这些问题而出现的城市改良和进步运动，进行了生动的描述和全面的分析。在取缔城市老板（相当于旧中国大城市中的"闻人"）控制市政的市政改良运动中，美国人创造性地把管理企业的办法引进了到市政管理，建立了效率极高的城市经理制（也称市议会暨经理制）。这一制度创新延续至今，为大多数美国中小城市所采纳。

尽管在1920年代以前美国的城市发展中，也有像城市经理制这样的制度创新，但在作者看来，美国基本上是随欧洲发达国家之后，沿袭传统的城市化道路，只是在20年代之后，美国才开始领各国城市化之先，城市发展越来越带有"先导"的特征。这个特征就是城市规模持续扩大，影响不断强化，出现了作者所概括的"大都市区化"。对此作者给予特别的注意，进行了相对深入分析，构成了下篇"1920年至今——美国成为大都市区国家"的主要内容。

下篇可以说是王著最有价值的部分，主要讨论了三个问题。第一是联邦政府对城市事务的干预。与美国社会生活的所有领域一样，联邦政府涉足城市事务始于30年代罗斯福的新政。在此之前，城市完全是地方和各州全权管理的内部事务，与中央政府无关。但是，面对30年代的大萧条，城市和州政府束手无策，几乎是坐以待毙。罗斯福的新政改变了美国，城市也不例外。除了通过各种救济帮助城市里失业者的应急措施外，新政对美国城市所生产的最重大影响是为低收入阶层提供公共住房的政策，以及为安置失业者、刺激经济、扩大内需而进行的大规模的城市基础设施建设。正是从新政开始，联邦政府第一次建立了城市住房的管理机构，并在1965年发展为永久性的住房与城市发展这个内阁级部。

新政所开启的联邦政府对城市的干预为后来历届政府所继承。二战后，联邦政府为了遏制由于城市中产阶级大量移居郊区、内城日益衰败为少数族裔特别是黑人贫民区的趋势，在1949年开始了城市更新计划，一直延续到70年代初的尼克松政府时期，才为"社区发展计划"所代替。

在作者看来，政府的干预并不十分成功。他认为新政城市政策的影响是双重的。从短期看，的确有很多实效，城市的局面有了改观；但从长期看，"其消极影响大于积极影响"。因为，"它既未正视大都市在地域上已明显产生的郊区和市区的分离倾向，也未出台可能影响大都市结构的变革措施"。它的一些具体做法只是"便利了城市向其周边地区的发展，而市中心公共交通和住房却未得到及时的重视，退化速度加快。这样，在新政期间，郊区化趋势有增无减"（第171页）。

这个评价大可以商榷。首先，作者并没有用事实证明新政期间城市的退化速度加快了；其次，作者也没有说明郊区化的负面影响超过了正面影响，而作者在书中所论述的恰恰是与大都市区相关的郊区化已成为美国城市发展的必然趋势；最后，期望刚刚摆脱"守夜人"角色的美国联邦政府采取"可能影响大都市结构的变革措施"是非常不现实的，姑且不论联邦政府这样做的合法性如何，它是否有能力阻止美国资本主义体制下城市的发展趋势，是大可怀疑的。同样的道理，把城市更新计划的受挫归结于联邦政府经费投入不足和所订目标过大（第240页）可能也欠公允。相对于其他西方国家，美国是一个权力极其分散的国家，没有地方政府的配合，中央政府将一事无成。而作者所称道的城市更新计划中匹兹堡金三角重建的成功恰恰证明了地方因素的重要性（第247～254页）。

第二是郊区化和大都市区化问题。在美国生活过的人都有这样一个深刻的印象：内城的破败杂乱和郊区的整洁宁静形成了鲜明的对比。只要财力许可，几乎所有的美国人都会在郊区置业安家。是什么因素使美国人对郊区情有独钟？更重要的是，美国的中产阶级又何以能够实现在郊区置地购房的"美国梦"？

对美国城市生活中的这一重要主题，作者进行了令人信服的分析。他认为20年代以后汽车的普及使城市的地域范围不断扩大，"有了汽车，美国人开始向郊区迁移，买房而不是租房成为时尚"（第188页）。郊区满足了人们对自然和田园风光的憧憬，实现了美国人200多年来一直追求的城市与乡村生活优势兼容的理想。除了美国人津津乐道的这种文化传统外，作者还进一步指出，除了文化取向外，"促成人口分散化还有其客观条件。其中较主要的是种族歧视和廉价住房"（第186页）。这是美国与其他发达国家最为不同的地方，特别是种族问题。由于美国大城市中两极分化非常严重，"这就导致富有的白人纷纷迁离市区，落脚郊区。而廉价的住房，又为这种大迁徙提供了诱因和可能"（第186页）。接下来的一个问题是，甚至对大部分发达国家的居民来说，拥有郊区住房这样一个可望而不可即的梦想为什么在美国就相对容易实现呢？作者分析了以下几个原因：（1）美国人均财富较高；（2）土地价格便宜；（3）交通费用低廉；（4）建房成本较低；（5）政府政策鼓励分散化；（6）灵活多样的房地产经营体制（第 186~187 页）。显然，郊区生活方式是一系列文化、种族和经济条件的综合结果。

的确，美国的城市和郊区的居住模式有着非常强烈的种族色彩，即白人生活在郊区，黑人生活在内城（inner city，此语已成为官方和新闻界用来代替贫民区 ghetto 的委婉语）。但却不可据此形成一种成见（stereotype）。以笔者 1994 年和 1999 年两度居住的美国首都华盛顿为例，这是一个典型的黑人在城内、白人在城外的大都市。但是即使在华盛顿，城中的西北区乔治城，仍以白人居民为主，房价相当昂贵；同时 20 世纪 80~90 年代美国迅速壮大起来的黑人中产阶级则大量搬出内城，迁至该市东南方的郊区，形成了黑人中产阶级集聚区。因此，美国城镇居住模式既有种族的因素，但更多的仍然是经济（阶级）的因素。对这一点王著看来强调得不够。

据美国官方的统计，到 1970 年，美国郊区的人口超过了市区人口，"形成了继 1920 年美国城市人口超过农村人口以来的又一次历史性转折"（第 177 页）。对这一现象美国学者有不同的解释，有人甚至认为这是 20 世纪美国城市发展的主流。作者则强调，郊区实际上是大都市区的两个组成部分之一，不能脱离大都市区的这一背景以及郊区与城市中心地区的关系来就郊区论郊区。因为，郊区化只是大都市区发展的一部分。通过对若干典型城市的剖析，作者的结论是"无论从人口数量的增长还是地域的扩展来看，郊区的发展都是大都市区的主导力量"。而且，"郊区的优先发展现象主要集中在大都市区，而非其他地区"（第 178、180 页）。

那么，郊区的发展是否是以牺牲大都市区的中心区域的发展为代价呢？作者的回答是意味深长的。他认为，中心城市达到一定规模，空间饱和，难免出现人口外流、产业转移的趋势。加上 60 年代美国的社会动荡，美国北部和中部许多城市的人口甚至出现了负增长。但是，人口和产业的分散化也减轻了城市原来的压力，无形中便利了城市的更新，"更为重要的是，中心城市在人口和产业外迁时，进行了功能的转变，完成了从工业经济向服务性经济的转换和升级"。由于在较短的时间内完成了功能转换，中心城市得以保持了顽强的生命力。因此，"郊区化与中心城市的复兴是一个互动的过程，在此过程中，大都市区的地位得到强化。显然，仅仅用郊区化不足以反映这一现象的全貌，在此意义上，称'大都市区化'更为准确"（第 179~180 页）。

第三是美国所谓的西部、南部"阳光带"和西海岸地区城市崛起的背景。在第七章"新科技革命与城市的重新定位"和第九章"80年代——'冰雪带'与'阳光带'此消彼长"和最后的第十章"跨世纪的美国城市"中,作者专门讨论了西南部和西海岸城市发展迅速的现象,通过对亚利桑那州的菲尼克斯(也称凤凰城)和加州的硅谷、圣何塞、洛杉矶、旧金山以及华盛顿州的西雅图等典型城市的分析,作者认为,尽管"阳光带"(sunbelt)这一形象的称谓并不是一个科学的术语,但西南部(主要是指加利福尼亚、得克萨斯和佛罗里达)和西海岸城市的崛起基本上反映了二战后美国经济重心西移的总趋势,而这些城市能够乘势而上、先声夺人,却有着大体一致的背景和各自突出的优势。

总的说来,二战期间以及其后的冷战时期,美国联邦政府对这些地区与国防相关的科学、技术和企业在财力和人力方面的不断大量投入,直接推动了地区经济的发展,很多新兴城市本身就是依靠一些军事设施和国防科技研究中心而形成的。而这些国防投入,又带动了军民两用的电子、电脑、通信、航空、航天等高技术领域的产业化,给这一地区带来了新的产业结构。这些产业不仅在美国独占鳌头,在世界范围内也是遥遥领先。高技术及其产业化需要强大的科学研究作为基础和高质量的大学毕业生作为人力支持。因此,这一地区的大学得到了加强,规模也日益扩大。美国三大科学工业园区有两个是在"阳光带",这就是最早以斯坦福大学科学园发展起来的硅谷和依托北卡罗来纳大学、北卡罗来纳州立大学(王著误为南卡罗来纳大学,第269页)和杜克大学三所大学支持的"三角研究园区"(Research Triangle Park)。此外,加利福尼亚州还拥有全美最好的州立大学系统。这样一来,科学、技术和企业形成良性互动,互相促进,使这一地区的城市充满了生机和活力。

三

相比较而言,《美国城市史》的下篇比上篇写得更有生气,信息量更大,新观点和新思想随处可见,的确反映出作者深厚的学术功力,也说明一部好的概览最好以作者自己的专题研究为基础。但成也萧何败也萧何,由于作者对下篇的几个问题都做过一定的专门研究,在写作时似乎太依赖于原来的专题研究论文,而没有在他自己提出的"大都市区化"这个很有特色的框架下组织材料,缺少应有的条理,使下篇更像是一系列专题论文的汇编。

由于这一原因，下篇在结构上显得有些零乱，缺少章法。比如第六章"新的空间结构模式——大都市区化"涉及的是本篇的主题，重点讨论的是郊区化与市区的关系，因此接下来应该是进一步讨论这一问题的第八章"市区与郊区的矛盾和城市更新运动"。把第八章变为第七章的另一个好处是其"城市更新运动"的内容也可与第五章"从大萧条到新政——联邦政府干预城市事务的开始"相呼应。

第七章和第九章隔开也毫无道理，正如前面所提到的，它讨论的是新技术革命背景下"阳光带"城市的崛起这一主题。就顺序而言，也应该是先讨论第九章80年代"阳光带"城市，再讨论第七章"新科技革命与城市的重新定位"。实际上，这两章的内容可以重组变为一章，这样主题会更突出，也便于读者阅读。

另外一个比较大的问题是美国城市史的分期。作者以美国成为城市化国家和成为大都市区国家为尺度，把美国城市史一分为二是很有眼力，也非常独到的。问题是划在什么时候，作者以1920年代为界，但并没有给予充分说明。作者给出的统计数字表明，1920年，美国的城市人口已占美国总人口的51.2%，实现了城市化，但同期大都市区只有58个，其人口只占总人口的33.9%。只是到了1940年这个比例才上升到47.6%，大都市区的数量也比1920年增加了近三倍，达到了140个（第150～151页表1和表2）。因此，正如作者所说，"至此，美国成为一个大都市区国家"（第149页）。由此看来，1940年代是一个更容易理解的分期界限。即使按作者在下篇开篇章所叙述的那样，也应该以30年代大萧条和新政为界，如何也轮不到20年代。

由于城市史在中国还是一个比较新的研究领域，作者对一些特有的概念术语都在文中做了说明。但还很不够，比如作者谈到了城市的种族隔离指数，却未加以说明（第238页）。在涉及尼克松政府的城市政策时，提到了"税收分享"计划以及相关的国会拨款方式（"分类拨款"改为"整笔限额拨款"），均未为给以解释（第324页）。此外，王著把全书的核心概念之一metropolitan district 直译为"大都市区"，似可以进一步讨论，因为根据王著的介绍，在美国的城市统计中，人口在10万以上城市就属于 metropolitan district。这显然与中文语境中的"大都市区"的含义存在距离，所以为了避免歧义，采用"城市区"或"都市区"的译名，可能更简便易懂。

王著的内容和结构丰富完整，特别难能可贵的是选择了用来说明文字内容的数十张有代表性的图片，并编了图片目录，为全书锦上添花。可惜，缺少一幅美国官方统计的经济地理分区地图。美国城市史研究评价和参考书目两个附录方便了读者的进一步研究，但似乎还应该有一个文中涉及的美国城市的中英文对照表，因为文中所提到的一些美国城市读者并不十分熟悉，作者也未给出英文原文。

（王旭：《美国城市史》，中国社会科学出版社，2000）

（原载《美国研究》2001年第4期）

作为冷战历史的战后美国外交

——略评《战后美国外交史》

战后世界历史的核心是冷战。冷战的核心则是美苏对抗。而在美苏对抗中，美国不论在综合国力上，还是在战略意图方面，都位居主导地位。因此，一部战后美国外交史，实际上就是一部美苏对抗史，一部冷战史。资中筠教授主编的《战后美国外交史——从杜鲁门到里根》（以下简称《美国外交》，夹注中的页码也出自该书），正是在这个意义上抓住了战后国际历史的关键。虽然国内的美国史研究和国际关系史研究在世界历史的诸学科中相对较为发达，但即使如此，在《美国外交》出版之前我们一直没有一部独立完整的冷战史或战后美国外交史。杨生茂教授曾主编过《美国外交政策史（1775~1989）》（人民出版社，1991）一书，但战后的内容只是其中的一小部分，虽然写得提纲挈领，但因篇幅所限，许多问题没有展开。美国学者研究战后美国外交的著作汗牛充栋，但以专题研究为主，比较好的综合性著作也不多。① 更为重要的是，美国学者的著述并不一

---

① 这类著作大体分成两类，一类是由政治学者撰写的，以政策分析和总结评论见长，最有名的代表作是斯帕尼尔的《第二次世界大战以来的美国外交政策》（John Spanier, *American Foreign Policy Since World War* II, Congressional Quarterly, 13th ed., 1995. 商务印书馆1992年出版了该书1980年第6版的中译本），此书属于传统派观点，对美国战后外交给予较多的理解乃至称赞。另一类是由历史学家撰写的，以材料丰富和叙事清晰见长，代表作有拉费伯尔的《美苏冷战：1945~1992》（Walter LaFeber, *America, Russia and the Cold War 1945- 1992*, McGrary-Hill, 7th ed., 1993. 商务印书馆1980年出版该书1976年第3版的中译本），此书持修正派（新左派）观点，对美国外交的批评多于赞赏；以及孔华润主编并撰写的《剑桥美国对外关系史》的最后一卷《美国在苏联力量的时代：1945~1991》（Warren I. Cohen, *The Cambridge History of American Foreign Relations*, Volume IV, *America in the Age of Soviet Power, 1945-1991*, Cambridge University Press, 1993），此书持一种比较平衡的现实主义的观点，对形成美国冷战政策的诸多因素逐一加以考虑。

定适合中国的读者。因此,《美国外交》的出版的确填补了国内这一研究领域的一个空白。

一

从书的性质看,《美国外交》是一本断代专史性著作。这类著作的基本特点是它的综合性。由于现代学术分工越来越细,学者们在编写这类著述时不可能对涉及的所有问题都有自己独到和创造性的研究,因此他们通常是较多地利用第二手资料,即尽可能地利用别人的专题研究进行综合。但是,《美国外交》一书的作者看来并不满足于仅仅利用别人的研究成果,而是直接地发掘、研读、筛选和分析第一手的文献(诸如美国已刊和未刊的外交档案,各种公开的政府公文,国会听证材料以及众多的回忆录,等等),以写作专著的态度和要求进行创造性的研究,从而使这部著作的某些内容达到了专题研究的水平。

《美国外交》对许多问题的论述具有相当的深度,其中尤以冷战的形成(前三章)、朝鲜战争(第四章)与在越南的干涉和战争(第八章)这三个专题最为突出。关于冷战的形成,国内外说法众多。① 但大多有一个倾向,认为杜鲁门个人在其中有相当大的作用。作为战后美国外交的基石,"杜鲁门主义"这个说法最典型不过地强调了杜鲁门个人的因素。但《美国外交》却通过对杜鲁门及其谋士们的思想分析后认为,"以'杜鲁门'命名的'主义',以'马歇尔'命名的'计划',决非出自个人。这批人既是美国的社会制度、政治文化的产物,又是当时的时势下应运而生的'英雄'。反过来,他们共同制定了体现美国称霸全球战略的一系列政策,奠定了战后四十年美国的外交格局。以后40余年中,随着世界局势的变化,历届政府对外交政策都有所修正,也有过不少以总统命名的'主义',也出现过一些知名的战略家、外交家及理论,但是一切变化都是在杜鲁门时期所奠定的总格局中进行的"(第37页)。这种不是从个人,而从一批人,进而从美国特有的社会制度以及当时的国际形势来寻找冷战形成根源的分析方法,是非常有说

---

① 要了解美国最近对冷战起源的讨论可参见白建才《苏联解体后美国学术界对冷战史的研究》,《世界历史》1996年第1期,第100~106页和 "The Origins of the Cold War: A Symposium", *Diplomatic History*, Vol. 17, No. 2 (Spring, 1993), pp. 251-310。

服力的。在这一前提下，作者也注意到，抛弃与苏联进行战后合作的设想，承担全球反共责任，形成以反苏为己任的冷战遏制政策，毕竟是美国外交的一大变化，因而也遇到了来自左右两方面的阻力。曾任第三届罗斯福政府副总统的商务部长亨利·华莱士，不赞成杜鲁门的对苏强硬政策，希望继续维持与苏联的战时合作关系；而以参议院外交委员会主席阿瑟·范登堡为代表的孤立主义势力，则希望美国回到不与欧洲结盟的外交传统当中。作者为此特别叙述了杜鲁门政府是如何克服这两种阻力的，从而比较全面地说明了"杜鲁门主义"的形成过程。

以1947年3月杜鲁门在国会发表的被称为"杜鲁门主义"的演说为标志，美国统治集团内部形成了对苏联进行遏制的战略，但当时美国政府内部对遏制的手段与范围尚未达成共识。遏制思想的最早提出者、美国国务院政策设计室主任乔治·凯南倾向于用经济和政治手段进行有重点的遏制，但他的后继者保罗·尼采等人则认为苏联原子弹的试爆成功和中苏同盟的形成，强化了苏联的战略意图，因此主张在全球范围内对苏联进行包括军事手段在内的全面遏制，并由此形成了美国历史有名的国家安全委员会第68号文件（简称NSC68）。正当美国决策者犹豫是否以此文件作为美国遏制战略的基本指南时，1950年6月朝鲜战争爆发了。美国统治集团内部一下子形成了全面遏制苏联的共识。由于种种原因，我们对美国干涉朝鲜战争中的政策形成缺少较为全面的了解。《美国外交》在这一问题上为我们提供了相当丰富的材料和客观公正的分析。

作者指出，二战时美国曾设想由美苏中英四大国来托管朝鲜，因此把它的朝鲜政策"完全置于大国合作的基础之上。然而，战后朝鲜政局的发展与美国政府的设想大相径庭"。这一方面是由于美苏在欧洲的对抗破坏了合作所需要的相互信任；另一方面也是美国插手和卷入朝鲜当地政治力量斗争的结果。为此，在作者看来，美国扶植"南朝鲜"李承晚集团，"从美苏关系角度说，是为了应付苏联在北朝鲜采取的政策，阻止朝鲜出现由共产党占统治地位的统一的政府；从美国与南朝鲜地区的角度说，是为了缓和美国占领军与这里的人民的矛盾，减轻美国在这一地区的负担"。这一做法的结果最终导致了朝鲜的分裂，进而加剧了朝鲜半岛的紧张局势。不过，作者也注意到美国在支持李承晚集团的同时，并不赞同李的专制统治和武力统一朝鲜的叫嚣。"但是，就像在中国对待蒋介石一样，美国领导人尽管不欣赏李承晚这类人物的许多政策和行为，但又离不开他们，理由只有一个，就是他们亲美反苏"（第 202 页）。这就比较好地说明了美国先是从"南朝鲜"撤军，但在朝鲜战爆发后又立即进行干预的原因。

国内一些学者在论及美国在朝鲜战争的失败时，常常引用美国参谋长联席会议主席奥马·布雷德利的一句很有名的话："错误的时间，错误的地点，和错误的敌人，打一场错误的战争"来说明美国决策者对朝鲜战争的看法。作者通过核对原始文献，改正了这一说法，准确地指出这句话是布雷德利在国会有关远东军事形势的听证会上所讲的，联系上下文的含义应该是指如果美国根据道格拉斯·麦克阿瑟等人提出的战略，把战争扩大到中国的话，那将是一个极大的错误，而不是指侵朝战争本身。①

越南战争是美国在亚洲进行的另一场战争。它最典型地体现了美国外交政策的霸权主义实质以及这种霸权主义给第三世界国家和人民所造成的严重灾难。鉴于越战的重要性，《美国外交》的作者特别在按总统任期设章的编年叙述外，设专章加以阐述（朝鲜战争也是如此对待），以示重视。

由于美国所公布的有关美国政府卷入越南战争的决策文件异常丰富和完整，相应的专题研究也比较深入，这就为学者的研究提供了不少便利。作者也正是利用这一条件，对美国卷入越南的决策过程和后果进行了细致的叙述和深入的分析。一些国外学者比较注意约翰逊政府进行越战的责任，而对肯尼迪政府的越南政策注意不够。作者在仔细研读有关决策文件后认为，美国对越南事务的介入在肯尼迪时期已达到相当大的规模和程度。1961 年，肯尼迪上台伊始，他就派参谋长联席会议前主席马克斯韦尔·泰勒将军率团赴"南越"考察。考察结果，军方倾向派遣战斗部队，国务院则表示反对，只主张扩大对越军援。对此，肯尼迪采取了折中立场，在不排除今后派遣战斗部队的前提下，通过增加军援和美国的战斗支援部队，来协助西贡政权作战。作者明确指出，"这是美国干涉的重大升级，也是导致美国政府在越南越陷越深乃至无法自拔的关键步骤"（第 529 页）。

美国的干涉不仅表现在帮助西贡政权镇压自发的人民解放运动，而且也表现在直接插手西贡统治集团的内争。在美国驻西贡大使的鼓励下，1963 年 11 月"南越"军人发动了倒吴（吴庭艳）政变。对这一事件的影响，作者给

---

① 当然，较早地确切引用这段话是刘同舜主编的《战后世界历史长编 1950~1951》（第 6 期，上海人民出版社，1985，第 170 页），并注明源于 *Hearings on Military Situation in the Far East*，p. 732。《美国外交》的引文出处与此相同，但译文为："错误的时间、错误的地点，卷入被错认的敌人的战争"（第 235 页）。笔者手头无原书，故不能判定何种译文更准切。

予了充分的估价。作者指出，它"显著加强了美国在南越的政治义务"，使以后的西贡军人政权更加依赖于美国，也使美国更直接地卷入当地的内争，从而"把南越事务变成美国的事务"。同时，"南越"的军人政府在要求和欢迎美国军事干涉方面表现得更为积极主动，"乐意将主要战争责任推到美国肩上，而不担忧美国成为南越的绝对主宰"（第538页）。这样的分析，显然要比单纯地把"南越"政权当作美国的傀儡要深刻得多。

美国对"南越"卷入的加深，必然会涉及如何对待越南北方的问题，因为"南越"人民的反美斗争得到了北方道义上和物资上的广泛支持。为此，1964年8月，约翰逊政府借口美国军舰在东京湾遭到"北越"快艇的攻击，促使国会通过授权总统可以在越南南北方采取广泛军事行动的决议，这就是著名的《东京湾决议》。由此开始了美国对越南北方的野蛮轰炸。"越南战争开始在越来越大的程度上成为美国直接进行的战争"（第549页）。在重视《东京湾决议》的同时，作者还指出了另一个不太引人注目，但却是导致美国侵越战争升级和扩大的决策：1965年4月美国军方领导人的檀香山会议。作者把这次会议视为"美国侵越战争的里程碑"。它的决定导致美国驻越战斗部队的首次急剧增加，同时把美国军事行动的重心由轰炸北方转向在南方的作战。这就为"美军不断涌入确定了根本的前提"（第558页）。

美国在越南的战争，从根本上说是战后"杜鲁门主义"和遏制战略发展到极点的结果。但作为学者，还应对美国干涉的根源进行具体的分析。为此，作者特设专节，从多米诺骨牌理论、反叛乱试验场观念、维持美国力量的可信度、美国国内两党政治以及决策的内部共识等五个方面加以分析，可以说是这章的画龙点睛之笔。

二

《美国外交》对冷战的形成、朝鲜战争和越南战争这些问题的论述之所以深刻，一方面是因为作者所利用的文献质量较高，不是第一手的决策文件，就是较新的学术专著[①]；另一方面则是作者能够熟练地驾驭这些材料，

[①] 如有关北约形成的 Don Cook 的 *Forging the Alliance, NATO, 1945 – 1950* （London, 1989）；有关朝鲜战争 Burton Kaufman 的 *The Korean War: Challenge in Crisis, Credibility, and Command* （New York, 1986）；有关越南战争 George Herring 的 *America's Longest War: The United States and Vietnam, 1950 – 1975* （New York, 1986）。

对材料进行概括、筛选和分析的结果。可惜的是，《美国外交》一书中并不是每一个章节都能达到这个水平。

《美国外交》一书最大的问题是各章的写作质量参差不齐。虽然这是任何一部集体著作在所难免的，但这部著作中，这个缺点显得尤为突出。这不仅表现在各章所依据的文献质量上，而且也体现在行文的分析概括方面。例如有关艾森豪威尔外交的那章，材料相当丰富，叙述十分详尽，但对材料消化分析很不够，直接引语太多，缺少应有的概括和提炼，看不出问题的重点所在。而有关1970年代以来的各章，从行文到评论，几乎与时事分析和报道无异，缺少历史的纵深感。当然，这一弱点与缺少重要决策文献和优秀研究著作，过多依赖于报刊和通讯社的电稿这些客观条件所限有关，但如果对照一下战后大国外交史丛书中的另一本《战后英国外交史》[①] 的相应部分，就会发现即使在没有原始决策文件可资利用的情况下，仍可以避免流水账式的记叙，进行相当深入的分析。

与这一问题相联系的是，《美国外交》一书太追求全面和详尽了。全书基本上是按美国总统任期设章，每章下面大体再按美苏关系、美国与欧洲盟国关系、美中关系和美国与第三世界国家关系四大块来叙述。尽管各章看上去内容都很丰富、平衡和面面俱到，但结果却是战后美国外交的基本轮廓、各个时期的不同特点、不同领导人的外交风格等应该突出的内容却隐没在事无巨细甚至是流水账般的记述过程中。本来作者的初衷是为专业读者提供一本高质量的学术专著，但这样一来，几乎不会有多少人细心地读完这本88万言的大作，而更多地把这部书当作一本随时用来检索和核对资料的参考手册和编年史。

从书的前言看，主编原计划也没有想写得这样详尽。但是，这种由不同作者分别承担不同总统任期的分工方法，很容易产生一种在内容取舍上造成"只见树木不见森林"的倾向，导致"小而全"的结果。每个作者都认为自己所写的内容缺一不可、相当重要，但如果从美国战后外交的整体着眼的话，内容的筛选就大不一样了。可能正是出于这一原因，美国出版的几本较新的美国战后外交史均不是按总统任期设章，而是围绕着各个时期最突出的问题来编写。[②] 即使按总统任期设章，也不必每个总统时期都需要有专章叙

[①] 陈乐民主编，世界知识出版社，1994。
[②] 可参见前面提到的斯帕尼尔、拉费伯尔和孔华润的书。

述。刨出了越南战争这一内容，约翰逊的外交已没有多少重要内容，完全可以并到肯尼迪外交一章。福特的外交基本上是尼克松外交的继承，完全可以精减放到尼克松那部分，实际上作者也把这一时期称为"尼克松－福特－基辛格政策"（第 720 页）。这种结构上的缺陷在相当程度上影响了全书的质量，使主编的一些好设想很难得到贯彻。比如主编在"绪论"中指出，战后美国外交有两条线：一是以反共为主导的对外干涉主义；另一条是美国思想文化在世界上的传播与影响（第 10～11 页）。但通观全书，只见前一条线，而难见后一条线。

尽管《美国外交》一书相当详尽，但仍遗漏了若干重要问题。开始于杜鲁门时期、盛行于艾森豪威尔时期的麦卡锡主义曾对美国国内冷战共识的形成及冷战政策均有相当的影响，书中虽几处提到，却没有一处加以分析论述。本书对冷战的形成和美国核政策的演变论述得相当详尽，但唯独漏掉了对美苏冷战有相当影响的巴鲁克计划。1946 年夏，美国驻联合国原子能委员会代表伯纳德·巴鲁克向联合国提出了由国际组织统一控制原子能发展的方案，其目的是想维持美国的核垄断地位、排除苏联试制原子弹的可能性，史称"巴鲁克计划"。这一计划理所当然地遭到苏联的拒绝，美国据此更加坚定了苏联无意与西方合作的看法。① 另一个重要遗漏是 1954 年 8 月美国中央情报局在伊朗策划的推翻民族主义者摩萨台政府的政变。这一事件是美国冷战史上肮脏的一页，也是战后美国一系列颠覆他国合法政府的众多政变阴谋中的第一次。② 美国与伊朗巴列维政权的密切关系也由此开始。对于这一重要事件，《美国外交》只是在叙述美国 1954 年策动推翻危地马拉阿本斯政府和 1979 年伊朗美国人质危机时顺便提及。

作为一本学术著作，《美国外交》非常难得地编制了相当有价值的参考书目和主题索引。美中不足的是，各章参考书目编排体例很不统一：文献类资料和专著类资料有些分开，有些不分开；有的英文书目在前，有的中文书目在前；有的外国作者的英文名字姓氏提前，有的没有；还有的英文书名打上了引号。索引中有许多主题词缺少相应的英文（这可能与有的作者主要是依靠译成中文的文献进行写作有关），并漏掉了一些诸如冷战、缓和这样

---

① See Cohen, op. cit., p. 32; LaFeber, op. cit., pp. 41–42.
② 美国著名外交史家孔华润（Warren Cohen）曾因《美国对外关系文件集》有关 50 年代伊朗卷中有意未收录这一阴谋的文件而愤然辞去其所担任的外交文件解密咨询委员会主席的职务，可见此事件的重要。

的重要主题词。另外，全书的编辑校对也不够细致。印刷错误，特别是外文名字的拼写错误甚多。如开篇第一页就把丘吉尔第二次世界大战回忆录第 6 卷（Vol. Ⅵ），印成 Vol. 12；把著名外交史学者入江昭的英文名字 Akira Iriye 分别印成 Akiry Irige（第 203 页）和 Akirg Irige（第 237 页）；把 LaFeber 印成 Lafcber（第 77 页）。甚至在同一页的注释中出现同一人名的两种写法：Kaufman Burton I.（应为 Kaufman，Burton I.）和 Burton I. Kaufman（第 204 页），以及把 1954 年印成 1945 年（第 244 页），等等。这些错误只要稍加留意，是不难改正的。

（资中筠主编《战后美国外交史——从杜鲁门到里根》，世界知识出版社，1994）

（原载《世界历史》1996 年第 6 期）

凯南的遏制思想与美国的遏制战略

——张小明《乔治·凯南遏制思想研究》读后

这是本小书，但它比时下许多大部头的书更有分量；这是本研究别人思想的著述，但比现在众多"理论"专著更有价值。这是我读完张小明博士《乔治·凯南遏制思想研究》后的第一个印象。

在西方，许多人把凯南视为20世纪美国最有思想的外交家、国际关系学中现实主义流派最出色的代表。他们认为凯南拥有一种异常敏锐的洞察力和惊人的预见力。早在第二次世界大战硝烟刚尽之际，他就系统地提出了对苏遏制的思想；而当遏制通过1947年杜鲁门主义和1950年美国国家安全委员会68号文件成为美国基本国策之后，他又开始抨击遏制政策，并提出了对苏缓和的思想，这要比尼克松和基辛格的缓和政策早上二十年，但是，当基辛格把缓和政策付诸实施之后，他又猛烈抨击该政策中的联系原则——对苏缓和要与苏联整个对外政策相联系。早在保罗·肯尼迪的《大国兴衰》出版前十多年，凯南就论证说，美国像以前的其他帝国一样，正在步入黄昏时节。早在绿色和平成为一项社会运动之前，他就提醒人们注意核武器竞赛、环境污染和人口增长对全球的灾难性后果。而苏联的迅速解体更证明他四十多年前的预见惊人准确："要是发生破坏党这一政治工具的团结和效力的事件，那么，苏联便可能在一夜之间由最强变成最弱而最可怜的国家社会之一"。[①]

正因为如此，凯南的思想引起了许多学者对他的研究兴趣，但他丰富而

---

① 《苏联行为探源》，最早发表在1947年7月的《外交》季刊，署名X。后收录在乔治·凯南《美国外交》一书，中译本由世界知识出版社1989年出版，引文见第98页。

又庞杂、系统但有时却又前后矛盾的思想也令一些学者望而却步，不知从何下手。

张小明博士抓住凯南思想中对美国冷战政策影响最大的一面——遏制思想，加以全面研究，的确抓住了关键，选择了一个好的视角。在这一角度确定后，他又从遏制的概念入手，层层剖析它的形成、目标、手段、影响，丝丝入扣地缕清了遏制概念的全部含义。张博士可能对时髦的"解构主义"不感兴趣，但他的研究方法实际上就是一种解构的方法，对文本加以解释和分析。

谈起"遏制"（containment，港台地区译成围堵），令人立即联想到凯南1946年2月从莫斯科发给美国国务院的"八千字电报"（长电）和1947年7月发表在《外交》季刊的《苏联行为探源》（又称X文章）一文。张著的分析也是由此开始的。由于对文本的理解不同，凯南遏制思想中有两处是美国学者经常争论不休的。首先是遏制的方式：对苏联扩张是用政治遏制还是军事遏制，或是两者并重？这里就涉及如何理解X文章中所提的对苏联扩张施以"反击力量"（counter force）① 一语。尽管凯南在给作者的信中把它解释为政治力量，但作者并不满足于凯南事后的解释，而是根据凯南当时的思想加以细致分析。作者认为由于凯南这时并没有区分军事遏制和政治遏制，因此反击力量"既指军事力量，又指政治力量"（第20页）。只是在1948年以后，凯南才修正和发展了X文章的观点，强调政治遏制。第二个问题是，遏制的范围：是在世界所有地区还是在重点地区遏制苏联扩张。在分析美国两派学者意见后，张小明指出，凯南最初（1946~1947年）对此未加区分，强调美国必须"在凡是有迹象表明苏联侵犯世界和平与稳定利益的地方，使用不可更改的反击力量"（第17页，译文有改动）。只是在李普曼指出这种"全线反击"行不通时，凯南才改变看法，强调遏制应有重点，主要是在世界上的几大工业中心，如北美、日本、欧洲和英国。在澄清遏制的方式和区域之后，作者又以遏制思想为框架，逐一分析了它的目标、手段以及对政策的影响。

在作者看来，遏制作为一种战略思想从根本上说是维护和实现美国的国家利益。它的目标可分解为三个层次：把苏联的影响限制在其势力范围内；让东欧各国脱离苏联的势力范围；改变苏联的内政和外交，进行和平演变。

---

① 张小明把它译为"抵抗力量"，第17页。

这三个层次目标是紧密联系同时追求的，但在不同时期有不同的着重点。张小明指出，"在战后初期，凯南强调遏制第一层次的目标，而当西方局势基本稳定和社会主义阵营出现矛盾与分歧之后，他则很注重遏制的第二、第三层次的目标。如果说第一层次的目标是防御性的话，那么第二、第三层次目标则是进攻性的。第一层次的目标主要是近期的，而后两个层次的目标却是长期的"（第31页）。

为达到这三个层次的目标，凯南精心设计了实现目标的手段，这就是以政治手段为主，军事手段为辅。首先，凯南认为，在政治上，遏制苏联影响扩大的最有效的方法是保持西方社会内部的健康与活力，因此他倡导并筹划了"马歇尔计划"。其次，鼓励和利用苏联集团各国之间的矛盾。1948年，铁托的南斯拉夫与苏联的分裂表明国际共产主义运动并非铁板一块，凯南由此得出结论，苏联集团内部矛盾必然削弱苏联的力量。最后，加强对苏联的宣传战和秘密活动，让苏联人民了解西方，用"榜样"的力量来瓦解和演变苏联制度。1948年以后，凯南逐步转向提倡缓和与谈判来解决美苏间的问题，软化苏联立场，为和平演变苏联创造条件。

虽然凯南重点放在遏制的政治手段，但他并没有否认军事手段的作用。在作者看来，凯南所注意的军事手段，主要是常规军事威慑、有限战争和有限军事干预。因此他支持美国加强常规力量，但反对制造氢弹和发展核力量；支持美国干预朝鲜内战，但反对美军超过"三八线"。

遏制的基本含义经过作者一番剖析之后，变得清晰并可以理解。这是张著的重要贡献。与西方研究凯南的著述相比，张著的一大特点是用遏制概念作为一个总的概括凯南各种战略思想的框架，把他对苏问题的见解——从斯大林时期到戈尔巴乔夫时期——统统放在里面。虽然作者也注意到凯南前后期思想的变化，但他更注意凯南思想的连续性与一致性而非变化与断裂。因此，他把凯南1950年以后提倡的缓和与谈判也作为遏制的内容和手段加以论述。但可能正是在这一点上，作者的论证不够充分。

首先，为了使遏制概念尽可能地外延以涵盖广泛的内容，作者把遏制的目标分解为三个层次，从而使它的内涵非常浅。读者可能会问：除了第一层次的目标（限制苏联影响），遏制的第二（减少苏联影响）、第三（和平演变苏联）层次的目标不是更适合用缓和战略来实现吗？如果后两个层次目标也是缓和的目标，那么缓和与遏制是什么关系呢？是不是仅仅像作者所云，缓和只是遏制的一个手段呢？就凯南自己以后的言行来看，他在50年代以后几乎不再提遏制，而只是一再提倡缓和。

其次，作为政治学学者，作者注重的是概念。张著的长处是把遏制思想加以纵向分析，从1946年的"八千字电报"一直谈到1989年他在参议院的作证，相对来说横向分析则不明确。尽管他一再提到1948年以后，凯南的遏制思想有了补充、修正和发展（第43、57、75、119页），但由于分散各处，读者不易把握这种变化的原因、内容和实质。如果让我这个学历史的来写此书，我更喜欢以时间为经，以概念的发展为纬，把凯南的遏制思想以1948年为界，前后分成两个时期，这可能会更容易把握遏制思想的变化。

事实上，凯南的研究者几乎一致认为凯南在1948年以后，逐步脱离了美国社会和决策层中的遏制共识，成为遏制政策的批评者而非支持者。因此，尽管他的遏制思想有助于美国遏制政策的形成，但最终的政策离他的设想相距甚远。张小明在这一问题上的看法很有可商榷的余地。

尽管凯南有"遏制之父"之称，但他本人却认为他的遏制主张"对华盛顿的官方只起到微不足道的影响"。[①] 张小明对此的看法是凯南"可能是出于自谦"（第11页）。他认为，"不管凯南的初衷如何，他的遏制苏联的思想在战后初期对于统一杜鲁门政府内部的对苏认识和激起美国朝野尤其是广大公众的反苏情绪，从而为政府完全抛弃与苏友好合作的政策，确立以苏为敌手的新的对外战略，起了思想导向的作用"（第114页）。不仅如此，由于凯南"1947～1949年作为国务院政策计划室主任，参与了杜鲁门政府重大对外政策的研究、制订和实施，将其遏制思想变成一些具体的政府政策"。因此，"凯南在美国政府决策圈内处于举足轻重的位置，是个说话算数的人"（第116页）。

但我怀疑凯南是否有如此大的影响力。首先，他不可能"激起……广大民众的反苏情绪"。激起这种情绪的是杜鲁门主义，而不是凯南的X文章，因为文章发表在只有精英才看的《外交》季刊上，文字之深奥玄妙也非常人能理解。其次，凯南是个孤独的智者，即便在国务院工作期间，他那学究气的报告和建议也很难被采纳。他自己在以后的回忆录中写到，"对于军事机构来说，我的影响实际等于零。在国务院也是同样，除了一两个人以外。马歇尔将军非常高兴我在欧洲复兴问题上所做的一切。但我担心他从未充分理解过它背后的理论基础"。他对最器重自己的国务卿马歇尔却是这样

---

① George F. Kennan, *Memoirs 1925–1950* (Boston: Little, Brown, 1967), p.403.

的看法，可见其在国务院内实在是孤影独行，无人喝彩。实际上，马歇尔作为决策者并无必要去理解政策背后的"理论基础"，这就是凯南的迂腐之处。他进一步感叹道："现在看来，在那些年代里（1946~1949），我在华盛顿所扮演的角色的最大之谜是：为什么只是在一些情况下，如1946年2月发自莫斯科的长电、X文章，我所说的话引起如此多的注意，而在其他情况下却根本不受注意。唯一的答案是华盛顿的反应极为先入为主，深受国内政治气氛和机构利益而非对我们国际地位理论性考虑的影响。是我太天真了——天真地以为在某一场合所发表的精湛分析和看法，即便是为自己顶头上司邀请、注意或正式接受，会对庞大、人浮于事、各自为政以及高度情绪化的程序产生显著影响。正是通过这样的程序华盛顿官方的各种观念和反应才最终汇聚在一起。"①

正是对这种缺少思想、效率低下的官僚机构的彻底失望，凯南在1950年离开了国务院，并以一个学者和冷战的非官方批评家的面貌出现。令凯南痛心的可能是，他种下了龙种，收获的却是跳蚤。他精心设想的遏制在1947年杜鲁门主义那里成为全世界范围的反共十字军，到了国家安全委员会68号文件那里成为不分重点、不分手段的全球军事遏制。在他看来，遏制的全球化和军事化与他的思想差之毫厘，却谬以千里。

因此，他对几乎美国所有的重大冷战政策（除马歇尔计划）都持保留态度和批评立场。他支持美国援助希腊和土耳其，但反对杜鲁门借机提出以反共为己任的杜鲁门主义；他主张建立美国的军事优先地位，但反对建立北约和研制氢弹；他同意在柏林问题上西方应立场坚定，但反对使德国分裂永久化的做法；他是遏制的始作俑者，但却不同意把遏制定为基本国策的国家安全委员会第68号文件②。

正由于凯南几乎在所有冷战政策问题上与美国决策者分道扬镳，因此有的学者干脆称他为"冷战的叛逆者"。凯南是个极自负的人。他所欣赏和流连的是维多利亚时代那种精英治国。在他的内心中，虽不指望决策者像自己那样充满智慧，但却企盼他们至少有能力理解他的思想。但他错了，在美国这样的"大众民主"社会中，杜鲁门只能用最简单的自由与邪恶的对比，

---

① Kennan, *Memoirs 1925 – 1950*, pp. 403 – 404.
② 张著给人的印象是凯南并不反对该文件（第122页）。这个看法有误，由于凯南反对遏制的军事化，反对制订这一文件，因此被排挤出决策过程。见艾萨克森、托马斯《美国智囊六人传》，王观声等译，世界知识出版社，1991，第224页。

来煽动民众反苏反共的情绪，支持他进行全球冷战。同时，美国社会中的工业－军事复合体也只能从遏制的军事化中得到源源不断的生产订单。在这个意义上讲，凯南在莫斯科时的老上司哈里曼的一句评论恰到好处："他了解俄国，但不了解美国。"[①]

由于遏制一词被滥用，凯南自己以后的著述反而很少使用。在他最新一本总结个人政治哲学的著作中，竟连提都未提遏制两字。[②] 无疑，张著所界定的遏制三个层次的目标是凯南毕生所追求的，从这个意义上讲，凯南的确未曾放弃过遏制的思想。但正如张著所称，归根结底，遏制思想是一种和平变革战略思想（第141～142页），那么是否可用和平变革这一更为广泛框架来研究凯南的对苏战略思想呢？在这一框架中，遏制与缓和两个主题似乎可以得到更好的阐述，不知张小明博士以为然否。

（张小明：《乔治：凯南遏制思想研究》，北京语言学院出版社，1994）

（原载《美国研究》1996年第3期）

[①] 艾萨克森、托马斯：《美国智囊六人传》，第224页。
[②] George F. Kennan, *Around the Cragged Hill, A Personal and Political Philosophy*, New York: W. W. Norton & Company, 1993.

凯南：从遏制到缓和

——读乔治·凯南著《美国外交》

五十年前，一位笔名为 X 的美国苏联问题专家在美国权威的《外交》杂志上发表了《苏联行为探源》一文。他写道：在苏联"一旦共产党分裂并陷于瘫痪状态，俄国社会的动乱和弱点就会以难以描述的形式暴露出来"，因此，"如果发生什么破坏党这一政治工具的团结和效力的事件，那么，苏联便可能在一夜之间由最强变成最弱而最可怜的国家社会之一"。为什么会这样呢？因为苏联的安全和强大"都是在人们的生活以及希望和精力方面付出了惊人的代价才得以完成的……它造成苏联经济生活中其他方面的忽略和弊端，尤其是在农业、消费品生产、住房和运输等方面"。但是这一夜会在何种条件以及何时出现呢？他建议到，只要美国保持对苏联的压力并显示它所代表的西方社会的健康与活力，只要美国遏制住苏联的扩张势头，它就可以"促进那种最终必将导致苏联政权瓦解或逐步软化的趋势发展"。为此，他寄希望于苏联的"年青的一代身上"，因为他们会从自己动荡不定的童年生活以及与西方繁荣的对比中认识到，苏联需要改变自己。

四十年后苏联所发生的一切，与这位 X 先生的分析惊人的一致。看看戈尔巴乔夫或者是叶利钦甚至是切尔诺梅尔金的自传或自述吧，他们正是生于 30 年代动荡时期的"年青一代"。切尔诺梅尔金曾对记者回忆说，他"十年级毕业时，有生以来第一次吃到妈妈给我煎的一个鸡蛋"，不是家里没有养鸡，而是把肉和蛋全交给了国家！这位 X 先生就是美国头号苏联事务专家、时任国务院政策设计司主任的乔治·凯南（George F. Kennan）。

凯南 1904 年出生于美国中部一个典型的 WASP（白种的盎格鲁－撒克逊新教徒），1926 年毕业于东部名校普林斯顿，主修外交史。次年成为美国第一批经过公开考试选拔的职业外交官。作为外交官，凯南在 1933～1937 年和 1944～1946 年两度供职于美国驻苏联大使馆，对苏联有直接的观察和体验。在军人政治家乔治·马歇尔任国务卿期间（1947～1949 年），深受后者的器重，具体设计了马歇尔计划。但 1950 年以后，除了 1952 年和 1961～1963 年曾先后短期出任过美国驻苏大使和驻南斯拉夫大使外，他基本上是以学者和外交批评家的身份出现。他的大量著作，从系统的学术著作到一般的时事讲演，从大部头的回忆录到零散的评论，都对美国人理解变化中的世界和美国的外交政策选择产生持久而深远的影响。时至今日，年逾九旬的凯南仍对美国的外交与内政提出自己独到的见解。

在西方，许多人把凯南视为 20 世纪"美国最有思想的外交家"和"最有经验的思想家"，国际关系研究中现实主义流派最出色的代表。他们认为，凯南拥有一种异常敏锐的洞察力和惊人的预见力。早在第二次世界大战硝烟未尽之际，他就系统地提出了对苏遏制的思想；而当遏制在 1950 年通过美国国家安全委员会 68 号文件成为美国基本国策之后，他又开始批评遏制政策，并提出了对苏缓和的思想，这要比尼克松和基辛格的缓和政策早上 20 年。早在保罗·肯尼迪的《大国的兴衰》出版前十多年，凯南就论证说，美国像以前的其他帝国一样，正在步入黄昏时节。早在绿色和平成为一项社会运动之前，凯南就提醒人们注意核武器竞赛、环境污染和人口增长对地球的灾难性后果。

不过，仅就单篇文章而言，"X"文章则是凯南众多论著中影响最为广泛的一篇，同时也可能是 20 世纪对美国外交思想产生过最大影响的论文。它一发表，便在美国国内外引起广泛的反响。当时美国正在通过杜鲁门主义和马歇尔计划对苏联进行政治和经济上的冷战，凯南的文章正好迎合了这一形势，成为冷战政策的最好的理论说明。虽然凯南提出了遏制的思想，但没有阐明如何进行遏制，只是笼统地声称，美国必须"在凡是有迹象表明苏联侵犯世界和平与稳定利益的地方，使用不可更改的反击力量"。当时的时事评论大家沃尔特·李普曼（Walter Lippmann）立即抓住这一点，一气写了 12 篇评论文章，指出这种不分地点与手段的遏制根本不切实际，为美国力量所不及。他还把这些文章汇集成册，以《冷战》为题出版。于是乎，凯南的"遏制"与李普曼的"冷战"成为 20 世纪下半叶国际关系中最流行的术语。

李普曼的批评促使凯南进一步思考遏制问题，并形成了强调政治遏制、明确遏制重点地区的政策建议。这些内部的政策报告和 X 文章一起奠定了凯南"遏制之父"的地位。可是，在马歇尔 1949 年去职以后，凯南的话便无人喝彩，凯南成为一位被冷落的智者。更令他痛心的是，他种下的是龙种，收获的却是跳蚤，他精心设计的遏制思想在杜鲁门主义那里成为全世界范围内不分轻重缓急的反共十字军，到了美国国家安全委员会 68 号文件那里则变成不分重点、不顾手段的全球军事遏制。在他看来，遏制的全球化和军事化与他的思想差之毫厘，却谬以千里。对国务院及外交决策者的这种失望，促使他在 1950 年暂时离开了国务院，开始逐步脱离美国社会和决策中的冷战共识，放弃他自己一度提倡过的遏制政策，开始倡导用谈判来解决美苏冲突。他辩解说，"如果说我是 1947 年遏制原则（containment doctrine, 有时也译为遏制主义）的始作俑者的话，那么，它是一个会随着斯大林的死亡，中苏冲突的发展而大为失效的原则"。不仅如此，他还以民间外交评论家的身份批评美国的外交政策。他称第一次世界大战以来的美国外交政策是一个"巨大和历史的失败"，并把冷战视为一种"天大的误解"，他甚至为自己没能在战后初期提倡缓和而深感痛惜。凯南只是在一个很短的时间（1946~1949 年）影响了美国外交政策的制定，但他却被作为"遏制之父"，而非呼吁缓和的政治家，被人们长久地记住。对凯南个人来说，这是一个悲剧；对历史来说，这是一个讽刺。

虽然凯南作为外交家也有相当的成就（他可以说是美国历史上唯一一位凭自己笔头的力量而官居高位影响政策的外交官），但是，他最大的影响则是作为一个局外人和知识分子而做出的。他之所以在 1950 年辞去外交职务，并最终在 1963 年永远脱离外交界，是因为国务院和外交使馆的厅堂对于一个思想深刻、不断思考的灵魂来说，实在是太狭小了。他在自己的回忆录中甚至认为，在国务院中只有马歇尔才理解并支持他的政策建议，特别是欧洲复兴计划。但是，即使是马歇尔也"从未充分理解"他设计欧洲复兴方案的"理论基础"。多么自负的知识分子！

正是这种与现实，特别是与官方保持一定距离而获得的独立思考精神以及他漫长而丰富的生活阅历，把凯南造就为我们时代的一位智者。50 年代凯南便已脱离了冷战共识，到了 70 年代，他又跳出了从美苏关系角度来观察世界事务的框框，开始用更开阔的视野来认识这个世界，形成了被研究者称为合作的国际主义的世界观。于是，大国间的军备竞赛、世界人口的爆炸、全球环境的变迁、西方的衰落和美国社会的衰败等问题成为他思考的主题。他强调美国人从建国之父那里继承下来的"天命观"（manifest destiny）并不正确。美国只是人类的一部分，而不是上帝的选民，因此它并不拥有比其他民族更高尚的情怀（unique and superior virtue），也无法独自应付众多的世界难题。如果说美国能够有什么独特力量的话，那就是养成一种恭谦慈悲的美德（virtues of modesty and humility），与世界其他国家和民族合作，共同解决人类面临的难题。美国不应去充当别人的教师，最多只是一个好坏兼具的榜样。为了更好地解决国内众多的社会和经济问题，美国需要的是"最少而非最多地卷入外部事务"。在纪念 X 文章发表四十周年时，凯南意味深长地指出："在一些方面，我们美国人需要学习的第一件事是遏制我们自己。"由提倡遏制苏联到提出遏制自己，这是多么具有讽刺意味的变化！

作为一个思辨文人，凯南对世界与历史的思考从没停止过。能够在过去的 3/4 的世纪中不间断地参与和观察世界事务的人，可以说是寥若晨星，而凯南就是其中比较幸运的一位。这一年龄上的优势是基辛格、亨廷顿等辈所无法比拟的。对此凯南自己也很得意。他在最新的一本著作《世纪末的反思：1992～1995》中指出，如果把 1914 年第一次世界大战的爆发看作是 20 世纪的开始，把 1989 年东欧的巨变看作是 20 世纪的结束的话，他可以说是"世纪之人"。因为 1914 年时他 10 岁，小得足以懂事；而 1989 年时他 85 岁，老到尚未糊涂。他把 20 世纪看作是西方文明史上悲剧性的一章，人类经历了两次世界大战的空前浩劫。一战不仅摧毁了欧洲，而且还种下了极权主义的种子，进而引发了二战。二战的后果虽不像一战那样可悲，却也造成一个主导国际生活近半个世纪的冷战。尽管美苏两家都不想打另一场世界大战了，但都怀疑对方想这么做，于是就开始了无休止的核军备竞赛，并把对方的人民当作人质。在冷战后的今天，人类仍不知道该如何安全地处置这些核武器，而只能不负责任地留给我们的后人。

凯南对美国外交的思考跨越了一个时代，在他事业的 30 年代，美国开始从孤立主义走向全球干涉主义，并在二战后充当起世界警察。而在他事业即将结束之时，美国进入了一个相对衰落时期。于是，由一个冷战开始时遏制的始作俑者来倡导美国从世界事务中"广泛撤退"也就不足为奇了。冷战结束后，凯南认为美国应更加注意发挥联合国的作用，更多利用多边行动而非单边行动来推行美国的外交政策。但是，他对北约等军事同盟则保留看法，认为尽管从短期看这类同盟应该维持，但从长期来讲，则需要加以修正并最终结束。于是，凯南的主张再次与美国决策者的政策相左，不合时宜。

就在克林顿政府致力于北约东扩之际，93 岁高龄的凯南奋笔投书《纽约时报》，指出利用俄国暂时困难窘迫之时扩大美国的联盟必将埋下冲突的种子，激发起俄国人强烈的民族主义情绪，最终会招致俄国的报复。因此这将是冷战后美国外交政策中所犯下的最大错误！看来，只有时间才能对他的这一判断作出回答，而那将是未来对他影响力的最后一次考验。

（乔治·凯南：《美国外交》，葵阳等译，世界知识出版社，1989；George Kennan, *Memoirs, 1925-1950*, Boston: Little, Brown & Co., 1967; George Kennan, *Around the Cragged Hill: A Personal and Political Philosophy*; *At a Century's Ending: Reflections, 1992-1995*, New York: W. W. Norton & Company, 1993, 1996 ; Walter Hixon, *George F. Kennan: Cold War Iconoclast*, New York: Columbia University Press, 1988）

（原载《读书》1997 年第 12 期）

美国外交史和国际关系理论的现实主义学派

在美国历史学的学科分类中，几乎没有欧洲那种以问题为主体、涉及多国多边关系的国际关系史（international history），有的只是美国外交史（U. S. diplomatic history）。当国际关系史在欧洲已经成为各大学历史系和政治系的必修课时，美国学者还在为外交史这个史学界"后娘养的孩子"的学科地位（stepchild，语出哈佛大学教授 Charles S. Maier 1970 年代末为美国史学家参加国际历史学家大会准备的文章"Marking Time: The Historiography of International Relations"，后收录在 Michael Kammen 主编的美国代表团论文集 *The Past Before Us: Contemporary Historical Writing in the United States*, Ithaca: Cornell University Press, 1980）究竟是属于美国国史（national history）还是属于国际关系史而争论不休（参见 Michael Hogan and Thomas Paterson, eds., *Explaining the History of American Foreign Relations*, NY: Cambridge University Press, 1991）。

对美国外交史学者的狭隘视野，欧洲学者也尽批评挖苦之能事。在其生前一篇出色的学术综述中，英国著名国际关系史学家、英国科学院院士、苏塞克斯大学教授克里斯多佛·索恩（Christopher Thorne）毫不客气地指出，美国学者的外交史写作充满了"地方主义"的狭隘气息，一切以美国为主，形成了"美国与 XX 国"（The United States and XX paradigm）的美国外交史写作范式。他甚至建议美国对外关系史学会（the Society for Historians of American Foreign Relations, SHAFR）应该改名为美国国际关系史学会（the Society for the United States Historians of International History），其会刊《外交史》（*Diplomatic History*）则改名为国际关系史评论（*Review of International*

History）（参见 Christopher Thorne,"After the Europeans: American Designs for the Remaking of Southeast Asia", *Diplomatic History*, Spring 1988）。顺便提一句,索恩虽然以研究亚洲太平洋地区国际关系见长,但是,最令学界敬佩的,是他不断超越自我的探索精神,是他不遗余力地追求国际关系研究新方法和新领域的热情。在学术界日益专门化,各学科间画地为牢的潮流中,这位牛津大学培养出来的通才,却反潮流而动,试图打通历史学、国际关系和社会学之间的人为篱笆,建立一种一般学者连想都不敢想的国际关系的历史社会学（International Historical Sociology）,"将国际关系引入历史社会学,把社会学引入国际关系史,由此,他开拓了一种独一无二的社会探究方式（mode of social enquiry）"（参见 Jan Aart Scholte,"New Border Crossing: Christopher Thorne and International History", *The SHAFR Newsletter*, June, 1994）。1992 年他因病去世,年仅 58 岁。索恩的英年早逝曾引起了大西洋两岸外交史学者的一片哀悼之声。他的著述和史学思想理应受到我们更多地关注。

实际上,在索恩尖锐批评的前后,美国的一些有识之士也认识到问题的所在。这其中以两位研究美国与东亚关系而著名的外交史名家、哈佛大学教授入江昭（Akira Iriye）和北卡罗来纳大学教授韩德（Michael Hunt）最为突出。1978 年和 1988 年,入江昭先后出任过美国对外关系史学会主席和美国历史学会主席,其主席演讲题目分别是《文化和权力:作为跨文化关系的国际关系》和《历史的国际化》。无独有偶,韩德在 1990 年担任美国对外关系史学会主席时,也发表了以《美国外交史的国际化》为题的演讲。入江昭和韩德对索恩的回应绝非偶然,前者的日裔背景,后者早年在亚洲中东的生活经历,让他们对美国的世界领导角色以及不同文化国家对美国的反应有着独特的理解。在一篇论述美国外交史学的长篇论文中,韩德对美国的外交史学进行了宏观的梳理,概括出以注意研究精英决策的现实主义学派、注重美国国内经济背景的新左派和注意地区文化背景的国际主义学派。而他最欣赏的就是最后一个学派（*Diplomatic History*, Winter, 1992）。在此之前,他就倡导过跨文化研究（intercultural perspective）,提出学习和借鉴文化人类学的方法,注重传统的语言训练和文化把握。

遗憾的是,他们的呼吁虽然引起了一定的反响和重视,但是,在美国外交史的学术研究和写作中,索恩批评的"美国与 XX 国关系"范式依然是一统天下。这从每年《外交史》春季号上刊登的美国对外关系博士论文题目总揽，就可见一斑。

在这些博士论文中，绝大多数题目都是视野狭小的"美国对XX国政策"，而从这些作者的名字又可以猜出来，大多数作者是外国人，也就是来自论文题目所研究的那个美国政策的对象国。显然，在掌握对象国语言、了解对象国文化、研读对象国文献方面，他们拥有明显的比较优势。在很大程度上，这个状况的形成与美国史学人才的训练方法和学术环境有关。博士论文的要求是基于第一手文献的原创研究，而在可利用的文献方面，美国外交档案之丰富，管理之先进，接触之简捷，使用之方便，没有哪一个国家可以比拟。因此，考虑到起码的机会成本，如果博士论文选择外交史题目，不论是在美国史领域，还是外国史专业，都会选择与美国政策相关，而且往往是美国为主的双边关系的题目。实际上，不仅在美国，就是在中国也出现了类似的情况。比如，作为中国最早的国际关系史和美国史方向的博士，时殷弘和任东来就不约而同地选择了中美关系史的题目。

从目前美国外交史学界的现状来看，国际史仍然还是学者们所追求的一个高贵梦想而非真正的现实。对美国学者来说，要建立真正的国际史绝非一蹴而就的事业，仅仅是掌握和精通一门非西方语言，就不知要耗费多少的时间和精力，甚至可能是毕生的心血，因此，对每个个体而言，国际史的实践实在是心有余而力不足。反过来，非西方学者也是如此。显然，国际史的构建绝非个体努力所能实现的目标，一个比较可行的办法是各方特别是各国学者取长补短，相互合作，发挥各自的语言和文化优势，对一个共同的课题，在完全自愿互利的基础上进行平行或合作的研究。在这方面，美国威尔逊国际学者中心的国际冷战史项目（the Cold War International History Project, CWIHP），就是成功的典范。在过去的十年中，它利用美国麦克阿瑟基金会等财团的资助，组织曾经是相互对立的东西方国家以及南北方国家的众多学者，共同发掘冷战铁幕两边的外交档案和口述资料，对冷战起源、中国内战、中苏同盟、朝鲜战争、波匈事件、古巴导弹危机、越南战争、阿富汗战争、安哥拉冲突和冷战结束等重大冷战课题进行了真正意义上的国际史研究，其多视角、多中心、多层次、多国档案文献、多国学者合作的跨文化和跨学科特点，打破了美国学者一度垄断的单向度冷战研究，形成了一种全新的全景式国际冷战史。

国际冷战史的主要倡导者是美国外交史的掌门人之一、原俄亥俄大学教授盖迪斯（John Gaddis）。盖迪斯以研究美国对苏冷战的遏制战略一举成名。虽然他以研究美苏关系见长，但他却根本不通俄语。不过，他擅于扬长避短，大量借鉴国际关系和战略学理论，并自觉地把它们应用到外交史研究，再加上他研究的美苏关系是当时的"显学"，因此，其在美国外交史研究中的权威地位很快得到确立和巩固。在入江昭和韩德倡导外交史的跨文化研究方法的同时，盖迪斯则不遗余力推动跨学科研究法（interdisciplinary perspectives，参见 Gaddis, "New Conceptual Approaches to Study of American Foreign Relations," *Diplomatic History*, Summer, 1990）。因为在以往对传统外交史的批评中，主要集中在两个方面，除了上面提到的视野狭窄，只关注双边关系，而在双边关系中，又忽视美国政策对象国文化历史及其对美国反应这样的批评外，还有就是批评外交史学者坚持外交史的人文学科特性，不注意研究方法，不善于向社会科学特别是政治学及其分支国际关系学的学习。

与需要多种语言的跨文化研究法相比，美国外交史学者在跨学科，特别是利用政治学理论方面，取得的进步则更为明显。这种鲜明的对比显然与美国社会科学研究的世界领先地位，以及美国博士培养中注重理论和方法的训练有关。有人专门统计和分析过《外交史》杂志从1977年创刊到1991年为止所有论文的引文，发现这些论文大量地引用政治学著述，外交史业已发展成为不折不扣的"跨学科方法史"（interdisciplinary history），但在利用外国文献、参考外语论著方面，这些论文却差强人意（参见 The SHAFR Newsletter, Dec., 1992）。

在盖迪斯之前，研究欧洲外交史的美国老一辈学者柯雷格（Gordon Craig），就已经在呼吁把外交史和国际关系学有机地结合起来，1982年他出任美国历史学会主席时发表的演讲就是《历史学家与国际关系研究》。而且，他还身体力行，与在斯坦福大学的同事、著名国际关系学者乔治（Alexander George）合作出版《实力与治国之道》（*Force and Statecraft*），作为政治系和历史系国际关系史的教材。该书是目前见到的把外交史与国际关系理论结合的最佳著作，目前已出版了第3版（1995）。由于有意识地借鉴和使用国际关系学的概念方法，加上扎实的史料功底和出色的文笔，外交史学者的一些研究成果不仅在史学界，而且在政治学界也产生了较大的影响，例如盖迪斯对冷战结构的理论研究，来自英国、现在耶鲁大学任教的肯尼迪（Paul Kennedy）对全球力量结构变迁的宏观探讨，弗吉尼亚大学教授勒夫乐（Melvin Leffler）对国家安全战略极为精致的分析，等等。因此，他们的论文也常常出现在《外交》(*Foreign Affairs*)、《对外政策》(*Foreign Policy*)和《国际安全》(*International Security*)这样一流的国际关系期刊上。

与外交史学者有意识地借鉴和使用国际关系理论中的概念和方法相对照，国际关系学者也广泛地以外交史为素材，构建自己的理论和分析模式，他们所取得的学术成就看上去比他们外交史同行的跨学科探索更为引人注目，这在现实主义学派那里表现得尤为突出。这一现象毫不奇怪，因为作为20世纪30年代才出现、60年代以后才发展成熟并独立为一个单独学科的国际关系理论，其思想资源主要就是三个方面，从古希腊修昔底德的《伯罗奔尼撒战争史》到英国吉本的《罗马帝国衰亡史》，再到普鲁士兰克的《世界史》的外交史传统；从古希腊亚里士多德的《政治学》到意大利马基雅维里的《君主论》再到英国霍布斯的《利维坦》的政治学传统；以及从法国博丹的《国家六论》（也有译为《共和六书》）到荷兰格劳秀斯《战争与和平法》再到近代海牙和平会议的法律（国际法）传统。

作为现实主义学派最有影响的学者，摩根索(Hans Morgenthau)、基辛格和凯南（他同时也是一位出色的外交史学者），无一不是从外交史中汲取养分，区别不过是前两位从欧洲列国复杂的争霸史中寻求共性，后者从美国相对简单的外交史中分析个性。此外，关注世界政治的国际经济专家金德尔伯格(Charles Kindleberger)和关注国际经济的国际关系学者吉尔平(Robert Gilpin)，分别从1930年代的大萧条、近代霸权战争的历史中，推导出了领导权（霸权）在国际事务中的重要性。新现实主义（结构现实主义）大师沃尔兹(Kenneth Waltz)的理论创新，更是深深得益于他对《伯罗奔尼撒战争史》这一外交史不朽名著的研读。而对国际关系的微观研究产生过极大影响的《决策的本质》(*Essence of Decision*)，则完全是缘于哈佛大学政治学家艾利森(Graham Allison)对古巴导弹危机这一外交史课题的创造性研究。这一外交决策理论的不朽著作1971年出版第一版时，有关古巴导弹危机的决策文献除了若干回忆录外基本阙如，但是，作者严谨的逻辑、极具启发性的模式和周全的分析，却弥补了文献的不足。在各方外交档案解密公布后，其基本结论和分析框架依然站得住脚，因此，在三十年后，该书经过修订后出版了最新的第二版，并受到广泛的好评，由此，不能不让人承认理论的魅力。

外交史学者对国际关系理论的应用，国际关系学者对外交史的解析，以及它们之间的良性互动，成就了一大批同时为这两个学科所接受的学者及其著述,证明了跨学科的魅力。不过,不论是外交史,还是国际关系理论,其主要角色依然是国家(国家组织)及其行为,因此,并没有真正的学科超越和学科创新。如果外交史在新世纪还需要新的生长点的话,甚至是学科创新的话,那么,索恩、入江昭和韩德等人所倡导的跨文化研究与国际关系的历史社会学无疑是一个非常值得努力的方向。

(原载《史学月刊》2005 年第 6 期)

探求中美关系的历史谜底

——评陶文钊主编的《中美关系史 1949~1972》

在中国的国际关系研究中，中美关系占有重要的地位，几乎每年都有一些研究著作问世。以通史性著作为例，1989 年以来，比较出色的著作至少有三本：一是中山大学蒋相泽、吴机鹏两位教授主编的《简明中美关系史》；二是外交学院熊志勇教授独著的《中国与美国：迈向新世纪的回顾》；三是胡礼忠、金光耀等合著的《从望厦条约到克林顿访华：中美关系（1844~1996）》。[①] 这三本著作涵盖面广，涉及了 1784 年美国第一艘商船"中国皇后号"来华以来二百多年中美交往的历程，简明扼要，很适合做大学的教材。不过，由于相对缺少新中国成立后的中美关系的决策文件，特别是中国方面的决策文件，它们都存在两个共同的问题：就时期来讲，1949 年以后的部分不及在此之前的部分详尽透彻；就中美双方而言，对中国方面的分析又不及对美国方面的分析。

90 年代以后，美国国务院所编的大型外交史料系列《美国对外关系文件集》有关中国卷已经出到了 1964~1968 年，内容包括大量美国政府高层的决策文件。[②] 苏联档案中事关中国外交的文件（如朝鲜战争和越南战争）也解密开放一部分。[③] 虽然中国方面尚未系统公布新中国成立后的外交决策

[①] 1989 年、1995 年、1996 年分别由广州中山大学出版社、河南人民出版社和福建人民出版社出版。

[②] The United States Department of State, ed., *Foreign Relations of the United States, Diplomatic Papers, 1964–1968*, Vol. 30, China, Washington, D. C.: Government Printing Office, 1998.

[③] 主要刊登在美国威尔逊国际学者中心出版的《国际冷战史项目公报》上（Woodrow Wilson International Center for Scholars, *Cold War International History Project Bulletin*, issue 1–11, Spring 1992–Winter 1998）。

文件，但有关领导人的文献集、年谱、传记以及一些当事人的回忆录也提供了有关这一时期中国外交，特别是对美外交的极有参考价值的资料。①

正是在充分利用这些相对丰富的外交文献基础上，陶文钊教授主编的《中美关系史1949～1972》比较全面、客观、深入地阐述了1949年新中国成立到1972年美国总统尼克松访华这段不平静的历史。这段历史内容相当丰富，既有朝鲜战场上的兵戎相见，又有日内瓦和华沙谈判桌前的唇枪舌剑；既有台湾海峡上的剑拔弩张，也有中南海里的谈笑风生，所有的这些或严峻或精彩的历史场景都在书中得到了全面的再现、冷静的剖析和恰到好处的评论。

本书实际上是作者六年前出版的论著《中美关系史1911～1950》②的姐妹篇，秉承了前一本著作颇受学术界好评的风格：结构完整，材料丰富，论点鲜明，叙述详密。如果说，两本书有什么不同的话，那就是，前一本书是作者独立完成的，后一本书是作者和一批优秀的青年作者合作的结晶，再就是前一本书是一本介乎专题研究和概览之间的一种研究性概览（research survey），这本书则基本是以文献研究为基础的专著（monograph）。

一

写一部高水平的中美关系史，而不是西方学者所擅长的"美国对华政策史"，③ 就不仅仅需要研读美国的文献，而且还要尽可能地发掘中国的文献。研究中美关系史的学者，常常为无法收集到中国方面的第一手文献而苦恼。因为比之美国的档案开放和利用，国内档案馆的开放和服务简直是天壤之别，不可同日而语。十几年了，陶文钊教授一方面在各种场合不停地呼吁

---

① 例如中华人民共和国外交部和中共中央文献研究室合编的《周恩来外交文选》《毛泽东外交文选》，先后由中央文献出版社和世界知识出版社在1990年和1994年出版。《周恩来外交活动大事记（1949～1975）》也由世界知识出版社在1993年出版。
② 重庆出版社1993年出版。
③ 以通史性著作为例，美国著名的外交史权威孔华润教授刚刚完成了对他的名著《美国对中国的反应：中美关系史》的修订，在1999年出版了第四版，把所述内容延续到90年代。尽管书名表现出对中美两国同等的注意，但内容和材料都是以美国为主，仍没有摆脱美国对华政策的框架。见 Warren Cohen, *America's Response to China: A History of Sino-American Relations*, 4th edition, New York: Columbia University, 1999；英国学者富特的《实力的实践：1949年以来美国与中国的关系》也有这个局限，见 Rosemary Foot, *Practice of Power: US Relations with China since 1949*, Oxford: Oxford University Press, 1995。

加快国内档案开放的步伐，详细介绍美国档案馆的管理经验；另一方面，他也不怨天尤人，灰心丧气，而是尽可能地收集利用已经出版的史料，诸如毛泽东、周恩来外交文选，解放军将帅、驻外使节的回忆，一些在特定时期能够接近最高决策者的特殊人物（如师哲、熊向晖等）的回忆录，以及权威性的国史概览《当代中国》丛书，等等，来对较近时期的中美关系进行学理的研究。

从书后的主要参考书目可以看出，作者对中文史料可谓竭泽而渔，"一网打尽"各种零散的文献。正因为能够广泛发掘和利用中文文献，作者得以摆脱困扰很多国内外中美关系学者的单向叙述框架，即基本根据美国的外交文献来讨论美国对华政策，从而超越很多海外学者的现有研究。

以1958年的第二次台湾海峡危机为例，国内外学术界由于资料欠全面的关系，一直没能对危机的背景、起因和结果作出令人信服的解释。但本书作者根据收集到的相对比较全面和丰富的材料，把中美、中苏、中国大陆和台湾、美国和中国台湾，美国内部以及中国内部各方面的互动关系勾画得非常清晰。

根据美国的外交档案，作者认为，1955年第一次台湾海峡危机后，美国确立的对台湾政策是"加强对台湾的防卫，对金门、马祖则采取两手政策，能守则守，守不了就撤"（《中美关系史1949～1972》第246页，以下加注的页码均为此书），但蒋介石察觉后，立即决定加强金门的防卫，决心"紧紧地拽住美国，拖美国下水"（第247页）。为此，他加强了与美国的军事合作，允许美国在台湾建造可供B-52战略轰炸机起飞的机场，部署中程导弹。

美蒋合作的加强引起了中国大陆的警觉，更重要的是毛泽东在1956年匈牙利事件后，对国际形势的基本估计有了很大改变，得出了"东风压倒西风"的著名论调，强调要支持亚非拉人民跟帝国主义进行斗争，因而更加怀疑苏共二十大提出的与西方"和平共处"的总路线。1955年8月开始的中美日内瓦会谈毫无结果，也使他相信，与美国人打交道的最好办法是"斗"，而不是谈。他坚信，"帝国主义更怕社会主义"；要斗倒它，就要团结亚非拉各国，支持他们的反帝独立运动（第250～251页）。有了这样的分析交代，就比较好理解为什么1958年7月美国出兵干涉黎巴嫩危机时，在中东没有任何实际利益的中国，会在毛泽东的领导下，作出大规模炮击金门来支持中东反帝运动的决定。

这次著名的"八二三炮击"造成了美台关系的紧张。蒋介石要求美台联合阻止中国的军事行动,并允许国民党单独行动,轰炸中国人民解放军在福建的军事基地。但美国拒绝了蒋的要求,表示美国只能负责台湾和澎湖的安全。同时作者也对美国决策者内部援蒋的考虑和分歧作了细致的分析。此外,作者还分析了中国的盟国(苏联和越南)、美国的盟国(英国和日本等国)对危机的反应,从一个侧面反映了危机所产生的影响和受到的制约。

作者分析说,由于危机中美蒋关系暴露出破绽,蒋介石想守住金门、马祖,而美国则想脱身专保台湾和澎湖,毛泽东遂得出结论:金门、马祖留在国民党手中,意味着保留了大陆与台湾对话的渠道;如果收回,反而会把台湾完全孤立起来,给美国人制造"两个中国"的借口。正是在这一背景下,出现了炮击金门,打打停停,一直延续到70年代这一世界政治战争史上的奇观。

作者最后认为:"第二次台湾海峡危机是三年前那次危机的继续和发展,但规模、影响和意义远超过第一次台湾海峡危机。"中国方面决定把金门和马祖留在台湾当局手中,作为连接大陆和台湾的纽带,由此反对美国使台湾与大陆的分离永久化的企图(第277页)。40多年后的今天,当金门和厦门两地实现台湾地区和大陆两岸半个世纪首次直航时,我们不得不敬佩中国老一代领导人的远见卓识。

如果说作者对第二次台湾海峡危机的研究大大提升了现有的研究水平的话,那么作者在美国对华经济封锁和阻挠中国加入联合国等问题上的研究(集中在第二章和第三章)则基本上属于填补空白之作。长期以来,我们对美国为什么会同意中国代表团参加1950年末联合国安理会会议,讨论台湾问题的背景不甚清楚。根据美国新披露的档案,作者理清了这一问题的来龙去脉。他指出,在安理会1950年1月讨论苏联提出的驱逐蒋介石集团、接纳中国为联合国成员国的提案时,英国没有像美国希望的那样投反对票,而是和挪威一起投了弃权票。由于英国已承认新中国,加上它不得不考虑印度、巴基斯坦和锡兰这些亚洲英联邦国家的立场,因此它不愿在这个问题上和美国牢牢地拴在一起。在这一背景下,为了统一西方的对华政策,美国不得不作出一点让步,同意让中国代表参加安理会讨论台湾的会议(第81~97页)。

除了在政治上阻挠恢复中国在联合国的席位外,美国还在经济上全面遏制中国,把禁运看作是"美国拥有的对付中国的最有效的武器"。但是作者也特别注意到朝鲜战争爆发前后美国对华禁运政策的变化,以及美英和美日在禁运问题上的分歧和矛盾。

1949年3月，在中国共产党即将获得全国胜利前夕，美国政府批准了有关对华贸易政策的国家安全委员会第41号文件。该文件认为，考虑到禁运对中国这样一个高度自给自足的国家效果有限，反而会完全丧失美国在华的经济和传教利益，并促使中国更加依赖苏联，加上西方国家难以一致行动，因此对中国实现完全禁运是不合适的。它的建议是严格管制对华贸易，但可以稍宽于对苏联的限制。即使这样，英国仍表示很难做到，并与美国进行了数月的讨价还价。直到中华人民共和国成立，"美英之间才达成比美国原来所要求的宽松得多的协定"（第100~101页）。

但随后不久，美国杜鲁门政府决定对华实行更严厉的贸易管制，在12月制定了国家安全委员会第48号文件，取代原来的第41号文件，决心"运用一切努力防止中国共产党人从非苏联的来源获得直接用于军事目的的物资与装备"。但即使在这时，"美国对华贸易控制还是比对苏联及东欧国家稍宽一些"（第102~103页）。只是到了1950年春，美国政府越来越明确地把中国与印度支那的边境看作是在亚洲"遏制"共产主义的防线时，它才最后决定对中国实行同对苏联及东欧国家同样严厉的贸易管制，并要求英国及其他盟国进一步配合。

1950年10月中国人民志愿军入朝参战后，美国政府又宣布自12月3日起，对中国大陆、香港和澳门的出口实行全面的许可证制度（以前只对战略物资实行许可证管理），"凡是一个士兵可以利用的东西都不许"运往中国，包括纺织品和废橡胶，从而对中国实行了"绝对禁运"。接着，美国冻结了中国在美国的资产，并禁止美国船只驶往中国（第105页）。中国与美国一个半多世纪的经贸往来就这样被美国政府断绝了，直到1971年以后才逐步恢复。

显然，这样细致入微地分析美国对华经济禁运政策的演变，可以更好地帮助读者理解历史进程的复杂性和多样性。这种注重细节的做法是史学著作不同于其他学术论著的一个很重要的特点，历史中的一个细节往往比一大堆空洞的评论更能说明问题。但并不是每个细节都很重要，能否抓住关键性的细节，以小见大，就要看作者是否有很敏感的问题意识，即通常所说的"史识"。本书所叙述的很多细节都体现出作者不凡的史识。这里仅举三例为证。

我们知道，负责和组织美国国务院有关人员编纂中美关系《白皮书》的美国国务卿艾奇逊（Dean Acheson），一向被认为是主张与蒋介石集团拉开距离，尽可能保持与中国接触的现实派。他在1950年1月美国全国新闻俱乐部的"划线"讲话，甚至把台湾和朝鲜排除在美国太平洋防御圈之外。但是，作者却发现，在1948年《援华法》余款的处理问题上，艾奇逊的援蒋态度由1950年初的消极被动转向积极主动，进而说明1950年上半年，美国政府基本上改变以"脱身"为特征的对台政策，而6月朝鲜战争爆发不过是"为美国决策者最后拿定主意［加深卷入中国内战］采取行动提供了契机"（第5页）。

提起"多米诺骨牌理论"，人们自然想起美国总统艾森豪威尔（Dwight Eisenhower）1954年4月6日在记者招待会上的讲话，但是作者在研究中发现，早在1950年2月的美国国家安全委员会第64号文件中，美国的战略家们就提出，如果印度支那被共产党所控制，"那么，相邻的泰国和缅甸也将落入共产党的统治之中。东南亚的力量平衡将遇到严重危险"（第158~179页）。由此说明这一"多米诺"想法绝非一时之念，而是由来已久。

1949年底1950年初，中国领导人毛泽东第一次访问苏联。斯大林一度冷淡毛泽东，苏联的媒体也没有报道他的活动。当时西方的媒体甚至猜测说苏联把毛泽东软禁了，以此来挑拨中苏关系。这里面有没有美国政府在插手呢？作者从美国的档案中果然发现，是艾奇逊两次密电美国驻法国大使，要他尽快把大量谣言传给《纽约时报》驻巴黎的名记者苏兹贝格，由他在《泰晤士报》上发文渲染中苏分歧（第8页）。这个小插曲揭露了美国为了挑拨中苏关系不遗余力，也暴露了美国官方和标榜独立的新闻界之间相互利用的关系。

作者的史识还表现在他非常注意追溯现实问题的历史根源。以台湾问题为例，作者详细叙述美国卷入台湾的整个过程，抓住了美国对台政策的连续性这个特点。从作者的研究中可以得出这样的看法：美国实际上一直在谋求台湾海峡不战不和不统的局面，避免卷入战争，从而维护自己的灵活地位。

1950年6月朝鲜战争一爆发，美国民主党总统杜鲁门（Harry Truman）就派第七舰队侵入台湾海峡，阻止中国解放台湾，同时也不许台湾反攻大陆。共和党总统艾森豪威尔上台后，在1953年2月初下令停止第七舰队的"中立巡逻"，实行著名的"放蒋出笼"的政策。但实际上，美国仍警告台湾，台湾当局如果未获美国同意便主动进攻大陆的话，美国将不承诺帮助台湾抵抗大陆的反击。1954年第一次台湾海峡危机时，艾森豪威尔再次表示美国不能因为金门、马祖而卷入与中国的战争，但也不能在炮火下放弃这些岛屿而示弱（第 225 页）。1955 年的美蒋《共同防御条约》及其换文明确规定，台湾对大陆动武必须得到美国的同意，且美国不承担保卫金、马等沿海岛屿的义务。

在"套住"蒋介石集团后，美方在随后的中美日内瓦大使级会谈中，又想限制住中国的政策选择，它提出要中国发表一个说明，表示除防御外将不在台湾地区使用武力。作为交换，美国也准备发表一个相应的声明（第 308 页）。第二次台海危机时，美国压蒋从金、马撤军，也是为了避免"引火烧身"。这一历史的追溯有助于我们更全面地理解为什么美国在 1972 年、1978 年和 1982 年中美三个联合公报的谈判中，一再坚持要中国承诺和平统一台湾，干涉中国统一方式的无理做法。

二

虽然中美关系是一种双边关系，但由于东西方冷战的背景，必然牵涉双方的盟国。只有注意到多边关系，才能更好地认识中美双边的关系。因此，作者不是孤立地讨论中美关系，而是把中美关系放在多边关系的背景中进行考察。比如，在谈到 1949～1951 年美国分离西藏的图谋时，作者特别注意到美英、英印和美印的相互关系对美国的影响和制约（第 132～142 页）。在论及 1954 年讨论印度支那的日内瓦会议时，作者不仅分析了西方阵营（美英法三国）的重重矛盾，也探讨了中国、苏联和越南的不同意见和主张（第 161～168 页），突出了历史的复杂性。

在所有影响中美关系的第三国因素中，苏联最为重要。正像 20 世纪上半叶的中美关系必须考虑日本因素一样，下半叶的中美关系不能不注意苏联的存在，因此作者对中苏关系给予了特别的关注。在第七章"转折的前奏"，作者对中苏关系由同盟转向对抗的前因后果和来龙去脉叙述得非常清楚，并且是难得的客观和冷静。作者总结道："中苏同盟是靠两根纽带维系的。其一是战略合作，其二是共同的意识形态。中苏在战略合作方面的分歧是引发意识形态争论的关键原因之一，伴随着战略合作衰落而愈演愈烈的意识形态论战则彻底摧毁了中苏同盟的战略纽带。60 年代初期的中苏关系就是在这种恶性循环中走向最终破裂的"（第 437 页）。这一见解平衡了战略合作和意识形态两种因素，洞察了两者的互动关系，极有见地。

作者对中越两国的共同利益和分歧，双方的合作与摩擦，也给予了相当客观的分析，摆脱了国内某些研究论著出于宣传需要而形成的一些成见。比如，作者客观地指出，出于对苏联的深深怀疑，中国拒绝了苏联在1965年2月柯西金总理访华时提出的在援越问题上相互协调的建议，拒绝了苏联借道中国增加对越援助的要求，并向越南表示坚决反对苏联志愿人员参加越南作战。"中国阻止苏联插手和利用越南问题，根源在于中国这一时期的对外政策，它所产生的实际效果难免引起越南方面的反对"（第470~471页）。

仅就其内容而言，第七章这两节写得极为精彩。作者并不是中苏关系和中越关系的专家，但这部分内容与专门论述中苏、中越关系的论著相比，毫不逊色，可以说是目前国内所能见到、根据相对充分资料所作出的最公允的论述。这也证明外交史学术研究的相通性，即只有掌握最充分的资料，才有可能作出最好的研究。在外交史研究领域中，舍此别无捷径。但这部分内容作为中美关系走向缓和的背景，就显得过于详尽了。中苏关系一节占了25页的篇幅（第424~449页），接下来的中国外交政策调整的另外一个也牵扯到苏联的背景——中国对越南的援助一节（第449~474页），又是25页，这部分作为背景铺垫显然太臃长了，给人以喧宾夺主之感。

1950~1960年代中美的军事对抗，主要是在朝鲜半岛、台湾海峡和印度支那三个方向展开的。而国内外学术界了解最少的是在印度支那的对抗，因此，作者特别辟出第六章"危机的年代"（第351~422页）来专门叙述，对美国卷入越南以及中国的反应进行了非常细致的描述。在作者看来，中国在1965年前成为越南的最大援助国，主要有两个原因。"对中国来说，北越赢得抗美战争的胜利，除了安全重要性外，还具有双重的政治意义——既证明美帝国主义是'纸老虎'，也证明苏联'现代修正主义'理论的错误和失败"（第393页）。这一分析比较好地说明了为什么中国在国内资源相当有限的前提下，仍然会倾全力援助越南。

但和第七章一样，这部分所占的篇幅太多了。第一节"印度支那危机"和第二节"美国军事干预越南和中国的反应"基本上是背景，就连第三节"中美在印度支那的对抗"，有关中国的内容也只有一半的篇幅。而且，很多内容与第七章重复。背景铺垫过长，且有重复，是由于这两章的执笔人分工不明，而主编又不忍心削枝强干大加删改的结果。这个问题的最好解决办法是把第六七两章合并。原因很简单，它们所涉及时期接近，都是50年代末到60年代，主题也一致，讨论的是中美在印度支那的对抗以及由此引起的中苏越三国间的关系。

除了这一结构安排的缺陷外,作者对50年代中美日内瓦大使级会谈的国内因素分析得不够透彻。虽然作者提到了毛泽东1955年"和平为上"的思想,指出是中国代表团在1954年日内瓦会议上采取主动,寻求与美国改善关系的机会,建立起中美领事接触(第279~280页),但对中国采取主动的实际考虑交代还是不够。实际上,章百家先生曾对此有令人信服的分析:"第一,抓住时机,争取缓和同美国的关系;第二,有利于分化美国及其盟国;第三,在朝鲜问题和印支问题解决之后,防止台湾问题固定化。事实上,最后一点是最重要的"。①

为了打破因为台湾问题而造成的日内瓦会议毫无进展的僵局,1956年8月,中国政府单方面解除了不许美国记者入境的禁令,邀请15家美国重要的新闻机构派记者来华访问。美国政府开始出于敌视中国的考虑,拒绝了新闻界的申请。因为当时的美国国务卿杜勒斯(John Dulles)担心,如果允许记者访华,传教士、商人和游客就会接踵而来,提出访华申请,同时也会引起美国的盟友台湾和其他反共政权的误解(第317~319页)。但一年后,同一个杜勒斯又突然同意24名记者来华访问,对这一变化,作者分析认为是美国国会和新闻界压力的结果。这固然不错,但忽略了中国国内政治的新变化。贾庆国教授的分析可能更全面些:"当杜勒斯觉得不得不改变[拒绝美国记者访华申请]政策的时候,中国国内的政治形势发生了剧烈的变化"。反右运动代替了百家争鸣和百花齐放。"这一发展对杜勒斯来说是来得正是时候,因为在这种情况下杜勒斯就不必担心去中国访问的美国记者会给中国说什么好话了。"② 从表面上看,是因为美国拒绝中国新提出了的对等条件,即美国也同意中国记者访美,从而使"五十年代中期中美之间一场可能的文化交流失之交臂"(第323页),但主要原因还是,此时的中国政府"对单方面允许美国记者访华已经失去了兴趣。经过两年之久的谈判,它对通过谈判改善中美关系已经失去了信心"。③

在史料的运用上,作者已经做得非常出色,但还是有可探讨的余地。在论及中国参加朝鲜战争的决策过程时,存在着若干问题。其一,仍然用

---

① 章百家:《变动中的国际环境与中国对美政策1954~1970》,姜长斌和罗伯特·罗斯主编《1955~1971年的中美关系——缓和之前:冷战冲突与克制的再探讨》,世界知识出版社,第179页。此书1998年才出版,未及列入《中美关系史》的参考书目。
② 贾庆国:《未实现的和解:中美关系的隔阂与危机》,文化艺术出版社,1998,第224页。
③ 贾庆国:《未实现的和解:中美关系的隔阂与危机》,第225页。

1950 年 10 月 2 日毛泽东致斯大林的电报来说明中国的参战决定（第 24 页），这个电报最早收录在《建国以来毛泽东文稿》中，但现在已有充足的材料证明这个电报并没有发出去（第 24 页）。① 其二，由于认定毛泽东 10 月 2 日就通知斯大林中国的参战决定，作者就不得不说明为什么周恩来 10 月 8 日访苏时中国并没有作出最后的出兵决定。为此，作者只好从一本非学术著作中转引了一份苏联通过其驻华使馆给中国的函件，称苏联改变原来出动空军配合中国军队入朝参战的承诺，空军暂不出动。② 在这种情况下，"毛泽东决定暂缓出兵，并派周恩来访苏与斯大林商讨"（第 25 页）。这里又产生三个小疑点。首先，这个材料既没有标明日期又没有原始出处，可信度较低；其次，如果 10 月 2 日苏联知道中国还没有决定参战，苏联也就没有必要通知中国它的这个决定；最后，周恩来出访在 10 月 2 日的苏联版电报中已提到。

---

① 这份电报以《关于决定派志愿军入朝参战问题》为标题最早收录在《建国以来毛泽东文稿》第 1 册（中央文献出版社，1987）第 539～541 页，后又收录在《毛泽东外交文选》第 139～141 页。编者在题解中称"这是毛泽东致斯大林电报的主要部分"。因此，海内外的学者便认定 10 月 2 日中国已向苏联明确表示了派兵抗美援朝的决定。但 1995 年末，美国威尔逊国际学者中心国际冷战史项目在整理俄罗斯提供的苏联有关朝鲜战争档案中，发现了一份 10 月 3 日苏联驻华大使罗申致斯大林的电报，全文转达了毛泽东 10 月 2 日给斯大林的回电。毛泽东在电报中称，由于种种困难，中国领导人经过讨论，"初步"决定暂时不派兵援朝，并打算派周恩来去莫斯科与苏联方面进一步讨论援朝问题（俄罗斯总统档案馆，全宗 45，目录 1，案卷 334，第 105～106 页，原件影印件和英译稿见 Cold War International History Project Bulletin, Issues 6-7, 1996, pp. 114-116）。这份电报与上述电报不仅日期相同，而且在谈到中国参战的困难时也非常相似，唯一不同的是最终的决定：一个决心参战，一个暂不参战。由于苏联的电报是原件，而中方电报经过删节，再加上周恩来赴苏后，与斯大林讨论的最初结果是中国暂不参战，因此西方学者宁可相信苏联电报的真实性，而对中方电报的真实性有所怀疑。当时，CNN、《华盛顿邮报》等美国的主要媒体纷纷报道此事，有的甚至怀疑起中国公布文献档案的动机和它的可信度。这就是在国际学术界轰动一时的 10 月 2 日电报之争。当时正好是沈志华先生、陶文钊教授和笔者等一批中国学者去香港参加威尔逊中心召开的"亚洲冷战"研讨会的前夕，沈志华先生特请《建国以来毛泽东文稿》的编辑单位中共中央文献研究室的研究人员核对中方电稿原件，结果发现这份电稿上并没有已发出的签章。据此，沈志华先生在讨论会上做了说明，多少平息了一场风波。沈志华后撰文详细介绍和分析了这一事件，参见《毛泽东派兵入朝作战的决心——就 10 月 2 日电报答俄国学者的质疑》，《国外中共党史研究动态》1996 年第 2 期，英文稿见 Cold War International History Project Bulletin, Issues 8-9, 1997, pp. 237-240。1999 年出版的《毛泽东文集》第 6 卷（中共中央文献研究室编）在收入这份电稿时，特注明"该电报没有发出"。

② 陶书是从中国退休外交官李连庆大使的《大外交家周恩来》之第一部《执掌外交部》（香港天地图书有限公司，1994）第 149 页上转引这个材料的。

除了利用美国政府编纂的官方史料丛书外，作者还尽可能参考海外学者发掘出的新史料。在研究第二次台湾海峡危机时，就利用了美国学者舒曼发表在《美国-东亚关系学报》（第3卷第4期）上的新研究（第247页）[1]；谈到美国对中国60年代核试验的反应时，利用了威尔逊中心国际冷战史项目研究公报上发表的文章（第491页）[2]；在论及尼克松-基辛格对华外交时，利用了美国民办的国家安全档案研究所编的《基辛格密档》[3]（第549页）和1999年刚面市的、洛杉矶时报的外交记者詹姆斯·曼的中美关系新著《脸面》[4]（第516页）。

尽管如此，在研究文献的收集上还是有所疏忽。比如，作者提到了英国知名外交史学者富特的两本专著《错误的战争：美国政策和朝鲜战争的多相度》和《替代胜利：朝鲜停战谈判中的媾和政治》[5]，但似乎没有参考她最新的一本且与本书题材接近的研究美国对新中国政策的著作《实力的实践：1949年以来美国与中国的关系》[6]。另外，贾庆国、郝雨凡这两位从美国获得博士学位的中国学者，1998年也分别出版了他们在博士论文基础上修改的论著[7]，可能由于时间的原因也未在主要参考书目中出现。

（陶文钊：《中美关系史1949～1972》，中国社会科学出版社，2007）

（原载《世界历史》2002年第3期）

---

[1] Appu K. Soman, "Who's Daddy in the Taiwan Strait? The Offshore Island Crisis of 1958", *The Journal of American East Asian Relations*, Vol. 3, No. 4, 1994.

[2] David Wolf, *Selected Recently-declassified U. S. Government Documents on American Policy toward the Development of Atomic Weapons by the People's Republic of China, 1961 - 1965*, Washington, D. C., 1996.

[3] William Burred, ed., *The Kissinger Transcripts: The Top Secret Talks with Beijing and Moscow*, New York: The New Press, 1988.

[4] James Mann, *About Face: A History of America's Curious Relationship with China*, New York: Alfred A. Knopf, Inc., 1999.

[5] Rosemary Foot, *The Wrong War: American Policy and the Dimensions of the Korean War*, Ithaca: Connell University Press, 1985；*A Substitute for Victory: The Politics of Peacemaking at the Korean Armistice Talks*, Ithaca: Connell University Press, 1990。作者后一本书的把出版年代也误为1985年，见第61页注1。

[6] Rosemary Foot, *Practice of Power: U. S. Relations with China since 1949*, Oxford: Oxford University Press, 1995.

[7] 贾庆国：《未实现的和解：中美关系的隔阂与危机》，文化艺术出版社，1998；郝雨凡：《美国对华政策内幕》，台海出版社，1998。

美国为什么会在中国失败？

——评《美国对华政策的缘起和发展（1945～1950）》

从本书的题目就可以看出，作者不仅希望寻求 1945～1950 年美国对华政策的动因，而且也试图勾画这一政策的变化与发展，从动态中来寻求历史的真实。作者把美国对华政策放到了当时整个国际格局即美苏"冷战"的背景中予以考察，由此获得了一种较为开阔的研究视角。在这一格局中，美国整个外交政策基本上是从对苏战略出发，把包括中国在内的战后民族解放运动和社会革命浪潮均视为苏联操纵和影响的结果，从而在根本上丧失了其对华政策的灵活性。因此，马歇尔从一开始便失去了作为一个调停人所应具有的客观公正性。如果说美国政策中表里不一的矛盾就已经足以使这次调处万难成功的话，那么，美国政策与中国现实的差距更决定了这一调处失败的结局。在作者看来，马歇尔使华的实质是希望以社会改良的方式代替社会革命，从而支持并帮助蒋介石建立一个统一、稳定，更重要的是对美国"友好"的政府。但这仅仅是一厢情愿，与中国实际相距太远。首先，实行独裁统治的国民党政府并不想进行任何真正的改革，组成一个民主的联合政府。同时，广大的中国人民已经无法再忍受国民党的反动统治，他们寄希望于符合民心深得民意的中国共产党及其领导的人民武装力量。面对这种一触即发的内战危机，美国政府处于一种进退两难的困境。为了反共，它不能放弃蒋介石政府，尽管它腐败无能；为了与苏联争夺欧洲，它又不能全力支持蒋介石打内战；它想扶植所谓"中间势力"，但后者力量太弱太小。针对马歇尔调处的失败，作者借用了一位美国历史学家对赫尔利调处的评论："他的失败不光是他个人的失败，这种失败根深蒂固地存在于中国的现实与美国政府的矛盾性质之中。"

作者的研究不是到此为止了，如果那样的话，历史发展的必然性就会带有一种宿命论的色彩。作者还非常精细地分析了美国对华政策形成和发展过程中的种种可能性和若干选择，既勾画了美国扶蒋反共政策从犹豫到决断、从含糊到明确的曲折的变化脉络，又剖析了这一政策的决策过程。过去国内一些学者研究这一时期美国政策时，常以援蒋反共政策一言以蔽之，不大注意根据美国国内政治的特点具体分析政策的变化发展，以及在决策过程中诸多角色如总统、国务院、军方、国会和国家安全委员会等所起的作用。在作者看来，正是这些决策机关和决策者，根据美国国内外的各种因素，制订出自认为对美国最有利的政策。把国际关系研究中的决策理论有意识地用于分析外交史，显然会有助于认识历史发展的复杂性和丰富性。

在严格按时间顺序叙述完 1945～1950 年美国对华政策之后，作者笔锋一转，又写了"台湾""国会和援蒋集团的作用"和"司徒雷登大使的梦想与现实"三章。这三章在时间上与前面内容不很连贯，但却补充了前面内容的某些不足，同时突出了这部分内容的重要性。在笔者看来，它们和"马歇尔调停"两章一起，构成了全书最精彩的部分，不仅具有学术价值，而且也有一定的现实意义。

从美国对华政策史来衡量，此书的一大弱点是没有研究这一时期美国对华经济和文化政策。作者对战后中美关系最重要的一章，也最能体现美国政策扩张实质的《中美友好通商航海条约》（即《中美商约》）只字未提。当然这一时期中美关系头绪太多，内容庞杂，研究工作远非一人一时所能完成，或许需要一代人的共同努力。

在材料方面，非常可惜的是作者没能够利用台湾地区 1982 年出版的重要档案汇编——《中华民国重要史料汇编》一书中有关外交方面的内容，因而作者所运用的中文文献质量远较美方文献逊色。写作上的笔误和研究上的疏忽也给本书造成若干疵点。例如，第 43 页 "1945 年 8、9 月共空运 14 万人到东北"，应为"华北"；第 116 页 "1946 年 8 月美国向中国出售剩余物资，最后中方实付 1.75 亿美元"，不准确，应改为"中国需付 2500 万美元"，因为其中 1.5 亿美元已与美军战时在华开支相抵销，而所剩 2500 万美元作为美国以后在华进行文化教育活动的基金，因此，中方实际上一分钱都未付。

[资中筠：《美国对华政策的缘起和发展（1945～1950）》，重庆出版社，1987]

（原载《中国图书评论》1990 年第 6 期）

对自由永无止境的追问和追求

——读方纳《美国自由的故事》

没有哪一个国家像美国那样把自由奉为神明。1776年的《独立宣言》把"自由和生命、追求幸福一起视为人类不可剥夺的权利"。而延续至今的1787年《美国宪法》则明确宣称，要确保美国人"自由的赐福"。第二次世界大战中，美国总统罗斯福又以"四大自由"（言论自由、信仰自由、免于恐惧的自由和免于匮乏的自由）来鼓励人们反法西斯的斗志。在长达近半个世纪的冷战当中，美国在保护"自由世界"的旗号下，东征西讨，充当世界警察。但极具讽刺意味的是，这个以自由的国家、自由的土地自居的国家又有太多剥夺自由、践踏自由的现象。美国建国之父华盛顿和杰斐逊都是奴役黑人奴隶的大种植园主。内战对黑奴的解放并没有能够保证他们不受歧视和享有平等权利。作为"自由世界"的盟主，对内，美国不得不尴尬地面对美国南部种族隔离制度；对外，则支持众多的反共独裁政权。

如何解释自由的理想与社会历史现实之间存在着的这一巨大的鸿沟？美国哥伦比亚大学历史系讲座教授、美国历史学会现任主席方纳教授的大作《美国自由的故事》试图说明这一难题。

在方纳教授看来，与其抽象地讨论自由，还不如把自由这一主题放到特定的历史环境中，告诉读者在美国历史的不同时期，人们是如何看待和实践不同的自由观念，主流的观念和反抗的观念之间的相互冲突又是如何不停顿地重塑自由的内在含义的。因此，自由含义的建构不再仅仅是国会的辩论和社会精英的论说，它同样形成于南方的种植园，北方工人罢工的纠察线，形成于普通人家的客厅和卧室。这样，美国自由的故事就拥有了各种各样的人物，从哲人杰斐逊到生育控制的先驱玛格丽特·桑格，从富兰克林·罗斯福到内战中的黑人战士。

与美国诸多的以自由为题的历史著作不同,方纳教授的大作不是简单的编年史或思想史,而是把自由的观念看作是一个不断变化、一个被他称为"本质上是需要质疑的概念"。因此,在他的笔下,自由的故事变成了"辩论、异议和斗争的传奇,不再是一组一成不变的概念,或通向某一预定目标的不断递进的叙说"。作者力图以自由为主题,来重新阐述美国历史,从而把原来被人们忽略的问题突出出来,同时赋予旧的议题以新的含义。在他看来,自由概念演变的历史是理解美国社会和政治运动的关键。它能够表明,在历史的重要时期诸如美国革命、南北内战和冷战,自由的口号和思想渗透到社会的每个角落,从而永久地改变了美国的政治文化。因此,作为单一的概念,美国历史上没有哪一个概念能像自由的概念及其演进那样折射出美国丰富多彩的成长经历。

那么,究竟什么是美国人的自由观呢?方纳教授的研究发现,美国人的自由观实际上包括了四方面的内容:政治自由,或曰参政权,即参与公共事务的权利;公民自由,或曰个人反对外来权威的权利;道德或基督教的自由理念,自由首先意味着符合道德标准的行动及能力;经济自由,那些构成个人在其劳动和工作生活自由的经济关系。不过,他也强调,美国自由观的这四项内容既不是一成不变的,更不是相互独立的,它们在美国人争取自由的斗争中不断地得到重新定义和重新解释,如果说有什么东西不变的话,那就是美国人对自由持续不断地辩论和重新理解。

正是在不停顿地争取自由的斗争中,自由的界限随之扩大了,越来越多的人享受到越来越多的自由。通过独立革命,美国建国之父从英国人那里获得了决定自己国家命运的权利,但在他们"人生而平等"的口号里,并不包括黑人奴隶;是那些勇敢的废奴主义者把人身的自由最终带给了黑奴;20世纪美国妇女地位的空前提高也是几代美国女权主义者争取自由的斗争结果。

历史似乎表明,美国人的自由历程是一个逐步进步的过程。但方纳教授却不这样认为,在他看来,自由既可以争取到,那么,也就有可能被剥夺。"自由的故事不是一个有预定开始和结束的神话传奇,而是一部充满成功和失败的尚未结束的历史,一项人们永远追问他们政治文化中核心思想的记录。"

(埃里克·方纳:《美国自由的故事》,王希译,商务印书馆,2002)

(原载 2003 年 1 月 16 日《新快报》)

由富到强的大国成长之路
——读《从富到强：美国世界作用的不寻常的起源》

在南京大学中美文化研究中心最近举行的一次中美文化关系讨论会上，学者们专门讨论了中国知识精英的美国观。自清末以来，在中国知识精英的眼中，美国有着持久不衰的魅力，其原因在于美国富裕而又强大的现实正是中国许多知识分子追求的理想。的确，在20世纪世界历史中，美国将经济上的富裕与政治上的强大较好地结合在一起。但在19世纪后半叶，情况却不是如此。南北战争以后，美国迅速工业化，成为当时世界上三四个最富裕的国家之一，但它在世界政治上的影响力却囿于美洲大陆，一直到1898年它在美西战争中获胜，美国才成为世界性大国。历史学家总是在问美国为什么会在1890年代开始扩张，大部分政治学者会回答，这是鉴于国家经济实力决定其海外政治利益的法则。还有更有意思的提问是美国为什么没有扩张得更多，扩张得更早，美国政治学者法里德·扎卡里亚（Fareed Zakaria）的新作《从富到强：美国世界作用的不寻常的起源》就试图解释这一问题。

根据国际关系中的经典现实主义理论，一个国家的利益通常是由它在国际体系中的相对实力地位（主要是它的物质力量）决定的，当它扩张的成本和风险低于它的收获时，它总是要扩张的。扎卡里亚认为这一理论不适用于美国，因为这种把国家实力看做是决定一国外交政策最重要因素的观点忽略了一个基本事实，那就是外交政策不是由一个作为整体的国家决定的，而是由政府决定的。简言之，国家政权（state power）而不是国家实力（national power）决定了一国的外交政策。他把这种注重政府特别是政府当中主要决策人的研究方法称为政府中心取向的现实主义，他坚持能力决定意向的现实主义原则，但强调国家实力的适用性受制于政权结构。国家政权的结构、规模和能力是解释一个国家是否积极卷入国际政治舞台的关键因素。

根据这一理论方法，扎卡里亚具体分析了从 1865 年美国内战结束到 1909 年西奥多·罗斯福总统任期届满这一时期美国作为一个大国的成长过程。在内战后的十几年里，美国开始了财富急剧积累的进程，但建立在这一国家实力基础之上的却是一个软弱的国家政权。作为外交政策的最高决策者，美国总统和国务卿尽管一再试图把日益增长的国家实力转化为在海外的政治影响，但是，他们所控制的远非强大的联邦政府机构和微不足道的官僚机器既不能从各州政府那里得到人力和物力的支持，也得不到整个社会对其政策意向的认可。甚至在联邦政府中，国会如果不是一贯的话，至少也是经常妨碍总统意志的执行。它拒绝通过有关文官制度和军事制度改革的立法，参议院还否决了几起行政部门提出的领土兼并议案。这一时期总统权力处于美国历史上的最低点。美国此时是一个不同寻常的列强——经济上的大国、政治上的小国（a strong nation but a weak state）。

19 世纪的最后 10 年标志着现代美国国家政权的出现。在很大程度上，它的出现是为了应付由于工业化而造成的各种国内压力。管理日益庞大、不断增长的国民经济的迫切性以及国会追求国家最高权力的失败，最终使得联邦政府建立起更多中央集权、较少党派政治的政权结构。作为唯一由全国选举的行政官员，总统的权威得到了强化。国家政权结构的这种转型适应了国家实力的持续增长，到 19 世纪 90 年代中期，行政部门已经能够绕开国会或迫使它同意在海外扩张美国的利益。1898 年美西战争的辉煌胜利不仅向海外而且也向美国国内显示了美国强大的实力。由于打败了一个欧洲大国，美国加快了它的扩张步伐，以前酝酿了几十年的扩张目标，诸如兼并夏威夷和萨摩亚，现在几个月就实现了。

美西战争期间的威廉·麦金莱政府标志着美国现代总统制的诞生，其特点就在于国家行政部门主动推行一项积极进取的外交政策，20 世纪的美国历届总统几乎无一例外地继承了这一传统。继麦金莱之后的西奥多·罗斯福总统，广泛地用总统行政协定来代替需要参议院批准的条约，由此来扩大总统的权力。而一向信奉国会政府的伍德罗·威尔逊在当选总统之后，成为美国外交政策独断专行的决策者和扩张主义者。

作为政治学者，扎卡里亚对美国扩张主义起源的探讨并不仅仅出于学术的兴趣，更多的是源于他对现实世界的关注。在他看来，在人类的历史上，几乎没有其他的国际事件会像大国崛起那样对国际格局产生重大影响。两千多年前的伯罗奔尼撒战争就是由于雅典的崛起而造成的，而 20 世纪的两次世界大战都与德国的强大有关，因此列强俱乐部成员的每一次增减都会造成全球的不稳定甚至是战争。在 20 世纪即将结束的时候，统一的德国、富裕的日本和复兴的中国都开始了由富到强的大国成长的必由之路。国际社会只有恰当地理解和处理大国的崛起，这种大国的权力转型进程才可能是平稳与和平的，而各种误解和处置失当，则会给人类社会造成灾难性影响。

扎卡里亚的研究应该说是很有价值的，因为他探讨了富国如何把其国内经济财富转化为海外政治影响从而使自己成为大国（great power）这一国际关系的重大问题。但是，作为政治学者，他过于强调这种转型的普遍性，不切实际地试图找到它的内在规律。实际上，美国 19 世纪后半叶迟迟没有进行海外扩张的原因不仅仅是因为美国国家政权软弱，也是因为在 19 世纪 90 年代以前美国有广袤的西部可以开发，从而减轻了向海外扩张的压力。同样，美国走向海外扩张的时候，正好是帝国主义争先恐后瓜分殖民地的特定历史时期。从这样的历史经验出发，来推断 21 世纪大国的崛起也会造成全球的不稳定，显然缺乏说服力。因为全球化所造成的政治上的相互影响和经济上的相互依赖在一定程度上正在改变迄今为止大国关系中你输我赢的零合角逐模式。特别是各种国际组织、体制和机构的存在，大大增加了大国间对话、交流、磋商、协调和合作的渠道与机会。尽管如此，我们中国学者仍然可以从扎卡里亚的研究中得到有益的启示，那就是在中国海外经济利益日益增长特别是香港回归以后，中国该如何利用它的财富来扩大它在世界舞台上的政治影响，如何利用这种政治影响来保护和促进它的海外经济利益和侨民的生命财产。美国著名国际问题学者迈克尔·曼德尔鲍姆（Miehael Mandelbaum）曾说过，任何强国都是一样的，"它们扩张，它们派自己的士兵、舰船和公司代表到海外。它们打仗、防卫边界，管理着与它们的首都有着远为不同的语言、习惯和信仰的人民和领土。它们以各种不同的方式影响着外国人。强国可以制于他国而不被他国所制（The strong do to others what others cannot do to them）"。纵观世界现代史，曼德尔鲍姆所言极是。不过，当具有 5000 年文明历史的中国屹立于世界强国之林时，这个东方大国必定会给一直由西方主导的国际体系带去新的观念与价值，强国也将被赋予新的含义。

(Fareed Zakaria, *From Wealth to Power: The Unusual Origins of America's World Role*, Princeton University Press, 1998)

(原载《世界知识》1998 年第 18 期)

邓蜀生新著《罗斯福》

这是一本一看封面就喜欢，一读内容就放不下的书。作为"世界名人传记"丛书的一本，邓蜀生的《罗斯福》一书一下子就把我吸引住了。

美国第 32 届总统富兰克林·罗斯福这个名字对中国读者来说并不陌生，但对他的了解不是来自"正统的"历史教科书，就是源于《战争风云》这样的文学作品。他的形象常常是不完整和不真实的。这个人太重要了，对美国来说，"他推翻的先例……他打破的古老结构比任何人都多，他对美国整个面貌的改变比任何人都迅猛而激烈"；对世界而言，他是第二次世界大战中反法西斯同盟的主要组织者和领导者，他参与设计和创造的"联合国"和"雅尔塔体制"至今还影响着世界。这个人太复杂了，是他实行所谓"新政"，在一定程度上使美国加速摆脱了"大萧条"，从而维护了美国民主制度；但也是他，下令进行非法窃听和邮政检查，成为"水门事件"之先声；是他在为所谓世界民主事业，免于匮乏和恐惧的自由而努力同时，却同意把日裔美国人驱赶到集中营，并拒绝走投无路的犹太人大量进入美国；是他把美国人民一步一步带入到反法西斯战争之中，但也是他在德国潜艇攻击美国船舰问题上大做文章，制造舆论，进而为以后美国另一位总统约翰逊制造对越南宣战的"东京湾事件"提供了先例；是他竭力维护反法西斯同盟的团结，力促胜利早日到来，但也是他在雅尔塔会议上牺牲小国弱国利益，从而破坏了自己倡导的原则。如此重要、如此复杂的历史人物，在作者笔下变成一个可以理解、可以认识的历史人物，这无疑是需要渊博学识、敏锐眼光和生动文笔的。

英雄史观认为，历史只不过是伟人的传记。但我们相信，伟大人物的传记只是历史的部分而已。伟人之所以成为伟人，恰恰是由于时代的结果，即所谓时势造英雄。因而，传记不仅使我们了解伟人的活动，而且也从中认识了时代，并培养了一种正确的历史观。《罗斯福》一书的成功之处就在于在历史广阔的背景下，作者勾画了自己主人公的素描，从而使这本书的容量超出了主人公的事迹，而多少成为一部丰富多彩的美国现代历史。不是吗？读者可以从书中看到：一个典型的美国掌握者的培养方式——英国式的贵族子弟寄宿学校，然后是所谓"常春藤大学"——哈佛大学和哥伦比亚大学，出来后就成为著名律师事务所的律师，操纵政党机构的政客；到处是司空见惯、寡廉鲜耻的政治权术和官场弊端；错综复杂的政界、商界、舆论界的权势网络；冠冕堂皇的政治口号、道义原则和自私自利的价值考虑、决策选择。

《罗斯福》一书另一特点是研究性与普及性结合，学术性与可读性结合，根据外文材料写成的外国名人传记能这样富有"中国味"，实在难能可贵。材料基本笔笔有出处，并附有详尽的"参考书目举要"，为研究者提供了进一步研究的线索。为方便读者研读，作者还编有"罗斯福生平及主要活动简表"和书中"部分人物简介"。不过书中也有明显的漏洞，即在正文中只字未提罗斯福是怎样、在何时何地去世的。作为一本传记，缺少了主人公的结局，很难说是完整的。尽管如此，此书仍然是一本不可多得的雅俗共赏的传记。

（邓蜀生：《罗斯福》，浙江人民出版社，1985）

（原载香港《读者良友》1987年5月号）

克林顿的政治人生与性格缺陷

——读《我的生活》

对于一个想猎奇的读者来说,《我的生活:克林顿回忆录》多少令人失望:一千多页的篇幅太冗长了,无数的外国人名,更是令人望而生畏,即使对像我这样专门研究美国的学者来说,其大部分内容也相当乏味。像所有名人的自传一样,《我的生活》充满了鸡毛蒜皮的生活小事,流水账式的起居注,纷乱复杂的政治内幕。即使是竞选总统这样的大事(克林顿为此耗费了78页的篇幅),与莱温斯基偷鸡摸狗这样的性丑闻,对中国读者也未必有吸引力,因为它们或者太琐碎,或者太含糊。但即使如此,这本书依然值得一读,特别值得公职人员读,因为这是探究美国政治运作内幕,认识美国社会奇特本质,体验媒体舆论超凡力量,感受政治人生喜怒哀乐的绝好读本。

政治家的回忆录总是集中在他们过五关斩六将的成功上,即便提到走麦城,也总是百般辩解,归咎他人。克林顿的回忆录也不能免俗。对自己的国内政策,诸如八年总统任上消灭4万亿美元赤字,刺激美国经济增长,关心下层民众疾苦,推动社会福利和医疗改革,改善美国公共教育,加强枪械管制,保护自然环境,他是津津乐道;对自己的外交努力,诸如推动中东和平,扶助叶利钦政权,制止波黑内战,参与北爱尔兰和平进程,打击伊拉克和恐怖主义,轰炸南联盟,倡导国际合作应对全球化问题,他更是不惜笔墨。这些"表扬和自我表扬"除了为研究者提供了某些决策内幕外,并没有多少新鲜内容,因为这些"宏大叙事"也可以从学者的研究中获得,而且其视野可能更为开阔,其叙事可能更为客观。回忆录最迷人的地方是它提供了一个让人有现场感、亲切感甚至是震撼感的"个体叙事",克林顿回忆录中最具色彩和魅力的就是这一部分,这也是本文为什么舍弃克林顿任上的重要公务和主要政绩，专注其人格特性的原因。

克林顿生下来就是个遗腹子。为生活所迫，27岁的寡母嫁给了一个卖汽车的小老板。这位姓克林顿的小老板，已经年逾四十，离过两次婚，而且是个酒鬼。在《我的生活》中，克林顿三次记载了自己亲眼看见的继父对母亲施暴的情景：一次开枪，一次拳打脚踢，一次剪刀威胁，时间跨度从克林顿9岁一直到他上大学一年级。因为家庭暴力，克林顿的母亲一度离婚，但因为生活所迫，后又复婚。

克林顿的生父是个二战老兵，1946年死于车祸，年仅28岁。克林顿当选总统后，经过记者追根溯源，才揭露出克林顿的生父在与克林顿母亲结婚前，已经结过三次婚，至少有两个孩子。可见，此公也非一个负责任的丈夫。克林顿的母亲是个护士，1967年，她的第二任丈夫病逝后不久，她又有了新的男友杰夫，并不顾亲朋好友的反对，第二年就嫁给了这个因股票欺诈蹲过大狱的人。才过了五年，杰夫便病逝。1980年她第四次披嫁衣时，克林顿已经是州长。在中国人看来，她实在是克夫的命，但在美国人看来，却是个永不向命运低头、永远与生活赌博的强者。

除了母亲（1994年70岁时过世）外，克林顿的其他亲人都不长寿。有养育之恩的外公外婆分别活到58岁和66岁，三个父亲分别活到28岁、57岁和58岁。为此，克林顿感慨道："我知道也许自己寿命不长，因此要尽量过好每一天。"这样的观念，鼓励着克林顿努力工作，出人头地。但同时，也可能养成游戏人生的习性。在州长任上，他就与一个酒吧歌女珍妮弗有过"不应该有的关系"，但他并没有引以为鉴。最荒唐的是，在琼斯诉克林顿性骚扰案以及特别检察官调查白水案已经闹得满城风雨时，他居然与可以做他女儿的莱温斯基在白宫办公室胡搞，这简直是往政敌的枪口上撞。事后，克林顿追悔莫及，"但我还是不能完全明白自己怎么会犯如此愚蠢的错误"。他当然不明白，因为这是他的本性所致。如果考虑到克林顿生父生母浪漫的基因，继父不负责任的行为，克林顿的行为可以说有其内在的心理惯性。在其内心里，克林顿对家庭生活没有太大的向往。在耶鲁大学法学院见到希拉里之前，英俊潇洒的克林顿虽然不乏女友，但都没有能够发展为通向婚姻的关系。他自己也承认，"我个人充满激情，有着很强的紧迫感，就我的背景而言，我从来都不知道什么是稳定的婚姻"。由于父母没有在稳定的家庭生活方面做出榜样，克林顿有这样的观念也就不足为奇了，这就为其以后公职生涯中不光彩的"亮点"留下了伏笔。

虽然不稳定的家庭给克林顿的情感生活蒙上了阴影，但是，却没有扼杀其出人头地的雄心壮志，而且，对政治他似乎有一种本能。1956年，克林顿10岁时，他家终于买了电视。与大部分小孩子沉醉于动画片不同，当时最吸引小克林顿注意的，竟是当年的共和党和民主党全国大会！"我坐在电视正前方的地板上，观看两个大会，完全被吸引住了。这听起来像是瞎扯，可在政治家的世界里，我的确有一种找到家的感受。"

于是，在高一的时候，他参加了美国军团（美国退伍军人协会）组织的模拟州政治选举的"少年州"活动，并在"竞选"中胜出，作为优胜者代表参观华盛顿的国会山和白宫，并接受肯尼迪总统的接见，留下了那张著名的握手照片。一个美国政客就这样诞生了。

当一般的富家子弟还纵情于1950~1960年代声色犬马的生活时，16岁的克林顿已经自信地认为："我清楚，在公共服务的领域内我可以出类拔萃。我最感兴趣的是人，是政治，是政策，而且，我认为不靠财富，不靠关系，不靠南方所看重的种族或其他根基，自己也能做到这一点。"于是，他申请大学时，并没有考虑常春藤大学，而是径直选择了最容易接近政治的乔治城大学外交学院。最重要的理由是它位于首都华盛顿。"只要待在华盛顿就能掌握所有的国内问题。"

一入学，克林顿就成功地击败对手，当选为新生班长。大二的时候，他利用暑假，回到家乡，为民主党候选人霍尔特法官竞选州长做义工。虽然霍尔特的竞选失败，但克林顿的聪明好学、吃苦耐劳却给他留下了深刻的印象。作为回报，霍尔特推荐克林顿去阿肯色州的联邦参议员富布赖特办公室工作。霍尔特的推荐起了作用，克林顿立马获得了参议院外交委员会的一个兼职带薪职位。克林顿记下了当时的心情："我高兴得简直要疯了。富布赖特领导的外交委员会已成为全国辩论外交政策的中心……现在我终于可以亲眼看见戏剧拉开帷幕，即使是打打下手。"

因为为富布赖特工作，克林顿理解了美国政治的实际运作，而当他要申请著名的罗兹奖学金时，富布赖特助他一臂之力，和霍尔特一起，为他写了评价很高的推荐信。当他成为1968年全美32名罗兹奖学金获得者之一时，克林顿终于跻身于美国的精英行列。他的命运从此改变。因为有罗兹学者的背景，美国最好的法学院耶鲁大学法学院向他敞开了大门。

在耶鲁读书期间，克林顿可以说是读书、政治、谈恋爱三不误，奠定了此后安身立命的基础。通过帮助1972年民主党总统候选人麦戈文竞选，他了解了全国性竞选政治的运作，建立了政治关系网；法学博士的头衔帮助他找到了家乡大学的教职，而教授职业的特性使他可以一边教书一边参与政治；娶聪明的希拉里同学为妻，不仅让他以后从政时衣食无忧，而且获得了一个终生受用的政治顾问。

在回忆录里，克林顿几次提到了 1974 年因为水门丑闻黯然辞职的尼克松。其中一处是尼克松在去世前一个月（1994 年 3 月），写给克林顿的"一封长达 7 页的非常棒的信"。当时，尼克松刚从俄罗斯旅行回来。在信中，他为克林顿的俄罗斯政策出谋划策，要克林顿莫因缠身的官司和国内事务影响优先的外交政策目标："确保俄罗斯的政治和经济自由继续下去。"在尼克松的葬礼上，克林顿赞扬道："今天，他的家人、朋友和整个国家将因为他一生的总成绩而记住他。但也有人根据与尼克松总统的一生和事业相比微不足道的事情来评价他，但愿这样的日子到此结束。"

说这话时，联邦特别检察官已经开始调查涉及克林顿夫妇的白水投资事件，正是这一调查最终扯出来他与莱温斯基的性丑闻。读到克林顿对尼克松的这段评价，突然觉得这或许也应该是对克林顿政治生涯的一个评价标准。

克林顿和尼克松都非常注意历史对自己的评价，因为一个在面临弹劾时被迫辞职，一个成为美国历史上第二个被弹劾的总统。1974 年尼克松辞职前，基辛格不得不安慰尼克松说，历史对尼克松的评价将比同代人要仁慈得多。这里虽然有拍马屁的成分，但也是基辛格作为学者的一种直觉。但尼克松马上回答说："那要看由谁来书写历史。"（Henry Kissinger, *Years of Upheaval*, Simon & Schusters, 1982, p.1209）克林顿也是如此。在《我的生活》中，他特别提到了《纽约时报》的一篇社论，称克林顿政绩斐然，"但（因为性丑闻）没能抓住似乎是唾手可得的机会成为一个真正的伟人"。接着，他自诩道："我读过足够的历史书，知道历史总是被一遍一遍地重写。"

读完《我的生活》，我发现自己成为克林顿的同情者，就像 20 年前读完《尼克松回忆录》时同情尼克松一样。因为读完之后的第一个反应是做美国总统实在是一件苦差事，既要和可能受反对党控制的国会斗（英国等议会制国家没有这个问题），还要时时刻刻回应充满敌意的媒体。一旦遇到因自身不检点而造成的问题，如克林顿的性丑闻和尼克松的水门事件，国会和媒体就会合起伙来把人往死里整，脸皮不厚实在不能做美国的总统，也难怪这两位难兄难弟都怀疑存在搞垮他们的"阴谋"。回忆录能够让读者产生对传主的同情，不能不说是回忆录的魅力所在，但转念一想，这何尝不是回忆录作者的基本目的之一呢？读者的同情完全是基于作者的一面之词，一种不知不觉的诱导。如果负责调查克林顿绯闻案的特别检察官斯塔尔出版了他的回忆录，就可能会有一个完全不同的克林顿。

（比尔·克林顿：《我的生活：克林顿回忆录》，李公昭等译，译林出版社，2004）

（原载《领导文萃》2004年第11期）

二　美国宪政史书评

一本民众的经典

——《美国最高法院》译后

经典不仅在于它深刻的思想，与众不同的见解，而且也在于表达这些思想和见解的方式。这在人文学科中尤为如此。行文如同嚼蜡的经典，如一些德国经典作家的作品，只能是一种精英的经典，而非民众的经典。经典只有被广大的一般知识人所接受、所阅读，才能成为真正有广泛影响的人文经典。读者面前的这本《美国最高法院》，可以说就是这样的经典。

本书之所以有这样的风格，是因为它实际上是作者麦克洛斯基（1916~1969）在哈佛大学政治系任教时的一个讲义。一部讲义半个多世纪后还在重印，而许许多多它同时代的那些"专著"却早已被人们所忘记，这样的对比多少可以给我们目前广泛存在的重科研轻教学的"大学病"一点启示：教学不仅可以享受到与学生对话的无穷乐趣，而且，教学的副产品同样也可以成为传之于后世的经典。

就写作而言，简洁而又不失准确是任何著述的极致。说白了，所谓的深入浅出，就是能够用三言两语把论述对象说得一清二楚。在本书中，作者对具体案情往往一笔带过，从不拖泥带水，但对其中的社会、政治、文化和法律背景，却能够用三言两语交代得极为清楚。而对法院判决的精妙，宪法原则的流变，大法官意见的弹性，能够前后对照，清清楚楚。

当我第一次阅读这本书时，就被它深深地吸引住了。毫无疑问，这是一本严肃的学术著作，但却别具一格，作者保留了授课时那种娓娓道来的叙述方式。这样的叙述方式，让读者感到作者就像一位睿智的老者，与后人一起分享他所了解的最高法院的精彩故事。如此生动的法律史著述，叫人如何不喜欢！

比如，在谈到美国内战前坦尼法院面对奴隶制的难题时，作者写道："在这些年里，正当大法官们一步步地追随着中庸之路时，他们的身旁却一直站着一个幽灵，而且，随着时间的逝去，这个幽灵的存在越来越难以忽视。它的名字当然是奴隶制。当他们想驱除这个幽灵时，最高法院便将司法神庙置于致命的危险境地，而这个神庙又是他们及其前辈费尽心血建立起来的。一时间，近七十年的劳作似乎会随着那场大屠杀［指美国南北战争］随风逝去，而大屠杀则又是接踵于司法自我约束的戏剧性失误。"（pp. 60 - 61，原书页码，下同）

在讲述美国最高法院 20 世纪初对待社会经济立法时，他以这样引人入胜的描述作为开头："1900 年，最高法院的地位多少有些像在早上刚刚受封的中世纪骑士。作为骑士的扈从，他已经经历了一个很长的见习期，守夜执勤，履行各种礼节。镀金的踢马刺和宝剑已准备就绪，前途无量。这个骑士会立即发动勇敢的进攻，将所有的'社会主义'的恶龙斩于马下，拯救所有'自由企业'的淑女吗？或者，他会牢记着即使恶龙的弱点有所不同，即使淑女的美德也有多寡，据此来调整自己的关注对象，稳健地行使其难得的权利和权力？"（p. 91）

在说明罗斯福新政所带来的 1937 年宪法革命导致了最高法院重新解释正当程序条款时，作者用这样的表达来说明前后的变化和历史的继承："菲尔德、佩卡姆和萨瑟兰如果地下有知，看到契约自由被如此粗鲁地使用，必然会惊魂未定。不是他们的精灵，而是霍姆斯和布兰代斯的精灵，现在主导着判决的进程。宪法的自由放任已经僵死。"（p. 125）

作者无疑是一位语言大师，这表现在书中巨大的词汇量，极为丰富的表达形式。他很少用一般学者为了显示严谨与博学的从句套从句的长句子，大量地使用相对活泼的插入语。全书的句法是那样的简洁，但语言的运用却是那样纯熟，语言的表达又极为丰富。这的确是任何写作，包括学术写作的极致。

虽然作者笔下的每个章节都像故事一般耐读，但是，他的叙述绝非信口开河。显然，如果仅仅是文笔优美、行文生动这样的外在形式，本书也不足以成为一部经典，它还必须有与众不同的观点、发人深思的见解、历史主义的态度和对前人"同情的理解"。

在说明为何马歇尔之前最高法院没有明确阐述司法审查原则时，作者说："部分的答案在于，大法官们有意识地或本能地理解自己的局限和自己的机会。他们认识到，宪法并没有明确给予他们所渴望的权力，舆论也没有充实这个政府构架法中的漏洞。他们还认识到，汉密尔顿那种充满个性的绝对逻辑，无论看起来是多么有说服力和诱惑力，还不是很适合他们的目的。在某个单一的时刻，政论文大家汉密尔顿能够融前提、论据和结论于一个单一的大胆陈述。宪法法官，或者说可能会成为宪法法官的法官，作为这一陈述的支持者，却需要时间，而不能如此轻而易举地从事。司法帝国——如果将会有这样的帝国的话，必须是一步步地、缓慢地征服建立。一个观念今天可能是隐含的，明天可能会拐弯抹角地陈述，后天就可以直言不讳地宣示。在司法部门准备好激活这一观念，作为一个判决的原则之前，还有待时日。同时，当这一原创性的观念开始深入到受过教育的美国人的内心中，汉密尔顿直白的逻辑变成为公众认可的较少张扬更多潜力的逻辑。到那时，一旦现实行动的机会到来，大路也就铺就了。"（pp. 22～23）这样的一种历史主义的论述，实在是难能可贵。

　　作者的基本看法显然是开明派的，但是，他的叙述总是保持着一种难得的平衡与同情的理解。当所有人都批评最高法院否决新政立法的做法时，他却这样评论说："事实上，从来没有出现过对最高法院态度合情合理的批评。错误不在于大法官干预经济事务本身，而在于他们的干预达到了过高的水平，超过了司法治理的限度。其施加的宪法限制如此僵硬，以致于没有一个受民众欢迎的政府能够容忍它们。"（p. 112）

　　本书的增补者列文森教授是麦克洛斯基在哈佛大学的得意门生，现在是得克萨斯大学奥斯汀校区法学院的讲座教授。虽然他力图在增补的部分继承其恩师的写作风格，但是，就写作本身而言，其文字的水平还是略逊一筹，远不及其导师那样挥洒自如，行云流水。新一代学者的文字水平不及老一辈学者，看来不是中国特有的现象，而是一个普遍性问题。

　　本书的优点当然不仅仅是其独特的叙述方式和优美的文笔，其对最高法院在美国生活中的角色和作用的阐述也别具一格。因为已经约请列文森教授在中文版序言中，对麦克洛斯基以及本书的学术观点做了点评，我这里就不再重复。但有一点需要指出，尽管原书没有一个注释，不论是资料出处还是解释性说明，但是，这丝毫不损害它的学术价值，也很难指责作者不严谨，因为附录中极为详尽的参考书目综述，显示了作者运用资料的广泛程度和把握文献的出色能力。

　　阅读本书是一种享受，但翻译的过程却极为痛苦。要把这样出色的著作翻译成中文，并保持原汁原味，实在不是件容易的事。为了能够体现作者的语气和写作风格，我也尽量按照他的句式，在不影响理解的情况下，大量用短句子，灵活地使用相对应的插入语。我和其他译者的目标是，在准确的基础上，尽量做到通达，符合国内读者的阅读习惯。此外，其中有些法律术语和习惯表达的翻译，不能不在此作一些说明。

在英语世界中，不论是政治学著述还是法律文献，legitimacy 都是一个出现频率极为广泛的概念，中文译著一般把它翻译为"合法性"，这样一来，就很难区别英文中的另一个概念 legality。因此，已故的李慎之先生曾经对我说，这个词应该翻译成中文"法统"。我也有机会与国际政治研究学者庞中英讨论过这个问题，他认为在无政府的国际政治中，一般只有 legitimacy，而没有 legality。因此，可以翻译为"正当性"。应该说，"正当性"这个概念比较符合实际，在历史学中也一样，像美国革命、中国革命这样历史上伟大的变革，一般都是以破坏旧的统治秩序或政权结构为特征，根本不可能有 legality（合法性），但却没有人能够否认它们具有 legitimacy（正当性）。本书基本采取了正当性这样的表述。

大家都知道，美国作为联邦主权国家是在联邦宪法 1788 年生效后才出现的，此前宣布独立的十三个殖民地都是各自为政、彼此独立的，尽管联邦政府成立前后，它们都叫 state，但法律地位完全不同，为了有所区分，加入联邦之前，一律翻译为"邦"，加入联邦后则改称为"州"。与此相关的是 nation 的含义。因为邦或州都叫 state（国家），这样一来，欧洲语境中 nation（民族），在美国人那里成了国家，主要是指联邦政府。因此，nation-state relationship，nationalism，就只能翻译成为联邦和州关系、国家主义。

由于美国宪法所列举的权力非常有限，结果国会管理外贸和州际贸易的条款（commerce clause），成为 20 世纪美国联邦政府最大的一个宪法权力来源。该条款一般译为贸易条款，或者商务条款（商业条款）。鉴于这一条款比较模糊，弹性极大，故译为"贸易、商业"条款似乎过于明确具体。为了与国内法律界所云的"商事法"所对应，故取"商事条款"这一新译法。与此相似的是，civil liberty 翻译为"公众自由（或称民事权利）"，代替往往会产生歧义的普遍译法"公民自由"，以便区别含义更为狭窄、往往仅为公民所专有的公民权利（civil right）。

新政以后，美国政府对经济和社会事务的干预越来越多，美国成为一个 regulatory state。这个 regulatory，以及它的名词形式 regulation，在汉语的语境中很难找到一个确切的对应词。国内翻译家在翻译中国政府的宏观调控（政策）时，一般用 regulation。但是，用"调控"来译美国语境中的 regulation，总觉得会突出了政策手段，忽视了这个概念后面的法律支撑。一些学者用"管制"来翻译，给人的感觉似乎又夸大了美国政府干预的力度。因此，在大部分情形下，只好用一个汉语中的新词"规制"来翻译（有时保留了"调控"这一表达），突出美国政府通过法律规范来干预社会和经济问题、监管私营营利或非营利部门行为的基本取向。

为翻译这本篇幅并不很大的著述，所耗费的时间和精力远远超出了预先的估计。从 2003 年秋天开始动手，至今已经一年半的时间。译稿基本完成后，我与列文森教授联系，希望他能就本书的特色和作者的学术成就为中国读者写一个序言。他不仅欣然同意，而且还不厌其烦，按照我的建议，两改其稿，并在 2004 年圣诞前夜将稿子电邮过来。而且，他还用特快专递的形式，惠寄本书已经印出但尚未发行的最新版本——2005 年第四版。遗憾的是，由于版权和时间的关系，我没有办法像列文森教授所希望的那样，把这一最新的版本译介给大家，我想以后会有机会再来实现这个缺憾。无论如何，对列文森教授的盛情，我会长久地牢记在心。

（罗伯特·麦克洛斯基著、桑福德·列文森增订《美国最高法院》，第三版，任东来、孙雯、胡晓进译，任东来审校，中国政法大学出版社，2005）

（原载《博览群书》2005 年第 7 期）

还司法神殿以平常

——《风暴眼：美国政治中的最高法院》评介

《风暴眼：美国政治中的最高法院》[1] 是美国目前最畅销的一本关于最高法院的著作。该书1986初版，翌年就获得了美国律师协会（ABA）颁发的"银法槌奖"[2]。2005年第7版付印。作者戴维·M.奥布赖恩（David M. O'Brien）是美国弗吉尼亚大学的政府与外交学讲座教授。值得注意的是，奥布赖恩虽然在美国宪法研究界名声很大，但他却不是法律学者，而是一位政治学家。

作为美国最高法院研究的顶尖专家，奥布赖恩可谓著作等身。根据其2004年的简历，他独著、主编和合编的有关最高法院与宪法的著作有19本，在学术刊物与论文集上发表了90篇论文。此外，他还就宪法与最高法院问题发表了30余篇书评和50余篇报纸评论。

一

从1970年代中期撰写博士论文《隐私、法律和公共政策》[3] 开始，奥布赖恩30年如一日，在美国最高法院和宪法政治领域辛勤耕耘，其间先后

---

[1] David M. O'Brien, *Storm Center: The Supreme Court in American Politics*, 7th (New York: W. W. Norton & Company, 2005).

[2] "银法槌奖"（Silver Gavel Award）是美国律师协会最负盛名的一项奖项，主要奖励给那些帮助美国民众理解法治和司法制度的优秀"普法"作品，包括电影、戏剧、广播和电视节目、报刊文章、书籍和网站等，迄今已有50年历史。1958年该奖首次颁发，由涉及陪审团制度的美国电影《12怒汉》（*Twelve Angry Men*）获得。

[3] David M. O'Brien, *Privacy, Law, and Public Policy* (New York: Praeger Publishers, 1979).

获得各种学术资助、奖励 38 项之多。这从一个侧面反映了这一研究领域广受重视的程度。过去的半个世纪，最高法院在美国政治和社会生活中的重要性，与日俱增。通过宪法裁决，沃伦法院先是在 1950 年代吹响了结束美国种族隔离制度的号角，继之在 1960 年代引发了一场刑事司法程序的革命。到 1970 年代，当时的伯格法院不仅捅开了妇女堕胎权的政治和道德马蜂窝，而且，在水门事件中，其司法裁决成为压垮骆驼的最后一根稻草，迫使尼克松总统黯然辞职。1990 年代以后，伦奎斯特法院重新唤醒了自 1930 年新政以来沉睡已久的联邦制议题，并在新世纪伊始，通过对佛罗里达总统大选选票争执案的裁决，又将小布什"选为"美国总统。一言以蔽之，过去半个世纪美国政治与社会生活的重大变化与发展，无不与最高法院的所作所为密切相关。正是这个时代背景，给奥布赖恩的学术研究提供了源源不断的动力和资助来源。

　　随着最高法院的日益"能动"，民众对它的兴趣也日趋加强，相关著作层出不穷，各学校争相开设有关最高法院的课程。课程所需的读物大行其道。美国政治学家罗伯特·麦克洛斯基半个世纪前的旧书《美国最高法院》，经其嫡传弟子桑福德·列文森的增补，已经出版到了第 4 版。① 政治学家劳伦斯·鲍姆的《最高法院》到 2006 年也出版到了第 9 版。② 它们与《风暴眼》一起，构成了美国最高法院教科书的三足鼎立。

　　比较起来，这三本流行的教科书，各有特色。鲍姆的书中规中矩，按主题来组织材料，从法院、法官、案件、断案等逐一介绍，浅显易懂，结论简单明确，是一本很好的入门书，但缺少历史厚度和理论深度。麦克洛斯基的书以历史分期为线索，将法官的司法理念、最高法院的司法实践与美国政治传统融为一体，大气磅礴，上下两百年，有很强的历史纵深感和思想深度。文字典雅流畅，但线条比较粗，没有一定的美国历史和宪法知识背景，读起来还是比较费劲的。相比较之下，奥布赖恩的书，介乎于两者之间，既介绍了最高法院的相关知识，又有明确的、一以贯之的主题；既按主题布局谋篇，又在每个主题下注意历史的演进。此外，奥布赖恩拥有其他两位作者所不具备的条件，就是他曾经亲身体验过最高法院的生活。1980 年代初，以

---

① Robert McCloskey, *The American Supreme Court*, 4th, revised by Stanford Levinson (Chicago: University of Chicago Press, 2004)，该书的中译本《美国最高法院》由任东来等人根据该书的第三版译出，中国政法大学出版社 2005 年作为"美国法律文库"之一出版。

② Lawrence Baum, *The Supreme Court*, 9th (Washington, D.C.: C.Q. Press, 2006).

司法研究员和研究助理的身份，奥布赖恩在最高法院首席大法官行政助理办公室工作过两年。因此，总计五章的《风暴眼》中，有一章专门描述法院内部的生活，揭开了最高法院的神秘面纱。就占有和利用的资料而言，《风暴眼》在这三本书中也独占鳌头。为写作本书，作者不辞辛苦，翻阅了全部已经开放的大法官个人文件。因此，这本书虽然是为课程而写作的教材，但基本上是基于作者对第一手文献档案的原创性研究。从这个角度讲，《风暴眼》也就是我们通常所说的专著（monograph）。

二

奥布赖恩非常明确地确定了自己的研究主题：在最高法院那座古代希腊神殿般的大厦里面，在那华美的大理石装饰面背后，"大法官竞相施加影响；最高法院本身也受制于社会上更大范围的权力斗争。这本书写的是大法官之间的斗争，以及最高法院与国内政治对手的斗争"（p. XIII）。换言之，作者就是要给最高法院这个美国政府中神秘的司法机构"祛魅"，还其政治机构本来的面目。那么，如何证明最高法院是个政治性机构呢？作者的切入角度非常巧妙，他从一向被认为是中性的宪法判决入手，通过讲述和分析最高法院处理具体案例的基本考虑和方式方法来证明这一点。

全书开篇就以讲故事的口吻，叙述1972年"罗伊案"（*Roe v. Wade*, 410 U. S. 113, 1973, 推翻得克萨斯州禁止妇女堕胎的法律，确定堕胎权是妇女宪法隐私权的一部分）这个引发美国社会分裂的妇女堕胎案始末。奥布赖恩极为详尽地叙述和分析了这个案件，不仅仅是因为该案影响深远，同样也是因为该案比较典型地反映了最高法院内部保守与自由派大法官之间的争夺。因此，该案对阐述主题有解剖麻雀之效。本来，在该案的内部讨论中，首席大法官伯格在少数派一边，即认为得克萨斯州的反堕胎法太笼统，但并不认为它侵犯了妇女的宪法隐私权。按照惯例，作为少数派，他无权分派法院意见书的撰写，但他却不顾惯例，指派自己的好友、最高法院资历最浅的大法官布莱克门来写法院意见书。意见书写出后，资深的自由派大法官道格拉斯等人很不满，批评布莱克门没有把问题提高到宪法隐私权的高度。但是，当布莱克门提出等到尼克松任命的两位大法官新人到任后重新审理本案时，道格拉斯等人却担心判决的天平会倾向保守派一边，遂又赞扬布莱克门的工作，希望就此了结本案。在随后的大法官会议讨论并表决同意重审该案时,道格拉斯大怒,威胁要将大法官的分歧公布于世。

当然,比起"罗伊案"引发的社会争议,最高法院内部大法官之间的争斗,简直就是小巫见大巫。"罗伊案"之后,支持妇女堕胎权的"选择派"和反对妇女堕胎权的"生命派",在全美上下掀起了一场至今仍未有穷期的政治斗争,成为美国竞选政治的一个基本坐标。为此,作者总结道:"最高法院越来越成为政治权力的象征与工具,面对着不断增强的压力,这些压力来自利益集团的活动,来自希望法院重新考虑(如果不是颠覆)'罗伊案'的诉讼请求,也来自将反对堕胎的人塞进最高法院的各种打算。"(p.18)

通过仔细解析围绕着堕胎引发的政治争议,作者不仅证明了最高法院成为美国政治纷争的"风暴眼",也很好地说明了美国政治的一大特点,也就是杰克逊大法官所概括的:"这是诉讼的统治,这些宪法诉讼就是美国权力政治的要素。"(p.221)

在给最高法院"祛魅"的过程中,奥布赖恩不断地挑战着司法神殿中众多的神话。比如,在美国历次的职业声望调查中,法官一直名列前茅。在联邦政府三权分立的立法、执法和司法部门中,最高法院所受的民众信任度也是最高的。法官相对独立的地位,不太受政治干扰的"独断专行",以及对公平正义的追求,都给美国民众留下了深刻的印象。久而久之,人们对法官的看法基本不同于他们对政客的看法,错误地以为这是一个任人唯贤的领域,最高法院及其华美庄重的办公大厦是一个与世隔绝的神殿。但作者认为,这完全是个神话。"现实中每一次大法官的任命都是政治性的。个人才能必须与其他的政治考虑相抗衡,比如私人关系与意识形态上的一致性,必须权衡国会与白宫中的支持或反对势力,还必须满足地理、宗教、种族、性别与族裔等方面代表性的任命要求。"通过对美国历史上总计108位大法官的背景分析,奥布赖恩甚至认为,美国大法官的专业化程度并不高:"法律方面的教育和先前的司法经验,与获得任命以及大法官在最高法院的成就之间,并无必然联系。"他的结论是:"政治前景、政治支持、政治环境比才干更能最终决定候选人能否进入最高法院。""起决定作用的,既非个人才能,也非地理、宗教、种族与性别诸因素上的代表性,而是总统试图填塞法院过程中相互冲突的政治考虑。"(pp.34-35,39,45)

在奥布赖恩笔下,总统任命大法官的这些政治考虑,通过一个个生动的任命故事具体地展现在读者面前。罗斯福对其新政立法顾问、哈佛法学院教授费利克斯·法兰克福特的回报尤为典型。罗斯福一直准备任命法兰克福特接替布兰代斯大法官的席位。罗斯福预计，直接提名法兰克福特教授为大法官，未必能够通过参议院的确认。为此，他事先劝后者出任联邦总检察长，但法兰克福特不同意。"费利克斯，我想让你到最高法院去"，罗斯福对他说："但我不能直接把你从哈佛法学院弄出来。如果这样做，老百姓们会怎么看？他们会说：'你是赤色分子、大学教授，没有任何司法经验。'但我可以把你从总检察长的位置上任命进最高法院。"（p. 60）

对于他的另一位大法官人选、司法部长墨菲，罗斯福也工于心计。罗斯福对墨菲过于情绪化以及不善于处理人际关系的弱点，心知肚明。罗斯福的亲信、助理司法部长罗伯特·杰克逊对他直言道："总统先生，我认为墨菲的气质不适合当法官。"罗斯福却明确回答说："这是我能任命你为司法部长的唯一途径。"（p. 62）

不过，话又说回来，尽管在大法官的任命过程中，政治考虑占极大比重，甚至包含了政治恩惠在里面，但这并不意味着成为大法官后，提名者就会"知恩必报"，听命于提名自己的总统。否定尼克松的总统特权、迫使他交出白宫录音带的八位大法官中，有三位是尼克松任命的。在美国最高法院的历史上，有太多令总统大失所望的例证。在这方面，没有人比艾森豪威尔更后悔的了。退休后，当记者问及他执政八年犯下的最大错误时，艾森豪威尔不假思索，立即说：最大的错误就是任命了沃伦和布伦南这两个自由派大法官。艾森豪威尔的前任杜鲁门也认为，任命"汤姆·克拉克是我的最大失误"。性格率直的杜鲁门干脆对这个背叛他的大法官用了粗口："最初，我将那个从得克萨斯来的大傻瓜任命为司法部长，后来又把他送进最高法院。我都不知道自己是哪根筋搭错了。他压根就不配当司法部长，也不够格进最高法院……看起来不大可能，但他的表现确实很糟糕。他从未做过一件我认为是正确的判决……他简直就是个傻王八蛋。"[①]

那么，为什么会有那么多的总统对自己的任命失望呢？刚刚去世的首席大法官伦奎斯特有过精彩的评论，尽管他自己从未让提升他为首席大法官的里根总统失望过："从根本上讲，总统之所以失望，是因为他们不理解，在更大程度上，最高法院是一种由离心力量控制的机构，有自己的个性与独立

[①] M. Miller, *Plain Speaking: An Oral Biography of Harry S. Truman* (New York: Berkley, 1973), pp. 225–226.

性，而不是由向心力驱使，形成等级秩序与制度性单元。"（p. 85）大法官不仅不买任命自己的总统的账，而且，也不给首席大法官以及资深同僚的面子，基本上是自行其是，结果导致最近半个世纪全体一致的法院判决越来越少，有判决但却没有法院多数意见书的案件越来越多，单列的异议和附议满天飞。对此，奥布赖恩借用一个大法官的说法，最高法院与其说是一个法律事务所，不如说是"九个法律事务所"。首席大法官伦奎斯特曾说："当一个人穿上法袍，他就进入了这样一个世界：在这里大量展示的是个人才能，而不是作为'团队成员'的品德。"正如哈里·布莱克门所言，最糟糕的情形是，所有的大法官都是"歌剧中的女主角"（p. 129）。

显然，一旦进入最高法院的神殿，披上法官的黑袍，大法官就不再是总统的朋友，而成为九个大法官中平等的一员。对他的制约来自最高法院历史中沉淀下来的有形和无形的规范和惯例，以及自我约束。无须竞选、终身任职、薪水不减的保障，让大法官高高在上，衣食无忧。他们目中无人，没有领导和被领导的概念，除了法律，他们无须对任何人负责；除了因为罪行而被国会弹劾，其他任何人和任何机构都拿他们没办法。

大法官的这种超然地位又是一个神话。大法官真的不受任何问责制的约束吗？奥布赖恩并不认为如此："虽然弹劾法官的情况极少发生，但无论是最高法院，还是大法官，都并非不可问责。从制度上讲，最高法院必须对自己制定的政策负责。其他机构与民意，也可以抗议或是公开不服从某项具体判决。大法官也要遵循大理石神殿内的生活规范。判决的过程，以及大法官们之间相互较劲的过程，也是一种体制内的问责。低级法院的法官，以及从事法律工作的优秀同行之间，通过私人交流和发表论著，也给法官额外地施加了一种专业上的问责制约。大法官们也会在意自己的历史地位：将自己的法官生涯与那些担任过或即将担任大法官的人相比。正如亚当·斯密所言，就像所有的政治参与者一样，他们也希望自己'不仅被人爱，而且值得爱'。"（p. 102）

除了制度上有形、无形的问责，以及专业方面的问责外，最高法院依然无法完全脱离社会潮流而孤立。甚至连自视甚高、坚决主张宪法"原教旨主义"（originalism）的斯卡利亚大法官也承认，"将最高法院看作是一个持续不变的机构，而非在某种必要程度上反映其所处的社会，有点不太现实。从根本上说，最高法院的大法官来自社会，如果社会变了，最终还是得从这样的社会挑选法官，无论法官们多么公正无私，他们都会带有这个社会的特色"（p. 328）。

如果考虑到大法官任命的政治考虑、大法官在法院内部的权力争夺以及与外部世界难以割舍的联系和暗中进行的对话这些因素，最高法院无疑是个政治性机构。但这又是一个什么样的政治性机构？它试图应对美国政治和社会中的哪类问题呢？

从1920年代的塔夫脱法院开始，最高法院日益成为一个宪法法院。与以往不同的是，现代最高法院已经不是调解私人纷争、纠正下级法院错误的仲裁者，日益成为通过解释宪法与法律，置身于公共政策制定的机构。塔夫脱以及后来的首席大法官都坚信，"最高法院不再是具体诉讼人冤情的救济者，应该考虑关乎原则问题的案件、涉及民众与政府广泛利益的案件"（p. 204）。

由于这些分水岭案件，事关社会基本价值的选择、市场规制的得失、政府治理的结构和民众利益的确定，因而，最高法院的这些宪法裁决往往会变成激发社会改革和政治发展的工具。大法官的英明也就和那些伟大的判决联系在一起。在常人看来，美国宪法的历史也就是马歇尔、沃伦、布伦南等一大批伟大法官的传记。因此，在任何一本最高法院的著述中，大法官当仁不让地成为主角。司法英雄史观可谓是美国最高法院的又一个神话。

奥布赖恩讲述的故事虽然没有完全破除这个神话，但却多少修正了这个神话。即便美国大法官壮志凌云，目标远大，他们也不能主动地去创造历史，实现理想。他们要等待机会，等待着那些无助、往往是受到冤枉的普通人甚至是罪犯的上诉。现代最高法院宪法裁决的主要领域是公民自由和公民权利（civil liberty and civil right），也就是美国宪法前十项修正案（《权利法案》）和第十四修正案保护下的个人权利和自由。正是那些认为自己宪法权利受到伤害、穷尽了一切可能的救济手段的弱者，勇敢地向最高法院诉说冤情，寻求正义。而最高法院之所以接受他们的请求，审理他们的上诉，却不仅仅是为了这些微不足道的个体，而是着眼于他们的冤情所反映的社会不公、政治不仁、统治者不义。正是这些小人物的哭诉，给大法官带来了创造历史的机会。

因此可以说，正是这些小人物，完全出于自己狭小的利益，无意中参与创造了伟大的历史。居无定所的孕妇罗伊想的并不是为美国妇女争取堕胎的宪法权利，她只想堕掉自己无力抚养的胎儿；流浪汉吉迪恩并不想为所有刑事被告争取免费的律师权，他只想洗去自己身上的冤案；罪犯米兰达无意让自己的名字来命名美国警察抓捕罪犯时的"口头禅",只是想钻法律的空子来洗脱本来已经铁板钉钉的强奸罪;本分的黑人布朗也无意改变美国种族隔离的学校制度,只是想让自己七岁的闺女琳达能在家门口上学而不要穿过危险的铁路岔路口。是那些出色的法律人把一个个不起眼的案件,上升到了普遍性的宪法诉讼,最后,又是那些伟大的法官,将这些宪法诉讼变成了推动政治变革和社会进步的政策性工具。在其名著《吉迪恩的号角》中,著名司法记者、普利策奖得主安东尼·刘易斯指出,虽然吉迪恩错误地理解了当时自己享有的宪法权利,但歪打正着,他却成为"当代史的一部分,在他背后,法律与社会方面的推动力量比他所能理解的要大得多"①。

三

给最高法院"祛魅",除了要破除神话,还要通过揭秘最高法院的司法程序,来揭开长期以来笼罩着最高法院的神秘面纱。实际上,重视程序是英美法治的一大精髓,也是最让人一头雾水的地方。1930 年代的首席大法官休斯就曾评论说,新手来到最高法院,"需要三四年熟悉情况,即便是像布兰代斯这样的超凡智者也表示,他花了四五年时间才弄明白了最高法院的司法管辖权难题"(p. 251)。当然,布兰代斯是个特例,他在任职前没有任何司法或政府经验。他和他的哈佛学生法兰克福特是唯有的两位直接从法学院进入最高法院的大法官。

《风暴眼》全书一共五章,其中第四章"决定判哪些案件"和第五章"案件判决与司法意见撰写",全部涉及司法程序。第三章"大理石神殿里的生活"也部分涉及程序。程序虽然是英美法的核心,但对一般读者来说,却极为枯燥无味。不过,奥布赖恩却能够通过一个个鲜活的案件来展示程序,让程序活起来。比如,作为第五章的开场白,作者生动地描述了"水门案"②的起诉、上诉、庭辩、大法官讨论、意见书的撰写与修改以及宣判的整个程序,让读者立即对复杂的程序有了全景式的了解。

除了文字规定的程序外,最高法院内部还有众多非正式规范和程序。为

---

① Anthony Lewis, *Gideon's Trumpet* (New York: Random House, 1964), p. 208.
② United States v. Nixon, 418 U. S. 683 (1974)(总统的行政特权不能超越刑事司法中正当法律程序的基本要求)。

了帮助读者理解，奥布赖恩在发掘已故大法官的文件、采访现任大法官方面，可谓不遗余力。比如，在介绍庭辩环节中，提到大法官的提问以及打断律师发言时，作者引用了现任大法官斯卡利亚的话。斯卡利亚做过教授，当过上诉法院的法官，聪明绝顶，在法庭上一向咄咄逼人。斯卡利亚承认，他提问时有些专横，但他辩解说："这是我身上的学者做派。我不愿这样。但是心魔使我如此。"（p. 248）

在介绍法官闭门会议讨论案情时，奥布赖恩使用的材料也非常有趣，让讨论显得栩栩如生。教授出身的法兰克福特倾向于尽力垄断讨论会，他不时站起来发表一通演说。斯图尔特大法官曾揶揄说："他讲了整整五十分钟，正好是那时哈佛法学院一节课的长度。"有一次，法兰克福特拒绝回答道格拉斯的一个问题，道格拉斯表示抗议，但又加了一句："我们都知道听你的长篇大论是很大的负担，因此我不打算抱怨。"不过，性格粗犷的道格拉斯并不总是这样彬彬有礼，有一次他从座位上站起身来，告诉首席大法官："'首席大法官，我等费利克斯讲完后再回来'，随后就离开了会议室。"（p. 254）

虽然作者不时用生动的笔触描述一些细节，但在可能的情形下，也大量利用数据、图表来说明问题。除了19个正式的图表外，作者也巧妙地利用数据。在谈及大法官及其助手的工作量时，作者一方面引用新政时期司法部长的话说，要读完各种上诉申请，"相当于让每位大法官在每天早餐之前就要读完一部《飘》"，另一方面用数据说话："在每个开庭期，除了80至100起案件陈述案情的辩诉状外，还有375000多页的文书必须过目，它们包括：250000页上诉与调卷令申请；62500页反对复审的回应意见；25000页同意复审的回应意见；37500页法律助手就案件撰写的备忘录"（p. 188）。

奥布赖恩对相关场景的生动叙述，对图表、数据和文献的巧妙利用，是让这样一本有相当专业性的研究专著，同时也能够作为大学教材使用的关键所在。经过近20年的修订、更新和完善，《风暴眼》从写作和编辑角度来看，日臻完善。在结构设计上，作者非常注意布局谋篇，讲究引人入胜的开场白。第一章开头是"罗伊案"，由此来引入美国最高法院内部斗争和与社会的互动；第四章以"吉迪恩案"[①]开篇，引入通向最高法院的曲折途径；第五章的开场白是"水门案"，谈最高法院如何断案。第二章、第三章和最

[①] *Gideon v. Wainwright*, 372 U. S. 1（1963）（确立了贫穷刑事被告的免费律师权）。

后一章的开头,都是小说式的笔法,上来就是直接引语,分别是大法官的陈词、大法官的家书和大法官助手的疑问,由此再分别导向大法官任命的政治考虑、最高法院内部的组织生活和最高法院如何影响美国人生活这样的重大主题。

这种有些悬念的小说笔法,同样也表现在正文中大量插入论述对象自己的原话。由于阅读并掌握了众多大法官的个人文献,奥布赖恩往往能够信手拈来,自如地从原始文献摘引与主题密切相关的材料,因此,在重构历史场景时显得驾轻就熟,在分析事情的原委时好像是在用客观事实说话。这些原始引文巧妙、恰到好处的运用,给读者一种身临其境的感觉。一般来说,像最高法院概论这样的教科书,通常的写法都是四平八稳,很难写得起伏跌宕,但作者却做到了。再以开篇第一章为例,作者不是按历史的顺序介绍美国最高法院的缘起,或是按主题的顺序,讨论最高法院的宪法根据,而是用小说中惯用的插叙笔法,以"罗伊案"为起点,继之以"韦伯斯特案"[①] 和"凯西案"[②] 等里程碑案件,紧紧围绕着堕胎这个牵动美国心弦的议题,生动地讲述了最高法院内外的司法故事,细致地分析美国朝野各界各种政治力量的冲突,整个章节有张有弛,丝丝入扣,一气呵成,很自然地抓住了读者的注意力,吊起了他们想进一步深入了解美国最高法院制度的胃口。

四

《风暴眼》的副标题是"美国政治中的最高法院",那么,评估最高法院在美国政治发展和社会变革中的作用,是作者必须回答的问题。对这个问题,美国的舆论界和学术界存在着两种截然对立的极端观点。一种是以哈佛大学政治学教授格拉泽等人为代表,他们认为最高法院日益成为一种"帝王司法",美国出现了一个"司法治理的政府"[③];另一种是以芝加哥大学政

[①] *Webster v. Reproductive Health Service*, 492 U.S. 490 (1989)(认可了州法对堕胎者的限制,诸如不得使用州公共资金和医疗设施帮助孕妇堕胎等)。

[②] *Planned Parenthood of Southeastern Pennsylvania v. Casey*, 505 U.S. 833 (1992)(认可了上诉法院的判决,后者基本上认可了宾夕法尼亚州对堕胎规定的种种限制条件)。

[③] N. Clazer, "Toward an Imperial Judiciary," *The Public Interest*, No. 40, p. 104 (1975); R. Berger, *Government by the Judiciary* (Cambridge, Mass.: Harvard University Press, 1977)。

治学教授罗森伯格为代表，认为"法院几乎从来都不是重大社会变革的有效发动者"，任何这类的看法和期盼都是"空洞的希望"。① 显然，奥布赖恩不完全赞同这些看法，作为一本以大学生为主要读者对象的著述，《风暴眼》采取了相对中庸的立场。

奥布赖恩也承认，要准确地评估美国政治生活中最高法院的作用，远非易事。不过，他认为，像"洛克纳案"② 中霍姆斯的异议那样，把最高法院批评为"超级立法者"，显然言过其词。因为"在政府诸多内政与外交问题中，只有很少一部分能进入最高法院。当最高法院判决公共政策方面的重大问题时，它的做法实际上是将政治争议带入宪法的语言、结构与精神之中。通过仅仅判决非常急迫的案件，最高法院将宪法的含义注入更广泛的政治争议解决过程之中"。

显然，这样的做法，不仅促使社会各方从宪法的原则上，具体地说就是从美国人民根本的价值和长期的目标来谈论和考察争议中的问题，而且，对最高法院来说，也可以借宪法说事，利用宪法在美国人心目中的至高无上的地位，来巩固自己的权力和权威。但是，作为精英政治体现的最高法院，其对美国宪法的解释必然不可能完全等同于大体反映民意的政治部门对宪法的理解，但是，最高法院又不能让自己的理解与美国民众的宪法理解相差太远，也不能强制其他政府部门接受它的理解。毕竟，最高法院自身既无军权又无财权，其宪法裁决的执行，只能"依赖于理性的说服力量、制度的威信、其他政治机构的合作，以及舆论的最终认可"（p.358）。作为一个独立的分支，最高法院没有能力独自解决公共政策方面的重大问题。19世纪"斯科特案"③ 与一个世纪后的"布朗案"④，都显示了最高法院在政策制订方面的局限性。

因此，奥布赖恩的结论是，"仅凭最高法院自身，并不能平息重大争议。……解决宪法政治领域里的重大冲突，比如学校融合、校园祈祷与堕

---

① G. Rosenberg, *The Hollow Hope: Can Courts Bring about Social Change?* (Chicago: University of Chicago Press, 1991).
② *Lochner v. New York*, 198 U.S. 45 (1905)（推翻了纽约州规制劳动时间的立法，确认契约自由是宪法保护的权利）。
③ *Dred Scott v. Sandford*, 60 U.S. 393 (1857)（裁定黑人奴隶不是美国公民，推翻了确定自由州和蓄奴州界限的国会《密苏里妥协案》）。
④ *Brown v. Board of Education of Topeka*, 347 U.S. (1954)（判决公立学校中的种族隔离制度违反宪法，但没有提出补救措施）。

胎,既决定于最高法院解释宪法的含意,同样也决定于一个自由政府制度和一个多元社会所能提供的可能途径。"用首席大法官爱德华·怀特的一句话来说,"依赖于一个自由民族的同意"(pp. 358–359, XVI)。

(David M. O'Brien, *Storm Center: The Supreme Court in American Politics*, W. W. Norton & Company, Seventh Edition, 2005;中译本参见戴维·M. 奥布赖恩《风暴眼:美国政治中的最高法院》,胡晓进译,任东来校,上海人民出版社,2010)

(原载《美国研究》2008年第1期)

能动还是克制：一场尚无结果的美国司法辩论

——评《司法能动主义》

作为一个多元社会，美国的政治生活中充斥着各色各样的辩论或争议。这样的争吵从立国之日就开始了，1787年宪法及其批准就是联邦派和反联邦派彼此较量、相互争吵、最终妥协的产物。妥协产生的宪法，其语言的模棱两可就不足为奇了。此外，宪法的时代局限性，以及制宪者身后美国翻天覆地的变化，都提出了宪法是否能够适应时代发展的疑问。于是，是重新订立一部新的宪法还是对宪法进行有限的修正，成为美国政治中颇有争议的问题。最终，美国人选择了后者。迄今为止的27条修正案使得1787年宪法延续了210多年的生命，成为一部名副其实的"活的宪法"。然而，由于修宪程序的极其复杂烦琐（需国会参众两院2/3投票通过并由3/4的州议会或州制宪会议批准），仅仅依靠少量的修正案并不足以使宪法生机盎然，许多重要的事项就只好依靠"非正式"的修宪——最高法院的宪法解释及其判决。在解释宪法名义下，最高法院常常行立宪之实，构成了美国法学中独特的"宪法法"（constitutional law）的主体。最高法院的这种行为，引起了美国法律界、政治界乃至社会其他领域内的大辩论。

美国学者克里斯托弗·沃尔夫（Christopher Wolfe）的《司法能动主义——自由的保障还是安全的威胁》，从最高法院司法能动主义（在书中又被叫作现代司法审查）入手，向读者展示了这一辩论的精彩画面。在认可最高法院解释宪法的前提下，辩论的中心是，最高法院行使宪法判决时是该奉行司法能动（judicial activism），还是司法克制（judicial restraint）？作者采用法庭辩论式的描述法：让对立的正反双方依次出场，进行陈述、批评和回应，循环反复，逐步深入。所以，阅读此书犹如在观看一场精彩的辩论赛，充满了阅读的快感，大有一口气读完的冲动。

犹如在辩论赛之前需要对辩题指定框架范围，作者首先要解决的问题就是如何界定司法能动主义。全书的导论遂以"框定问题"为标题来确定议题。沃尔夫认为，可以从两个方面对司法能动主义进行界定。一种是传统的方法，即根据司法能动主义者的行为特征：在解释宪法的过程中，不应受制宪者立法意图的限制；倾向于更少强调必须遵循先例；为获得重要而且必需的司法判决倾向于减少程序上的障碍；对政府其他部门表现出更多的怀疑和不顺从；喜欢做出更为广泛的裁定，给出更为广泛的意见；主张一种广泛的司法救济权。同时，作者还认为，通过考察司法审查历史来界定司法能动主义是另一种可行的方法。作为政治学家而非法学家，沃尔夫显然更倾向于后一种方法。

从司法审查历史来看，最高法院的权力和权威是逐步形成和确立的。1787年宪法并没有明确规定最高法院拥有对宪法的最高解释权，司法部门可以说是三权政府中最弱的一方，既无钱袋子，又无枪杆子，是"最不危险的部门"。但如今，最高法院的地位可谓今非昔比，不仅在制度上与其他两权鼎足而立，而且在道义和权威上，还略胜一筹。如果发现立法或行政部门的法律或法规明显违反宪法的话，最高法院会毫不犹豫地宣布该法律或法规违宪，从而使他们无效，这就是司法审查。既然宪法并没有赋予最高法院司法审查权，那么，最高法院的司法审查又从何而来？原来，它是在1803年最高法院首席大法官马歇尔在马伯利诉麦迪逊一案中自己推导出来的。不过，在沃尔夫看来，从建国到19世纪末期，最高法院所采取的是一种比较温和的司法审查形式。在解释宪法时，有一个"大家所认可的一个基本的假设，宪法具有其起草者给定的，可以确定的含义"（第18页）。"司法审查并不是要赋予一个意义不清楚的条文一个意思，而是要执行宪法中已经清楚载明的意思。"（第23页）也就是说，要通过分析宪法文件的术语和结构，来抓住制宪者的原本意图；而立法时的历史环境，制宪会议上和各州批准宪法时的众多辩论等"外部"途径，可以用来做解释宪法的辅助手段，但必须有"足够的谨慎"。

19世纪末，司法审查的性质第一次发生了根本性转变。在自由放任主义经济哲学的影响下，当时的最高法院竭力保护经济自由（契约自由）和财产权不受立法行为的侵害。1890~1937年，最高法院经常使用正当程序条款来推翻联邦和州的经济法规。因为宪法中的"正当程序条款"含义比较模糊,"这就使法官有机会根据自己的经济哲学来解读宪法,这种形式的司法审查可以确定地视为一种新的司法审查形式"(第29页)。其中最著名的案件便是洛克纳诉纽约州一案。在该案中,最高法院认为纽约州的一项规定面包工人最高工时的法律违反了宪法第十四修正案正当程序条款所保护的契约自由,宣布该法律违宪。然而,"那个时候并没有任何这种观点,认为最高法院所做的是在根据环境的变化而改变或者修改宪法,也没有人认为法官的任务从根本上说是立法性的"(第31页)。此外,从1787年制宪的背景来看,这个以保障自由市场经济为己任的法院,其行为或多或少也符合缔造者当初的意愿和期望。

在自由市场经济法院时代,最高法院的判决就遭到了不断的批评。不过,批评者"攻击的焦点不是最高法院背离了宪法的最初含义,而是宪法的含义应根据新时代需要进行相应的理解,对于新时代的许多情况,当初的制宪者可能并没有预见到,因此,宪法含义也必须与时俱进"(第32页)。最具代表性的意见就是奥利佛·温德尔·霍姆斯在其《普通法》中所说的"法律的生命不是逻辑,而是经验"。"宪法的笼统性使得宪法成了一个非同寻常的不确定领域,因此,它特别需要通过司法性立法来'填充法律的空隙'。"(第34页)到20世纪30年代,这种批评达到了高潮。当时最高法院否定了罗斯福的"新政"立法,而罗斯福则企图采取重组最高法院的形式进行反击,逼其就范。最终,罗斯福输掉了战役:其最高法院扩大计划胎死腹中,被国会否决;但他赢得了战争:最高法院改变了自己的立场,这种转变的幅度和力度之大,遂有"1937年宪法革命"一说。从此,在经济和社会政策领域,最高法院采取了顺从立法机关的意志,几乎不再使用司法审查权。它转而开始对自由、平等和公民权利等方面给予了极大的关注。到1953年厄尔·沃伦执掌最高法院以后,美国历史上司法能动主义最活跃的时期开始了,产生出保护黑人、刑事被告等弱势群体权利的一系列司法能动主义的判决。从1953年到1998年的46年里,美国联邦最高法院共判决76个国会立法无效,比以前同样的时段都多。对此,作者概括说,与传统的或者"温和"的司法审查性质相比,现代司法审查更强调具有立法性质的司法审查形式:"现代最高法院减少了传统上对接近司法权的条件限制,从而使寻求司法保护变得越来越容易"(第46页);顺从立法的原则受到了实质性的修改;原来一直用来阻止司法介入的挡箭牌的"政治问题原则"也日益衰落。司法审查已渐渐变成"司法至上"了。

通过对司法审查历史的简单描述，作者为更好地理解司法能动主义提供了一个框架。在这个框架下，读者可以较为准确地把握有关司法能动主义的正反两方面的观点。支持司法能动的一方认为，最高法院解释宪法应遵循宪法的笼统模糊原则，在其所留下的"'缝隙'"间进行司法性立法；反对的一方则认为，最高法院解释宪法应"局限于实施一部睿智的宪法所发布的明确目标"（第51页），它代表了司法克制的观点。由此可看出，双方观点针锋相对，毫不妥协，一场辩论大有"山雨欲来风满楼"之势。作者以其敏锐的洞察力，将对立两方的争议很恰当地展现在下述四大回合辩论中：通过"非正式"的修宪方式（即能动主义司法）而非通过修正案的方式对宪法进行调整是否必要；司法能动主义是否会危害民主；司法能动主义是否能带来良好结果；司法能动主义是否对民主带来间接的不利影响。

在这里，对立双方的回答可谓针锋相对。于是作者采用了法庭辩论式的叙述方式：先给出一个观点，然后给出几个反对的观点，然后再对每一个反对观点都提出几个不同的反驳，如此不断进行下去。这样，一场激烈又活泼的辩论赛便跃然纸上。以辩论的第二大回合为例，其中心是法理学和政治学争论不休的议题——司法能动主义是否会侵害民主。司法能动主义者承认，与民选的国会和总统相比，最高法院的确不能问责。但他们宣称，司法审查的目的就是保护自由和平等，保护那些民主制下被大多数人压制的少数人群体的权利。因为最高法院大法官不像民选的国会和总统有自己的选民并要对他们负责，而且任命制下产生的大法官终身任职，这些都有利于他们去注意保护少数人的权利，因为后者往往游离于多数统治原则下的社会主流。只有法官被赋予广泛的自由裁量权，宽泛地解释宪法，才有可能保护少数群体的权利，否则就不会有对刑事被告权利、黑人权利、妇女权利和隐私权等充足的宪法保护。他们还认为，司法审查并不像一些批评者所担心的那样，是送给最高法院一张随意填写的"空头支票"。它最终还是会受到人民的制约——国会掌握着对法官的弹劾权和在总统配合下的任命权，控制最高法院的规模和上诉管辖权，再者最高法院的判决也有可能受到行政机关的藐视，也有可能被立法机关提出的宪法修正案所推翻。尽管最高法院的一些判决曾引起过人们的极大愤怒，但民意测验显示，公众对最高法院的信任度远高于其他政府部门，公众的这种默认同意在某种程度上表明司法能动主义的民主特征。

对这些论点，司法克制主义者均提出质疑。首先，在一个特定的案件中，哪里是少数人群体权利的界限，哪个少数人群体受到的威胁最大，这些都很难断定。同时，既然立法机关可以用立法解决经济和社会领域的问题，那么，它也可以并应该以同样的方式解决自由和平等的难题。其次，限制最高法院权力的方式都有局限性，不是太费时间，就是会创下破坏司法独立的先例（如果使用不好的话）。最后，最高法院成功地承受对它的"制度性攻击"[1]和公众接受最高法院的一些开创性政策，并不意味着人们默认同意现代司法审查。"人民之所以容忍司法能动主义，很可能是因为，要设计一种只打击最高法院不适当权力而又不会伤及其合法权力的制约机制实在太困难了。"（第112页）

在第三回合中，司法能动主义者继续争辩说，现代司法审查不会发展成为"司法专制"，法官只能坐等人们把案件提交给它，法官并没有掌握着对案件进行审查的绝对权力，审查的案件有诸多条件的限制，即使审判的结果也要受到社会各界的考验。他们认为，绝对的民主是不存在的，即使立法和行政这些貌似民主的机关也不能说真正代表大多数公民的意志，因此，指控司法机关不民主意义不大。他们还认为，制约法官的机制并非形同虚设，相反，它还相当成功。以总统和参议院任命和批准权为例，"马歇尔法院确实让位于塔尼法院，奉行自由市场经济的法院也确实让位于罗斯福法院，沃伦法院则最终让位于博格法院"（第132页）。

对此，司法克制主义者也不甘示弱，继续反攻。他们认为，即使存在着审查案件的条件限制，但在实践中这些条件仍能根据最高法院的创造而模糊起来。虽然在理论上存在着制约最高法院的手段，但它们都太钝，不够灵光。比如在法官任命上，虽然有着法院的代际更替，但这个过程未免需要太长的时间。即使新法官得到了任命，但大多数情况下，他们极少撤销以前法院法官的判决，有时反而会推广和加强以前的判决。博格法院对沃伦法院的继承就是如此。可以看出，在整个辩论中，对立的观点依次出场，不断进行辩驳和反辩驳，如此循环反复下去。

---

[1] 沃尔夫所谓的"制度性攻击"，是指对最高法院拥有司法审查权力的怀疑和批评。显然，最高法院这一非宪法授权的权力所带有的"不民主"特征必然会受到立法机关和行政机关对其越权的控告以及公众的指责。而随着时间的推移，今天很少有人否认最高法院司法审查权本身，而是对这一权力的范围和使用方式会产生分歧，即最高法院在行使这一权力时，应把握什么样的度才是适当的，是能动司法还是克制司法。

纵观全书，作者所讨论的四个问题并非相互孤立，而是紧密联系，逐渐深入，层层递进。随着美国社会的急剧发展变化，有着216岁高龄的美国宪法要想生存，势必要与时俱进。于是，在辩论的第一回合中，双方首要的关注点是宪法调整的相关问题。司法能动主义者认为，宪法的调整和完善应该由能动主义司法来完成而不是由正式的宪法修正案来解决。于是，就提出了最高法院的这种"立法权"是否会侵害民主的问题，很自然地转入了第二个回合的讨论。司法能动主义民主性的讨论似乎是一个永无止境的开放话题，但作者也意识到"实践出真知"，一个制度的优劣要通过它在实践中是否产生善治来进行判断。于是，第三个回合讨论便转向了司法能动主义是否能产生良好的结果。司法能动主义者认为实践已经证明了司法能动能够产生好的结果，而对立的另一方则认为，在司法能动产生好结果的同时也滋生了坏的结果。思维缜密的作者不仅关注了司法能动主义产生的直接结果，而且对于它的间接影响也不惜笔墨，为此，他用了一个章节来重点讨论司法能动主义对民主的间接影响，也就是司法能动主义是否会导致立法机关对宪法问题更加迟钝，是否导致人民丧失通过在立法机关中解决问题而获得政治训练的机会，这构成了第四回合辩论的主题。四大辩题环环相扣，脉络极为清晰。

如果不是作者有言在先，"我坚信司法能动主义是一个不幸的现象，如果没有它美国将变得更美好"（前言第4页），很难看出他是赞成还是反对司法能动主义，这的确体现了严谨的学者在综合和转述他人观点时公正客观的立场。这也是本书的一大成功之处。在四轮辩论中，作者都没有直接表达自己的看法和评价，其角色完全像辩论赛的主持人，其职责是给予辩论双方平等的机会和时间。即使自己的立场倾向于辩论的一方，他也毫无表露，甚至可以如实地展示对立方观点的内在力量与雄辩。能够如此公正，实属不易。在勾画和建构双方四个回合的较量后，沃尔夫总结说，无论正方还是反方都有着各自的长处和短处。同时，在书中，他不止一次地提醒读者注意，不要陷入"非此即彼"的观念中，即不是赞成司法能动主义便是反对它。他认为，在司法能动主义和司法克制主义的两端之间还存在着各式各样的中庸观点。它们都会从以上辩论的论点中选取一些能够为自己的立场辩护的材料。

对司法能动主义的激烈辩论实际上也是重新审视司法能动主义的过程。作者认为，"从这种重新审查中，司法能动主义的反对者就可以合理地期望，在我们政治制度的不同部分之间重新建立起一种权力的制衡，因为这更加符合美国宪法制度的缔造者们所奉行的政治哲学"（第 210 页）。美国宪法的缔造者们旨在建立一个制约和平衡的政治和社会体制，宪法中确立的联邦主义和三权分立原则就体现了他们的意图。司法能动主义的发展导致司法权大有超越其他两权之嫌，于是一场针对它的辩论也就在所难免。《司法能动主义》正是对这次辩论的一个很详细的诠释，目的就是要在司法能动主义的问题上寻找一种新的平衡。

作为对这种平衡的一种回应，全书的最后，作者提出了介于司法能动主义和司法克制主义之间的中庸之道，即温和的司法能动主义（与传统的温和司法审查相区别）。从性质上说，它同现代的司法权力一样具有立法的权力，但要受到更多方式的限制：将自己限于某种功能中，比如将少数人群体的保护仅局限于那些具有某种宪法地位的群体；或者小心谨慎行使司法权，比如仅限于判决某种法律或行为是否违宪，仅提供一些限制性的救济方式；或者实行"尝试性"司法审查，"在这种形式的司法审查中，最高法院用这样一种方法否决法律，即如果愿意，立法机构仍然可以自由通过一项类似的立法"（第 198 页）。然而，作者也承认，这种温和的司法能动主义仍然会受到反对。少数人群体的界定具有伸缩性，为保护少数人群体而进行的立法可能造成很大的危害；限制性的救济方式在实践上很难达成共识；尝试性司法审查似乎也行不通，难道最高法院否决立法机构的法律，而又让它自由使这个法律重新获得通过吗？即使最高法院愿意承诺这样支持立法机关，但是否真的支持是令人怀疑的。可见，无论何种司法能动主义的观点都有着其优点和不足，这也正是整个辩论赛悬而未果的原因。在解释宪法时，最高法院应奉行司法能动主义还是司法克制主义，对这一问题的讨论还会继续下去。

（克里斯托弗·沃尔夫著《司法能动主义——自由的保障还是安全的威胁》，黄金荣译，中国政法大学出版社，2004）

（与刘慧英合作，原载《美国研究》2005 第 4 期）

权利是争取来的

——读《吉迪恩的号角》

每年圣诞节到次年元旦,是美国人阖家团圆、旅行购物的日子。但对51岁的白人穷汉克拉伦斯·吉迪恩来说,1961年年底的这一假期,却是在佛罗里达西北部的监狱里度过的。吉迪恩瘦高个子,长年佝偻着身子,看上去弱不禁风。他满脸皱纹,面容憔悴,心事重重,一副失败者的模样。这也难怪,吉迪恩少年时就离家出走,一生游手好闲,吸烟、酗酒、吸毒、赌博,"五毒俱全",结婚数次,皆以失败告终。先后因偷盗等罪行,五次入狱,累计刑期二十余年。以前,他都乖乖认罪,老实服刑。但最近这次,他却觉得冤枉。此时,他正伏在监狱会客室的桌上,拿着铅笔,一笔一画地用印刷体,给美国联邦最高法院写上诉信,要求它下令地方法院重审他的案子。这已经是他第二次写信了。按照法院规定,无力支付法院上诉费的"赤贫者"可以不用履行正常复杂的文件程序,但在提出申请事由时,需要附上一封"赤贫者身份宣誓书",证明自己无力支付任何诉讼费用。第一次申请,因为缺少这个宣誓书,信被退回了。但法院收发人员颇为负责,在回函中特地附上有关样本供他模仿。

四十五年前,美国著名法律记者安东尼·刘易斯的"报告文学"《吉迪恩的号角》讲述的就是吉迪恩美国式"上访"并最终改变美国刑事司法规则的故事。那么,是什么样的冤情让这个"惯偷"要把"信访"进行到底,又是什么信念让他相信他的冤案可以"平反"呢?1961年6月初,吉迪恩所在的巴拿马市一家台球厅被盗,损失百元不到。由于有犯罪前科,并在台球厅帮过忙,吉迪恩被捕、受审。作为曾经四进宫的累犯,吉迪恩久病成良医,对刑事司法程序略知一二。在8月4日的法庭上,吉迪恩表示无钱雇佣律师辩护，请求法院为他指派律师。法官回答说，根据佛罗里达州的刑事诉讼法，州法院只为那些被控死罪的穷人提供免费律师服务。吉迪恩鼓起勇气，对法官说："可联邦最高法院规定我有权获得律师的帮助。"法官没有直接回答这个似是而非的问题，但叫书记员将这句话记下来。正是这一记录在案的要求，构成了吉迪恩后来上诉的一个条件。最后，自我辩护的吉迪恩，被陪审团判定有罪，法官判处他盗窃罪的最高刑期五年徒刑。

在这段对话中，法官是对的，吉迪恩是错的，他误解了美国最高法院的规定。因为最高法院此前的判决中，从来没有承认过所有被告、在所有法院都有获得律师帮助的权利。但是，这并不一定意味着吉迪恩的请求毫无意义。因为美国"最高法院在解释宪法问题上从来都不会十分绝对"，它可以推翻先例。但前提是，必须有人出来挑战。歪打正着，无意中，吉迪恩成为第一个吃螃蟹的人。刘易斯感慨道：吉迪恩"正在呼吁的是法律历史上最伟大的事件之一。他正请求美国最高法院改变其先前的立场"（第7页）。

吉迪恩只有初中文化程度，当然不知道自己呼吁的"伟大意义"，他只想洗去自己的冤案，尽快出狱，这样就可以阻止政府少年法庭取消他对三个孩子的抚养权。在他看来，宪法第六修正案白纸黑字写着："在一切刑事诉讼中，被告有权……获得律师的帮助为其辩护。"但他不清楚的是，第六修正案1789年制定的时候，其目的是为了防止政府继承英国普通法中一个古老的规则：禁止被告在重罪案件中委托辩护律师。制宪者根本没有想过这样的问题，如果穷人被告无钱聘请律师，又该如何办？吉迪恩或许还隐约感觉到，有些刑事被告获得了免费的律师服务，感觉没错。但这里的复杂程度非他可以理解。在1938年"约翰逊案"中，最高法院裁定，在联邦法院中的刑事被告，法庭有义务免费为贫穷被告指派律师。但是，美国是联邦制国家，存在着联邦与州两个平行独立的司法体系，早在著名的"巴尔的摩案"（1833年）中，首席大法官马歇尔就裁决说，《权利法案》（宪法前十条修正案）限制的对象是联邦政府，而不是州政府。这样一来，《权利法案》所保证的刑事被告权利，仅适用于联邦司法程序。这就是为什么在美国，一方面有《权利法案》所许诺的刑事被告的种种权利，另一方面还有许多不公正的刑事审讯。由于美国绝大多数刑事司法都是在州或地方法院执行，因此，这个免费律师的"福利"对很多贫穷被告依然是可望而不可即。不过，美国最高法院并非不能对各州司法体制施加影响，问题是最高法院的大法官们愿不愿这样做。如果愿意，是否存在着可以自圆其说、运用自如的宪法魔杖？

　　这个魔杖的确存在，它就是宪法第十四修正案。美国内战后，为了彻底铲除奴隶制，美国通过了第十四修正案，其第一款规定："所有在合众国出生或归化合众国并受其管辖的人，都是合众国和他们居住州的公民。任何州……不经正当法律程序，不得剥夺任何人的生命、自由或财产；在州管辖范围内，也不得拒绝给予任何人以平等的法律保护。"与《权利法案》逐一列举联邦不得侵犯的各项权利不同，第十四修正案都是些原则性提法。因此，要有效保护公民权利不受州的侵犯，就必须通过解释条款中"法律正当程序""法律平等保护"这类抽象原则，将制约联邦政府的《权利法案》"吸纳"进来，使其中列举的各项权利对各州具有同样的制约作用。比如，如果把刑事被告的律师服务确定为"法律正当程序"的组成部分，那么，各州拒绝为贫穷被告提供律师服务，也就违反了宪法第十四修正案的要求。

　　就是利用这个魔杖，最高法院开始干预州刑事司法程序，加强对刑事被告权利的保护，其中最具里程碑意义的案件就是1932年"鲍威尔诉阿拉巴马州"案。1931年，九名黑人青少年，最大的十九岁，最小的才十三岁，被乘同一辆火车棚车旅行的两名白人妇女控告强奸。当地清一色白人组成的陪审团判处其中八人死刑。判决一出，舆论大哗。1932年，最高法院七比二的对数票推翻了州法院的判决。其理由就是，法院剥夺了被告"获得律师帮助的合理的时间和机会"。尽管法院指派了辩护律师，但他仓促上阵，无暇调研，没有提供"正常和足够的服务"。最高法院最后裁定，在这类死刑案件中，指派律师辩护是第十四修正案的"法律正当程序"的一个必要条件。各州法院必须免费为被控死罪的穷苦被告人提供辩护律师。由于此案裁决的只限于州法院死刑被告，有人开玩笑说，这不是鼓励穷人犯死罪吗，穷小子必须有种把事犯到以死刑起诉的份上，才能享受律师的免费服务。

　　尽管有"鲍威尔案"的限制，依然有囚犯希望州法院能够像联邦法院一样，为所有重罪刑事被告提供免费律师服务。1942年，马里兰州囚犯贝茨上诉最高法院，认为自己因为没有律师帮助，被判抢劫罪，入狱八年。他希望最高法院大法官出面干预，保护贫穷被告的"正当法律程序"的宪法权利。"贝茨案"在最高法院引起了很大争议。支持贝茨的法官认为，第六修正案被告律师权的规定，应成为第十四修正案关于各州应遵循的"正当法律程序"的一个组成部分。反对派则认为，第十四修正案关于"正当法律程序"的条款中没有、也不可能包含州法院应向贫穷被告免费提供律师的含义。向非死刑罪嫌犯提供律师，既损害了美国的联邦制，也将会导致各州纳税人负担过重。最后，最高法院六比三驳回了贝茨的上诉。对此，持个人自由至上论的大法官布莱克表达了强烈的异议："否认贫穷被告在审判过程中有取得律师辩护的权利，无疑是对整个国家普遍正义的讽刺和践踏。对我而言，在我们这个民主国家的法律体系下任何人都应该得到公平、公正的对待。"

值得注意的是，出于对异议的回应以及延续一贯的裁决技巧，法院多数意见没有把话说死，留下一丝缝隙：在可能"违反基本公正要求和普遍的公平感"的情况下，法院必须为被告提供律师。后来的民权律师就是利用这一点，接二连三地将律师权案件推到大法官面前，迫使大法官以"违反基本公正"为由，裁定了在众多"特殊情形"下，贫穷被告有权获得免费律师：这些特例包括被告是文盲、法盲、患有精神疾病或者案情过于复杂。特例一开，就变得没有了标准，有关律师权的上诉案件猛增，大法官不厌其烦。他们开始意识到，即使从法律技术的角度，也需要确定新标准。况且，在1960年代民权运动风起云涌的大背景下，高高在上的大法官也开始认识到"贝茨案"对贫穷被告的不公。因此，到了吉迪恩上诉的时候，最高法院九位现任大法官已经有四位明确表示要推翻"贝茨案"。比起倒霉的贝茨，吉迪恩要幸运得多。

1960年代初，联邦最高法院每年收到2500个上诉申请，立案复审的只有150个左右。正常申请得到批准的比率是13%，而"赤贫人申请"获得复审机会的只有3%。吉迪恩恰好属于这个"百里挑一"。1962年1月8日，最高法院收到了吉迪恩的"赤贫人申请"上诉资料，最高法院首席大法官沃伦的助理按程序致函佛罗里达司法部，要其递交答辩意见。后者回函中，列举了"贝茨案"等一系列案件，说明吉迪恩无权获得律师帮助，他也没有主张自己属于"特殊情况"。这个回函副本抄送给了吉迪恩，吉迪恩又用铅笔写了四页答复。他表示自己没有能力与司法部论理，也没有法律书籍参考，"但我相信，一定有很多对我有利的判例"。而且，他提出了一个具有普遍意义的问题："对方认为，公民在没有律师帮助下，同样可以获得一次平等和公平的审判，我将向最高法院证明：这种看法是错误的。"吉迪恩的问题正中一些大法官的下怀。因此，在6月4日批准立案的通知中，最高法院特别要求双方律师在答辩文件和口头辩论中必须讨论以下问题："最高法院是否应该重新考虑'贝茨案'的判决。"

佛罗里达司法部自然有自己的律师团队，吉迪恩的律师却要靠最高法院指派。代理这类案件，除了荣誉感，没有任何经济上的好处，最高法院只报销旅差费和打印费。同时，最高法院可以随意选人，通常是大法官原来的助理、大学教授或名律师。所以，法院指派的律师水平总体高于一般出庭律师。沃伦大法官推荐的免费律师是福塔斯，此公 32 岁就出任罗斯福政府的内政部副部长，能言善辩，专长于商法和行政法，但对刑法也情有独钟。

对这样的案件，大牌律师基本是动嘴不动手。福塔斯的几位助手准备了所有的诉讼文件。递交给法院的诉讼要点摘要，迎合了大法官的胃口，它不是想去证明吉迪恩是否属于需要法律援助的"特殊情形"，而是从五个方面要求推翻"贝茨案"，既指出律师的帮助为宪法"正当程序"所必需，又说明"特殊情形"规则在实践中麻烦不断。

相比吉迪恩团队的豪华阵容，佛罗里达州司法部的律师相形见绌。准备文件和出庭辩论的是位年仅 26 岁的政府律师杰布卡。为了壮大声势，他的同事建议他以州司法部长的名义给 49 个"姊妹州"写信，希望它们以"法庭之友"的身份向最高法院提交意见书，维持"贝茨案"原判，尊重各州"自主决定刑事程序规则的权力"。没想到，这一呼吁弄巧成拙，结果只有保守落后的阿拉巴马和北卡罗来纳两个州站在自己一边。明尼苏达州的司法部长蒙代尔（他后来成为卡特的副总统）不仅不支持佛州，而且，还联合其他 22 个州司法部长，提交要求推翻"贝茨案"的法庭之友意见书，认为这个判决"从一开始就是一个时代性错误"。这些州居然要求最高法院设置一个新的刑事司法标准来约束自己，这让大法官惊讶至极。一个大法官甚至表示："假如收到的是 49 个州支持佛州的意见书，他都不会这样惊讶。"

在《吉迪恩的号角》一书中，刘易斯妙笔生花，生动地展示了 1963 年 1 月 15 日法庭辩论的场景。福塔斯律师口若悬河，慷慨陈词。由于大部分法官都倾向推翻"贝茨案"，福塔斯的主要目标就是说服保守派大法官哈兰，后者主张尊重先例，尊重州权。针对哈兰大法官质疑自己不尊重联邦制原则，福塔斯巧妙地回应说："我信奉联邦制……但是，我相信'贝茨案'没有体现对联邦制的应有尊重。它要求本法院对州刑事程序进行逐案审查监督，这绝非正常……本法院的干预应该尽可能地以最少侵蚀性的方式进行。"当时在场的道格拉斯大法官后来回忆说，在他 36 年的大法官生涯中，福塔斯的滔滔雄辩是他听到的最佳法庭辩护。

与福塔斯轻松自如的表演相比，第一次出现在最高法院上的杰布卡则显得紧张，而且，他的陈述不断被大法官的提问打断，无法连续说上五分钟的话。据他后来回忆，在准备诉讼文件时，他就对胜诉不抱多大希望了。1963年3月18日，最高法院九位大法官全体一致裁决，律师权属于公平审判的最基本内容，应当纳入宪法第十四修正案中"正当法律程序"的保护之列。沃伦将撰写意见书的重任交给了布莱克，以肯定21年前他在"贝茨案"表达了强有力的异议。在意见书中，布莱克充满激情地宣布，"贝茨案"的判决是"错误的"，"理智和思维要求我们认识到，在我们抗辩式的刑事审判体系中，任何被告，如果因贫穷请不起律师，就不会受到公正的审判，除非法院给他指派一个律师。对我们来说，这是显而易见的真理"。布莱克法官的结论是："在刑事法庭上，政府请律师起诉，有钱的被告请律师辩护，这最有力地说明了律师是必需而非奢侈这一普遍信念。……一切被告在法律面前平等，如果贫穷被告不得不面对指控而没有律师的帮助，这个崇高的理想就无法实现。"几天后，布莱克告诉自己的一位密友："在'贝茨案'判决的时候，我绝没有想到我会活到看着它被推翻的那一天。"

的确，1950~1960年代美国权利革命的速度和广度超过了布莱克和大多数人的想象。正是在这场伟大的民权运动中，黑人、妇女、刑事被告、同性恋、残疾人这些一度受到歧视的边缘群体开始觉醒、呐喊，为自己的平等权利而抗争。吉迪恩无意中成为权利革命中的一位弄潮儿。实际上，在当时的民权大潮中，美国各州和国会都开始行动起来，设法为贫穷被告提供免费的律师服务。在"贝茨案"裁决时，美国已经有30个州规定所有重罪案件中必须为被告指派律师。到吉迪恩上诉时，这个数字增加到37个。剩下的23个州，有8个州虽然没有明文规定，但在实践中已经采纳了指派律师的做法。因此，实际上，只有5个比较落后的南部州没有为非死刑的刑事被告提供律师。在肯尼迪政府的推动下，国会也在讨论"刑事司法法案"，试图向公益律师提供联邦资金资助的方式，鼓励他们为被告提供服务。民间组织福特基金会也在提供有关资金，资助公益律师为被告服务。正是在这个意义上，刘易斯强调指出："吉迪恩并不是一个人在战斗，在法律界和社会各界，有超过他想象的各种力量在为他提供帮助。"但这依然不能否认吉迪恩努力的重要性。一位民权律师概括说："将来，'吉迪恩'这个名字将代表一个伟大的原则，即穷人有权与那些有钱请律师的人获得相同的正义。吉迪恩似乎是一个难缠的主儿（nut，译者翻译为'刁民'似不妥），他近乎极端的不信任和怀疑姿态让他几乎接近愚顽的边缘，但这些并不重要，相反，也许是好事。因为我们所享有的许多宝贵权利往往就是由这种人争取的。"

（安东尼·刘易斯：《吉迪恩的号角》，陈虎译，中国法制出版社，2010）

（原载 2010 年 9 月 26 日《东方早报·上海书评》）

一场打了两百年的言论自由保卫战

——读《言论的边界：美国宪法第一修正案简史》

美国报人安东尼·刘易斯一生主要在两个领域中摸索：新闻和法律。1955年，年仅27岁的刘易斯，因为发表麦卡锡主义时代忠诚调查的受害者的深度报道而荣获普利策奖。此后，他越来越多地关注美国宪法和最高法院，成为《纽约时报》最早专职报道最高法院的记者，他的一系列报道，包括著名的《吉迪恩的号角》，让他在1963年第二次赢得了普利策奖。刘易斯先后出任过《纽约时报》华盛顿总部和伦敦总部的主任，后来做时报专栏作家达42年（1969~2001）之久。1970年代中期，他由职业记者华丽转身成为新闻学教授。1982年以后担任哥伦比亚大学新闻学院詹姆斯·麦迪逊讲座教授，专门讲授新闻与美国宪法第一修正案的关系。刘易斯为美国人民捍卫言论自由权的努力，得到了各界广泛赞誉。2001年，民主党总统克林顿授予他美国平民的最高政府荣誉——总统公民奖章。

作为一个新闻人，刘易斯对法律的持久兴趣也与他的太太有关。他的太太是马萨诸塞州最高法院的首席大法官，正是她的法律意见书，宣布了马州同性婚姻的合法化。既是为了表达对自己事业的保护神宪法第一修正案的感激之情，也是愤慨于布什政府在反恐战争中的"无法无天"，刘易斯在八十高龄之际决定为第一修正案树碑立传，于是就有了这本 Freedom for the Thought that We Hate: A Biography of the First Amendment。中文本将这个英文意思非常明确但很难直译的书名意译为《言论的边界：美国宪法第一修正案简史》，虽然简洁明了，但是原来标题（《我们所憎恶的思想也拥有表达的自由》）的那种冲击力却荡然无存了。

一

　　刘易斯开篇就说：今日美国"乃是世上言论最为开放的社会。"这既是和其他国家的比较，同样也是与美国的过去比较。美国的言论自由来源于宪法第一修正案那只有 14 个英文单词的禁令："国会不得制定关于以下事项的法律：剥夺言论或出版自由。"但是，宪法的承诺并不会自动兑现，法律的言辞需要实践的考验，自由还要靠个体的艰苦努力。通过为修正案作传，刘易斯感慨道：只是经过"一个多世纪的漫长历程，美国法院才开始保护不同政见者和出版人免受政府压制。换言之，法官们在经过长久的努力之后，才兑现了第一修正案中这 14 个词的基本承诺：美国应该是一个言论和出版自由的国家"（p. VIII）。

　　这一进程开始于政府对言论自由的压制而非保护。18 世纪结束之际，美国立宪建国刚过去十年，当年一起反抗英国暴政的战友就分裂成了两派：以现任总统亚当斯、第一任财政部长汉密尔顿为首的联邦派和以副总统杰斐逊、宪法之父麦迪逊为首的共和派。联邦派力主工商立国，突出联邦，反对法国大革命；共和派主张农业立国，重视州权，同情法国大革命。1798 年 7 月，联邦派控制的国会仅用了十天时间，就速成通过了《反煽动叛乱法》。它规定下列行为构成犯罪："出于诽谤的目的，发表任何针对联邦政府或国会或总统的虚假、丑化、恶毒的作品"，因为这些言论会让政府名誉扫地威望全无，"诱发善良的美国人民对政府的仇恨"（第 11 页）。这一在今天看来明显违背第一修正案的立法，其制订的时间距离第一修正案的通过还不到十年。它与其说是出于维护国家的稳定，毋宁说保护联邦派掌权之私。

　　联邦派想用这个法律来打压杰斐逊共和派的舆论空间，防止它为即将到来的 1800 年总统大选造势。所以，该法律不允许批评国会和总统，唯独"遗忘"了对副总统（杰斐逊）的保护，而且，法律的有效期到 1801 年 3 月 3 日，也就是宪法规定的新任总统就职为止。这样，如果杰斐逊当选总统，共和派也无法利用该法来对付联邦派，"以其人之道还治其人之身"。在不到两年半期间，有 14 人因此而被捕，全是杰斐逊派的报人，而且，起诉的时间集中在 1800 年大选期间，目的就是想让反对派噤若寒蝉。在几起定罪的案件中，法官要求被告承担证明自己言辞完全属实的责任。但实际上，几位被告之所以被起诉，并非事实是否真实，而是其言辞激烈的批评性观点，而观点本身无所谓真伪。有趣的是，当时有关该法律适当与否的争议，主要是在国会和舆论中进行的，其政治色彩远胜于法律色彩。因此，被定罪的被告无一人将案件上诉至最高法院，最高法院也就没有机会判定它的合宪性。不过，当时最高法院的六位大法官同时兼任低一级的联邦巡回法院法官，其中的三位主持过涉及该法的诉讼，均未提及该法的合宪性问题。这从一个侧面说明，大法官当时的党派色彩浓厚，人们对司法独立和权威信心不足。

　　备受打压的共和派，只好利用自己控制的南方各州来反抗联邦国会的打压。杰斐逊和麦迪逊秘密商量后，分别匿名为肯塔基州和弗吉尼亚州议会起草了谴责该法的决议案，号召各州否认这一立法的合宪性。刘易斯感慨道：两人之所以秘密行动，是"因为他们这样做本身就可能因为违反这部法律而被起诉——呜呼，宪法的主要起草人！呜呼，美国的副总统！"（第17页）但他没有提到的是，这一做法开启了所谓"联邦法令废止权"（nullification）原则：州有权根据自己的理解来否定联邦法令的合宪性，进而拒绝该法在本州内的执行。后来的南方奴隶种植园主发展了这一理论，最终成为他们脱离联邦的法律借口。

　　在《弗吉尼亚决议案》中，麦迪逊提出了一个经典性的论断：言论和出版自由乃是共和政体最坚定的守护者。他指出，该法之所以违宪是因为它行使了宪法第一修正案"明确禁止的权力"。它限制言论的做法，"与自由审查公众人物和公共事务的权利，与人民之间自由沟通的权利——这是其他所有权利的唯一有效的保障，处于对立的地位"（第18页）。刘易斯将"自由审查公众人物和公共事务的权利"概括为"麦迪逊前提"（the Madisionian premise），认为这是美国政治体制的前提。

　　联邦派的打压适得其反，结果是搬起石头砸了自己的脚。在1800年大选中，共和派大获全胜，控制白宫和国会两院。具有讽刺意味的是，一项打压言论自由的法律无意中为美国的自由作出了重大贡献。刘易斯因而认为，通过这场大争论，越来越多的人意识到言论和出版自由的重要性，无论宪法第一修正案是否旨在取消煽动性诽谤罪，"美国观念的天平倾向于这一罪行与宪法价值水火不容"（第21页）。

二

　　不过，刘易斯的这一看法显然太乐观了。美国人可能接受了这个观念，但只是在和平期间，而且只是在涉及国内党争时。《反煽动叛乱法》是短命的，但其所体现的政府压制舆论批评的冲动却长久存在。此外，从宪法上讲，宪法第一修正案只是规定"国会不得制订以下法律"，而没有说各州也不得制订。1918年初，美国刚刚加入第一次世界大战，在爱国主义高涨的气氛中，偏远的蒙大拿州颁布了自己的《反煽动叛乱法》，规定在战争期间，凡"散布、印刷、撰写或者出版任何对政府、宪法、国旗或者美国军队不忠的、不敬的、暴力的、下流的、蔑视的、丑化的或者辱骂的言论"，或者发布任何可以推定为"藐视、嘲讽、侮辱、诋毁"言论的，均构成犯罪，罚款2万美元，最高刑期20年！在接下来的一年中，有79位当地居民因为违反这一含糊的标准而锒铛入狱。其中的一位哀叹道，他之所以被认为"亲德"而入狱，只是因为这样的言行："我不买自由公债也不去扛那讨厌的国旗"。88年后，蒙大拿州州长为这批已经过世的"罪犯"平反昭雪，替自己当年的前任来表达道歉："我很抱歉，祈求宽恕。天佑美国，我们能够批评我们的政府。"（第102页）

更可悲的是，蒙大拿这一法律居然成为随后联邦有关法律的蓝本！此时的民主党政府早已经忘记其前辈杰斐逊派在一百多年前所遭受的磨难，在学者总统威尔逊的推动下，国会在1917年通过了《反间谍法》（*Espionage Act*），并在参战后，以增补案的形式将蒙大拿《反煽动叛乱法》的文本添加到《反间谍法》中。有时，人们也把这部分单独称为1918年《联邦反煽动叛乱法》。本书中译者没有弄清楚这个关系，在翻译中出现了错误和歧义（第102页）。这一增补部分在1921年被国会取消，但就在它存在的三年时间里，有2千多人因此而被起诉。但是，时代毕竟在前进，此次《联邦反煽动叛乱法》的受难者，勇敢地拿起了第一修正案的法律武器，控告《反间谍法》违宪。尽管他们没有成功，但正是在这些法律诉讼中，产生出了有关言论自由的伟大论述，奠定了现代言论自由权的宪法原则。

《反间谍法》规定，在战争期间，任何人在军中"恶意煽动或试图煽动不服从、不忠诚、叛变或拒绝值勤"或"恶意阻碍美国的征兵或服役"，均构成犯罪。1919年3月，在三起反间谍案中，美国著名社会主义和工人运动领导人申克、德布斯等人，或因为散发反对征兵的传单或因为发表反战演说而被捕入狱。他们以第一修正案保护言论自由为由，上诉至最高法院。遗憾的是，九位大法官维持了低级法院的有罪判决。鉴于霍姆斯大法官对个人权利的深刻洞见，他被委派撰写法院意见书。在这份意见书中，霍姆斯提出了著名的"明显而现实的危险"标准。

我们承认,被告传单中所言若在平时许多场合,均在宪法权利的保障范围之内。然而,一切行动的性质,应视行为所处之环境而定;即使对言论自由作最严格的保护,也不会去保护一个在剧院里谎称失火而引起恐慌之人。它甚至也不会保护某人违反禁令散布将对军队产生不利影响的言辞。其问题就在当时言论所处的环境及其性质,是否具有造成实际祸害的清楚和现实危险(clear and present danger),如果具有此种危险,国会便有权予以防止。这是一种是否迫切和接近程度的问题(It is a question of proximity and degree)。当国家处于战争时期,许多平时可以容许的言论,因其会妨害作战,不能不予以限制,法院也不认为其为宪法上的权利而给予保护。

这项判决具有三点意义:其一,宪法第一修正案的言论自由并不是一项绝对的权利,国会可在特定情况下加以限制。其二,1917年《反间谍法》并不违宪。其三,始创了一项新的衡量言论责任的原则——"清楚和现实危险"原则,即依言论性质及当时所处环境,凡具有造成实际祸害(substantive evils)能力的、具有清楚和现实危险的言论,均应负法律责任。显然,这个原则并不是用来保护而是限制言论自由的。最高法院的判决后,美国国内"恐红症"进一步蔓延,对异议者的迫害变本加厉。这一残酷的现实迫使霍姆斯不得不思考这一原则是否明智。与此同时,来自法律界的批评为霍姆斯的转变提供了思想资源和行事的便利。

当时,霍姆斯的一些崇拜者对他的意见书大失所望,提出公开批评。至少有两个人的意见直接影响到他。一是位于纽约的联邦上诉法院法官汉德的意见。汉德尽管没有成为最高法院大法官,但他却被公认是20世纪最伟大的法官之一。他写信告诉霍姆斯,只有当言论"直接煽动"(direct incitement)而促成后果时,才构成违法。二是哈佛大学年轻的副教授查菲的论文《战争时期的言论自由》。查菲没有直接评论三个案件的判决,而是来了个新瓶装旧酒,将原本限制言论自由的"明显而现实的危险"消极原则,解释为保护言论自由的积极原则,因为它可以"遏制那些针对仅有不良倾向的言论的惩罚"。几年后,霍姆斯曾经告诉查菲,这篇文章让他"受益匪浅"。

当现实和法理的因素结合在一起,促使霍姆斯重新考虑自己立场、消除其法律意见书的不良影响时,八个月后(1919年11月),第四起反间谍案"艾布拉姆斯案"为霍姆斯提供了一个天赐良机。在该案中,四位从沙皇专制和屠杀中逃到美国的激进人士，仅仅因为在纽约散发反对威尔逊总统出兵西伯利亚干涉俄国革命的传单，而被判处 15~20 年不等的监禁。此时，霍姆斯不惜"以今日之我非昨日之我"，针对根据"明显而现实的危险"原则认可低级法院判决的多数意见，提出了自己的异议，深入探讨了第一修正案所包含的言论自由问题，写下了下述传世名言：

当人们认识到，时间颠覆了众多值得为之斗争的信念，他们就可能会相信，甚至比他们相信自己行为的正当性还要确信，我们所追求的至善，唯有通过思想的自由交流才能更好地实现——检验真理的最好办法就是在市场的竞争中，让思想自身的力量去赢得受众，而且，真理是人类愿望得以安然实现的唯一基础。

这正是我们的宪法理论。这是一场实验，就如同人生是一场实验一样。一年又一年（如果不是一天又一天），我们都不得不将得救的希望寄托在并不完善的认知上。当这样的实验也是我们制度的一部分时，我想我们应该永远警惕，防止那些要钳制思想表达——这些思想令我们讨厌或者深恶痛绝——的图谋，除非这些表达如此迫在眉睫地威胁、阻碍了法律的合法和重大目的，以至于不立即采取措施便不足以拯救国家。多年以来，我们的国家一直都在后悔 1798 年通过的《反煽动叛乱法》，并为此付出代价。唯有（only）在紧急状态下，根本没有时间肃清邪恶谣言带来的迫在眉睫威胁时，才能暂时背离第一修正案的绝对规定。

在这里，霍姆斯为美国宪法第一修正案解释和适用提供了一个哲学基础，并据此对"清楚和现实危险"原则做了两点极为重要的修正：一是将"清楚和现实危险"原则向前推进一步，认为只有在这些言论迫在眉睫地威胁到国家安全时，才可以干涉；二是将"清楚和现实危险"原则从一条肯定政府干预言论自由的限制性规则转化为禁止政府干预言论自由的否定性原则。从如果言论带来"清楚和现实危险"，国会便有权预防，转化为唯有在（only）威胁"迫在眉睫"时，国会才能采取拯救国家的措施。正是这一异议，被看作是"美国人所作的有关言论自由的最伟大的言辞"。其思想自由竞争的论说成为 20 世纪所有言论自由倡导者的共同哲学基础。即使是质疑霍姆斯观点的人，也不得不钦佩他为保卫言论自由而战的毅力和决心。

如果不是霍姆斯对言论自由有着宗教般的情感，他是不可能写下这样的文字的。当他的三位大法官同僚知道他要撰写异议的时候，特地拜访了他及其夫人，试图说服他改变主意。他们希望霍姆斯多考虑一些国家安全，像一个忠诚的老兵一样，超越个人爱好，支持法院的多数意见。霍姆斯的夫人被说动了，但霍姆斯拒绝妥协。正是这一决定，"一份阐述思想和言论自由这一信念的最感人的论述幸运地流传了下来"（第34页）。

　　为什么美国如此多的记者、法律人和教授热衷于言论自由？为什么他们总是对宪法第一修正案顶礼膜拜？这里或许有某些人批评得那样，这些人是出于自己的"阶级"利益：他们的职业利益和目标与言论自由密不可分。但更重要的是，这的确涉及整个社会的利益，因为言论自由的本质是思想的自由。查菲把第一修正案所保护的言论自由分成两种利益："其一是个人利益，人们需要表达对其生活意义至关重要的事务的意见；其二是获得真理的社会利益，以便国家的治理不仅可以采取最明智的路线而且是最明智的方式。"这里寻求真理的社会利益就是一种思想自由。只有思想自由，才能真正发掘出人类无限的潜能和创造力。言论自由只是思想自由的一种外在表现。尽管失去言论自由，思想自由可以暂时存在。但是，考虑到人类只能通过言语来表达思想，而且，言论的交流也是人类之间最有效的交流方式，那么，没有了言论自由，思想自由必然受到损害，久而久之，思想自由也就不复存在了。

三

　　在思想价值之外，言论自由的政治价值在于它保障了民众批评政府的权利，特别是通过媒体这个公共论域来批评的权利。这一批评权利在今天之所以重要，则是因为现代政府的权力太广泛、太强大了，几乎无所不在、无所不能。其极端形式就是给人类带来极大灾难的纳粹德国式的极权主义。痛定思痛，人们日益感觉到媒体独立于政府存在的必要。尽管出于商业和集团利益的动机，媒体有时也缺少应有的社会责任感，其报道的质量越来越"快餐化"，甚至低俗化，最明显的例证便是国际媒体对戴安娜之死和克林顿性丑闻铺天盖地般的报道。此外，一些媒体滥用公众的信任，谋求一己之利，大搞有偿新闻的现象也屡见不鲜。但媒体本身的问题，并不构成政府剥夺媒体独立性的理由。美国著名自由派宪法学者德沃金就认为，"如果说新闻界在权力、资源及影响方面的发展大大超过了它在18世纪的情形的话，那么，政府在这些方面的发展则更大,而且政府有能力掩盖政府本身的犯罪及渎职行为"。"新闻具有极大影响力的很大一部分原因是因为很多人有理由相信,一个健康而自由的新闻界是对官方掩饰和虚假报道的一个聪明的限制。"因此,当有人斥责媒体为"不法之徒"时,英国《泰晤士报》的专栏作家莱文曾经这样回应:"媒体根本没有义务对官方负责,倘若有一天它必须承担这种责任时,那将是自由病入膏肓之时,我们应该也必须继续扮演盲流和不法之徒的角色,因为唯其如此,方能保持我们赖以生存的信念,那就是探求其他人不愿探求的知识,发出其他人不想发出的声音。"(第146页)

刘易斯试图以"9·11"以后美国的经历来说明,这一论断乃是盛世危言。在恐怖袭击之后的数月内,布什宣布,行政当局有权不经审判或律师介入就可拘留被认定为"敌方战斗人员"的美国公民;美国司法部开始清查数万名外国人,并对可疑分子长达数月的拘禁和虐待。在那段时间里,一向标榜独立的媒体消失了,它们"不再是批评者或者质疑者,而几乎成了官方的速记员"。在那种特殊的恐慌的气氛中,批评政府"多多少少会显得不够爱国"。只有当美军在伊拉克的虐囚照片泄露出来,只有当《纽约时报》披露了布什密令监听美国公民国际甚至是国内通信时,媒体才醒悟过来。

刘易斯引用斯图尔特大法官在1973年著名的"五角大楼泄密案"中的意见书来说明,在美国这个总统制国家中,独立的媒体为何如此重要。与议会制国家相比,美国总统在国防和外交方面的宪法权力几乎没有任何立法和司法上的限制,因此,"对政府政策和权力的唯一有效的限制,也许来自一个开明的(enlightened)公民团体,来自一个信息完备和有批评精神的公众舆论,只有这些才能保护民主政府的价值。正因为如此,可能就是在这一领域里,一个警惕、自觉和自由的新闻界最能实现第一修正案的目标。因为没有一个信息完备和自由的新闻界,就不会有开明的民众"。在赞赏之余,刘易斯评论说"9·11"后的现实说明,在"开放、自由、警惕和敏锐"的定语之外,还要加上一个"勇敢"。这或许是这位新闻界的老兵对今天美国媒体的一个忠告。

本书在美国面世三年后,就有中译本出版,速度还是蛮快的。中译者徐爽基本上保持了原作简洁明了、文笔犀利、文风清新的特点,但是,意译太多,不少地方有些走样。另外,大概是译者对自己的英文能力非常自信,所以也就没有请同行校对,以前笔者评论过的刘易斯另一本著作《吉迪恩的号角》的译者也是如此。其实,智者千虑必有一失,即使译者的水平再高,也会出现错误。中译本第 12 页提到美国学者李维的"《压制的合法性》(Legacy of Suppression)",就是一个明显的低级错误,应该是《压制的遗产》。第 25 页提到美国革命的英雄亨利·李时,说"其子是著名的国会政治家罗伯特·李（Robert E. Lee)"。英文原版中根本没有"国会政治家"字样,是译者自以为是加上去的。熟悉美国历史的人知道,罗伯特·李是美国内战时南方军队的司令,美国历史上最出色的军事家。本文无意深究译本存在的问题,只是想提醒出版社和译者,人文社科著作的翻译除了译者外,还必须有校者。这是保持译文质量的重要条件,商务印书馆等老牌出版社出版的译著质量上乘的原因就在于此。希望新兴的法律著作翻译继承这一传统,改变法律译著质量相对较差的学界成见。

（安东尼·刘易斯：《言论的边界：美国宪法第一修正案简史》,徐爽译,法律出版社,2010）

（原载 2010 年 12 月 12 日《东方早报·上海书评》）

探索美国对外关系的宪政源泉
——读路易斯·亨金的《对外事务与美国宪法》

1972年,美国哥伦比亚大学教授路易斯·亨金出版了《对外事务与宪法》[①]一书。作为填补空白之作,此书引起了美国法学界和政治学界的广泛注意。在该书的前言中,亨金指出:"有关美国宪法的书堆积如山,有关美国对外关系的书也堆积如山,但它们是两座不同的书山。"而亨金的这本书成功地在两座山之间架起了一座桥梁,或者更确切说将两堆书融为一体。

二十多年过去了,世界发生了巨变,美国在国际事务中的角色也有所变化,但是,亨金的这本书在美国学术界的地位却没有改变。在一个全球化迅猛发展的时代,在一个美国越卷越深的世界中,美国的精英们急切地想知道美国林林总总的国际干预行为于法何据。为满足这一需要,已经荣休的亨金对此书作了较大的补充和修订,在1996年出版了第二版,并更名为《对外事务与美国宪法》[②]。

[①] Louis Henkin, *Foreign affairs and the Constitution* (New York: The Foundation Press, 1972).

[②] Louis Henkin, *Foreign Affairs and The U. S. Constitution* (Oxford: Clarendon Press, 1996). (以下简称《对外事务》,未注明出处者均出自该书)亨金的其他著作主要包括《宪政·民主·对外事务》(*Constitutionalism, Democracy, and Foreign Affairs*, New York: Columbia University Press, 1990, 邓正来译,三联书店, 1996)、《宪政与权利:美国宪法的域外影响》(*Constitutionalism and Rights: The Influence of the U. S. Constitution Abroad*, coed. with Rosenthal, New York: Columbia University Press, 1990, 郑戈、赵晓力、强世功译,三联书店, 1996)、《权利的时代》(*The Age of Rights*, New York: Columbia University Press, 1989, 信春鹰等译,知识出版社, 1997)、《海洋矿产资源法》(*Law for the Sea's Mineral Resources*, New York: Columbia University Press, 1968)、《国家是怎样运作的:法律与对外政策》(*How Nations Behave: Law and Foreign Policy*, 2nd ed., New York: Columbia University Press, 1979)、《国际法:政治与价值》(*International Law: Politics and Values*, Boston: Dordrecht, 1995),以及与人合编的《国际法:案例与材料》(*International Law: Cases and Materials*, Minnesota: West Publishing Company, 1982, 1987, 1993, 2001)。

与很多的美国法学家一样,亨金在成为象牙塔里的学者之前,曾经做过联邦最高法院大法官法兰克福特(Justice Felix Frankfurter,1939 – 1962)的助理(law clerk),在联合国的法律部门做过顾问,还以联邦政府法律顾问的身份参加过国际海洋法会议。这些司法实践使亨金养成了一种简洁、明晰的写作风格,这一点在《对外事务》一书中表现得非常明显。

亨金把全书分为四大部分展开论述:第一部分是全书的引子,论述了联邦政府作为一个整体在对外事务上享有的宪法权力。在第二部分,作者从宪法权力划分出发,论述了联邦和各州在对外事务方面占有怎样的宪法地位(纵向分权),但重点则放在联邦政府的对外事务权(横向分权)。在联邦政府的行政和司法的分权中,联邦最高法院对涉外案件的判决以及由这些判决所引申的对美国宪法的新解释,都会极大地影响美国的对外事务。但是,由于最高法院的保守被动,产生这类影响的机会并不多。而在行政和立法的分权中,总统与国会在对外事务上的权力之争却是频频发生,屡见不鲜。这两个部门各自享有哪些对外事务权,它们在"争权夺利"的竞争中存在着怎样的冲突与妥协,是作者着力论述的问题。事实上,这一部分也是全书最精彩的篇章。在本书的第三部分,作者跳出国内的分权之争,将美国作为一个国家放到国际事务之中,讨论了条约的缔结以及由此产生的国际法和国际组织与宪法之间的关系问题,这一部分可以称得上是全书最具特色的章节。在美国的宪政设计中,分权也好,制衡也罢,最终的目的都是希望通过制度安排,保证个人的权利免受政府的侵害,由此,作者在第四部分论述了一个一向被人忽视的问题——对外事务中的个人权利。

在全书的结尾,亨金又一次提出了很多美国学者不断追问的一个基本问题:一部 18 世纪的宪法能否适应 21 世纪的需要?[1]对此,作者的回答是肯定的,为什么呢?这就需要顺着作者的思路,来看看他是怎样解释那些与对外事务有关的宪法问题。

一

从内容上讲,美国宪法赋予联邦政府管理对外事务的权力相当有限,宪

---

[1] 1988 年,为庆祝美国宪法两百周年,作者曾围绕这个问题在密执安大学法学院做过"库利讲座"(Cooley Lecture)。1990 年作者出版的《宪政·民主·对外事务》即出自这些讲座。

法条文中甚至连"对外事务"(foreign affairs)这样的核心字眼都没出现过。那么,现实生活中联邦政府管理对外事务的巨大权力又从何而来?它主要来源于两个方面:一是将对外事务看作是国家的事务,联邦政府管理对外事务的权力来自于国家的主权;二是将宪法看成一个整体,进行大胆的推算(bold extrapolation),读出其中的"微言大义"(read between the lines)(第15页)。

虽然上述两方面的诠释解决了联邦政府外交权的来源问题,但却无法说明权力的具体归属。由此,自然导致行政、立法和司法三权(因为联邦最高法院实行"不告不理"原则,所以实际上是行政和立法两权)之间激烈竞争,成为两百余年来美国政府管理对外事务的一大特色。为此,作者首先从宪法的文本入手,梳理行政和立法两大部门的基本外交权限。

美国宪法赋予总统明示的(enumerated)或隐含的(implied)外事权力主要有四种:缔约权[①]、任命和接受大使的权力、行政权以及作为国家唯一代表[②]所享有的对外事务权。此外,总统还享有虽然与对外事务没有直接关系,但却对国家的对外交往起着巨大作用的宪法权力:总统作为军队总司令[③]所享有的战争权(Presidential War Power)。虽然严格说来,战争权并不是一个宪法词汇,但在美国宪法学中的使用频率却相当高,它指的是管理与战争密切相关的一切事务的权力。总统有战争权,相应地国会也有战争权,后者享有的战争权来自其宣战及维持军备的权力。美国立国两百余年,对外用兵一百余次,但真正经国会宣战的仅有5次,绝大多数情况下是总统的"不宣而战"。

---

① 见美国宪法第二条第二款。
② 原文是 Sole organ,美国宪法并无此规定,这一说法来自1800年国务卿约翰·马歇尔(John Marshall,即后来著名的联邦最高法院首席大法官,1801~1835年)在众议院的演说(亨金书第41页)。亨金认为,总统在本国政府与他国政府的交往中占有的垄断地位,很大程度上来源于他对外交机构的控制:总统任命大使、公使、领事固然要征得参议院的同意,但是任命其他职位(这些职位的设立已为国会所认可)却无须经过参议院;总统还几乎可以不受控制地任命代理人(agent),比如总统特使、私人代表等(华盛顿时期的约翰·杰伊,富兰克林·罗斯福时期的哈里·霍普金斯和尼克松时期的基辛格就是典型);更有影响的是总统可以以国家元首的身份就国家所关注的外交问题发表各种宣言和原则(如门罗原则 Monroe Doctrine、杜鲁门原则 Truman Doctrine、艾森豪威尔原则 Eisenhower Doctrine、尼克松原则 Nixon Doctrine);另外,总统还可以以国家元首身份邀请他国元首来访或主持国际会晤(比如1994年拉宾和阿拉法特在美国的握手),以发挥美国在国际事务中的作用。
③ 即 Commander in Chief,现在习惯称为"三军总司令",但值得注意的是美国立国之时仅有陆、海两军。

即便是在非直接军事冲突的状态下,总统战争权的影响也相当大。这主要体现在两个方面:第一,在一场地区或世界性战争中,美国虽为中立国,但总统却可以采取并不中立的政策,从而对正在交战的双方产生影响。比如,华盛顿总统就英法战争发表的《中立宣言》;富兰克林·罗斯福总统在美国参加二战之前,一步步地偏离了国会的中立政策,支持与希特勒德国交战的国家。这些做法的依据,至少是部分地来源于总统的战争权。

第二,在和平时期,当美国遭受突然攻击时,总统有权动用一切军事手段进行自卫反击,而不必等到国会的宣战或授权。在一个闪电战的热核时代,赋予总统这一权力毫无疑问是必要和必需的,但问题是,怎样确认、又由谁来确认美国是否遭到了攻击和可能的攻击。更严重的问题是,在当今世界,美国的军事基地和大兵散布全球,美国的国家利益(包括军事、政治、经济甚至文化利益)无处不在,任何对美国国家利益不利的举动都有可能被解释为是对美国的攻击,从而成为美国出兵干涉的理由。美国总统布什最近提出的"预防性打击"的先发制人战略,可谓是这一权力登峰造极的发展。多少让人感到有些"欲加干涉,何患无辞"。

与国家是否遭到和将要遭到攻击紧密相连的是总统的又一项涉外权——国家安全与紧急状态权(National Security and Emergency Power)。亨金认为"国家安全"不是宪法词汇,紧急状态权也是不为宪法所承认的,所以紧急状态不会增加任何一个联邦政府分支的权力(第53页)。

除了上述六种直接或间接与对外事务相关的总统权力外,总统还拥有一种宽泛的(general)宪法权力,这种权力也可能与对外事务有关,即宪法第二条第三款所云总统"应负责使法律切实执行"。因为条约与国际法也是美国的法律,总统也有权为切实履行这类法律而采取必要的行动。

从整体上讲,宪法赋予总统的对外事务权相当模糊,容易引起争议。相比之下,国会所拥有的类似权力则明晰得多。亨金将国会拥有的对外事务权分为立法性的和非立法性的两大类。国会的非立法性权力(Non-legislative Powers of Congress)比较简单,主要是指国会的宣战权。这里主要讨论立法性权力。

作为立法者,国会拥有的对外事务权包括明示的对外事务权(Enumerated Foreign Affairs Powers)、来自国家主权的权力(Powers Deriving from National Sovereignty)和宽泛的国会权力(General Congressional Powers)三个方面。

就明示的对外事务权而言,亨金认为主要指的是国会的对外贸易权(the Foreign Commerce Power)①、作为立法权的战争权、明定与惩罚的权力(to define and punish offences)②。来自国家主权的国会权力则体现为管理和保护在美国的外国外交活动,为其提供合作;管理移民,管理影响美国对外关系的公民行为,管理美国公民在海外的行为。宽泛的国会权力则体现在两个方面:征税、提供公共福利③;通过必要和适当的法律④。

从总统和国会各自拥有的对外事务权可以看出,有些权力为某一部门所独有,比如国会的宣战权,而有些权力则为两大部门所共享,比如缔约权和战争权。而且,共享的权力多于独有的权力。权力既然为两大部门所共享,行使起来就会有竞争、妥协甚至是冲突。⑤ 在这些共享的权力中,有些是总统与国会两院共享的(比如战争权);有些则是与参议院共享的(比如缔约

---

① 见美国宪法第一条第八款第三节。1824 年,约翰·马歇尔大法官在"吉本斯诉奥格登案"(Gibbons v. Ogden)的判词中认为,"commerce"一词含义不仅仅是"trade"(贸易),而是"intercourse"(交流)。马歇尔的解释本是就州际贸易而言的,它使国会获得了管理国内事务的广泛的权力。但这样的解释也同样适用于对外贸易,从而使国会在管理对外事务方面拥有广泛的权力,比如管理航空、航业业务,以及征收关税、订立互惠贸易协定,是否给予最惠国待遇,对非友好国家实施禁运等(第66页)。
② 见美国宪法第一条第八款第十节。
③ 见美国宪法第一条第八款第一节。因为美国与许多国家有着广泛的同盟协定,该节中"共同防御"当然也包括美国的本土防御及海外军事基地和驻军。
④ 见美国宪法第一条第八款第十八节。至于怎样的法律才是"必要与适当的"(necessary and proper),一向有争论。但约翰·马歇尔在"麦考洛克诉合众国银行案"(McCulloch v. Maryland, 1819,也称"合众国银行案")中提出了一条著名的解释:只要目的合法,在宪法的许可范围之内,手段适当,与目的完全一致,又与宪法的条文和精神不相悖,那么这种手段就是合宪的。亨金认为,这一条如果与国会的拨款权联系在一起,将对美国的对外事务产生巨大影响。因为美国宪法第一条第九款第七节规定:除根据法律规定的拨款外,不得从国库提取款项。如果国会认为总统越权,常常会拒绝总统的拨款要求。在对外事务方面,国会(当然也包括其委员会)也会利用拨款程序与总统讨价还价,影响其对外政策(第 73~75 页)。但总统也常以行政扣押(impoundment)的方式加以反击,虽然1974 年国会又通过了《国会预算和扣押控制法》,但该法的合宪性是成问题的。见杰罗姆·巴伦、托马斯·迪恩斯《美国宪法概论》,中国社会科学出版社,1995,第 78~79 页。
⑤ 总统与国会之间的权力冲突不一定全是宪法性。原因有两个:第一,很多情况下,总统的权力来自国会的授权(非宪法上的分权),当总统与国会对授权的范围理解不一致时,冲突就会出现;第二,现代政党制度的兴起与成熟,使得总统与国会的权力之争多出了一个相当重要的因素。亨金的这本书主要讨论的是因宪法而起的权力划分与权力冲突,因而对政党的影响未作论述。另外,在美国国内(特别是二战以后)有一种说法:"政治(也有人说是党派政治)止于水边"(stop at the waters' edge),也就是说党派政治不会干扰国家的对外关系(但亨金对此不以为然)。因此,政党政治对美国的对外事务的影响仍是一个值得讨论的问题。

权）。两者就共享权力发生冲突时，往往会诉诸法院，求助于最高法院的司法解释。

在著名的"接管钢铁公司案"（The Steel Seizure Case，1952）中，联邦最高法院的杰克逊大法官（Robert H. Jackson，1941－1954）对总统与国会两院的权力关系作了如下著名的分类：（1）当总统依据国会明确或暗含的授权而行动时，其权力达到最大程度。因为他除了拥有自身固有的权力外，还拥有国会的授权。（2）当总统的举措既未得到国会的授权，又未遭到国会的反对时，他只能依据自己的权力行事。但此时却存在着一个总统和国会拥有共享权力或权力分配不确定的"半阴影区"（zone of twilight）。（3）当总统的举措与国会明确或暗含的意愿相违背时，他的权力处于最低点。由此可以认为：第一，总统与国会两院之间的共享权力是一个"半阴影区"，在此"半阴影区"内，两者的权力分配是不明确的。第二，"半阴影区"的出现主要是因为国会的态度不明确（保持沉默），因此国会对"半阴影区"的归属掌握着主动权。第三，即便总统在"半阴影区"内取得优势，国会与总统之间的权力关系也不是简单的此消彼长，用亨金的话来讲就是，"即使历史授予了总统以巨大权力，这也不一定就会削弱国会的权力"。因为"历史所授予总统的似乎只是半阴影区中的那些共有权力"[1]。

可见，总统与国会在半阴影区内形成了某种紧张关系，此种紧张关系的核心就是两者对于战争权的竞争。在这一竞争中，就如何部署军队[2]、如何界定战争[3]、如何处置战时敌国财产[4]、如何处置新占领土[5]等问题，总统与国会都有可能提出相互冲突的权力要求。即便是总统拥有国会的事先授权，如何理解授权的范围，也可能出现争议。[6]

---

[1] 亨金：《宪政·民主·对外事务》，第43页。
[2] 比如1950~1951年关于扩充美国驻欧洲军队的辩论。
[3] 比如肯尼迪的入侵猪湾（1961），里根入侵格林纳达（1983），老布什入侵巴拿马（1989），总统都不认为这些行为是战争（第98~99页）。
[4] 国会最初认为，宣战并不意味着授权总统随意没收敌国财产；但在二战中，国会认可了总统广泛没收敌国财产的做法（第104页）。
[5] 最初，总统作为军队的总司令只有临时占领所征服土地的权力；后来又拥有宣布所占领土为美国所有的权力。当然，根据合众国宪法第四条第三款，新占领土宪法地位的真正确立还是必须依靠国会的决议（第105页）。
[6] 一个典型的例子就是1970年美国出兵柬埔寨。尼克松总统并不认为自己发动了一场新的战争，所以也没有超越《东京湾决议案》（Gulf of Tonkin Resolution）的授权范围。但有些国会议员却不这样认为。

二

如果说总统与国会两院的战争权之争是缘于宪法分权不明确,缘于存在"半阴影区"的话,那么,就缔约权限宪法所做的划分则相当明确,不存在"半阴影区"。可是,在现实政治中,总统与参议院在缔约问题上同样存在权力之争。其原因主要在于两者对于宪法条文的理解不同。

宪法规定,总统缔约须经(by)参议院建议(advice)并取得(with)其同意(consent)。亨金认为,何谓"建议",什么人、在什么时候提出建议,建议必须采纳吗,都是问题;还有,"同意"是否有条件,参议院可以提出什么条件,也不明确;甚至什么是"条约",也没有统一的定义;总统是否可以不经参议院同意而缔结其他协议,也不得而知。①

从有关缔约权的历史经验来看,参议院对总统缔约权往往只剩下"同意"的份儿,而无"建议"的权。在19世纪,参议院由于常常否决总统缔结的条约,固有"条约的坟墓"(grave-yard of treaties)之称,"但随着时间的推移,参议院变得更'老练'了:它不再对条约实行否决,而是干脆把它束之高阁,不予理睬"。② 到了20世纪后期,参议院更多的是采取有条件的同意,而不再干脆否定或束之高阁。根据亨金的研究,参议院提出的条件,一般包括这几种形式:附加保留意见(reservations)、对条文作出自己的理解(understandings)、宣布自己的主张(declarations)、但书(provisos),当然,这几种之间并没有太大的差别(第182页)。由此可见,总统-参议院这种二元缔约程序,很自然会引起两者在缔约过程中的尖锐碰撞。不过,碰撞的主要原因与其说来自宪法条文,还不如说来自两者对于各自在缔约过程中所处地位的不满。因此,解决问题的关键不在于怎样解释宪法,而在于如何调整实际的操作程序。从经验上看,调整的办法主要有两种:一是总统任命一名或几名参议员作为外交谈判代表团的成员,参与谈判、缔约的全过程。有人曾经质疑这种做法,理由是参议员接受总统的任命

---

① 《宪政·民主·对外事务》,第68页。当然,亨金同时也认为,"不管怎样,立宪者的意图似乎是,总统在先听取参议院建议后负责谈判,在谈判过程中继续听取参议院的建议,最后,在获得参议院同意后由总统缔结条约"(《宪政·民主·对外事务》,第70页)。

② 《宪政·民主·对外事务》,第72页。亨金将其称为"条约冷藏室"。

与宪法的要求不符，也有损于参议院的独立性。①

二是总统干脆绕开参议院，以无须参议院批准的行政协定（executive agreement）规避参议院的缔约权。进入 20 世纪以来，总统越来越多地采用这种形式。从 1940 年到 1970 年，美国与外国签订的行政协定共有 5653 件，占美国历史上行政协定总数的 83%；而同一时期美国与外国签订的条约为 310 件，仅占美国历史上条约总数的 28%。② 这些协定不仅在数量上大大超过条约，而且，内容上也多涉及重大问题，比如 1945 年的《雅尔塔协定》、1973 年结束越南战争的《巴黎协定》都属于行政协定。总统的这种做法自然会引起参议院的强烈不满，因为宪法并没有提及行政协定。③ 众议院对自己在缔约过程中的无权地位也深感不满，因为众议院认为，参议院是个代表性较差的、贵族式的权力部门，真正代表民众的应该是众议院。所以，缔约或制定行政协定也应征得它的同意。于是，在两院的一致要求下，一种被称为"国会-行政协定"（congressional-executive agreement）的新的行政协定出现了。④ 它要求在总统缔结某些行政协定时，也应像国会立法一样，在两院以简单多数通过。

条约或行政协定的签订过程往往是一波三折，执行起来也非一帆风顺，因为它们的法律地位常有争议。就条约而言，约翰·马歇尔大法官在"福斯特诉尼尔森"（Foster v. Neilsen，1829）一案中，将其分为"自动执行"（self-executing）和"非自动执行"（non-self-executing）两类。⑤ 亨金认为，

---

① 美国宪法第一条第六款第二节规定：参议员或众议员在当选期内，不得被任命担任在此期间设置或增薪的合众国管辖下的任何文官职务。凡在合众国属下任职者，在继续任职期间不得担任任何一院议员。这一条被称为"不兼任条款"（incompatibility clause）。但总统的这一做法现在基本上已被认可（第 178 页）。

② James A. Nathan and James K. Oliver, *Foreign Policy Making and the American Political System*, 2nd ed. (Boston: Little, Brown and Company, 1987), p. 130.

③ 但亨金认为宪法第一条第十款实际上对条约和与他国达成的盟约（compacts）或协定（agreements）作了区分。其中第一节规定：任何一州都不得缔结任何条约……；第三节规定：任何一州，未经国会同意……不得与他州或外国缔结协定或盟约……这些规定虽然是针对各州的，但毕竟提到了协定的字眼。因此，亨金认为总统有权单独达成某些行政协定，但另外一些行政协定则是需要参议院同意的。问题的关键是以什么样的标准来区分这两种行政协定。见《宪政·民主·对外事务》，第 83 页。

④ 亨金因此将行政协定分为两种：一种就是"国会-行政协定"；另一种无须国会批准的则称为"纯行政协定"（sole executive agreements）（第 215 页）。

⑤ 自动执行的条约一俟对美国发生效力，就立即由总统和法院自动履行；非自动执行的条约，通常要以一些实施法规作为条件（通常由国会制定）。因此对于每一项条约，总统都要决定其是否需要相关的实施法规，法院在审判某些案件的时候，也要决定是否给予某一条约或条约中的某一条款以法律效力，还是等候实施法规的颁布。见《宪政·民主·对外事务》，第 91~92 页。

虽然常有人认为"自动执行条约"和"非自动执行条约"的法律地位有差别，但实际上一项条约，无论是否是自动执行条约，都应是"全国的最高法律"（the Supreme Law of the Land），都应得到认真的履行（第 203~204 页）。但是，问题在于，"条约在任何国家的国内法中的地位，乃是宪法方面的问题，而不是国际问题"①。虽然美国宪法第六条（即"最高条款"Supremacy Clause）规定条约是法律，而且是全国的最高法律。但在实践中，国会却牢固地确立了其制定与条约义务不相符合的法律的权力（第 210~211 页）。

既然条约有"自动执行"与"非自动执行"之分，行政协定②也有"自动执行"与"非自动执行"之分。③ 从历史的经验来看，在国会所立之法与纯行政协定相左的情况下，纯行政协定的法律地位可能不如一项国会立法。国会-行政协定由于经过了参众两院的批准，情况会好一些，但其地位也只能与国会立法等量齐观，而远非国家的最高法律。

由于广泛地加入各种双边或多边条约、协定，也由于随之而来的国际法的日益完备和国际组织的日益增多，美国需要承担的国际义务也越来越多。但是，如果这些国际义务与国内要求不相符，结果必然会影响到美国这个世界霸主的地位和可信度。作为一位有国际眼光的宪法和国际法学者，亨金为美国立场的辩护性论述，是值得特别的注意和思考。

亨金认为，就国际法而言，民族国家拥有的"权力"是"power"而非"right"。所以，尽管国际法也是美国法律体系的一部分，但其在整个法律体系中的地位却是不明确的。宪法也没有明确禁止国会制定与美国的国际义务相违背的法律或采取与之相背的行动（第 253 页）。对国际组织，美国也采取了相似的立场。每当美国公民的生命、行动或州政府的行动受到国际组织的约束、侵害时，美国人就会考虑有关条约或协定是否非正当地将联邦政府的权力和功能委托给一个超国家的、国际的或外国的组织，是否因重新安排了政府各分支的功能而损害了三权分立，是否侵犯了州和个人的权利等（第 247 页）。

---

① 《宪政·民主·对外事务》，第 91 页。
② 实际上，条约与行政协定的联系是相当密切的，许多的条约本身就附有某些相应的行政协定。
③ 当然，这是指纯行政协定，国会行政协定是没有这种区分的，因为国会两院的批准往往意味着条约生效后就可以立即执行。

不过，亨金认为，实际的结果往往远没有美国人想象得那么严重。以美国参加联合国和北约为例，《联合国宪章》或《北大西洋公约》的每一条都需要参议院批准；况且，在安理会、北约理事会，美国都拥有否决权；更为重要的是，条约或决议的执行权掌握在美国国会手中。用亨金的话来讲，即便国际组织通过的某一法律与美国的意愿相违背，那么"它是在为美国立法，而不是立美国的法"（It is creating law *for* the United States not *of* the United States，第 263~264 页）。由此可见，美国对于国际组织的态度基本上是以自我为中心，为我所用，同时常常规避责任。

三

在国内事务中，美国是一个联邦和州均享有某种主权的双重主权国家，但在对外事务上，州却处于无权的地位。造成这一状况的原因，除了宪法上的限制外，还有联邦最高法院以"司法审查"（judicial review）的形式抵制各州参与对外事务。正如亨金所言："如果说在对内事务上，司法审查的目的是为了确保联邦主义，防止联邦侵犯州权，那么在对外事务上则倒过来了，司法审查是为了防止州扰乱国家的对外关系"（第 134 页）。

最高法院不仅限制各州参与对外事务，而且也自我限制，尽量避免卷入国家的对外事务。虽然宪法第三条第二款规定：与对外事务直接相关的案件，联邦法院具有初审管辖权，但从美国两百余年的宪政历史来看，真正经联邦最高法院审理并裁定的外交案子却寥寥无几。根据亨金的研究，"在对外事务中，司法审查极少否定立法机关的意志。半个世纪以来，法院几乎没有用司法审查否定过国会的任何法令，纵观整个美国对外交往历史也没有"①。

这一结果很大程度上与美国的司法程序密切相关。在美国，任何案件要成立必须符合以下的基本要求：具备诉讼资格、时机要成熟以及可司法性（非政治问题），也就是必须符合宪法第三条第二款规定的"案件或争讼"原则。在最高法院看来，这就"要求诉讼以对抗的形式，在对抗的背景下提交联邦法院，能够以司法判决的形式解决，而且它的解决不违反对司法审查起限制作用的分权原则……因此，国会不能使合众国成为联邦法院中的被

---

① 《宪政·民主·对外事务》，第 113 页。

告,除非合众国真正地与原告有利害冲突"①。

在这种情况下,联邦法院往往会认为,此类诉讼涉及的问题乃是一个不适合司法解决的"政治问题",因而拒绝给予救济。② 不过,在著名的"贝克诉卡尔案"(Baker v. Carr, 1962)中,联邦最高法院发展出一套判定是否是"政治问题"的"贝克公式"(the Baker formula)③,并很快应用到外交领域,结果,"对外事务领域是这条原则的滋生之所,也是其混乱的猎獗之地"④。最有名的例子是1979年的"戈德华特诉卡特"(Goldwater v. Carter)一案。在此案中,戈德华特参议员同其他19位参议员一道控告卡特总统,认为未经国会(或参议院)同意,总统无权终止美国与台湾的防御条约。联邦上诉法院不认为这是个政治问题,并作出支持总统的裁决。但最高法院有四位法官认为这是个政治问题,不应由法院裁决。有趣的是,写出"贝克公式"的大法官布伦南(William J. Brennam, Jr., 1956-1990)却不在这四位之列。他认为他的同事们"误解"了政治问题原则。由此可见,就连最高法院对于什么是政治问题也意见不一。"戈德华特案"是个例外,在通常情况下,最高法院总是努力避免考虑涉外案件,而采取"遵从"(defer)政治机构的意见或"自我节制"(self-restraint)的方式来对待与对外事务有关的争讼。

在亨金看来,司法遵从的原因,主要是政府的有关行为会牵涉国家在对外关系中的利益,而且,在对外事务中,美国必须"用一个声音说话"。这个声音自然应该出自行政部门的管理专家。⑤ 另外,从理论上讲,对最高法院权力的唯一限制是它的自我约束,美国宪法专家杰罗姆·巴伦认为,有五

---

① 杰罗姆·巴伦、托马斯·迪恩斯:《美国宪法概论》,第21页。这两位学者还认为,"禁止提供咨询意见之规定所体现的'实际存在的'争训原则表明了美国立宪制度的重大矛盾之一。最高法院承担的任务是制定超越直接诉讼各方的一般原则,但却又坚持,这些原则必须产生于诉讼各方之间的实际争执之母体中"。
② 亨金认为,"政治问题"原则的真正含义是指这样一项司法政策,它宣称某些案件或某些案件涉及的问题不具有可裁判性(nonjusticiable),即不适宜司法解决,尽管这些案例涉及的问题属于宪法或其他法律规定联邦法院的管辖范围之内,或者也符合法院受理诉讼的各项要求。《宪政·民主·对外事务》,第118~119页。
③ "贝克公式"的解释可见《宪政·民主·对外事务》第119~120页。
④ 《宪政·民主·对外事务》,第119页。杰罗姆·巴伦也认为,外交领域、国家安全事务、战争权力之行使问题和宪法修正案程序问题,传统上法院是不涉足的,但今天它们构成了界定政治问题理论的核心。《美国宪法概论》,第40页。
⑤ 《宪政·民主·对外事务》,第102页。

种因素为法院的自我节制提供了理由。①

总的来看,由于"司法遵从",由于回避"政治问题",也由于法院的自我节制,在对外事务中,联邦最高法院非常被动、十分保守。其结果使得许多可以实施的救济得不到实施。"没有救济就没有权利",法院的无所作为最终损害的实际上是个人的权利,这意味着个人权利一旦进入对外事务领域便大打折扣。就这样,亨金最终把外交与美国人最珍视的个人宪法权利联系起来。

美国宪法所保护的个人权利主要体现在《权利法案》(前十条修正案)。从理论上讲,《权利法案》的每一条都可能涉及对外事务。亨金的观点是:在一般原则上,个人权利是超越(trump)或先于(prevail over)其他价值的;但权利有时也屈从(bow to)公共利益,政府行为拥有宪法上的优先性。但亨金也承认,此种公共利益必须是重要或者紧迫的(compelling)。虽然,没有任何东西能够说明有关对外事务方面的个人权利与其他方面的个人权利有何不同,但在涉及对外事务时,美国的宪政史表明,宪法对个人权利的保护确实会有所不同(第280、283页)。

从权力的主体上讲,宪法修正案保护的是笼统的人民(the people)权利,而并未指公民。②因此,权利的主体就不仅仅是美国公民,也应包括各种来美的外国人(旅行者、居留者和不明身份者)。亨金也认为,理论虽然如此,但实际上,外国人在美国的权利受到与之相应的各种条约、协定的直接影响。尽管最高法院也认为在公民与在美国的外国侨民之间的分类是一种"可疑分类"(suspect classification),但在涉及国家利益时,这种区分却往往被认为具有紧迫性,因此,没有受到必要的司法审查(第294~296页)。其结果是扭曲了个人权利与"公共利益"之间的平衡。对外事务的汪洋大海淹没了个人权利,国家利益的紧迫性掩盖了公众自由(civil liberty)。最突出的例子便是第二次世界大战期间,罗斯福总统以战时行政命令的方式,把11万日本侨民关到集中营。而今天,美国政府在反恐怖主义的旗帜下,对无数旅居美国的穆斯林个人权利的损害,再次证明了法院保护公众自由的

---

① 即:(1)在宪法案件中司法能动的微妙性;(2)建立在宪法基础之上的判决的相对终极性;(3)需要适当考虑"享有宪法权力的其他部门";(4)需要维护宪法规定的权力分配,包括法院的权力分配;(5)"司法程序固有的限制"。《美国宪法概论》,第23页。关于联邦法院的自我节制,也可参见理查德·A. 波斯纳《联邦法院:挑战与改革》中第十五章,"联邦司法节制",中国政法大学出版社,2002。

② 实际上,"公民"一词是因为法国大革命才广为流传的,北美大陆的十几个邦修改《邦联条例》时,这一概念并未深入人心,自然也不可能出现在宪法条文之中。

必要性和紧迫性。

作为国际人权法的倡导者，亨金对个人自由在外交事务中缺少应有保护的现状甚为担忧。他指出，对外事务中的大部分政府行为都不受权力分立、制衡和联邦制等原则的制约；而且，在对外事务的运作中，总统任命的各种行政人员也很少受到选民的制约。① 尽管亨金意识到了问题的严重性，但却无法提出解决的办法。显然，现实的政治需有高效率的外交。但国会是集体决策，效率低下；而总统却具有适合现代外交的天然优势。这样，国会对总统的广泛授权就不可避免，国会制定对外政策与总统执行对外政策也就很难截然分开。宪法问题固然是分权问题，但一个分权的政府必须首先是一个能运转的政府。美国宪法之父詹姆斯·麦迪逊就认为："在组织一个人统治人的政府时，最大的困难必须首先使政府能够控制被统治者，而后才是让政府控制自己。"② 如何平衡有限分权政府与高效率的政府行为之间的内在张力，是美国宪政的一个永恒的难题。

四

国会对总统的授权从根本上讲不是宪法问题，解决起来也相对较容易；但是总统与国会之间的宪法权力之争却相当复杂，也是对外事务中争论的核心。

对于美国宪法中总统和国会之间权力界限的不确定可能会产生的后果，英国著名历史学家马考莱（Thomas Babington Macaulay, 1800－1859）曾经有过著名的评论："你们的宪法（美国宪法）只有帆，没有锚。"他甚至担心，美国宪法权力划分的模糊性会导致国家的内部分裂。"当一个社会走向衰败之时，文明和自由必会枯萎。要么会有某些像恺撒或拿破仑之类的人以强力攫取政府，要么你们的共和国会在 20 世纪遭到野蛮人的劫掠与毁灭，就像 5 世纪的罗马帝国一样。不同的是，洗劫罗马帝国的匈奴人和汪达尔人来自帝国的外部，而毁灭共和国的匈奴人和汪达尔人却因你们的体制而产生于共和国的内部。"③

---

① 《宪政·民主·对外事务》，第 155 页。
② 这就是被称为"麦迪逊命题"的难题，见《联邦党人文集》第 51 篇，商务印书馆，1980，第 264 页，译文对照原文有改动。
③ *Letter to Henry S. Randall*, *23 May 1857*, see Fred R. Shapiro, *The Oxford Dictionary of American Legal Quotations* (Oxford: Oxford University Press, 1993), p.61.

可是，一个半世纪过去了，美国社会并没有出现马考莱所预言的"恺撒"和"拿破仑"，也没有美国的"匈奴人和汪达尔人"。这表明，美国宪法不但有帆，而且也有锚。就对外事务而言，亨金认为，需要特别注意的倒是"舵"的问题，"锚和舵应由国会负责，国会具有宪法对在国会与总统之间那个'半阴影区'中的航行进行控制"。① 考虑到今天美国小布什政府对伊拉克跃跃欲试的战争姿态，不能不认为亨金的看法的确是一种远见卓识。

尽管亨金对国会、最高法院在外交上的相对被动不无微词，但是，他对18世纪美国宪法适应21世纪的现实仍然充满信心。不管怎么说，风风雨雨两百余年，美国宪法一路走过来，虽有修正（amend），却从未修订（revise）过，这不能不说是一个奇迹。究其原因，固然与修订宪法的难度太大有关，但更为重要的是，宪法内容的模糊性和开放性，使后人能够做出符合时代要求的解释，可以与时俱进。古希腊哲学家赫拉克立特有句明言：人不能两次踏入同一条河流，但亨金却说，"人不能两次看到同一部宪法"（one cannot look twice into the same Constitution，第313～314页）。这话虽然有些夸张，但道理却是千真万确的。

亨金的这句精彩评论，绝非是"后现代"的神来之笔，而是作者殚精竭虑，认真研究和深入思考的结果。仅以本书为例，其容量之大令人叹为观止。近600页的书，正文仅300余页（这其中还包括大量的脚注），注释占到全书的一半以上。书中涉及各种案例1000余条，各类法律条文数百余种，作者都把它们一一编成索引附于书前，以便读者查阅。作者学识的渊博与治学的严谨可见一斑。

虽然此书已经成为美国宪法学和政治学的经典著作，但作者的论述方式却是那样的谦虚和平和。亨金无意建构自己的体系，也不急于得出某种结论，更多的时候是提出一些没有明确答案的开放性问题（open question）。正是这些能够真正引人深思的问题，构成了学术研究的无穷魅力，激发起学者的研究兴趣，开拓出学术的新领域，推动了学术创新与进步。

对于美国宪法，亨金满怀信心，在这种信心中，作者结束了全书。但是，对于这本书的读者，真正的思考才刚刚开始。

（与胡晓进合作，原载《美国研究》2003年第1期）

---

① 《宪政·民主·对外事务》，第159页。

改变美国宪政历史的一个脚注

在《凭什么独立的法官比民选政客更有权威？》(《读书》2003年第10期)，我试图接着美国宪法学教授麦德福的话题，谈论了法官的智慧和经验的重要性。麦教授在面对中国法学新锐强世功博士"反多数难题"的诘问时称，"法官们的法律训练和他们作为法官对自身角色的适应使他们尤其具有智慧。智慧并不在于获得真理。智慧是一种知识。智慧意味着作出审慎的判断"。对此，我补充说，这样的智慧当然是一种知识，但却是一种来自经验，而不仅仅是书本的知识。"没有比美国人二百多年的经验更使他们相信，久经考验的最高法院、绝非一帆风顺的宪政实践比政治的逻辑更能保证其基本的自由和权利。而那些以维护宪法为己任的大法官们，正是在总结前人丰富的法治经验上，获得了灵感和智慧。"

这一表述虽然不错，但却过于空洞，有些华而不实。在本文中，我力图从美国最高法院一份判决书的一个脚注来说明我的观点。这个注释不仅充分展示了大法官基于经验的智慧，而且它在一定程度上甚至改变了美国宪政的历史。一个小小的脚注，能够改变一个国家的宪政史，不论是对撰写判决书时从来不需要脚注的中国法官来说，还是对撰写学术论文时很少注意引文规范的中国法律学者来说，简直是个天方夜谭。这个天方夜谭就是1938年美国联邦最高法院对"美国诉卡罗琳产品公司案"(United States v. Carolene Products Company) 判决书的"脚注四"(Footnote Four)。

该案涉及一项联邦立法，它限制一种混合奶的跨州销售。卡罗琳公司认为这一法律违背了宪法第14条修正案中"正当法律程序"条款，剥夺了公司的商业自由权。如果此案发生在1937年之前，美国联邦政府必败无疑。

因为那时的最高法院,是保守派的天下,并以司法能动主义的姿态,保护自由放任的市场行为,抵制罗斯福新政对经济的干预和调节。可是现在,在经历罗斯福扩大最高法院计划的威胁和一位保守派大法官(罗伯茨)的及时转向之后,最高法院发生了根本性的转向。主要表现在,彻底放弃并全面否定美国镀金时代形成的司法观念:政府的经济立法必须受制于宪法的严格检验。因此,在卡罗琳案的判决书中,最高法院的斯通大法官(Harlan Stone,1925-1946,其中1941~1946年任首席大法官)在法院的多数意见中指出,判决与州际商业相关的案件时,最高法院应该认可,立法者制定规制商业活动的法律时所依赖的"知识和经验";如果不缺乏这样的"理性基础",就不应该宣布这些立法违宪。这一表达的内在逻辑是:既然法院里的法官们高高在上,不受民意制约,与现实的社会经济保持距离,因此,他们不大可能会比议会中的民意代表更多地了解社会经济的现实运作,也就没有资格指责各级立法缺乏"理性基础"。因此,结论自然是,在对经济或社会立法进行司法审查时,最高法院应当遵循司法克制的原则,应当尊重立法部门的立法目的和基本判断。如果仅仅是这样的判决,这个案件可能早已被人遗忘,因为,在有"1937年司法革命"之称的几个重大判决中,最高法院已经在司法实践中提出了这一原则。

这一判决之所以成为经典,完全是因为斯通在上面的陈述之后,加了一个看似不起眼的脚注,它是在整个意见书中的第四个注释,故名。就是这个未雨绸缪的注释,不仅使这一判决成为法律智慧的经典,产生了巨大的影响,而且也激发出众多的法学研究成果。这个注释试图说明,司法克制的假定并非是一成不变的僵硬原则,它有三个例外情况。对这三个例外,司法非但不应当克制,恰恰相反,还需要更积极和严格的司法审查。这个注释并不长,但是很拗口。原文如下:

> There may be narrower scope for operation of the presumption of constitutionality when legislation appears on its face to be within a specific prohibition of the Constitution, such as those of the first ten Amendments, which are deemed equally specific when held to be embraced within the 14th.
> [⋯]
> It is unnecessary to consider now whether legislation which restricts those political processes which can ordinarily be expected to bring about repeal of

undesirable legislation, is to be subjected to more exacting judicial scrutiny under the general prohibitions of the 14th Amendments than are most other types of legislation…

Nor need we enquire whether similar considerations enter into the review of statutes directed at particular religious… or national… or racial minorities; [or] whether prejudice against discrete and insular minorities may be a special condition, which tends seriously to curtail the operation of those political processes ordinarily to be relied upon to protect minorities, and which may call for a correspondingly more searching judicial inquiry…

目前所见的两个翻译（《宪法决策的过程：案例与材料》上册，中国政法大学出版社，2002，第411页；《我们人民：宪法的根基》，法律出版社，2004，第86、91页）非常晦涩，词不达意，很难看懂。我试着重译了一遍。为了能看得懂，我斗胆添加了一些字，并用方括号标识：

当立法从表面看受到宪法所特别禁止，诸如为前十项修正案所禁止时，推断其合宪性的范围可能更为狭小；当这样的立法也在第14条修正案的［禁止］之列时，它同样也被认定是特别的［禁止对象］［随后给出两个先前的判例］。

现在没有必要考虑，那些限制政治进程的立法——这一进程通常被期望能够取消令人讨厌的法律，在第14条修正案一般性禁止的情况下，是否要比其他绝大多数类型的立法受到更为严格的司法审查［随后就限制表决权、限制信息传播、限制政治组织、限制和平集会等四个问题，给出了10个先例］［言外之意是，应当受到更为严格的审查］。

我们也不必去探究，同样的考虑是否要纳入到针对特定宗教的［给出一个先例］，或者涉及来源国籍的［给出三个先例］，或者种族上的少数族群［给出两个先例］制定法的审查；不必去探究歧视分散的和孤立的少数群体是否是一种特殊情形，［因为］这些立法往往严重地削弱了那些通常用以保护少数的政治进程，［因此］它们可能相应地要求更为透彻的司法追究。(a corresponding more searching judicial inquiry)［给出两个先例］｛言外之意，必须考虑｝。

在当时特定的背景下，这个注释可谓不同凡响。因为那时最高法院刚刚摇身一变，放弃保护雇主经济权利的司法能动主义，转而对国会和各州立法机关调控经济的立法采取司法克制态度。因此，在坚持司法克制的同时，斯通提出司法可以对某些立法进行严格审查的观点，就有点逆历史潮流而动的味道了。或许正因为如此，斯通自己也感到底气不足。从上面拗口的表达中可以看出，他所用的语气与其说是不容置疑，毋宁说是小心翼翼。他似乎只是在暗示，在特定情形下，可能仍然需要严厉的司法审查。即使是采取了这样的口吻，也只有四位大法官赞同这一看法，尽管六位大法官的多数意见做出了有利于政府管理州际贸易的判决。其中巴特勒大法官发表了自己支持这一判决的不同理由（也称附议，concurring opinions），著名的自由派大法官布莱克则对包括"脚注四"在内的法院意见书的第三部分持保留意见。

如果用通俗的语言来解释斯通的注释，那就是司法克制有以下三个例外：其一，明显违反《权利法案》和第14条修正案的立法；其二，那些限制更多人参与政治进程的立法；其三，那些歧视弱势群体，妨碍他们参与政治进程的立法。对这三类立法，最高法院要进行严格的司法审查。

这无疑是一种全新的表述。其重要意义在于，它提出了对于不同类型的立法需要适用于不同程度的司法审查。通常说来，同样情况必须得到同样的对待是法治的一个基本原则。可是，斯通的注释却明确提出，产生于同样程序的立法，因为其涉及的内容不同，司法部门应当采取不同的对待方式。具体说来，法院对国会的经济调控（主要是州际商业）立法，遵从立法机构的判断；对待非经济立法，则应加以严格审查。这种区别对待立法的司法审查态度后来逐渐发展成为美国宪政史上著名的"双重标准"（double standard）原则。

显然，这种双重标准破坏了传统意义上司法克制的内在统一性。因此，在1950~1960年代沃伦法院掀起一场权利革命风暴之前，斯通的这一看法并没有受到广泛的重视。当时的主流司法观念是司法克制。其旗手就是著名法律家、哈佛大学法律教授法兰克福特。在此案发生后半年，法兰克福特被罗斯福任命为最高法院大法官。这位学院派法律人认定，既然司法不应该推翻立法对社会和经济事务的干预（在这一点上，他继承了他的恩师布兰代斯大法官和他的偶像霍姆斯大法官的司法自由主义传统），那么，同样道理，司法也不能推翻限制言论自由和结社自由的立法，不能推翻维护对弱势群体实质性歧视的立法，除非立法部门的做法从程序到内容都是完全不合情理的。因为法律的内在一致性要求司法对立法的遵从是普遍性的，而非有所区别的。这就是为什么这个政治上的自由派，美国最著名的民权团体"美国公众自由联盟"（American Civil Liberty Union，ACLU）的创始人，在其23年的大法官生涯中，顽固地坚守司法克制的立场，并在1940~1950年代一系列涉及国家安全与个人自由、爱国主义与个人信仰等案件中，无一例外地支持立法机构的压迫性立法，默认了麦卡锡主义的歇斯底里地破坏基本人权的行为。

法兰克福特的司法克制观，反映了19世纪末到20世纪最初几十年里美国社会中知识分子倡导的进步主义思潮。这些自由派知识分子认定，当司法否决被立法部门大多数人认可的法律时，司法审查违背了民主的观念。这也就是所谓的"反多数难题"。但是，斯通的"脚注四"，通过引入双重标准，在一定程度上化解了"反多数难题"，使之成为一个只有理论意义而没有多少现实意义的命题。因为在斯通等大法官看来，《权利法案》是《独立宣言》中三项天赋人权（生命、自由和追求幸福）的具体化和宪法化，这些权利超越了多数人用选票决定的范围，也就是后来的杰克逊大法官在国旗致敬案（West Virginia State Board of Education v. Barnette, 1943）中所表达的思想："个人的对生命、自由、财产的权利，言论自由、信仰自由和结社自由的权利以及其他基本权利是不可以诉诸投票的，它们不取决于任何选举的结果。"

显然，在涉及《权利法案》的司法审查问题上，根本无所谓"反多数难题"。但是，"脚注四"中，后两种例外的情形也需要严格司法审查的观点，在相当长的时间里，没有被大法官接受，因为这里的的确确存在一个反多数的难题。在接受了1930年代保守派司法能动主义不得人心的教训之后，美国的大部分大法官接受了这样的观念预设：由法院来审查立法（多数人意志的体现）的明智与否，既不必要也不恰当。虽然可能会有恶法存在，但应该通过政治程序来取消恶法。但是，斯通的脚注却在暗示，当恶法本身就是用来限制甚至斩断一些受害的个人或团体有效进入政治程序时，如何能够指望恶法会被取消呢？这样一来，原来的观念预设便失去了存在的理由。

可以用沃伦法院时代最有名的两个案例来进一步说明这个问题。在涉及州议会选区划分不公的贝克案（Baker v. Carr, 1962）中，最高法院认定：田纳西州议会下院的每个议员，其所代表的选民在人数上必须基本相等；议员的选举必须遵守一人一票的原则，否则便违反了宪法第14修正案的平等保护条款。对各州不公平地划分议会选区的做法（乡村地区议员所代表的选民数远远低于城市地区议员所代表的选民数，或者说，乡村地区选民的选票含金量远远高于城市选民），最高法院第一次行使了司法审查权。其理论基础便是斯通"脚注四"的第二段。显然，在贝克案中，你不能指望得益于选区划分不公的乡村议员会主动取消给他们带来无限政治利益的《选区划分法》（恶法），而饱受恶法损害的城市选民因为被剥夺了公平的投票权，自然也不可能拥有足够数量的、能够代表他们利益的议员来帮助他们取消恶法。

即使没有投票权方面的限制，并假定政治参与的途径是畅通无阻的，社会上的"分散和孤立的少数人群体"也无法通过正常的政治进程来保护自己的利益。因为社会上针对宗教上、民族来源（这是美国移民社会特有的问题）以及种族上少数群体的偏见，可能会歪曲政治进程。作为这些根深蒂固偏见的牺牲者，少数群体没有能力使用政治进程来保护他们自己。因此，这些少数和弱势的群体需要特别的司法保护，也就是"脚注四"的第三段所指出的，对那些充满偏见的立法，需要"更为透彻的司法追究"。这就为沃伦法院的司法救济提供了一个理论基础，并据此发展出了旨在保护无权无势的少数群体的司法能动主义。在著名的布朗案（Brown v. Board of Education of Topeka, 1954）中，最高法院推翻美国南方各州在教育领域普遍实施的种族隔离的法律。显然，如果最高法院奉行司法克制，遵从南方白人种族主义者制定的歧视黑人的立法，黑人将永无出头之日。

那么，这些自由派的大法官是用什么样的宪法武器来实现自己"反多数"的神圣使命呢？在这里，后来那些阐释和发挥"脚注四"的大法官，采取了旧瓶装新酒的战术，用镀金时代保守派大法官发明的保护雇主经济权利（诸如契约自由）的"实体性正当程序"（substantive due process）来保护弱势群体权利。本来，美国最高法院的责任主要是审查立法的程序是否正当合理，而不涉及立法的内容。但是，在美国资本主义的镀金时代，为了少数雇主的利益，限制和推翻各州议会在进步主义运动压力下通过的监管经济和社会关系的法律，保守派大法官发明了"实体性正当程序"原则，据此推导出来宪法的实体性正当程序权利（substantive due process rights）。他们论证说，鉴于程序合理的立法也会产生出事实上不合理和不正当的法律，比如，限制最低工时的法律实际上剥夺了雇主和雇员的契约自由这一宪法经济权利，因此，法院有必要对立法的内容进行审查。抛开该原则最初的保护对象不论，就其形式本身而言，的确是对司法审查理论的一大创新，使得后来沃伦法院的自由派大法官，能够暗度陈仓，巧妙地更换了审查对象，从原来保护雇主的经济权利变为保护弱势群体的政治、社会和经济权利，审查和推翻社会多数或强势团体用民主的形式通过的歧视少数或弱势团体的立法。

虽然"实体性正当程序"原则从形式上克服了最高法院"反多数"的宪法障碍，但是，它依然面临着这样一个难题：反多数是否就是反民主？如果民主仅仅意味着符合正当程序的多数人统治的话，那么，就必须承认，不论是保守派大法官对有关社会经济立法的否定也好，还是自由派大法官推翻限制政治进程或种族隔离的立法也好，这种司法审查本质上是反民主的。但是，在一个脱胎于中世纪专制社会的现代社会中，太多的人对民主寄予了太多的希望，同时也赋予了民主太多的美德，民主女神可谓是"集三千宠爱于一身"。于是，自由派学者不能不设法论证，自由派大法官为保护少数和弱势群体权利的司法审查，在本质上不是限制民主，而是完善和促进民主。民主不仅应该有程序的价值，更应该有实体的价值。而所谓实体性的价值，就是少数或弱势群体充分的政治参与也是民主的有机部分，代议制的本质是保障所有人的尊严和权利，正义和公正是民主的基本目标。因此，那些限制公民基本权利（如选举权）的法律，制造和强化种族隔离的法律，歧视非主流、处于社会边缘的少数群体的法律，与民主的真谛水火不容。

就这样，斯通的小小脚注经过后来大法官的归纳演绎，最终成为美国司法审查的一个全新的标准，到沃伦法院时，甚至重新定义了民主的含义。为此，美国宪法学界有人不无夸张地讲，1937年以后的历史就是斯通"脚注四"的阐释史。不过，仔细研读"脚注四"就会发现，斯通的贡献只是在最高法院的司法钟摆偏向司法克制的时候，敏锐地指出了司法克制的限度，并从最高法院的近期判决中找出孤立、分散似乎并没有内在联系的16个先例，将其分成三种类型加以说明。在这里，斯通的确表现出少有的远见卓识。要知道，终其一生，斯通所信奉的也是司法克制哲学。在1936年六位保守派大法官把罗斯福所钟爱的《农业调整法》打入冷宫时，就是这位斯通写下成为传世之言的异议："对我们自己行使权力的唯一约束就是我们的自我约束感……法院不是必须被认定为拥有管理能力的唯一政府部门。"这一信念一直延续到其生命的最后一刻。1946年4月22日，他在法庭上重申："漠视国会行使其宪法权力的意志，绝不是本法院的职能"（《法官与总统》，第194页。商务印书馆1990年中译本第180页上对这两句话的翻译均有问题)。话毕，斯通脑血栓倒下，再也没有起来。很难想象，如果不是经验以及由此产生的智慧，斯通这位坚定的司法克制论者会想到要添加这个注释；同样，如果不是经验和智慧，后来的自由派大法官会努力把"脚注四"演绎成为双重标准，并用保守派的实体性正当程序原则对双重标准予以有力的宪法保障。写到这里，我联想到一个传闻：老清华的一个历史学家常对他的学生说，一个历史学者应该做一个"footnote"（脚注）而不是"headline"（标题）。至少从"脚注四"看来，这一道理对法律学者或许也说得通。

[Henry J. Abraham, *Justices and Presidents: A Political History of Appointment to the Supreme Court*, 2nd, New York: Oxford University Press, 1985；莫顿·霍维茨：《沃伦法院对正义的追求》（美国法律文库），信春鹰、张志铭译，中国政法大学出版社，2003。辽宁大学法学院青年教师、南京大学－约翰斯·霍普金斯大学中美文化研究中心2004~2005级学员刘大伟，南京大学历史系博士研究生胡晓进对本文的初稿提出了很好的修改意见，特此致谢]

（原载《读书》2005年第9期）

马歇尔大法官与杰斐逊总统的恩怨

——点评《杰斐逊全传》中的一段历史公案

自立宪建国起,美国法官与总统明争暗斗屡见不鲜。其中最早的当数19世纪初马歇尔大法官与杰斐逊总统的矛盾和冲突。这一冲突在美国历史上被一再渲染,一定程度上象征着法治和民主的冲突。在记述这段历史时,史家也常常不能保持中立,或者"贬马扬杰",或者"赞马抑杰",将自己的立场和情感偏好倾注其中。甚至连远在中国的美国史学者,在论述两百年前美国这段公案时,也不自觉地卷入其中。已故的中国美国史专家刘祚昌先生的晚年大作《杰斐逊全传》[①]也未能免俗。

刘祚昌是我国世界史研究的前辈,他所参与编写的一系列世界史近代史教材影响了不止一代人。先生退休后,没有安享晚年,而是"焚膏油以继晷,恒兀兀以穷年",花费十四载,写成一百余万字的《杰斐逊全传》。先生在序言中说,"使我惊喜的是,我在美国的历史上竟发现了一位在道德和功业上可以与中国这几位历史伟人(子产、诸葛亮、文天祥、方孝孺等)相颉颃,并且同样使我低回景仰的历史伟人,那就是生活在两百年前的托马斯·杰斐逊"(刘书,序,第7页)。"像杰斐逊这样的历史巨人,我是从'高山仰止,景行行止,虽不能至,然心向往之'的心情仰慕钦佩的。"(刘书,序,第18页)在学界,刘先生基本上是因为其世界史成果而驰名,但他同时也精通中国历史。正是因为太喜爱这位主人公,刘先生多少将中国传统史学中的立功、立德、立言的"圣人"概念应用到杰斐逊身上了。所以,在论述与杰斐逊有过矛盾冲突的历史人物,比如马歇尔大法官,比如美国第

---

① 刘祚昌:《杰斐逊全传》(上、下卷),齐鲁书社,2005年。

一任财政部长汉密尔顿时,刘先生书中"拉偏架"的痕迹非常明显。

在谈及杰斐逊与汉密尔顿关系时,刘先生这样评说:"如果从是非曲直来看,在进入 21 世纪的今天,美国的许多社会病都可以在汉密尔顿的思想主张中找到根源;而针对这些社会病,就应该到杰斐逊的思想里去寻找药方。"(刘书,上卷,第 342 页)"一句话,汉密尔顿认为以收买大金融家、大商人和国会议员为主要目的的财政政策,是改变美国国家性质的主要手段。"(刘书,上卷,第 344 页)但历史证明,至少就美国后来的发展而言,是汉密尔顿所指出的工商业发展路径,而非杰斐逊所主张的小农社会,成就了美国的经济奇迹。刘先生的这些话都太绝对。在他笔下,汉密尔顿和杰斐逊完全成了黑白两种人物,坏则一无是处,好则无任何缺点。而且,在论述杰斐逊与汉密尔顿的分歧与不合时,先生引述的往往是杰斐逊本人的书信材料。就像很多名人一样,他们的书信日记中,有太多粉饰自己的地方。所以,史家要做到客观公正,还要遵从兼听则明、偏信则暗的原则。

在论述马歇尔大法官与杰斐逊总统时,刘先生的立场也是泾渭分明,"贬马扬杰",不遗余力。马歇尔大法官所做的种种判决难道真的像刘先生所云,是为了狠狠地打击杰斐逊总统(刘书,下卷,第 1137 页)吗?两人势不两立如同水火的真相究竟如何?

说起来很有意思,马歇尔与杰斐逊两人,同为弗吉尼亚老乡,本为远房亲戚(杰斐逊的外公和马歇尔的曾外公是亲兄弟,都是弗吉尼亚望族伦道夫家族的成员)。虽是亲戚和同乡,但两人的政见却大相径庭。马歇尔是一个地道的联邦党人,一生坚信美国的生存和发展需要建立一个强大的联邦政府。而杰斐逊是个反对联邦强大的州权派。他们对联邦重要性认识的不同,可能与他们不同的生活经历有关。在美国独立战争时期,杰斐逊并没有投笔从戎,到战场上杀敌,而是在后方以"大领导"的身份从事组织协调。相比之下,小军官马歇尔上尉直接参加了战斗,目睹了大陆军中各邦(州)民兵建制庞杂、各行其是、指挥混乱的局面。这一经历让他深深体会到了建立一个强大而统一的联邦的重要性。马歇尔曾回忆说:"我作为一个弗吉尼亚人参加独立革命,闹完革命变成了一个美国人。"[1]

在杰斐逊当政期间(1801~1809 年),两人不同政见最终变成了相互敌视。在 1800 年那场胜负难定甚至有些混乱的总统大选后,美国终于完成了

---

[1] Nathan Aaseng, *Great Justices of the Supreme Court*, Minneapolis: the Oliver Press, 1992, p. 21.

政权在不同党派之间的和平转移。1801年，杰斐逊甫一上任，便面临一个让他难堪的事情。在其离职的前一天，联邦党人总统亚当斯任命了一批忠诚的联邦党人为法官，以便在联邦党失去立法和执法两个部门的控制之后，利用联邦法官终身任职的规定来保持他们的残余影响。这就是历史上著名的"午夜法官"事件。当时，马歇尔担任国务卿（兼任着首席大法官）负责派送委任状，由于仓促行事，部分委任状没有及时送出。杰斐逊和他的国务卿麦迪逊决定扣留委任状，这个决定导致了大家耳熟能详的"马伯里诉麦迪逊案"。

那么，刘先生是如何评价这场司法较量的呢？他认为马歇尔意见书所宣称的司法审查权"完全是马歇尔个人的杜撰。他是妄想让联邦最高法院独占解释宪法的权力，以便填补宪法的漏洞"（刘书，上卷，第821页）。"换言之，在这样重大问题上，杰斐逊等人被诡计多端的马歇尔骗了。但马歇尔之宣布国会的一项法律为违宪，在美国历史上是第一次，并且在美国历史上为司法机关复审宪法一事树立了一个'高度模糊的先例'，为后来马歇尔肆意歪曲宪法开辟了道路。"（刘书，上卷，第821~822页）

那么，马歇尔所宣布的"司法审查权"究竟是不是他本人的杜撰呢？的确，关于这一判决的是非曲直，美国学界一直争论不断，甚至有"司法篡权"之说。但是，用"杜撰""诡计多端""肆意歪曲"这样具有强烈情感色彩的修辞，似乎有些过头了。实际上，宪法司法审查权很难说是马歇尔的"杜撰"。在"马伯里案"之前，司法审查已经播下了种子。在美国联邦诞生之前，独立后邦联时期的各邦（州）就有邦（州）法院审查州议会立法的判决。另外，作为美国宪法解释的权威文本，《联邦党人文集》第七十八篇（汉密尔顿撰写）也明确指出，宪法是最高法，一旦其他法律与之有冲突，必然要以宪法为准。

通过"马伯里案"的裁决，马歇尔确立了司法审查权，并将它逐步运用否定各州的立法，这让主张州权为上的杰斐逊派大为震惊。鉴于联邦法院主要由政敌联邦派把持，杰斐逊和他的支持者忧心忡忡，他们决定以弹劾法官的方式给最高法院点颜色看看。杰斐逊派先从联邦地区法院的法官开刀。新罕布什尔的约翰·皮克林成了第一个牺牲品。此公酗酒成性，精神恍惚。但是，宪法规定的弹劾条件是"叛国、贿赂或其他重罪和轻罪"。于是，在弹劾皮克林时，杰斐逊派控制的国会就面临这样的选择难题，即酗酒和精神紊乱与宪法所规定的弹劾罪行相去甚远。判决书最后只是说皮克林"犯了被指控的那个罪",而没有指出他究竟犯有哪项重罪。弹劾皮克林的成功增强了杰斐逊共和党人的信心,他们第二个目标是最高法院大法官蔡斯。作为一个激进的联邦党人,蔡斯经常发表一些与其法官身份不相配的党派言论,抨击杰斐逊的人品和政策,曾经断言如果杰斐逊当选总统,"我们的共和政府将沦为暴民政治,变成可能有的政体中最坏的一种"。杰斐逊之所以同意弹劾蔡斯,除了出于他的憎恶,更是项庄舞剑,意在沛公,最终弹劾马歇尔。

在当时负责裁定是否有罪的参议院中,有25位是杰斐逊派,只有9位是联邦派。如果严格按照党派立场投票,蔡斯在劫难逃。但是,不少杰斐逊派最终还是被蔡斯的辩护律师说服了:"我们的财产、自由和生命只能靠独立法官才能够确保",法治的信仰终于胜过了党派的考虑。美国最高法院研究的奠基人查尔斯·沃伦指出:"弹劾蔡斯失败对美国法律史所产生的广泛影响再怎么估计也不过分。毫无疑问,如果弹劾成功,杰斐逊派定会弹劾所有的大法官。"由于此案确定了弹劾的严格标准,反对宽泛解释国会弹劾权,由此避免了强势政府部门出于党派利益弹劾法官的机会。在美国联邦法院二百多年历史上,只有14人因弹劾受到参议院的审判,7人被定罪。①

弹劾的失败当然让杰斐逊总统很没面子。两三年后,他自己也承认,说那场弹劾是一场滑稽剧,不能再重演了。对弹劾案的失败,刘先生也不忘借此为杰斐逊说好话,说"通过这场斗争加强了总统的地位,提高了自己在人民心中的威望,让人民看清楚,他是一贯为人民的利益而战的"(刘书,上卷,第832页)。

如果蔡斯弹劾案只是杰斐逊与马歇尔矛盾的进一步发展,那么,1807年的"伯尔叛国案"(*United States v. Burr*)则加剧了双方的矛盾。伯尔是美国早期著名政客。1800年总统选举时,他和杰斐逊一起作为共和派候选人搭档,因为当时总统和副总统没有分开选举,得票多者为总统。结果,他们两人的总统选举人票数一样多。只好在众议院以州为单位再投票,联邦党人控制的各州宁可把票投给伯尔,也不投给杰斐逊。结果,众议院投了35次票也没有结果。最后,在汉密尔顿的影响下,若干州放弃支持伯尔,这才打破了选举僵局。汉密尔顿虽然是杰斐逊的死敌,但他认为,伯尔是小人,而

---

① 有关弹劾的细节可参见任东来《在宪政舞台上:美国最高法院的历史轨迹》,中国法制出版社,2007,第67~71页。

杰斐逊至少还是一个君子。对于汉密尔顿这次所表现出来的宽容大度，刘书中只字未提。在杰斐逊总统第一任期内，伯尔任副总统。后来，杰斐逊派抛弃了他。此人野心勃勃，很早就已经有了一个西进计划，企图占领得克萨斯、新墨西哥及西班牙在南美洲的领地，并领导西部各州脱离联邦。阴谋败露，1807年，杰斐逊政府以叛国罪起诉伯尔，审判恰好在马歇尔负责的联邦巡回法院进行。

虽然伯尔被指控叛国，但杰斐逊政府始终没有找到足够的证据。利用其敏锐的律师头脑，伯尔要求杰斐逊总统出庭，递交一些相关的军事文件。让总统出庭作证，在美国历史上这还是第一次。于是，马歇尔给总统下了传票。马歇尔认为，"在法律的眼中，总统和其他任何美国公民没有差别"。杰斐逊不予理睬。最终，马歇尔指出政府对伯尔的起诉不够磊落，并没有足够的证人证明伯尔曾经出现在策划阴谋叛乱的现场。[1]

对马歇尔在"伯尔案"中的表现，刘先生一言以蔽之："马歇尔扮演了一个可耻的角色"。"在审判中，马歇尔不但想开脱伯尔的罪名，或者至少减轻他的罪行，而且也企图狠狠地打击杰斐逊，所以居心险恶之极。"（刘书，下卷，第1136、1137页）这种评说并非不可，但"居心险恶之极"的用词有太多的春秋笔法和道德评判。实际上，如果马歇尔治伯尔的罪，他既可以讨好当朝总统杰斐逊，又能够让联邦党人大快人心。正是这个伯尔，为了报当年的一箭之仇，在1803年的一场决斗中杀死了联邦党人领袖汉密尔顿。但是，他没有这么做，而是强调，占统治地位的政党很容易利用和操纵叛国罪来打击政敌，因此，必须确立严格的证据标准。很多学者认为，美国人真要感谢马歇尔所确立极为苛刻的叛国罪证据要求，从而让美国人民免于这一极易沦为政治迫害的可怕罪名。自美国建国起，以叛国罪起诉的案件仅有11起。

一百六十多年后，马歇尔在"伯尔案"中向总统发传票的做法，成为促使尼克松下台的一个利器。在1794年著名的"美国诉尼克松案"（*United States v. Nixon*）中，首席大法官伯格就是引用了这个先例，命令尼克松总统交出他所拥有的白宫录音带，这一决定成为压垮尼克松的最后一根稻草。如

---

[1] 美国著名法学家詹姆斯·西蒙对"伯尔案"有详尽的描述。詹姆斯·西蒙：《打造美国：杰斐逊总统与马歇尔大法官的角逐》，徐爽、王剑鹰译，法律出版社，2009，第154~182页。

果没有马歇尔先前的裁决先例，谁也无法保证，伯格大法官是否有勇气做出这样的裁决。

  1809年，杰斐逊告老还乡。有趣的是他与马歇尔的纷争并没有随着他的去职而终结。在位期间，杰斐逊曾经阻止密西西比河上一个小型水坝的修建，此举损害了建造者利文斯通的利益。尽管新奥尔良的法院禁止联邦侵犯利文斯通的私有财产，但是，一向主张州权的杰斐逊此时却不理会这个判决。1810年，杰斐逊从总统任上退下不久，利文斯通就一纸诉状将其告到了马歇尔负责的联邦巡回法院，要求杰斐逊赔偿其10万美元损失。尽管马歇尔从未改变过他对杰斐逊的反感，他也确信杰斐逊侵犯了利文斯通的私有财产。但他非常谨慎，以司法管辖权为由，拒绝受理该案，给杰斐逊留了一条后路。此时，杰斐逊已经因生活奢侈、不善理财而债台高筑。可惜，刘先生的大作对这段故事避而不谈。

  虽然在对马歇尔与杰斐逊关系的描述中，刘先生太偏爱后者了，但这只是美玉微瑕，基本不影响这部传记的内在价值：它依然是国人写的外国名人传记中最好的一种。

（与李丹合作，原载《学术界》2012年第1期）

"我们正在解释的乃是一部宪法"

随着法学的热门、法律的普及，不少人都知道约翰·马歇尔这个名字。作为美国现代法治的奠基者，他在"马伯里诉麦迪逊案"中对司法审查权的阐述和实践，已经为法律人耳熟能详。不过，这位天才的法律人，出任美国联邦最高法院首席大法官的经过，却纯属偶然，且不乏党派之争。

说到马歇尔出任首席大法官的历史机缘，就不能不从美国立国之初的党争开始。在1800年美国首次由党派候选人竞争的总统选举中，联邦派在任总统亚当斯输给了共和派副总统杰斐逊。在同时举行的国会选举中，联邦派也是一败涂地。于是，它只好把维护其政治影响力的希望寄托于不受选举政治决定的司法部门。为此，1801年1月20日，亚当斯任命自己的国务卿马歇尔为最高法院首席大法官，并得到了参议院的认可。马歇尔出任大法官后，居然还代理着国务卿，直到1801年3月3日亚当斯总统任期届满为止。从现在的眼光看来，这显然是违反三权分立的原则。

亚当斯选择马歇尔，被认为"是一项改变历史进程的令人愉快的巧合"。这里面的确有太多的因缘际会。首先是当时首席大法官埃斯沃斯被抓差出使法国，并因此病倒、辞职；其次是在任的资深大法官顾盛谢绝了首席大法官的提名；最后是刚刚卸任纽约州州长的杰伊，无意重新回到曾经坐过的位置〔他曾经是美国最高法院首任首席大法官（1789~1795年）〕，尽管参议院已经批准了对他的新任命。如此多的偶然性，让后来的美国大法官法兰克福特感慨道："这正是'克丽奥佩特拉的鼻子'最突出的例证。"

这一选择，虽在预料之外，也在情理之中。马歇尔虽不属于华盛顿、杰斐逊、亚当斯和麦迪逊这样的开国元勋，但可以算是美国第二代领导人。独立战争期间，马歇尔曾在大陆军中担任过上尉军官，经历了战争初期最艰难的时刻。目睹了大陆军中各邦民兵建制庞杂、各行其是的混乱局面，马歇尔深感建立一个统一的联邦政府的重要性。他后来回忆说："我作为一个弗吉尼亚人参加独立革命，闹完革命变成了一个美国人。"参与独立战争的经历"让我确信，美国是我的国家，国会是我的政府。这些感受是如此强烈彻底，已经成为我身心的一个部分"。

1780 年，25 岁的马歇尔利用军中休假间歇，回到家乡弗吉尼亚的威廉和玛丽学院研习法律。经过短暂的三个月学习后，马歇尔成为一位开业律师，并迅速成为弗吉尼亚州最成功的法律人。马歇尔怀疑平民政治，深信用司法权威约束立法机构的重要性。1788 年，在辩论是否接受联邦宪法的弗吉尼亚制宪会议上，作为州议员的马歇尔，提出了支持宪法的有力证据："如果国会制定的法律未在宪法所列举权力的授权中，那么，作为宪法的守护者，法官应该将其视为违宪……并宣布其无效。"他的这一看法以及出任联邦最高法院首席大法官后的所作所为，显然与其当年的军旅经历有直接关系。

就马歇尔的个人志趣而言，他对承担公职的热情并不很大，先后谢绝过华盛顿要其出任联邦总检察长、驻法公使，亚当斯要任命其为大法官的邀请。不过，出于对国家的忠诚，马歇尔还是做过短时期的州议员、联邦外交特使、联邦众议院议员和国务卿等职务。政府行政和立法部门积累的经验，为他后来成为一位伟大的大法官打下了坚实基础。

从 1801 年出掌最高法院，到 1835 年终老任上，马歇尔是美国最高法院历史上任期最长的首席大法官。这个纪录或许只有两年前担任首席大法官的 51 岁的罗伯茨能够超过。马歇尔领导的法院一共发表了 1106 份判决书，他本人撰写了其中的 519 份。在 62 个涉及宪法的案件中，他撰写了 36 份判决书。他做出的所有宪法判决，几乎都围绕着三个目标：第一，保证美国这个新生的共和国拥有实现其有效治理的权力；第二，保证联邦权力高于州权；第三，保证私有产权不受政府公权的侵犯。通过这些司法实践，马歇尔把纸上宪法的文字，变成了生活中的现实。如果说美国 1787 年宪法确定了美国的宪政框架，提出了法治的目标，那么马歇尔法院充实了这个框架，实践了法治的理念。为了表达法院判决的权威，他彻底改变了最高法院原来沿袭的英国传统，即由大法官分别撰写判决意见的做法，确立了发表一项法庭意见（一致和多数意见）的传统。而他本人总是愿意承担撰写意见书的任务，从而用自己的想法影响其他大法官。对此,杰斐逊深恶痛绝。在他看来,这无异于假公济私,用最高法院的"集体权威"推销马歇尔国家主义的"私货"。

马歇尔法院实践的宪法解释具有一种原创性,直接与宪法的文本本身相联系,而不像以后的法院那样,要依靠累积起来的先例来支撑其观点。由于和制定宪法的那一代人形成了一种活生生的联系,马歇尔法院就可以理直气壮地声称,对于宪法的含义和意图它拥有制宪者的理解。用后来著名的霍尔姆斯大法官的话说,马歇尔法院代表了"历史性战役的战略转折点",其伟大就在于"生逢其时"。

在执掌最高法院的 34 年间,马歇尔可以说彻底地支配了最高法院。就连杰斐逊 1804 年任命的第一位大法官,有着"最高法院第一位异议者"之谓的威廉·约翰逊,尽管是马歇尔法院最具有独立倾向的法官,"一位热情洋溢的民主派",最终也基本上认可了马歇尔的远见,接受了马歇尔的领导。正像他在给前总统杰斐逊的信中所解释的那样:"最终,我发现自己或者遵从环境,或者成为我们谈到过的那种毫无影响的小角色。我只好屈从潮流。"在一些杰斐逊派眼里,约翰逊和其他"屈从潮流"的共和派大法官无异于"叛徒"。实际上,约翰逊绝非对马歇尔唯唯诺诺。在其 30 年的任职期间(1804~1834 年),法院一共有 35 个附议和 74 个异议,其中约翰逊就撰写了 21 个附议和 34 个异议。如果说马歇尔主导的法院意见确保了法院的威望,那么,约翰逊的附议与异议则表明,法院同样有足够的韧性允许内部不同意见的存在。

对马歇尔的领导地位,当时的一位英国作者有过传神的描述:马歇尔的声音"柔和","他座位两边的六位法官,凝望着他,与其说像他的副手,还不如说是学生"。尽管 1811 年以后,好几位共和派代替了原来联邦派空出的大法官位置,并逐渐占据了最高法院的多数,但这并没有动摇马歇尔的主导地位。最高法院研究专家施瓦茨认为,"在最高法院的整个历史中,这样的主导地位绝无仅有"。在马歇尔执掌法院的 34 年里,他只有 8 次与法院的意见相异。当然,很大程度是时代造就了马歇尔,但是,不可否认,马歇尔的政治智慧、领导才能、法律天才和团队精神则构成了他成功的内在条件。

马歇尔的政治智慧和法律天才的一个重要体现,便是在立法和行政当局对宪法这个新生事物并不十分专注的时候,通过激活宪法来建立和巩固最高法院原本并不确定的权威。美国宪政专家麦克洛斯基写道:"在共和国历史早期急风暴雨的年代里,国会和行政部门的人已经一再表明,对他们来说,宪法并不像政治结果那么重要。这样的证据在两党历史中比比皆是,联邦派的《惩治煽动叛乱法》和杰斐逊派购买路易斯安那领地的行动就足以证明这一点。这样,司法部门就可以自由自在地宣布宪法是属于它的,并将其自身的尊严与基本法的尊严等同起来,马歇尔非常乐意地把大胆与审慎结合在一起,由此获得了最多的利益。"

在评价马歇尔的不朽成就时,法兰克福特也提醒读者注意:"美国宪法在当时并不被认为拥有规范和限制所有政府的最高法律地位,也没有一个法院可以行使完全独立的权力,来决定政府某项权力的行使范围。"但是,马歇尔却通过自己巧妙的司法实践,不仅让宪法成为最高法律,而且让最高法院成为宪法的最终解释者。这其中的秘诀就是通过一系列重大宪法案例的判决,最高法院创造了联邦司法部门专有的一个部门法——宪法法(*Constitutional Law*),从而借宪法之威,行立法之权。在著名的"美国银行案"的判决中,马歇尔写下了后来法律人一再诵读的名句:"我们绝不能忘记,我们正在解释的乃是一部宪法。"它至少包含了两层含义:其一,宪法需要解释方可使用;其二,宪法解释事关重大,不是什么人都可以为之的。

宪法法将司法审查的实践牢固地根植到宪法的文本中,使之成为美国宪政制度中习以为常和经久不衰的运作原则。在最高法院早期司法实践中,司法审查主要是针对州法,其目的是巩固新生的联邦。一个幸运的巧合是,司法审查肇始于"马伯里案",它否决了一项国会法律,这多少让这一权力的运用披上了中立的外衣,让它看起来并非专门针对州行为。"马伯里案"后,马歇尔再也没有否决过一项国会法律。显然,在马歇尔看来,司法审查应该是一种非常规的、极少动用的保护根本大法的手段。但是,这只是就国会的立法而言,对于州法,马歇尔和他的同僚则没有那么客气了,他们频频使用针对州法的司法审查,一步步地巩固联邦的权力,培养人们对联邦的忠诚。在这些案件中,马歇尔法院开启了宪法司法化的进程,对宪法文本进行司法诠释。在很大程度上,他们用法官解释普通制成法同样的方法和原则来对待宪法。就这样,宪法从高不可攀的天国来到了触手可及的凡世,变成了一门"法律"分支,遵从于日常的司法解释和实践。宪法洗尽铅华,归于平常,褪掉了其作为政治根本大法的神圣特点,拥有了普通法律的特性。而这样的法律能够在联邦法院制度中畅通无阻,法官也能够在日常的诉讼中解释这样的法律。

慢慢地，美国的宪法法形成了，变成了法律的一个分支，就像商法、契约和财产法，有着自己的一套原则和主要案例。宪法法的出现和发展，是法院的判决和法院中对立的双方提倡和辩论各自权利的结果。通过把宪法的诠释应用到判决中，马歇尔法院能够把宪法原则的宣示和一项普通的法律裁决融为一体。由此，它能够说服美国民众接受他们对宪法原则的阐释，不是作为政治，更多的是作为法律。

从其大法官生涯的开始，马歇尔就认识到，最高法院的权威性依赖于它是否有能力促使民众接受下述看法：它是一个没有党派偏见解释"法律"、不接受任何"政治"问题的机构。法律和政治的分离，是美国司法部门能够最终崛起，而与国会和总统平起平坐、三足鼎立的关键所在。忠诚于宪法和法律，摆脱政治的干扰和舆论的压力，马歇尔治下的最高法院最终获得了值得民众信任的尊严和权威，由此也拥有了决定重大公众问题的权力。这一成功的关键所在，是最高法院把宪法视为其专用的资源。

《马歇尔文件》的编辑和传记作者查尔斯·霍布森概括说："马歇尔和他的同事，通过让美国民众崇拜宪法，建立起了最高法院的制度性力量。作为宪法的守护者，最高法院让自己成了人民永恒意志的代言人。到1835年，最高法院拥有了神秘的力量，大法官有着奥林匹斯诸神般的传奇，是令人惊羡的宪法保护者，远离着政治的浑水。这样的神秘绝技继续构成了最高法院超凡力量的基础。这在很大程度上说明了，为什么一个由终生任职、非民选的法官组成的机构能够令人信服地声称，服务于民主政府的目的。"如果与同一时期欧洲国家的法院相比，最高法院的确鹤立鸡群。来自旧大陆的托克维尔感叹道："其他的任何国家都没有创制过如此强大的司法权。美国的最高法院，不管从其职权的性质来说，还是从其管辖的受审人的范围来说，均远远高于已知的任何法院。"

在马歇尔法院榜样的带动下，美国各地各级法庭开始避免处理和卷入党派的政治问题，对法院的司法管辖范围进行更细致的考察和区分。目睹了立法机构内部不同利益集团的党争，人们日益信任法院的公正，法院的声望明显提高。有人甚至争辩道：如果没有法院的保护，没有持久不变的普通法，"权利将永远得不到补偿，错误也永远得不到纠正"。经历了革命、立宪和建国所有这些重大事件的共和派麦迪逊，晚年时对联邦法院也有了新的认识。他告诉老友杰斐逊，司法部门是唯一类似仲裁人的政府机构，它超越各种利益相互竞争的市场,做出公正和不偏不倚的裁决。托克维尔在考察美国民主后,也得出了如下结论:"法院是司法系统能够控制民主制的看得见的机构。"

联邦法院所有这些成就几乎都离不开马歇尔的贡献。律师出身的美国总统加菲尔德对马歇尔有生动的评论:"马歇尔找出宪法文本,赋予它力量。他找到的是一副骨架,却赋予它血肉之躯。"法兰克福特也写道:"马歇尔给后来历代法官提供了一种永恒的精神和方式方法,让他们肩负起如下令人敬畏的责任:审查政府行为和个人权利的诉求是否符合成文宪法,借以约束政府行为和保护个人权利。"由于马歇尔历史性地加强了最高法院的权威,故在美国历史上享有"伟大的首席大法官"和"华盛顿之后的第二人"之美誉。一位传记作者甚至认为,"如果说是华盛顿创建了这个国家,那么,是马歇尔定位了(defined)它"。在美国对法官历史功绩所做的历次评估中,马歇尔永远是高居榜首。

看到马歇尔为加强新生美国的法治特别是联邦政府权威所做出的种种努力和贡献,已经告老还乡的前总统亚当斯非常开心。在任命马歇尔为首席大法官25年后,他夸耀说:"马歇尔是我送给美国人民的礼物,这是我一生最为自豪的事情。回忆我一生所做的事,没有比这更令我愉快的。"亚当斯自然会有这样的感叹,因为他曾经悲观地认为,美国宪法作为一种试验,很可能不会比他的寿命长!

另一个令人难以相信的事实是,这位如此了不起的法官,所受的基础教育和法律教育却是如此之少。马歇尔只上过两年的私塾,剩下的时间主要是受父亲的耳濡目染,而他父亲所受的教育也不多。在威廉和玛丽学院三个月的法律学习期间,马歇尔还堕入情网。其课堂笔记不仅记载着法律的内容,还写满意中人的芳名。看来,马歇尔的经历证明,至少在19世纪上半叶,经验而不是学历,是成为伟大法官的首要条件。

充分的政治经验,丰富的生活阅历,"法律速成班"的训练,使马歇尔不像很多法官律师那样,拘泥于法律的条条框框,死抠案件的细枝末节,而具有一种高瞻远瞩的战略眼光,一种以法治国的雄心壮志,一种纲举目张的办案能力。一位美国学者非常精辟地概括了马歇尔的司法理念:"在其漫长的法官生涯中,有两个持久不变的概念主导着马歇尔:一是联邦国家的主权,二是私有财产的神圣。"靠着这两个观念,马歇尔坚韧不拔,披荆斩棘,终于把最高法院确立为美国宪法的最终解释者,并利用这一角色为美国的强大奠定了法治的基础。

2006年5月4日初稿于美国德雷克大学法学院宪法中心；2007年9月19日修改于南京大学－约翰斯·霍普金斯大学中美文化研究中心。

（罗伯特·麦克洛斯基著，桑福德·列文森增订《美国最高法院》，任东来等译，中国政法大学出版社，2005；《哈佛法律评论·宪法学精粹》，张千帆等译，法律出版社，2005；Christopher Tomlins, ed., *The United States Supreme Court：The Pursuit of Justice*, Boston：Houghton Mifflin Company, 2005）

（原载《读书》2008年第4期）

"反多数难题"不是一个难题

读完田雷的《当司法审查遭遇"反多数难题"》(《博览群书》2007年第2期),颇有感慨。该文是对钱锦宇《也说美国宪政的"反多数难题"》(《博览群书》2006年第8期)的补充,而钱文是对拙作《凭什么独立的法官比民选政客更有权威?》(《读书》2003年第10期)的一个回答。拙作又是对强世功与美国宪法学者麦德福学术对话《司法独立与最高法院权威》(《读书》2003年第5期)的一个评论。这样一种学者间不断"接着说"的良性互动无疑是学术人生的最大乐趣。

一

田雷比较准确地介绍了美国学者在解决"反多数难题"这一美国宪政悖论时的三种思路:基本权利说、政治过程论和司法节制主义。如此多的美国一流宪政学者致力于解构这一难题,的确让读者品尝了美式学术佳肴,领略到宪政理论中历史、文本和逻辑的精彩表演。因为美国人视宪法为立国之本、治国之根,"宪政无小事",加上美国宪法学教授相对过剩,故导致"反多数难题"备受学界关注,给人的印象似乎这是一个关系到美国宪政的存亡兴衰的大问题。

不过,从另一个角度来看,或者以中国的标准来衡量,则可以用一句国内的和事佬最常用的话来概括:"这算多大的事儿?"仔细琢磨,这的确不是太大的事。因为美国最高法院历史上,审理的案件成千上万,否决的国会法律,也就是所谓"反多数"行为,满打满算也不到两百个,其中真正重要的法律可能也就三五十个。可以想象，如果它三天两头挥舞着违宪审查的大棒，否决国会的立法，被惹怒的国会可以间接地废掉最高法院的"武功"。虽然宪法保障大法官终生任职、俸禄无忧，但是国会也有两个杀手锏，其一它可以确定最高法院的上诉管辖范围，其二它可以确定最高法院大法官人数的多寡。

最高法院在美国民众心目中的威望，很大程度来自于它的节制和特立独行。在民众看来，最高法院不同于其他政府部门的伟大之处在于，大法官不像政客那样随波逐流，除了宪法和法律之外，他们不对任何人负责。这一超然地位使他们有可能超越眼前的权利之争和权宜之计，而关注于基本的价值和长远的目标。所以，最高法院偶尔的反多数行为，不仅为民众所谅解，甚至可以被视为大法官卓尔不群、目光远大的表现。

为了维持自己超然物外的形象，树立自己的权威，在长期的宪法实践中，最高法院也积累了一系列回避棘手问题的招数。当执法或立法部门的宪法判断受到极其有限的挑战时，最高法院自有一套应对办法。美国行政法权威安德森教授向中国读者解释说："由司法部门创造出来的一系列原则减少了原告的数量以及可诉讼问题的范围。而且，最高法院的司法管辖权限几乎完全是自由裁量的，因此，如果它愿意，它能够回避问题。甚至在它受理了某个案件时，可能的话，其基本的行事方式几乎总是把案件置于非宪法基础上加以考虑。最后，即使最高法院直面问题，拒绝执法或立法部门的解释，法院的判决也可能是以这样方式做出的：它允许其他政府部门以其他替代的途径来实现其目标。"（威廉·安德森：《美国政府监管的宪法基础》，《南京大学学报》2005年第4期）

如果考虑到这些因素，"反多数难题"就并不像它表面所反映得那样可怕。社会上对最高法院某些裁决声嘶力竭的批评，固然是因为这些极为有限的宪法诉讼均为大案要案，同时也是特定利益集团为了政治需要和争取舆论发出的不无夸张的"哭诉"。退一步讲，"反多数难题"这一命题本身就值得质疑。因为，美国独特的联邦制结构，使"多数"的含义只有相对的意义，而无绝对的价值。让我们先看执法（行政）部门的"多数"支持。美国总统大选的投票率一般在50%左右，只要获得了其中一半的选票，也就是赢得全国1/4合格选民的支持，就可以当选。此外，由于美国总统选举采取选举人制度，因此，还会出现2000年总统大选那样的"少数票"总统。如果最高法院否决了布什第一届政府的某项政策规章，这究竟算不算反多数?

再看立法部门的"多数"基础。美国国会选举的投票率比总统大选更低,基本在30%上下。因此,议员完全靠相对多数当选。更重要的是,美国国会参议院议员不是按人口比例公平产生,而是以州为单位产生。结果,每个参议员所代表的人数极为不均。康涅狄格州的两个联邦参议员代表了340万人口,而它的邻州纽约的两位联邦参议员则代表了1900万人口;二者所代表的人口比例是5.6:1。这还不是最糟糕的,最大的差距出现在人口最少的怀俄明州和人口最多的加利福尼亚州之间,这个比例是70:1。换句话说,就参议员代表性而言,70个加州人才抵得上一个怀俄明州人。美国所有的立法都需要国会两院通过,人口小州的参议员团结起来既可以阻挠代表"多数人"利益的立法通过,也可以促成代表"少数人"利益的立法通过。因此,否决这样立法部门通过的法律,未必都是反多数。

而且,由于美国选民的投票通常不是严格地按党派界限投票,因此,白宫和国会往往被不同党派所控制,这一现象在第二次世界大战后司空见惯,成为美国联邦政治的常态。1946~2000年,一半以上的时间(每十年中有六年)白宫、国会众议院和国会参议院是被不同党派所控制,这样一种分裂的政府使得"多数意志"含糊不清,很难确定。即使在立法和执法部门同时由一个党派所控制,而且假定它们代表了多数利益,最高法院的司法审查是否是反多数也需要进一步细致的分析。

像田雷所介绍的,在审查国会或各州损害美国宪法《权利法案》的立法方面,也就是涉及宪法所保障的个人基本权利和民事自由方面,最高法院的司法审查不存在什么"反多数难题"。因为这些权利超越了多数人用选票决定的范围,也就是后来的杰克逊大法官在"国旗致敬案"中所表达的思想:"个人的对生命、自由、财产的权利,言论自由、信仰自由和结社自由的权利以及其他基本权利是不可以诉诸投票的,它们不取决于任何选举的结果。"现代司法审查的另外两个领域是那些可能限制某些人群平等地参与政治进程的立法和歧视某些弱势社会群体的立法。最典型的两个案件就是田文提到的涉及"一人一票"的"卡尔诉贝克案"和开启废除种族隔离制度的"布朗案"。从技术上讲,这两个案件并不能够作为反多数难题的例证,因为它们涉及的都是一些州法,而不是全国性法律。多数还是少数更是不清楚,究竟是以州还是以全国为单位来估算?

再退一步讲,假定最高法院极其有限的司法审查,严重地违背民意多数,美国也还存在着校正机制来推翻这一反民主的司法能动。这就是启动宪法修正案来推翻最高法院的判决。宪法第十一、第十四、第十六和第二十六修正案就是如此。除了这些直接推翻最高法院的修正案外,其他一些修正案也都有保障民主的目的。据学者研究,美国宪法27个修正案中,"21个可以说是对民主权利原则,或是对民主程序原则的认可"。①

二

这个看起来并不复杂的问题为什么会变成一个如此引人注目的难题呢?这主要与最近半个世纪美国的宪政发展有关。这期间,最高法院多少偏离了其"无为而治"的传统,开始成为"美国历史上最能动的法院",不论是沃伦法院(1953~1969年)自由主义的司法"能动",还是伦奎斯特法院(1986~2005年)保守主义的司法能动。② 不过,有一点是明确的,那就是这一趋势的始作俑者就是备受自由派人士赞赏的沃伦法院。

司法能动是与司法约束相对的。司法是能动还是约束,一种比较简单的理解是,如果法院认可了一项先例,严格地解释了一项立法或宪法条款,宣布有争议的国会立法合宪,就可以视为是"司法约束";如果它推翻了一个先例,扩展或减少了立法的含义,"重写"了宪法的一个条款,或者宣布某项国会立法违宪,就可以视为"司法能动"。

在1953年沃伦执掌最高法院以后,美国历史上司法能动最活跃的时期开始了,产生出"发现隐私权"(妇女堕胎权)、进入"政治棘丛"、保护黑人民权、保护刑事被告权利等一系列司法能动的判决。此后,步沃伦法院后尘,伯格和伦奎斯特两届法院也不甘示弱。结果,从1953年到2003年的半个世纪里,美国联邦最高法院共判决95个国会立法全部或部分无效,其中为期16年的沃伦法院23个,为期17年的伯格法院32个,伦奎斯特法院40个,这比以前同样的时段都多。而且,法官构成的变化对司法能动有着明显的影响,这可从保守派占主导的早期沃伦法院和自由派占主导的后期沃伦法院以及恰好相反的早期和后期伦奎斯特法院的对比中窥得一斑。

---

① Alan Crimes, *Democracy and the Amendments to the Constitution*, Mass: Lexington Book, 1978, p. 166.
② Thomas M. Keck, *The Most Activist Supreme Court in History: The Road to Modern Judicial Conservatism*, Chicago: University of Chicago Press, 2004.

最高法院否决的联邦（和州、地方）立法的判决（括号内系州法、地方立法）数量如下：

时期	年代	数量	年平均量
早期沃伦法院	1954~1962	7(73)	0.78(8.11)
后期沃伦法院	1963~1969	16(113)	2.29(16.14)
伯格法院	1969~1986	32(309)	1.88(18.18)
早期伦奎斯特法院	1986~1994	7(85)	0.78(10.63)
后期伦奎斯特法院	1995~2003	33(43)	3.67(4.78)

在能动的法院下，司法审查更强调具有立法性质的司法审查形式："现代最高法院减少了传统上对接近司法权的条件限制，从而使寻求司法保护变得越来越容易"，[①] 顺从立法的原则受到了实质性的修改；原来一直用来阻止司法介入的挡箭牌——"政治问题原则"也日益衰落。司法审查全面触及立法的具体内容，而不仅仅限于立法的程序，由此，美国的一些人开始担心联邦最高法院正在成为一个衡量立法者智慧的"超级立法者"。司法审查已渐渐变成"司法至上"（judicial supremacy）。这显然不是美国制宪先贤的本意，也绝非一个民主社会的真谛。

随着司法能动的加强，美国朝野上下对最高法院的批评越来越多，调门也越来越高。1970年代以后，通常是最高法院支持者的美国知识界开始分化，原有的对最高法院作用的共识开始瓦解。在经历了1960年代"权利革命"和1980年代"里根革命"之后，美国的法律界和知识界从来没有像今天这样，对最高法院司法作用的看法有如此尖锐的对立和分歧。针对一些大法官继续沃伦法院的事业，右翼批评家大声疾呼"帝王司法"（Imperial Judiciary）的到来。哈佛大学著名教授格拉泽（Nathan Glazer）指出，"法院现在真正改变了自己在美国生活中的作用……［它们］比以往更为强大，［它们］违背人民的意志，进入到人民生活中，其深入程度超过了美国历史上的其他时候"。有趣的是，这实际上是借用自由派历史学家小施莱辛格的概念。针对共和党总统尼克松政府的大权独揽，"无法无天"，他有感而发，撰写了《帝王总统》（The Imperial Presidency）一书，指出了美国三权分立

[①] 沃尔夫：《司法能动主义——自由的保障还是安全的威胁?》，黄金荣译，中国政法大学出版社，2004，第46页。

政府中执法权独大的发展趋势,并对美国民主制的未来表示忧虑。但在1980年代的保守派看来,真正的"帝王"在最高法院而非白宫,自由派大法官掌控的最高法院才是美国民主制的最大威胁。如果说,1960~1970年代是保守派诅咒沃伦法院是"超级立法者"和"帝王司法",那么,到了1990年代,则该轮到自由派诅咒和担忧了。

当保守派大法官开始得势,将司法能动"挪用"于保守的目的时,自由派法律精英则公开表示,"我鄙视现在的最高法院,对其好斗、任性、集权的行为感到厌恶"。一时间,某些激进的左翼和右翼学者,都以民主为由,开始质疑司法审查的必要性。出于不同的目标,两派学者在批评最高法院司法能动问题上却形成了新的共识。对左翼的图施奈特(Mark Tushnet)来说,就是要让公众"更直接和更公开地参与宪法法的塑造",最终用这一"民粹宪法法"(populist constitutional law)来替代不民主的司法审查。奇怪的是,右派学者、得克萨斯大学的法学教授格拉利亚(Lino Graglia),他曾经把图施奈特描述为"自诩的马克思主义者",这次却赞扬图施奈特限制司法审查的观点,并从州权的角度加以阐述:"废除司法审查,将基本社会政策问题的决定权交回给各州的民众,是我们能够让国家回到政治和社会健康轨道的不二法门。"[1]

三

在批评最高法院的合唱声中,虽然不时地回荡着这类废除司法审查的声音,但是,这种声音唯一的作用是唤起人们对最高法院作用的注意,根本不可能动摇已经制度化了的并且根植于美国民间法律信仰之中的司法审查制度。与历史上批评最高法院的言行相比,这些批评简直就是小巫见大巫。因为在过去的二百多年里,美国最高法院虽然有着显赫的历史,但对它的批评甚至攻击,特别是在一些历史的紧要关头,从来没有一刻停止过。在最高法院的历史中,荣耀和指责甚至可以说是形影相伴。因为最高法院的判决往往是在两种重大利益或基本价值之间进行取舍,失败的一方不是哭诉不公,就是充满怨恨。针对马歇尔扩大联邦权力的判决,托马斯·杰斐逊总统曾经指

---

[1] Mark Kozlowski, *The Myth of the Imperial Judiciary: Why the Right is Wrong about the Courts*, N.Y.: New York University Press, 2003, pp. 12–13.

责马歇尔法院的法官是在偷偷地瓦解美国宪政大厦的"工兵和坑道工";针对坦尼维护战时个人自由的做法,美国北方舆论大骂他是"南方奴隶制老不死的代言人";针对休斯法院阻碍新政立法的企图,罗斯福的支持者以"九老院"相讥;针对沃伦法院消除学校种族隔离的判决,美国南方各州发起"弹劾沃伦"群众运动。

今天,不论是自由派,还是保守派,他们都是打着民意和民主的招牌进行批评。总结起来,他们所有的反对都是建立在一个共同的前提下:最高法院通过司法审查,把手伸得太长了,侵入了政府政治的权力领域,损害了民主的原则。当年杰斐逊的担心:"把法官看作是所有宪法问题的最终仲裁者,将会把我们置于寡头政治的专制之下",可以说是他们内心的确切写照。历史证明,杰斐逊所担心的这一最坏的结果并没有出现。不过,杰斐逊派学者也有理由相信,正因为有杰斐逊这样的有识之士,不断呼吁人们对最高法院专权的关注;有图施奈特这样一流学者对司法审查的无情批评,才没有出现最坏的结果。

具有讽刺意味的是,美国司法权的突出,实际上与其民主政治和选举制度的缺陷有关,是对它们的一种矫正。美国立法机构的选举,基本是在特定选区内进行,由两党候选人争夺一个席位。这样一种"只有一个胜利者"的制度决定了代表少数人的政治集团,不能够像欧洲大陆流行的多党制与比例代表制(proportional representation)那样参与和影响政治进程。这意味着失败一方的利益在政治进程中可能得不到充分的代表或表达,需要法院的特别保护。因为在多党制与比例代表制中,代表少数人利益的政党,只要在一定范围内获得一定比例的选票,就可以在地方或中央的立法机构中获得相应比例的议席。美国参议院的设立似乎是为了保护少数,但这里更多的是地理单位的少数而非阶级单位的少数。

(原载《博览群书》2007 年第 4 期)

除去总统神秘的光环

——美国记者伍德沃德及其新著

鲍伯·伍德沃德（Bob Woodward）是美国最著名的政治调查记者之一，现为《华盛顿邮报》的助理主编（assistant managing editor），擅长报道和分析美国高层政治而闻名于世。早年，他因最先抓住水门事件不放，最终把当时的美国总统尼克松搞下台而名噪一时。此后，他致力于报道白宫政治，先后独自或与人合作写了八本揭露美国政治内幕的时事书，部部赚钱，本本畅销。其中揭露水门事件的《全是总统的人》（All the President's Men）、揭露中央情报局对外秘密干涉的《帷幕：1981~1987年中央情报局的秘密战争》（Veil: The Secret Wars of the CIA 1981-1987）和揭露里根布什政府对外用兵的《指挥官》（The Commanders），均有中译本出版。

在调查水门事件的过程中，伍德沃德认为，尼克松以后的美国总统至少应该从水门事件和尼克松的下台中汲取两个最基本的教训，这就是，第一，如果总统的活动存在着疑点的话，那么，他的唯一选择就是"从实招来"，赶快公布全部事实真相；第二，不要让外部，不论是独立检察官、国会议员，还是新闻界，介入调查，因为这种调查会使白宫陷于被人穷追猛打的被动局面。但是，他发现尼克松以后的美国总统，不论是共和党总统福特、里根和布什，还是民主党总统卡特和克林顿都没有认识到这一点。有感于此，他在1999年推出一本新的力作《阴影：五位总统与水门事件的遗产》，考察了尼克松以后的五位总统，在他们及其最亲密的助手的诚实和可信受到挑战和怀疑的时候所作出的各种反应，以及新闻界无孔不入的探究事实真相的能力和努力。

伍德沃德主要选择了四个最有代表性的事件来展开他的叙述，福特继任总统后立即豁免尼克松刑事责任一事，卡特竭力为他有财务问题和道德问题的助手辩护，困扰里根和布什两任政府的伊朗－尼加拉瓜反政府武装事件，以及最终导致国会弹劾克林顿的绯闻案。围绕着这些事件的调查和反调查，伍德沃德认为，水门事件后，美国社会和舆论对政治领袖的个人道德愈加注意，为此美国国会通过有关强调公众人物品行的道德法，国会也振奋了精神，对行政当局和总统加强了监督和制约，新闻媒体的影响日益广泛和深入。法律、国会和媒体相互结合，剥夺总统曾经有过的神秘光环、特有的保护和享有的隐私。这一点在克林顿的绯闻案中表现得淋漓尽致，为此，《阴影》一书用了一半的篇幅专门讨论绯闻案的调查和反调查。

克林顿的绯闻案闹到使一国之首美国总统斯文扫地、脸面全无的地步，不能不说是水门事件的一大遗产。越南战争和水门事件后，美国总统的威望大受影响，出现了"信任危机"。在这种背景下，美国国会日益政治化，议员们大都是职业政客，他们决心发挥更为重要的作用，特别是在调查行政当局的可疑行为方面。新闻媒体经过水门事件的洗礼，铁了心肠要致力于更加深入和广泛的政治调查，因为他们觉得，过去有太多的真相被隐瞒和掩盖起来了。更重要的是，在美国社会中，公众再也不能够接受行政当局原有的欺骗和隐瞒的陋习了。在许多美国人看来，总统不仅不再神圣，而且应受到质疑，甚至可以被怀疑有罪。

可叹的是，这些总统们根本没有意识到水门事件和越南战争后美国政治生活中的这一重大变化。由于思想准备不足，一旦出事，这些总统往往是手忙脚乱，甚至是，不择手段地穷于应付。那么，是什么原因导致这些总统缺少自知之明呢？伍德沃德认为，因为他们有一种总统了不起的情结，他们"成为一流总统神话的牺牲品。作为乔治·华盛顿和富兰克林·罗斯福的后来人，他们期望有所作为。但是，越南战争和水门事件后，现代总统的权力开始受到限制，权威减少。总统的行为和决策圈的工作也暴露在光天化日之下"。

从水门事件到克林顿的绯闻案，不过1/4的世纪，美国就有了一个被迫辞职的总统和一个遭到国会弹劾（未遂）的总统。因此，我们可以说，美国人是可悲的，因为他们所选举出来的总统辜负了他们合理的和道德的期望；但另一方面，我们也应该承认，美国人又是幸运的，因为他们毕竟有制度上的保证,来无情地揭露总统对权力的滥用,使之受到最起码的惩罚和警示。

(Bob Woodward, *Shadow*: *Five Presidents and the Legacy of Watergate*, New York: Simon & Schuster, 1999)

(原载《世界知识》2000年第14期)

枪的政治　自由的代价
——从克林顿回忆录《我的生活》说起

克林顿回忆录《我的生活》中文版最近面市。像所有回忆录一样，书中充斥着对自己成就的表扬和自我表扬，对自己失误的辩解和反复辩解。其津津乐道的一大项立法成就便是，他如何与国会里的共和党人斗智斗勇，不惜得罪能量极大的以美国来福枪协会为主体的枪械业利益集团，迫使国会通过更严格的管制民间枪械生产、流通和销售的《枪械管制法》（Gun Control Act）立法。该法的第44章被称为《进攻性武器禁令》，禁止包括AK–47在内的19种半自动进攻性武器的生产、销售、购买或进口。由于枪械集团的巨大压力，克林顿不得不做出妥协：禁令以10年为限，届时如要延长，需经国会批准。经过这番妥协，该法案最终在1994年9月获得通过。但克林顿及其民主党人议员也付出了沉重代价，在随后的中期选举中，民主党失去了对国会的控制，至少有20个民主党议员是因为这项法律而未能赢得连任。为此，十年以后，克林顿还在回忆录中对他们的"丢官"表示深深的歉意。

转眼十年过去了。共和党重新控制了白宫和国会山，对民主党的这项政绩当然不以为然。在该条款即将到期之际，一些民主党议员曾经提出过延长这样条款的议案，但共和党控制的国会拒绝讨论，希望它在9月13日到期时自动失效。从理论说，布什也可以发挥自己的影响力来延长这样的禁令，就像当年克林顿说服自己的议员赞同一样。问题是，布什根本无意这样做。尽管布什在2000年总统竞选时表示，他不反对禁枪令，而且，如果在他当选后，"国会通过延期议案"，他愿意立即签署。显然，这个表态十分被动，完全是为了争取支持枪械管制的选民，因为这里的前提是要国会"先"通过延长决定。因此，他的竞选对手克里指责布什言而无信，证据不足。枪械管制和妇女堕胎问题一样，成为外界很难理喻的美国竞选政治的重大热门话题。政客往往两面讨好，争取左右逢源。就在指责布什充当军火商的"玩偶"的同时，克里也不忘时时强调自己喜好打猎，并非绝对的禁枪派，试图拉近与拥护枪支权利的选民的距离。

禁令的逾期引发美国众多支持枪械管制团体的强烈不满和尖锐批评。其中一个游说团体在报纸上刊登了以"9·11恐怖分子苦等9·13（到期日）"为通栏标题的整版广告，当中的一张图片描绘的是本·拉登手持AK-47冲锋枪和"基地"组织训练手册，要求恐怖分子搞到进攻性枪械。从最新的一项民意调查来看，68%的美国人支持延长进攻性武器交易禁令。在治安一向不够好的洛杉矶，一位警察表示，"这很讽刺，在美国，人们可能比伊拉克的抵抗分子拥有更多的武器"，而"随着攻击性武器禁令的解除，我们的街道、家园、市民和警察都将面对更大的危险"。

警察的担心和感慨虽然出自自己的切身利益，但也道出了美国枪械泛滥成灾的实情。如果说这个世界上有哪个大国是"全民皆兵"的话，那么，肯定是非美国莫属。没有人能说清楚美国民间有多少各类枪支，最保守的估计也在几千万支，有人甚至认为在一亿支以上。在谈到枪支管制的难度时，人们常常把问题归咎于枪械业利益集团的无所不能，但实际上，主张管制的利益集团也非等闲之辈，否则也不会有本文讨论的这个禁令和前面精彩的广告。问题的关键是前者有美国宪法这个尚方宝剑撑腰，被称为《权利法案》（宪法前十条修正案）的第二条明确规定了民众的持枪权。其潜台词常常为人们所忽略：承认武装反抗政府的潜在合法性。在当时美国的制宪先贤看来，既然1776年反抗英国暴政的革命因为殖民地人民有枪而成功，既然没有人能够保证新政府永远会遵守它与民众的契约，那么，新生的共和国就必须保证民众拥有武装反抗暴政的基本权利。看来，自由必须付出各种各样的代价，在美国，这个代价便是枪支的泛滥成灾。

（比尔·克林顿：《我的生活：克林顿回忆录》，李公昭等译，译林出版社，2004）

（原载2004年9月19日《南方都市报》"任东来专栏"）

老人司法：总统也奈何不得

——读《九人：美国最高法院风云》

2010年4月9日，美国联邦最高法院大法官约翰·史蒂文斯透露，他将在6月目前这个开庭期结束时退休。这个即将年满90岁的大法官，在1975年由共和党福特总统送上了最高法院法官席，这一坐就是35年。这期间，美国总统从福特到奥巴马，一共换了7位，两年一届的国会众议院换了17届。相比民选的立法和执法分支频繁的人员更替，作为司法分支的最高法院却死水微澜，大法官可以活到老，干到老。35年的任期还不是最长的，史蒂文斯的前任威廉·道格拉斯干了36年大法官。90岁退休的史蒂文斯也不是最老的大法官，大名鼎鼎的霍姆斯1932年退休的时候，已经是91岁高龄了。在最高法院，苍苍白发与黑色法袍似乎是永恒的风景。2005年，罗伯茨代替终老任上的首席大法官伦奎斯特的时候，最高法院有整整11年（1994～2005年）没有新人到来，九位大法官的平均年龄高达71岁。根据美国宪法，联邦法官无须民选，只要总统提名、参议院批准，而且，他们"一朝为官，终身任职"，饭碗无忧。在美国各项职业中，有"铁饭碗"终身职位的（tenure），只有法官（主要是联邦法官）和大学教授，前者是为了保证司法独立，后者是为了保证思想自由。

美国人一向以林肯的"民治、民有、民享"的民主理念为荣，何以能够同时又接受一个基本不可问责的终身制法院？美国人一贯崇尚年轻与活力，又何以愿意由这个"九老院"来裁决社会生活中无法调处的价值冲突？这个"九老院"如何行使美国最高司法权，并说服美国接受他们的裁决？不仅中国读者不理解这些问题，就连美国人自己也一头雾水。有鉴于此，美国顶尖的法律记者和评论员杰弗里·图宾在多年的采访和观察之后，2007年出版了这本《九人：美国最高法院风云》，成为继1979年鲍勃·伍德沃德和斯科特·阿姆斯特朗的《最高法院内幕》之后，又一本揭秘最高法院的畅销"普法"作品。

法治的赞赏者总是赞扬最高法院大法官的中立客观。他们超凡脱俗，与政治无涉，"以事实为依据，以法律为准绳"，表达着对法律的忠诚；民主的信仰者却认为，最高法院是美国民主制度的另类，在忠于宪法的幌子下，大法官超越自己的授权，试图用自己的价值观来判断是非曲直，改写甚至推翻民主的立法。法官与政治无涉基本上是一个美丽的谎言，他们的任命程序充斥着政治的考虑，他们的裁决常常违背民意顺应党派的利益，因此，大法官不过是穿着"法官黑袍的政客"。在图宾笔下，这两种看法都有些极端了，政治的确在司法领域起着巨大作用，但并不总是如此，而且，在政治起作用的时候，这里的政治总是包裹着法律的外衣，必须以法律的言辞来表达。通过对大法官提名和任命程序的深入考察，通过对堕胎案、2000年总统大选案和平权案等一系列里程碑的细致分析，图宾展示了法治与政治的复杂关系。

人们通常愿意援引托克维尔180年前对美国政治和法治的观察：在美国，政治问题迟早会变成法律问题。但人们忘记了，法律问题同样会变成政治问题。这在涉及妇女堕胎权问题上表现得非常明显。图宾费了两章的笔墨，描述了1992年涉及宾州限制妇女堕胎权的"凯西案"，试图说明政治与法律的复杂互动。在中国，计划生育成为一项基本国策，我们对避孕失败不得不进行人工流产的现象，习以为常。但在美国，妇女的堕胎权却是一项新的权利，源于1973年著名的"罗伊案"判决。在此之前，美国46个州州法规定，堕胎是一种刑事犯罪。1960～1970年代性革命和女权运动的蓬勃大潮最终改写了美国的反堕胎法，最高法院在"罗伊案"中以七比二做出判决，裁定除了孕期的最后三个月（胎儿脱离母体也可以存活）禁止堕胎外，孕期前六个月妇女有权堕胎。这一在国人看来普通的判决，在美国却引发了长达三十余年的政治纷争。

美国保守的基督教右翼，坚信生命源于受孕的一刻，堕胎就是谋杀。为推翻"罗伊案"，他们不遗余力。同时，"罗伊案"的判决基础是宪法隐私权，"其范围的广泛性足以涵盖妇女自行决定是否终止的权利"。但问题是，美国宪法的文字和解释中根本没有隐私权的概念，它是自由派大法官从字里行间发现的权利。以如此脆弱的基础来支撑如此重要的权利，饱受法律界的质疑。著名的保守派法官波斯纳就调侃道："'罗伊案'是美国宪法中永世流浪的犹太人！"由于这两个背景，"罗伊案"从一开始就引发了全国性的争议，成为美国保守派与自由派文化战争的一个焦点。这不仅是因为它涉及占全国人口半数的妇女的权益，而且也深深地触及了美国人内心最根本的价值信念：生命的神圣和自由的宝贵。对此，自由派宪法学者德沃金感慨地说："在我们这个时代，从没有一个司法判决像'罗伊案'那样激起了如此经久的公众的愤慨、激情以及暴力行为，还引发了旷日持久的法学领域内的批评。"可以毫不夸张地说，美国人的心灵被"罗伊案"撕扯得四分五裂，一方面是对生命的宗教信念，另一方面是对自由的世俗崇拜。支持妇女堕胎权的那些人称为"选择派"（pro-choice），反对妇女堕胎权的叫作"生命派"（pro-life）。两派势不两立，形同水火，争吵不休，各自组成了强大的利益集团，竭力利用政治选票和游说来影响美国政治进程，各级政客因此不得不逐一就自己的立场表态。一时间，在此问题上的立场成为划分共和党和民主党、保守与自由的重要标准。

"罗伊案"之后，在司法较量中失败的生命派，通过民主的途径，不断推动各州通过限制堕胎的法律，在不直接挑战妇女堕胎权的前提下，收紧对堕胎的限制。随着最高法院日趋保守，各州立法也愈发胆大妄为。1989年，宾夕法尼亚州通过了当时最严厉的限制法律：为了防止冲动堕胎，任何要堕胎的妇女需要经过24小时的等待期；其间，还要"洗脑"，接受有关胎儿发育和堕胎替代措施的告知；未成年人要堕胎，要征得父母一方的同意；已婚妇女，则要通知其配偶。

选择派将当时宾州州长凯西告上联邦法院，谓"凯西案"。1992年大选前夕，案件上诉到了最高法院。此时离"罗伊案"已经19年了，斗转星移，物是人非，当年最高法院七人中，只有起草意见书的布莱克门和反对派怀特硕果仅存。主张推翻"罗伊案"的里根和布什两位总统，在他们12年的任职期间（1980~1992年）里，先后把奥康纳、斯卡利亚、肯尼迪、苏特和托马斯五位送上最高法院的法官席，生命派似乎胜券在握。伦奎斯特、怀特、斯卡利亚和托马斯明确表示要推翻"罗伊案"，即从根本上否定堕胎是一项受到宪法保护的基本权利。如果不出意外，他们只要再有一票就可以成功实现二十年来保守派的梦想！

如果说，斯卡利亚和托马斯两位实践着把他们送上法官席的保守派理念的话，那么，奥康纳、肯尼迪和苏特三人却让他们大失所望。总统在提名大法官时，虽然候选人的政治立场是其首要的考虑因素，但是，正如杜鲁门总统所哀叹的那样，"一旦成为法官，他们就不再是你的朋友"。大法官的政治立场固然在司法裁决中起重要作用，但是，宪法先例的限制，社会舆情的反应，司法裁决的可行性，这些现实的制约有时比政治立场更能制约法官的裁决。这三位大法官撰写的联合意见认可了"罗伊案"所肯定的妇女堕胎权。同时，他们也给保守派一些安慰，除了通知配偶的规定违法，宾州其余限制堕胎的规定合法。

这一判决不仅挫败美国右翼推翻"罗伊案"的图谋，而且，也揭示了美国法治史的华彩篇章：宪法的裁决不应该违背当代人对权利和自由的主流理解。图宾认为，在利用宪法裁决作为社会改良工具的沃伦法院传统和遵从政治多数、拘泥宪法文本的右翼原旨主义（originalism）之间，"美国司法界还存在着第三种传统，他们不为公众熟知，也看不出他们究竟代表民主党还是共和党"。德沃金也高度赞扬了这种法治传统："三位大法官重新确认了关于美国宪法本质更为普遍的观点，而这恰恰是他们在接受提名时被期望去毁灭的东西。"奥康纳和肯尼迪在过去曾经明确表示对"罗伊案"持保留态度，后者甚至把"罗伊案"称为"当代的斯科特案"。正是判决黑人不是美国公民的"斯科特案"加速了美国内战的到来。

那么，为什么在认可宾州的大部分限制同时，这三位法官偏偏认为告知配偶这条规定违法？在这里，作为女性大法官的奥康纳起了至关重要的作用，她的"过度负担"观点成为后来类似判决的标准。所谓"过度负担"就是立法机构给妇女堕掉未成活期胎儿设置了"实质性障碍"。她写道，常识告诉我们，"在正常的家庭中，配偶之间当然会讨论是否抚育孩子之类的重要决定。但是，这个国家里，也有上百万妇女是家庭暴力的受害者。如果这些妇女怀孕并打算堕胎，最好的选择当然不是去告诉配偶。如果我们无视这些女性的安危，变相阻止他们堕胎，这和允许联邦禁止一切堕胎行为没有区别"。

在文中所涉及的大法官中，奥康纳获得图宾最多的关注，也给予最多的正面评价。在他看来，伦奎斯特法院（1986~2005年）没有完全走向极端，实现右翼保守势力的期望，基本上得益于奥康纳审时度势的实用主义立场。"她仿佛有一只神奇的耳朵，能够倾听美国公众的心声，并将判决结果控制在绝大多数人盼望，或至少能够接受的范围之内。从来没有人像奥康纳那样，对中间主义与司法适度主义这些冷冰冰的原则有着那么大的热情。也没有一位大法官能像她那样，在一代人的法律上留下如此深的个人印记。"

这个印记当中，还有一个就是涉及黑人学生入学的"平权措施"（又称"肯定性行动计划"），美国版的少数民族高考加分政策。密执安大学是美国公立大学中的名校，为了照顾学业成绩偏弱的黑人学生，在本科生和法学院学生录取中对他们采取某种形式的"加分"。保守派利益集团决意挑战这一已经实行了三十年之久的政策，遂选择两位因为这一政策而没有被录取的白人女性作为原告。早在1978年涉及加州大学戴维斯校区医学院平权措施的"巴基案"中，最高法院已经裁定，大学录取中确定种族配额的做法涉嫌歧视违宪，但是，为了保证学生构成的多元化，种族因素可以作为录取的权重因素。现在，同样的案件二十五年后又重新回到最高法院。在这个涉及成千上万青年未来前途的问题上，法院的判决万众瞩目。按照保守派和自由派两军对垒的判决模式，伦奎斯特、斯卡利亚、托马斯、肯尼迪会站在原告一边，史蒂文斯、苏特、金斯伯格和布雷耶会站在校方一边，奥康纳再次成为关键的一票。

此时，奥康纳备受煎熬，一人躲在办公室里阅读双方律师以及众多利益集团以"法律之友"提交的法律意见书。奥康纳的精神导师，已故的鲍威尔大法官的精神遗产，再次帮助她渡过难关。当年，奥康纳作为第一位女性大法官闯入最高法院这个男人的世界时，正是鲍威尔这位南方绅士给予她最直接的帮助和指导，也正是鲍威尔在"巴基案"中，从保守派和自由派对垒中，左右逢源，找出了折中的途径。这一次，奥康纳同样采取了区别对待的立场。在本科生案中，因为校方设计的满分150分中，少数族裔可以自动获得20分的附加分，有变相的"配额"嫌疑，奥康纳因此与保守派一起，投票反对校方的做法。在法学院学生录取中，虽然种族因素也在考虑之中，但因为是个案处理，而非自动加分，符合保证校园多元化的迫切利益，因此，奥康纳与自由派一起，支持校方的做法，并代表五位大法官撰写了法院多数意见，明确反驳了保守派的观点："宪法的平等保护条款并没有禁止密大法学院基于对种族因素的有限考虑而制定录取政策，以促进学校的迫切教育利益，这种利益来自一个多元化的学术群体。"对于保守派认为"迫切利益"不能由大学自说自话，需要由法院来判断的论调，奥康纳认为，大学完全有权力和能力自行决断，因为"大学在我们的宪法传统中占据特殊地位"。不过，奥康纳同样也要考虑到其他人的感受，为此,她决定给种族照顾政策加了一个时限:自鲍威尔大法官肯定这一政策以来,"二十五年过去了。与那时相比,拥有优秀成绩与较高分数的少数族裔申请人正越来越多。我们希望,在未来的二十五年内,种族优惠政策将逐步失去适用之必要"。

奥康纳擅自给优惠政策规定期限,的确有"超级立法者"之嫌,备受斯卡利亚和托马斯的责难,也让很多人不解。"一位非民选的法官有什么权力给整个社会强加如此详细的一个规则?既然相关的实践二十五年后就会违宪,那干嘛不现在就宣布它们非法?"图宾认为,这可能恰恰体现了奥康纳的政治敏锐。"在种族平权措施问题上,奥康纳给出了一个结果,也达成了一个妥协,这正好被绝大多数美国人所接受。杰出的政治本能使得她一直依温和中间派路线行使权力,而这一权力也从未正式受限……她的司法路径或许在理论上无法自圆其说,但在实践中始终游刃有余。"在奥康纳的司法实践中,最集中地体现了政治与司法的复杂而非简单的关系。

奥康纳只是最高法院的"九人"中的一人,其他的法官在作者的笔下也都依次出场。结合不同的事件和场景,作者逐一介绍了这批最有权势的法律人:首席大法官伦奎斯特的老成持重,史蒂文斯的老当益壮,肯尼迪的华彩文章,斯卡利亚的咄咄逼人,托马斯的顽固保守,苏特的忠于职守,金斯伯格的温润儒雅,布雷耶的智慧俏皮,新任首席大法官罗伯茨的滴水不漏,阿利托的保守如一,这些介绍虽说不上栩栩如生,但的确给人留下难忘的印象。图宾生动的文笔,经过译者何帆博士的移译,在中文译本保持了原貌。作为年轻译者,在没有校对者帮助的情况下,何帆的翻译非常不错。难能可贵的是,为了帮助中文读者,何帆还添加了上百个恰到好处的迻注。不过有些概念的翻译,是目前美国宪政类法律译著的通病,这里提出与译者讨论。在第 24 页,谈到 1986 年辞职的首席大法官伯格时,有这样一段话:"离开最高法院后,他出任美国宪法两百周年庆典委员会主席,与对法理学的兴趣相比,或许他更喜欢聚光灯下的生活。"这里的法理学在原文里是 jurisprudence,这个词的第一义项固然是法理学和法哲学,但在涉及美国法院的司法时,它主要是指司法实践、司法活动。在第 280 页上,有一封斯卡利亚给报纸的澄清信函,其中有一句:"我是美国的法学家。"这里的法学家在原文中是 jurist,同样,在美国法院的语境中,这里 jurist 不是法学家,而是指那些有威望和学识的法官,至多称法律家。在美国,再有学问的法学家如德沃金,也不会自称或被称为 jurist;但波斯纳可以称为 jurist,不是因为他的著述，主要是因为他的法官身份。把 jurisprudence、jurist 学理化和学者化，下意识中反映了中国法学界欧陆传统的影响以及将法律视为学问而非职业实务的倾向。

（杰弗里·图宾：《九人：美国最高法院风云》，何帆译，上海三联书店，2010）

（原载 2010 年 5 月 9 日《东方早报·上海书评》）

《美国法律辞典》及其中译本评介

在全球化时代，世界各国法律的相互影响和相互借鉴日趋明显。对于正在建立法治国家的中国来说，了解美国的法律制度也会有助于依法治国的实践。就国内学者而言，要了解美国的法律，除了查阅一些有关法律的论著、学术期刊及网站之外，一个方便快捷的途径就是尽可能多地利用参考书和工具书。

由美国西密歇根大学政治学教授彼得·伦斯特洛姆（Peter G. Renstorm）编写的《美国法律辞典》（*The American Law Dictionary*）就非常值得一读，它是 1991 年由美国著名的工具书出版商 ABC – CLIO 公司出版的"克里奥政治科学辞典"系列丛书中的一种。[1] 全书共七章，分成七个主题。（1）法律、司法环境及司法职能；（2）司法组织；（3）司法程序的参与者；（4）刑事司法程序；（5）民事司法程序；（6）上诉司法程序；（7）司法政策和影响。在书中，作者讨论的主题都是"司法"（judicial），而书名却又偏叫作"法律辞典"（law dictionary），不免使人有些疑惑，以为是作者以偏概全。但仔细考虑，这恰恰体现了美国法律的特色，也就是司法在美国法律体系中所处的 地位。因此，如果有谁以为它是一本通常意义上的法律百科全书似的 辞典，那他可就要失望了。另外，这本《美国法律辞典》是"政 辞书"中的一本，而且是以一个政治学教授的视角来编写的。其实 并不奇怪，因为美国的政治制度具有非常突出的法律特性，司法机 定公共政策和界定私人关系方面都发挥着重要作用，正如 19 世纪著

---

[1] Peter G. Renstorm, *The American Law Dictionary*, Santa Barbara: ABC – CLIO, INC., 1991.

名法国政治学家和历史学家托克维尔所说,在美国"使一个外人最难以理解的是……简直没有一个政治事件最后不是求助于法官的权威的"。① 也就是说,在美国,几乎任何一个政治问题或早或晚都将转化为司法问题。除了本书外,伦斯特洛姆还与人合编了这套丛书中的《宪法辞典》(The Constitutional Law Dictionary) 以及《选举政治辞典》(The Electoral Politics Dictionary)。

该辞典篇幅不大,共 308 页,收录的词条也不以数量见长,一共才 323 条。作者承认时下许多法律辞典所收录的词条都比它多,但他强调,他的选择标准是力求范围广阔,词条则精益求精,都是美国司法制度和司法程序中最能体现其政治本质的概念、术语和短语等。通过这本辞典,读者的确可以一窥美国司法制度的全貌,就此而言,作者实现了他的编书目的。

作者在编撰本辞典时,以方便读者的查阅需要为出发点,在书的七大部分中,将包含在每一个部分的词条都按照英文字母 ABC 顺序排列,并将全书的词条按顺序以黑体数字排列,这样,当读者想查阅某一概念或术语而又不知作者是如何将其归类的话,可以先通过书后的索引查找该词条(索引是将全书词条按 ABC 排列),并按照词条后的黑体数字编号就可以在正文中找到该词条,而该词条后的罗马数字是表明作者在介绍罗马数字所代表的词条时,在其"释文"(significance)中也涉及了黑体数字所代表的词条。此外,作者差不多在每一个词条后都给出了一项甚至几项交叉查阅词条,这些参见条的设置极有价值,据此可以不断地深入下去或扩展开来,形成了一个网状结构,把所有的词条都连在了一起。这样,读者便可以从任何一个词条出发,不断地纵向或横向地深入下去,直至把整个辞典的词条一网打尽。所以检索方式的新颖方便可算是该辞典的特色之一。

该辞典的特色之二就是作者在对每一个术语或概念进行界定之后,都附有一个"释义"(significance)段落,这也是 ABC – CLIO 政治科学辞典丛书的一大特色。它包括作者对该术语或概念的历史背景或渊源的介绍、成因的揭示、功能的表述、涉及的学说判例以及当前的现状等,使读者获取的信息在条分缕析的同时又系统化,获得由点及面的理解,而不是被条块分割。

作者在编写本辞典时务求遣词用句的规范严谨,"严谨精确的语言是每一个学科最基本的工具。这在法律领域尤其重要"(Precise language is the

---

① 托克维尔:《论美国的民主》,董果良译,商务印书馆,1988,第 109 页。

primary tool of every discipline. This is particularly true in the field of the law)①。

因此，本书可视作规范美国法律制度用语和概念的辞典，既可作为初登法律殿堂或政治学领域的学生指南，课本之外的补充读本，也可作为法律工作者的案头参考书，在研究问题时随手翻检核对，同时还可以作为其他一些相关领域如贸易和商法、历史学和公共政策的学者的辅助性工具书。

由于这些优点，美国驻华使馆文化处特地向中国学术界推荐此书并资助出版。该辞典的中译本由贺卫方教授（现为北京大学法学院教授，译书时是中国政法大学教授）主持翻译，法学名家朱苏力教授（现为北京大学法学院院长）等校对，译校者阵容强大。此书从1994年开始翻译，到1998年出版，耗时四载。②对这样一部部头不大的辞典，译者却给予了如此的重视，费尽心力，一丝不苟，可见译者学术态度之严谨。为方便读者，译者在保留原来英文索引的前提下，还在辞典后添加了"汉英对照条目索引"，将全部词条按汉语拼音顺序重新排列，使广大中文读者又多了一种极有价值的检索方式。

不过，智者千虑，也有一失。细阅之下，笔者也发现一些问题，提出以下浅见，供译校者参考。其一是有个别译名不统一的现象。在第39个词条"writ"（令状）中提到"mandamus"，译为"训令状"，而第233词条"mandamus"却又译为"职务执行命令书"，虽然在第39个词条的"释义"段落中，对"mandamus"的解释与第233词条的解释意思完全一致，但译法却前后不一致，显然会让读者不知所从，因为这毕竟是一本标准的辞书而非一般读物。

其二，由于国内读者与美国读者有着政治、经济、社会、文化背景等的差异，在美国也许是常识性的、不必说明解释的问题，对于国内读者来说，却有需要说明的必要，这就是为什么一本好的译著总是需要补充一些译注的原因。本词典中就有若干没有译注，进而影响读者理解的地方，这里仅举两例。

如在第328页上，有这样一段话："如果国会愿意，它可以限制下级联邦法院对某一个或更多的问题，甚至比较有争议的社会问题如学校学生乘坐

---

① Renstorm 前引书之序言（preface）。
② 彼得·G. 伦斯特洛姆编《美国法律辞典》，贺卫方、樊翠华等译，贺卫方、黄道秀、朱苏力校，中国政法大学出版社，1998。

公共汽车作出裁决。"有的读者难免会疑惑,"学生乘坐公共汽车怎么会是一个有争议的社会问题呢?"核对原文发现,这个"学生乘坐公共汽车"的英文原文是 the busing of school students(一般简称 school busing),这是美国政治法律史上的一个特殊表达。1950 年代以前,美国社会中存在着严重的对黑人的种族歧视制度,17 个州及哥伦比亚特区在教育方面存在着种族隔离的法律,黑白学童上完全不同的学校,即使他们住在相邻的社区也是如此。1954 年 5 月 17 日,联邦最高法院在"布朗诉地方教育委员会"一案中,作出了一项革命性的一致裁决,宣布公立学校"隔离但平等"的制度违反宪法第十四条修正案所保证的"平等法律保护"原则。为了克服一些白人居民对黑白混校的抵制,美国的某些地区特别是只有单一学区的城市,采取了强行混校的措施,其办法之一便是用校车把黑人学校的一些学生送到白人学校,将白人学校的一些学生送到黑人学校。这一做法引起了白人学生家长的强烈反对,甚至导致社会冲突和动荡,最后,大多数白人家长以"用脚投票"的方式,搬出城区,来到没有实行或很难实现这一做法的多学区制的郊区。

再如在第 344 页中有"在最高法院历史上倡导司法自我约束的先驱者有大法官费利克斯·法兰克福特和第二位大法官约翰·马歇尔·哈伦"一语,极易让人产生误解,以为哈伦法官是美国历史上第二位大法官。实际情况是,美国最高法院历史上曾有过两位同名同姓的约翰·马歇尔·哈伦法官,他们是祖孙俩,第一位是爷爷,1877~1911 年在任,第二位是孙子,1955~1971 年在任。

其三,还有几处,疑为误译。现指出与译校者讨论,对于理解有歧义的英文及中译文,笔者用黑体标识。(1)在解释第 117 词条"副司法部长"(Solicitor General)中,说他是"美国司法部排名第三的高级官员(位于司法部长和**助理司法部长之后**)"。原文是"Third-ranking official in the U. S. Department of Justice(**behind** the attorney general and the **deputy attorney general**)"。就常识而言,副司法部长应该在助理司法部长之上,而非之后。国内有关权威论著也是这样理解的。在《美国政府和美国政治》一书中(第 452~453 页),李道揆教授是这样写的:"每个部均设正副部长各 1 人。有的部还设置负责某方面事务的副部长(为叙述方便,本文称之为'专业副部长',其地位低于副部长)……一个部内通常设若干司局,由助理部长或局长领导。"由此可见,该"专业副司法部长"是业有专攻的一位部长,恰好与书中对该词条的解释相吻合，职责是：决定在初审一级联邦政府败诉的案件中哪些应当提起上诉、哪些上诉至最高法院、为送至最高法院复审的案件做准备等。所以，他显然是司法部中位于"司法部长和**副司法部长之后**"的负责某方面事务的第三号人物，其地位低于副司法部长、高于助理司法部长，而不应是"位于司法部长和助理司法部长之后"。至于怎样翻译，窃以为"solicitor general"及其解释应该是"专业副司法部长（位于司法部长和副司法部长之后）"。①

（2）在谈到新政期间罗斯福改组最高法院的计划时，第 328 页上有"由于在罗斯福的第一任期中的法官没有一个**留任**而使问题激化"一语。这句话显然有违常识。美国最高法院的 9 名大法官是由总统任命、经参议院多数批准，终身任职，除非有不端行为（如叛国罪、受贿罪或其他严重犯罪或轻罪），或法官自己主动提出退休或辞职，任何部门或个人都无权迫使他离职，所以不会出现"没有一个法官留任"的情况。而历史的情况是，在罗斯福的第一任期内，没有一个大法官退休，因此，罗斯福也就没有任命与自己政见相同的法律人士出任大法官的机会。而当时的最高法院相当保守，先后宣布重要的"新政"立法违宪，令罗斯福大为光火，不得已，才提出以增加大法官人数这样"掺沙子"的形式来改变最高法院构成的下策。核对原文发现，果然是译者翻译有误。原文是"The problem was aggravated because none of the sitting justices **left** the Court during Roosevelt's first term"，正确的翻译应该是："在罗斯福的第一任期中，没有一个现任的大法官**离任**，这使得问题激化"。

（3）"警察也可能选择**逮捕**某人以便从后者那里获得有关情报"（第 137 页），此语费解。核对原文发现，是理解有误。原文是"The police may also choose **not to arrest** someone in exchange for information from that person"，应为"警察也可能选择**不逮捕**某人以便从后者那里获得有关情报"。这个非常容易看出的疏忽很可能是作者太受中国刑事侦查程序的影响所致。接下来一句则完全是理解的问题："**对于极少有可能获得口供的案件**或由于某些证据缺陷会使自己处于不利地位的案件，检察官也可以行使其裁量权予以中

---

① 根据最新的美国司法部官职排序，这个位置现在是在部长、副部长和助理部长之后的第四号人物。在翻译麦克洛斯基《美国最高法院》（中国政法大学出版社，2005）过程中，笔者对这个职位有了更深入的了解。鉴于其业务性远甚于其行政性，笔者认为比较合适的译名应该是首席检察官或总检察官。

止"，原文是 "Prosecutors may use their charging discretion to terminate **a case that has little likelihood of yielding a conviction** or that suffers from some evidence defect"，译为"**对于不太有可能定罪的案件**或由于某些证据缺陷会使自己处于不利地位的案件，检察官也可以行使其裁量权予以中止"，可能更确切。其含义是指，如果检察官觉得证据不充分，或者很难说服陪审团对被告定罪的话，他干脆就放弃起诉。

以上所指之处只是笔者在阅读过程中的一点小小的看法，绝无否定译校者辛勤劳动的意思。应该说，辞典的中译本，与国内众多美国法律著述的汉译相比，绝对属于上乘。

（彼得·G. 伦斯特洛姆编《美国法律辞典》，贺卫方等译，中国政法大学出版社，1998）

[与翟艳芳合作，原载邓正来主编《中国书评》（第二辑），广西师范大学出版社，2005]

三　国际问题研究书评

当代国际关系研究中的政治经济学方法与"霸权稳定论"
——评《国际关系政治经济学》

一

战后初期形成的国际经济秩序正在解体，以自由贸易和稳定的通货为特征的布雷顿森林体系已不复存在，不断扩展的全球性经济相互依存开始减速。贸易保护主义的蔓延，货币和金融市场的动荡，第三世界无法还清的债务，发达国家之间难以协调的经济，这一切都在侵蚀着资本主义国际体系。正在出现的新的国际政治经济秩序还需要美国、日本和欧洲三方的通力合作与协调。但这一新发展将会对世界的和平与发展产生什么样的结果，却难以预料。这就是美国著名的国际关系学者罗伯特·吉尔平在其《国际关系政治经济学》一书中，用其政治学理论把历史和经济的知识综合在一起，为读者描述了当今世界政治经济概貌。

用政治经济学的方法来研究国际关系并非是一项创新。马克思的《共产党宣言》和列宁的《帝国主义是资本主义发展的最高阶段》可以说是这一领域中较早的创造性著作。在西方18～19世纪思想家亚当·斯密、约翰·穆勒、大卫·李嘉图那里，经济概念带有明显的政治色彩，同时政治也与经济现象相联系。只是到了20世纪，经济学和政治学开始日益专业化，逐渐相互脱离成为互不相干的独立学科，但在1970年以后，政治经济学出现了复兴与发展。这是由以下两个相关的因素造成的：首先是西方学术界开始认识到经济活动和政治行为的抽象模式与现实社会中的政治经济之间存在着鸿沟。理论变得更为玄妙，但却更不现实了，许多学者都在怀疑经济学与政治学之间的分野是否恰当。其次是长达25年之久的战后资本主义世界的繁荣与稳定在70年代初开始瓦解，经济问题政治化，政治家们日益关注于经济事务。1971年8月美国总统尼克松宣布美元与黄金暂时脱钩，从而动摇了战后国际货币体系的基础。两年半以后，当时并不出名的石油输出国组织欧佩克成功地提高了油价。随后西方国家陷入了战后第一次世界性的经济衰退。在世界其他地区，第三世界则强烈要求建立国际经济新秩序，以便更公平地分享全球的权力与财富。

这些变化在今天的世界上日益表现为：（1）经济问题日益成为国际关系中的重要问题，世界经济与国际政治的合流成为一种普遍现象；（2）各国间政治上的相互影响和经济上的相互依存日益加深；（3）各国国内政策与其外交政策的界限趋向模糊，内外难以有别。以研究国家安全、利益冲突、战争等为主要内容的传统国际政治学已经无法对变化中的世界作出圆满的解释。于是西方一些国际政治学者和经济学者开始携手努力，用政治经济学的方法考察世界范围内的国际经济与政治的互助关系，进而创立了国际关系的新学科——国际政治经济学（International Political Economy）或称国际关系政治经济学（The Political Economy of International Relations）。

这一学科（简称IPE）在80年代开始迅速发展起来。吉尔平的著作就是这一学科中一本比较出色的综合性著作。面对政治经济学中永恒的主题——国家与市场的关系，吉尔平认为国际政治经济学就是要研究它在国际背景中的三个具体表现：第一，市场经济增长的政治根源及作用何在，具体地说就是相互依存的情形下如何相互作用？它涉及国际政治经济需不需要霸权，由谁来称霸的问题。第二，经济变化与政治变化的相互作用。它造成各国积极参与对现代工业优势地位的国际激烈竞争，涉及如何调整由于不平衡发展规律导致的国际政治经济结构性变化。第三，国际市场经济对国内经济发展的重大意义何在，国家为控制或者至少是影响贸易、对外投资和国际金融及国际政治经济的其他方面可以作出何种努力（中译本第17～21页，下同）。

由于吉尔平的书既是他对"国际政治经济学的一家之言，也是对该领域反复探讨和普遍流行的若干课题的一篇综述"（第1页），因此他在开篇的前三章中围绕上述三个问题详尽地讨论了"政治经济学的性质""政治经济学的三种思想观点"（自由主义、民族主义或现实主义、马克思主义）和"际政治经济学的动力"。这一探讨为随后论述一系列具体的国际政治经济问题——国际货币、国际贸易、国际金融、跨国公司以及依附和经济发展——奠定了理论基础。他的这些研究主要集中在国际政治经济的动态过程，即 70 年代以来出现的转变当中。

二

吉尔平认为，1976 年美元与黄金最后的脱钩使布雷顿森林体系宣告结束，世界进入无体系的浮动汇率时期，国际上三种主要货币美元、日元和联邦德国马克只能尴尬地相处。只是通过美日德三方的政策协调，美元才得以依赖马克与日元的支持勉为其难地维持统治地位。他警告说："如果这种心照不宣的支持垮掉了，国际货币体系的政治基础就将坍塌，战后经济相互依存的趋势将急剧地逆转"（第 190～191 页）。美元霸主地位的丧失在很大程度上是美国国际贸易地位急剧下降的结果。作者指出，由于 60 年代以来欧洲共同市场的形成和发展，贸易保护主义的抬头，以及日本和新兴工业国家在世界市场的竞争，战后由美国一统天下时形成的《关税及贸易总协定》面临着严峻的挑战。加之《关贸总协定》本身的限制，即它没有涉及农业和服务业，因而使全球贸易谈判变得非常棘手。再则服务业与高技术产业往往与跨国公司的对外直接投资相联系，不属于《关贸总协定》的范围。这三种经济部门对国内政治又极为敏感，因此与《关贸总协定》的多边主义和无条件最惠国原则难以合拍。最近乌拉圭回合谈判因欧美在农产品补贴问题上的分歧而最终搁浅的事实，证明了吉尔平的这一判断。

在作者看来，目前贸易关系的发展结果将是出现一种"混合体制"。它既不可能像 30 年代那样崩演，又不会恢复战后初期那种自由化势头。"尽管以关贸总协定原则为基础的多边主义的强有力影响继续是世界贸易许多方面的特点，但是双边的、卡特尔式的和地区性的协议将会加入多边主义的行列"（第 257 页）。这种混合体制与历史上其他贸易模式之间最重要的差别将是部门保护主义的发展。各国政府和公司将通过双边谈判来决定各自服务业和制造业在市场中的份额。

美元地位的衰落和美国贸易逆差的剧增结束了美国的世界金融霸主地位。吉尔平指出 1985 年美国成为净债务国的事实宣告战后国际金融一个时代的结束。他当时的估计——到 80 年代末美国外债将突破一万亿美元——今天已成为现实。只是依靠日本、德国和沙特的融资，或更明白地说靠

"出售美国",美国才勉强地维持住形式上的金融霸主地位。在美国国内"日本将购买美国"的惊呼声中,一些日本人却开始认为日本不应该只为美国的霸权提供资助,而应确立自己的霸主地位。鉴于国际金融是世界经济中最薄弱的环节,资本的投机性和多边性流动是全球经济动荡的重要根源,吉尔平不无担心地指出:"不管日本人决定怎样利用他们越来越多的金融实力,但他们的决策将对国际经济和政治体系的前途具有深远的意义"(第377页)。在他看来,解决问题的最好办法是美国进一步与日本进行政策协调,并采取部门保护主义的办法,放弃目前采用的对日本施加政治压力要其进行结构性调整的做法。

除了国际政治经济学中这三个传统领域,吉尔平还辟专章讨论了二战以后出现的两个新现象,这就是跨国公司和依附与经济发展。在吉尔平看来,跨国公司的出现把国际贸易和国际生产结为一体,并空前广泛地把世界经济结合起来,使国际经济的相互依存关系从贸易和货币领域扩大到生产领域,从而严重冲击了各民族的经济。但跨国公司迅猛发展的势头受到1973年石油危机的冲击,同时60~70年代美国跨国公司一统天下的局面被打破,日本、欧洲及一些新兴工业国家的跨国公司迅速崛起,使世界经济比以往更为复杂,出现了所谓"新跨国公司"现象,它的特点在于:(1)与"水平"相对的"垂直"对外投资——即为母国生产过程提供投入或利用母国工厂的产出——的重要性在增加;(2)跨越国界的公司间联盟的扩大,由独资拥有外国分公司转向与当地伙伴或其他公司的合资经营;(3)在国外生产的零部件及中间产品就地销售在增加。吉尔平用德国前总理施密特的一句话概括了这一发展:"为全球生产而斗争"(第293页)。

谈到跨国公司,不免使人联想到第三世界的发展问题。一些激进的经济学家认为,正是不平等的国际贸易和跨国公司帝国主义式的掠夺剥削,才造成第三世界的不发达。吉尔平不同意这个观点,他认为跨国公司对第三世界东道国有利还是不利,关键取决于当地政府的政策。但他对不发达国家的发展前途看来并不抱乐观的态度。他认为70年代以来第三世界寻求建立国际经济新秩序的努力已经失败,首要的原因是发达国家拒不作出任何重大让步。其次,"欧佩克"国家的行动也表明,它们实际上也不愿意用自己的财富与权力为其第三世界伙伴服务。最后,世界油价的上涨对第三世界非产油国的损害比其他任何国家都更为严重。到80年代中期,"第三世界不再作为一个有意义的实体而存在"(第340页)。不过,吉尔平也从亚洲新兴工业化地区的发展中看到一些希望,并指出经济发展的三个前提在于:(1)必须有个"坚强的"政府和经济管理机构,它能够分清轻重缓急,执行前后一贯的政策,并进行必要的改革;(2)政府应不断向教育和人力资本大量投资;(3)国家同市场必须相辅相成,而不是对立的,"政府的干预建立在市场机制的基础之上"(第336~337页)。从技术上讲,这一总结看来与中国10年的改革经验相一致。

在进行上述一系列具体研究之后,吉尔平又围绕着"国际政治经济学的动力"一章中提出的问题,对"世界政治经济的转变"作了综合性阐述。他认为战后资本主义世界的经济发展归功于:(1)美国作为霸主提供的领导和有利的政治环境;(2)廉价的劳动力、石油和高新技术等有利的供应条件;(3)以政府扩张性经济政策为特征的高需求(第382~398页)。但这些条件伴随着美国霸权的衰落,美国这个世界经济增长发动机的失灵而不复存在。不断加强的福利国家减缓了社会的动荡,却造成劳动力的昂贵和政府的巨额财政赤字。尽管存在着计算机、生物等高新技术,但它们很难会使战后早期空前发展的景象重现。

为此吉尔平在最后一章"国际经济新秩序"中提出,只有解决世界经济在美国霸权之后的领导权问题,只有解决全球经济的重新分布以及向新的主导产业部门转移所必需的经济调整问题,并缓和国内经济政治上的自主与国际经济政治上的无政府之间的冲突,才能最终促成一种新的健康的政治经济秩序的出现。尽管吉尔平指出一种与布雷顿森林体系不同的,以重商主义竞争、经济地区(集团)主义和部门保护主义为特征的混合体制正在出现,但它的前景如何,"谁将获益,谁将受损,或者它对全球繁荣和世界和平产生什么结果,则还不清楚"(第454页)。作为一位严肃的学者,吉尔平没有开出一个廉价的处方,而是给读者留下一个值得认真思考的开放性结尾。

三

从结构上看,吉尔平这本著作的最大特点是作者试图把理论、历史和政策的分析融为一体。当然各部分的侧重点不尽相同。第一部分前三章注意理论探讨,第二部分(第4~8章)则把历史与政策分析结合在一起,最后部分（第 9~10 章）则是理论与现实相结合的综合分析。仔细阅读本书就不难发现，贯穿全书始终的是"霸权稳定论"。霸权及霸权稳定是书中出现频率最高的一个概念，并在最重要的章节（第 3、10 章）得到充分阐述。吉尔平就是用这一政治理论来综合历史与经济学的知识，并用具体资料来证明这一理论的正确性。从他对霸权的强调以及字里行间流露出来的对美国霸主时代的留恋来看，刘同舜先生所言"此乃'正宗'美国货"极是（"写在前面的话"，第 3 页）。从这个意义上说，用"美国国际关系的政治经济学"可能更适宜概括本书的内容。

"霸权稳定论"强调，一个居霸主地位的自由国家的存在是世界市场经济发展的必要条件（尽管不是全部条件），"历史经验证明，没有一个占主宰地位的自由强国，国际经济合作极难实现或维持，冲突将成为司空见惯的现象"（第 105~106 页）。所谓历史经脸就是 1870~1914 年"英国统治下的和平"与 1947~1985 年"美国统治下的和平"。霸主的重要性在于它能够在一个激烈竞争的主权国家体系中提供一些各国都能享受的"集体商品"（collective good），诸如自由开放的贸易体制、稳定的国际货币和国际安全环境等。但今天的美国在经济上再也承担不起这样的责任，1985 年以来美国的经济霸主地位实际上是靠日本的融资才得以维持。这种做法所包含的危险在于"日本继续向美国融资，同市场对美元信心之间存在着不可避免的矛盾，因此就意味着金融上依靠日本支持的美国霸权，总有一天会随同稳定的国际政治秩序的可能瓦解而衰落"（第 423~424 页）。但日本则由于各种自身条件的限制，目前"只能作为美国霸权的支持者，绝不可能取而代之"（第 418 页）。因此，在某些"霸权稳定论"者看来，另一位国际关系知名学者基奥恩（R. Keohane）在其《霸权以后》（1984 年）中提出的"大国合作论"不失为解决目前国际政治经济领导权问题的一项方法。但吉尔平对此则持怀疑立场："合作的或多边的管理完全可以在没有霸权的情况下实现"的论点尚没有历史证明（第 406 页）。

那么，未来的资本主义世界体系该如何维持呢？吉尔平对此只能给出一个业已存在的事实："虽然以美国霸权为基础的世界体系已大大削弱，但它的政治格局基本上是完整无损的。"因此，不管什么体制将取代衰落中的美国霸权，"美国对未来体制的确立仍是一言九鼎的"（第 422 页）。他们所设想的办法可以概括为：美国霸权在获得日本、欧洲支持的同时，通过大国政策协调来完成国际秩序的结构性转变。这是"霸权稳定论"的一种补充，可称之为"霸权与（主要大国）政策协调并存论"。

简言之，吉尔平"霸权稳定论"的历史观如下：霸权稳定（英国，1870～1914年）——经济不平衡发展/世界政治经济结构性变化（1920～1939年）——霸权稳定（美国，1947～1985年）——不平衡发展/结构性变化——霸权（美国）＋大国政策协调——？具有讽刺意味的是，吉尔平本人对自己提出的政策协调并不抱多大信心。因为它解决不了这样一个根本问题："世界经济已高度地相互依存，各国经济广泛交往联系，而对整个体系却没有任何集中的政治控制"（第193页）。在他看来，这种政治控制对于缓和以市场原则为基础的全球经济和建立在国家宏观调节（干预）为基础的国内经济间固有的紧张关系是必不可少的。作者不得不承认，资本主义无法克服列宁最早提出来的"不平衡发展以及由此带来的政治冲突"（第424页）。

应该承认，"霸权稳定论"与国际关系学中另一著名理论"均势稳定论"一样都有历史经验证明的，但在逻辑上它也存在着弱点。"霸权稳定论"的基本前提是建立在有政府干预的国内经济比无政府领导的世界经济更为健康。但战后美国的经历表明，其霸主地位所受到的损害恰恰是内部因素（庞大的防务和福利开支等）造成的，而不仅仅是外部（日本、欧洲）的挑战。因此，国际经济的政治控制（霸权）是否一定会造成政治和平与经济繁荣是值得推敲的。

作为一本有代表性的国际政治经济学著作，吉尔平的书也反映出这一学科的某些长处和弱点。与传统国际关系学相比，国际政治经济学更加注意经济、国内政治力量在国际关系中的作用，着重探讨世界范围内的政治与经济的互动关系。但正如刘同舜先生指出的，它没有提供一个"分析框架，即理论差强人意"（"写在前面的话"，第3页）。因此在绝大多数西方经济学家看来，与其说它是经济学不如说它是政治学，有人甚至把它改名为"世界经济的政治学"（Politics of the World Economy）。

由于此书带有综述性质，因此总结和综合其他学者的观点大概占了全书1/3的篇幅，难免有些繁琐。另外吉尔平在自己的论述中前后重复之处甚多，特别是在"国际货币"与"国际金融"两章中。但另一方面，正因为它具有这种性质，更值得介绍给国内读者，以便了解西方国际政治经济学的发展概貌。此外，这里要特别提一下作者严谨的学风。不仅是书中的所有引文，即便是借用他人的概念、标题，作者都十分认真地列出出处或表示谢意，绝不掠人之美。相比之下，国内某些所谓的学术著作往往是一无引文二无书目，似乎全为自己天才的创造，这种做法似应有所改变才好。

（Robert Gilpin, *The Political Economy of International Relations*, Princeton University Press, 1987；中译本参见吉尔平《国际关系政治经济学》，杨宇光等译，经济科学出版社，1989）

（原载《世界经济与政治》1991年第6期）

美欧分歧与"适应霸权"

——读罗伯特·卡根《天堂与实力：新世界秩序中的美国与欧洲》

当今世界最重要的双边关系不外乎美欧关系了。这对盟友一个是昔日的世界霸主，另一个是当今世界的盟主。他们同是世界上最发达国家和地区，发源于共同的西方文明，又都是"启蒙运动的孩子"，有着共同的价值观、相同的宗教、相似的文化背景和相近的生活方式。在处理世界事务、制订外交政策时，似乎有着"共同的理念与理想"。至少从表面上看，它们都倡导立宪民主，主张多党政治，强调个体人权，赞成自由贸易，反对恐怖主义和防止大规模杀伤性武器扩散。

然而，这么多表面上的相似，却无法掩盖双方越来越多的分歧，这一分歧最终在对伊拉克战争问题上，形成了某种水火不容之势，以致于出现了"老欧洲"这类泼妇骂街的话语。《天堂与实力：新世界秩序中的美国与欧洲》[①] 一书就是试图指明美欧的分歧，并分析这一分歧产生的根源。作者罗伯特·卡根是美国著名思想库卡内基和平基金会的高级研究员，并且是保守的"美国新世纪计划"的创建者。

作为一个保守派的评论家，卡根在开篇直截了当地指出：现在是停止装假的时候了，美欧的共同看法不多，而且相互理解越来越少，"美国人就像是来自火星，而欧洲人来自金星"（中译本，第2页，下同）。回眸当今国际关系，美国越来越多地倚重武力，并且更加倾向于单边主义而疏离国际法；相反，欧洲人却更倾向于以比较细腻和复杂的多边主义，即"协商、外交和劝说"，更偏好以国际法、国际公约和国际舆论的调解方式解决问

---

① 罗伯特·卡根：《天堂与实力：世界新秩序下的美国与欧洲》，肖蓉、魏红霞译，新华出版社，2004。

题。造成这一差距的一个重要背景是,这两个地方已经分属于不同的历史时期。欧洲"正进入一个和平的、相对繁荣的后历史天堂,实现着伊曼努尔·康德所描述的'永久和平'"。与此同时,美国却仍然在"在一个无政府状态的霍布斯世界里动用实力"(第2页)。当欧洲摆脱了冷战的恐惧和制约,并且开始在后现代乐园里安居进而改变了他们对国际法和国际体制的观念时,美国却走到了相反的方向,它抛弃了冷战时期以团结欧洲为中心的政策,退回到传统的美国孤立主义和独一无二的美国国家主义。美欧在单边主义问题的争端就是大西洋两岸这一分歧的具体表现。

就象征意义而言,美欧之间的大西洋比以往更加宽阔。在卡根看来,这一越来越宽的距离首先表现在双方的力量差距。在过去两百年里,尤其是在刚刚逝去的几十年里,美欧力量对比发生显著变化。与19世纪相比,美国人和欧洲人在世界上的实力地位正好调换了一个位置,现在是美国拥有了"单边行动"的"超级力量",具备了对全球任何角落发动战争的能力,并以同时能打赢两场战争作为构建军事力量的战略根据。这是欧洲人所望尘莫及的。随着新技术的发展,精确的空中打击和导弹袭击等有限战争手段大大减低了战争中美军以及平民的伤亡率,这在一定程度促使美国在冷战结束后更加频繁、更加肆无忌惮地动用武力。而美国的屡战屡胜又强化了其对军事力量的迷信心理,推动军备的进一步改善,结果,美欧之间的实力鸿沟更加扩大。从这种意义上讲,美欧分歧是强大的美国和相对弱势的欧洲之间关系发展的自然结果。

其次是双方世界观和实力观的分裂。欧洲人的独特历史以及欧洲联盟的创建,使得欧洲人对于使用力量的看法以及关于国际关系的道德观念和原则,与美国迥然不同。第一次世界大战后,欧洲的力量和自信遭到了最沉重的打击,英、法、德、俄和奥匈五极中的三极(德意志帝国、奥匈帝国、沙俄帝国)被摧毁,西欧在经济上不得不依赖美国银行家的资本。然而欧洲的衰落却孕育出了一种新的道德力量——"集体安全"(第17页),正是这种信念最终促成了他们参与创建并接受国际联盟。但是,由于美国的拒绝加入,面对重新崛起的、充满复仇欲望的德国,欧洲人不得不推行绥靖政策,"集体安全"遂分崩离析。随之而来的第二次世界大战彻底摧毁了欧洲国家的世界大国地位,其海外殖民帝国也寿终正寝,从而结束了欧洲人五百年来独步世界的历史。更令欧洲人难堪的是,他们还要依靠美国的军事保护和经济施舍来保障自身的安全。

难堪窘迫是难免的，但是欧洲人终归要面对现实。20世纪甚至更早时期强权政治的痛苦记忆，再加上在美国军事保护下半个多世纪的和平经历，逐步形成了欧洲人对实力在国际关系中作用的新看法，形成了一种与美国人截然不同的观点。他们既反对赤裸裸的强权政治，也不愿意以牺牲国内福利为代价在军事方面多花钱，这些曾经是冷战时期美欧关系持续紧张的根源。冷战后，欧洲人无意在军事上强大，一般选民甚至不愿意政府花钱维持一支充足的部队，以便能够在没有美国的帮助下应付欧洲大陆自身的小规模军事行动。欧洲人认为，欧洲一体化的成功恰恰证明了在经历延续世代的偏见、战争和痛苦之后，实现妥协与和解是可能的。因此现代欧洲战略文化是"对欧洲历史的一种有意识的反叛，是一种对邪恶的欧洲强权政治的反叛"（第85页）。

美欧战略文化的巨大差异进而导致双方在界定"新"威胁方面产生龃龉。冷战结束后，美国政府特别强调诸如大规模杀伤性武器扩散、恐怖主义和无赖国家这样的"新"威胁。但是，欧洲人所看到的"挑战"是种族冲突、移民、有组织犯罪、贫穷和环境恶化。对于这个问题，卡根试图从强国和弱国的不同心理来加以解释：弱国由于能力的匮乏不仅会容忍威胁，甚至还会否认威胁的存在。他作了一个形象的比喻：当一个人在森林中遇到黑熊，而且手里只有一把小刀的时候，他最安全的办法是躺在地上祈祷并装死，而手中有枪的人更倾向干掉黑熊，而不愿冒被黑熊撕碎的危险。卡根进一步指出：美欧对于威胁的不同判断也是现存国际秩序变动和力量分化的结果。冷战结束后，欧洲人开始享用并乐于享用史无前例的"免费安全"——满足于美军的保护而不用自己人民掏腰包。欧洲人习惯地认为，潜在的危险，譬如伊拉克等无赖国家的崛起，只是美国面临的首要问题，不是自己的问题。卡根认为，恰恰是因为美国的强大及其保护盟国的责任感，美国才总是成为被威胁的首要目标，而且经常是唯一的目标。于是乎，为了应对这些威胁，美国总是不断增强自身的实力并强化动用实力的观念，而欧洲却越来越对此不以为然。

最后，由于美欧实力的差距与它们之间世界观、实力观的分裂彼此相互强化，导致美欧分化趋势加剧，甚至已经深入到各自的政治文化中。欧洲人想当然地要把"多边化"、法治、超国家治理的成功经验推广到世界其他地方，有时甚至对此怀着传教士式的热情。而恰恰是美国单方面行使力量及其行使这种力量的愿望，严重威胁了欧洲的新使命和建设后现代天堂理想的实施。为此，作者似乎隐隐约约地感到："欧美之间受文化离异驱动的政治离异是无法阻挡的历史潮流"①，美欧矛盾不仅难以调和，甚至有严重冲突的可能。

上述对欧美分歧的描述和分析，不过是为该书的结论章"适应霸权"做一铺垫。作者指出，虽然很难预见欧美对世界看法的分歧是否能够弥合，但可以期望美欧将来出现的分歧至少会比现在的分歧更容易处理。因为目前的争吵主要围绕着中东问题展开，而这一地区对美国和欧洲利益关切最大，所以二者在这一地区的分歧尤为敏感。但在世界其他地方（譬如东亚）的危机所引起的美欧分歧，则不会产生像伊拉克危机那样的后果。总的说来，"西方"的阵营不会出现亨廷顿所云的那种"文明的冲突"。至此，作者认为，目前欧美双方的共同任务就是相互适应，重建信任，以适应美国霸权这一现实。

通观全书，"适应美国的霸权"可以说是卡根开出的解决美欧分歧、避免西方文明内部冲突的锦囊妙计。为了说明这一点，卡根首先纵览了美国扩张的历史。美国的领土和势力扩张已经成为美国的一种生存方式，在世界舞台上扮演重要角色的野心已深深地根植于美国人的性格之中。如果美国对国际问题的处理会继续沿着单边主义路线的话，各国的观察家不应该感到惊奇。在卡根看来，"世界刚刚进入美国称霸的长久时期"（第135页）。

其次，没有理由期待欧洲的崛起并改变美国的单边主义基本进程。20世纪90年代，欧洲每年的防务开支虽然从1500亿美元增加到了1800亿美元，但同一时期美国每年的防务开支是2800亿美元，现在，美国的开支更进一步增加到4000亿美元。对美国来说，即使美国人将其国防开支增加到GDP的4%，也就是一年5000亿美元的水平，也比过去半个世纪里美国人的国防开支比例要小（当时美国的国防开支相当于其GDP的7%左右）。因此，美国根本不存在着保罗·肯尼迪所谓的"帝国过度扩张"的问题。冷战后，美国已承担了十年之久的全球负担，至今没有任何迹象表明美国人民不愿意继续承担此种负担。根据《经济学家》杂志预测，尽管美欧目前的经济规模大致相当，但到2050年，美国的经济规模将增长到欧洲的两倍还

---

① 于时语：《2004年终谈世局》，《联合早报》2004年12月31日。http：//capitalcity.blogchina.com/blog/article_ 103705.557103.html。

多。不仅如此，双方的人口增长和年龄构成都大大有利于美国。目前美国人的平均年龄是35.5岁，而欧洲人的平均年龄是37.7岁；如果按双方目前的人口增长速度，到2050年，美国人的平均年龄将达到36.2岁，而欧洲人的平均年龄将达到52.7岁。届时，欧洲赡养老年人的财政负担要比美国增长得快得多。这就意味着，为了支付越来越多的养老开支，欧洲在未来的几年或十年内只好减少防务上的投入。从实力决定意图的现实主义立场来判断，如果美国的实力是在进一步增长而不是收缩，又怎么能够期待美国会改变目前的实力观呢？

虽然欧洲根本不可能约束住美国的单边主义，但作者却认为不必担心美国的霸权。为了消除欧洲的担心，卡根把美国描绘为一个有"道德良心的霸权国家"（第62页）。在作者眼里，美国是如此善良、进步，以至于赞赏欧洲的理想，相信实力只不过是实现"自由文明和自由世界的必需手段"（第63页）。卡根确信美国是一个"不可或缺"的国家，"美国的利益就是全世界的利益"（第135页）。卡根提醒人们不要忘记：美国的实力是摧毁纳粹德国，逼垮苏联帝国，实现欧洲和平的先决条件。而欧洲发展到今天的"后现代天堂"，恰恰依靠的是美国的安全保证。冷战时抵御苏联的威胁、冷战后巴尔干种族冲突的平息，还有"德国问题"的最终解决，哪一件事不是因为有美国的保证才行？卡根作出的毫不客气的下述论断无疑会让那些要强的欧洲人感到脸面全无：欧洲"既没有意愿也没有能力保卫它的天堂，使之免于从精神上和物质上遭受一个没有接受'道德良心'规则的世界的蹂躏，它依赖美国利用军事实力去威慑或者击败世界上那些信奉强权政治的国家"（第113页）。因此，如果欧洲人摈除对美国这个无赖巨人的恐惧和怒气，仍然记得一个强大的甚至主导性的美国对世界特别对欧洲是至关重要的，并认为这是为天堂所付出的、可以接受的代价的话，美欧分歧就会好多了。

当然，对卡根这样的保守派而言，他深知大西洋联盟毕竟是美国的外交与战略的最重要的基石。为此，卡根动情地指出：应该珍惜和保卫现在的欧洲的"天堂"，因为它曾是美国人在欧洲的土地上洒下鲜血而获得的。如果欧洲的"天堂"没有建立起来，美国人也许还会继续在欧洲的土地上流血牺牲。卡根反复强调，美国并不担心欧洲的强大，反而是希望欧洲"分担全球安全的部分责任"（第30页）。如果欧洲真的在20世纪90年代崛起成为"超级大国"的话，那会"对美欧双方都有益"，也就不会在科索沃战争中出现那种明显的不协调，更不会有今天围绕着伊拉克的争吵乃至可能的冲突了。

与此同时，卡根也提醒美国，那种认为欧洲有可能束缚美国手脚的观点是错误的，更不值得为此而恼怒。在他看来，与欧洲合作，适当考虑并"尊重人类的公意"，可以增强美国的国际政治资本，赢得朋友和盟友，特别是欧洲在物质和道义上的支持。显然，作者的良苦用心在于鼓吹西方文明，追求西方世界的团结一致。正是出于这一考虑，作者才以"感谢上帝"的心情看待"9·11"事件。因为"9·11"事件提供了机遇，让西方世界在苏联垮台后，再次找到了共同的敌人——伊斯兰原教旨主义，有助于弥补双方的裂痕，实现西方的"团结"与"凝聚"。

出于对西方文明根深蒂固的信念，卡根指出，美国强权之所以有存在的必要，正是因为欧美以外的世界其他地方，用英国首相托尼·布莱尔的外交政策顾问库珀的话说，就是"现代或前现代地区"，依然纷然呈杂着各种威胁。如果没有美国的超级实力作保护，美国、欧洲甚至是全世界都要面临危险。可见，作者立论的理论基础是库珀的"新帝国论"。库珀认为：在两极格局终结之后，世界上存在着三类国家：一类是前现代国家，即失败的国家（诸如索马里和阿富汗）；第二类是后现代国家（例如欧盟那样的联合体）；第三类是现代国家，即传统的主权国家（例如印度、中国等）。在当代国际关系中，后现代国家正受到前现代国家和现代国家的挑战。一些现代国家在谋求发展大规模杀伤性武器，而前现代国家则为犯罪集团和恐怖主义组织提供基地。对付这些挑战，干涉是必要的。干涉的最合乎逻辑的方式就是殖民化，但这是当今的国家所不能接受的，因而需要后现代国家推行一种符合人权及普世价值的"新帝国主义"来加以治理①。面对这些外部威胁，不仅需要美国的强权，同样也需要欧美的团结与合作。

显而易见，卡根的《天堂与实力》就是以一种非常坦率的方式，试图唤醒大西洋两岸的学界精英和政要充分意识到美欧分歧的存在，重新探索美欧合作的基础和方式。正是由于这一迎合了当前欧美时事的主题，此书一面世，便大受追捧。《纽约时报》认为卡根是继《历史的终结》作者福山、《文明的冲突》作者亨廷顿之后过去50年来第三位能预测风潮、提出独立

---

① Robert Cooper, "Why We Still Need Empires", *The Observer*, April 7, 2002；李少军：《美国的对外政策特点与帝国论》，http：//www.china.org.cn/chinese/zhuanti/262851.htm。

外交战略的美国学者。不过，这类学者有一大特点，就是他们往往以极端的方式提出问题，引起学界和舆论界的注意，但他们的著作本身并不是严格的学术著作。因此，读者需要把握的是它们所提出的问题以及所反映的思潮，而不是其中不甚严谨的论证和大而化之的表述。

（与储昭根合作，原载《美国研究》2005年第2期）

冷战后审视欧洲统一的新视角

——评古索《20世纪的欧洲统一：阅读精粹》

无论是作为一种思想还是一种行动，欧洲统一都由来已久。它萌芽于欧洲历史之初，并且随着欧洲的演变以不同的形式表现出来。冷战时代，欧洲被一分为二。为了遏制苏联以及解决自身的政治经济问题，西欧国家以共同行动（common action）的方式进行了国家间和解与合作的一体化尝试，显示了促进欧洲统一的强劲活力。西欧一体化渐次成为欧洲统一的代名词。但是，20世纪80年代末的东欧剧变、两德统一和苏联解体在一定程度上改变了西欧一体化的动力与内外部环境，为西欧一体化提供了新的机遇，但同时也带来了更多的挑战和问题。因此，如何在新的历史条件下看待西欧一体化和欧洲统一成为紧迫的问题。

由荷兰著名国际问题学者弗朗斯·古索（Frans A. M. Alting von Geusau）编著的《20世纪的欧洲统一：阅读精粹》就是在上述新形势下对欧洲统一这一话题进行重新诠释的最新尝试，它旨在帮助人们从新的角度去认识欧洲统一的历史、现实与未来。正如古索教授在前言中所说，"1989年柏林墙坍塌两年后及苏联解体以来，东欧和中欧国家的新领导人纷纷要求'回归欧洲'……随着欧洲分裂局面的结束，欧洲统一过程中的参数发生了根本变化。因此，要想全面客观地理解欧洲统一问题，就必须从一个更为广阔的历史角度入手，包括第一次世界大战后创建新欧洲失败了的努力。要想对由让·莫内（Jean Monnet）发起的一体化特性有正确的认识，同样也需要关注相反的动力：以控制和分裂的方法（by domination and division）来创建一种欧洲'秩序'"（第 viii 页）。正是本着这一目的，作者在该书的整个结构编排与文献的选摘方面都力图向读者呈现观察欧洲统一的"新参数"。

该书分为五大部分，包括序言和四编共计15章。在导言中，作者从分析"欧洲"这一词汇入手,认为它是基于一定地理范围的人类意识的一种构建(a construction of the human mind),有着多种不同的解释与理解。作者概括了欧洲的四种含义:作为一种基本原则的体现,即基督帝国或共和国的概念;作为一片用武力统一的区域,拿破仑和希特勒的政策;作为以均势为主导的一块多样化的大陆;由共同协议所建构的欧洲。这四种主要表现形式在欧洲历史上交替演变。到目前为止,前三种均以失败告终并被抛弃,只有最后一种形式成为追求欧洲统一的主流。值得注意的是,作者特意强调了由莫内开创的战后西欧一体化运动并不是源于哲学家对过去的研究,而是对两次世界大战惨痛教训的回应(第4页)。他的这一提醒十分必要,一方面向读者指出以共同行动为基础的西欧一体化运动是欧洲历史发展的必然,另一方面显示了作者的特殊用心:西欧一体化是特定历史环境下的产物,因此在冷战后时代极有必要对之加以重新认识。为此,他在导论中选摘了三篇文献:瓜尔迪尼(Romano Guardini)、教皇保罗二世和莫内分别对欧洲联合中强制和强权的批判、对欧洲联合自由自愿原则以及共同行动对欧洲联合的重要性的褒奖,奠定了作者关于欧洲统一的基调。

接着,古索在第一编中以控制和共同行动这两种追求统一的方式为线索,回顾了20世纪欧洲的统一史。这一切入点十分恰当。实际上,贯穿欧洲统一史的主题一直就是大国控制下的联合还是自由自愿的统一问题。学术界和思想界一直有人主张进行自愿的欧洲联合,而当政一方,从古罗马帝国开始,法国的查理大帝、路易十四、哈布斯堡王朝、拿破仑、德皇威廉二世到20世纪的德国,都力图武力统一欧洲。直到二战结束后,在冷战的特殊历史背景下,自由联合的原则才在西欧得到了一定程度的实现。因此,这种对两种方式的历史考察给读者留下了极深的印象。

古索还从"新秩序"的失败、专制主义对欧洲合作的冲击、美国的回应、雅尔塔"秩序"、从战后分裂到和平革命以及走向新欧洲六个章节精心选择文献,向读者展现了欧洲统一在20世纪的风雨兴衰。作者以民主德国加入联邦德国、东欧和中欧国家纷纷要求加入西欧一体化这些行动来突出说明共同行动在冷战时代和冷战后时代对欧洲统一的重要贡献,高度评价了共同行动的方式和原则。但他同时并没有对之顶礼膜拜。实际上,作者的真正目的在于呼吁人们重新审视西欧一体化模式在新形势下对欧洲统一的作用。他反问自己:共同行动是否适于解决诸如民族纠纷和强加边界等问题?是否有助于整个欧洲在新形势下的和解、民主与统一?

尤为新颖的是，本编向读者提供了大量的中东欧国家与欧洲联合的文献。以古索的话，他是要突出"牺牲者"对欧洲统一的贡献。这些中东欧国家多次成为大国谋求统一欧洲的牺牲品，因而对欧洲联合的渴望更为强烈，努力也更为积极。作者之所以对他们着墨颇多，并非全然因为他们是90年代欧洲统一的主要对象，更在于要公正地再现被多数人所忽略的、它们为欧洲统一所付出的沉重代价。中欧和东欧的国家和人民一直不屈不挠地反抗大国的控制，"进行全民抵抗，为促进整个欧洲向共同行动的过渡作了准备"（第 viii 页）。凭借这些大量的鲜为人知的政府和学界文献，呈现了一部中东欧国家反对控制和暴政的可歌可泣的血泪史。第一次世界大战结束后，奥匈、奥斯曼土耳其两大帝国解体，东欧和中欧分裂成为许多经济落后、政治孱弱的小国。面对德国法西斯的崛起，从30年代开始，他们先后以求助于西欧、协助法国成立东方小协约国（the Little Entente）、成立波罗的海地区联盟（the Baltic Entente）以及巴尔干同盟（the Balkan Entente）等形式力图对抗德国的威胁。然而1938年的《慕尼黑协定》（the Munich Agreement）以及1939年的《莫洛托夫－里宾特罗甫条约》（the Molotov-von Ribbentrop Pact）完全打破了他们的任何幻想及其联盟外交成功的可能性，他们最终沦为德国的势力范围，但是斗争并没有停止，他们不屈不挠的抵抗为二战的最终胜利作出了不可磨灭的贡献。二战结束后，当大家都在庆祝雅尔塔安排为世界带来和平的时候，他们却再次沦为苏联的保护国。1975年的《赫尔辛基最后协定》（the Final Act of Helsinki）给中东欧国家带来两个后果，一是该协定把东西欧的分裂固定化，西欧国家为了求得与苏联的缓和再次出卖了它们；二是苏联对西方人权、宗教自由等原则的接受则成为它们斗争的新武器，并最终导致了苏联控制的终结。

作者十分注重中东欧国家的作用，他认为，正是这些国家所遭受的压迫与反抗，一方面从外部促进了西欧的统一步伐，反衬出西欧共同行动的正确；另一方面也强化了他们自身反抗高压和追求独立与统一的决心，成为90年代欧洲统一的最大动力。因此，"东、中欧开始回归欧洲，不是冷战中西方的胜利，而是他们自己的人民的勇气。欧洲由此将成为一块全新的地域，欧洲统一也由此被赋予了新的含义"（第157页）。这种"新含义"并非仅指中东欧国家对促进欧洲统一的历史功绩，还在于他们提出了新的挑战，"……只引进市场经济和'自由'选举是不够的，欧洲作为一个整体必须从前东欧的压制、混乱、怀疑与羞辱中恢复过来，从前西欧对专制主义一贯的默认与接受中恢复过来。整个欧洲共同行动的和平组织需要在和解、人权、法制与民主的基础上进行政治和道德的全面恢复"（第260页）。

正是突出了控制所产生的强大反抗力量，古索得以实现他呼吁重新反思欧洲统一的另一方面："控制与压制对欧洲统一所留下的遗产要超出任何西欧人能够承认的范围，东欧和中欧成功的全民抵抗比西欧联盟中任何报告、决议和分析都更有历史意义"（第ix页）。以往人们在谈论欧洲统一时只重视西欧国家的内部动力与美国的外部推动作用，完全忽略了苏联和东欧的反作用。

第二编的主要内容是关于西欧一体化的发展，作者称之为"共同行动的和平组织"，包括欧洲议会与欧洲委员会、舒曼计划（the Schuman Plan）和欧洲共同体、经济与货币同盟以及欧洲共同组织的发展等。当然，作者也选摘了反映人们对共同行动的不同看法的文献。他认为戴高乐反对超国家的机构而追求政府间合作的做法使一体化运动在60年代陷入重重危机（第278页），从而使西欧联合脱离联邦方向，走向大国间的政府合作，1963年的《法德合作条约》成为直至今天西欧统一的基石（第410页）。随着戴高乐的下台和国际形势的新变化，从60年代末的海牙首脑会议，一体化又开始在政治方面迈出新步伐。

第三编的文献从较为广阔的视野展现了欧洲统一的现状与未来。作者首先选摘了法国总统密特朗、英国首相撒切尔夫人与德国总统魏茨泽克（von Weizsacker）分别于1987年、1988年和1990年在欧洲大学（the College of Europe）的讲话以及英国现任首相布莱尔1998年3月在法国议会的讲演这四份文件，反映了决定西欧联合步伐的法、英、德三个核心国家对西欧统一的历史观念与定位：法国是创建者，但在戴高乐之后就再也不能摆脱拒绝欧洲联邦但又主张欧洲团结的矛盾心理；英国一直持消极态度；德国态度坚决并成为联合最有力的推动者（第445～446页）。

在第二章，作者选择了《东欧记者》（East European Reporter）杂志中的四篇文章和拉脱维亚外长在1996年的讲话，突出说明了90年代欧洲统一对象国在冷战后继续摆脱控制追求独立统一的态度与政策。虽然他们大部分都申请加入西欧一体化进程和各种欧洲组织，但这并不是他们的唯一努力。实际上，在追求加入西欧一体化的同时他们也在试图加强自身的合作与联合。其中最具有代表性的是1978年成立的阿尔卑斯-亚的里亚工作小组（the Alpe-Adria Working Group）。成立之初它致力于增进南斯拉夫、匈牙利、意大利和奥地利间的贸易、旅游和环境等领域的合作。1989年后，该组织开始扩大合作范围，加强超国家间的合作，力求填补华约留下的权力真空。随着1990年捷克的加盟，该组织变成了一个五国联盟（Pentagonale），雄心勃勃地把自己看作是未来泛欧洲安全合作的枢纽与榜样。这五国的努力是冷战后中东欧国家对待欧洲一体化态度的典型代表：一方面不满足于完全西欧式的统一模式和过高要价；另一方面又显示了它们对俄罗斯的担忧，因而极力向西欧示好并力争加入欧共体。

鉴于俄罗斯的重要性，它成为第三章专门讨论的内容，这是该书中最富有特色的一章。"俄罗斯是否属于欧洲？缺少俄罗斯的欧洲还能否成为欧洲？一本关于欧洲一体化的书收录俄罗斯的欧洲思想也许令人惊奇。然而，它确实反映了战后分裂局面结束后欧洲一体化发展的全新背景。这一收录对欧洲和俄罗斯的读者都是新颖的。不理顺与俄罗斯的关系，欧洲能否统一以及俄罗斯能否转变成为一个民主国家等问题都需要全新和严肃的思考。欧洲本来就是关于一片地理区域的人为概念，在20世纪行将结束之际，我们再也不能满足于把欧洲等同于西欧，或者再以1054年罗马帝国'大分裂'（the Great Schism）时的'失败线'界定欧洲了，当时把俄国、一半的乌克兰、塞尔维亚、保加利亚、罗马尼亚以及希腊都分出了欧洲。当我们以文明和精神血缘来看待欧洲时，不能把俄罗斯简单地排除在外。"（第503页）为了强调这一观点，作者选择了19世纪两位俄罗斯著名学者沙地也夫（Petr Iakovlevich Chaadaev）和陀斯托耶夫斯基（Fyodor Dostoyevsky）的两篇文章片断以及20世纪70~90年代苏联和俄罗斯学界以及官方有关民族主义和欧洲观念的6篇文献，反映了俄罗斯既想加入欧洲又不放弃追求大国地位的矛盾心理。作者的这一论述十分中肯，部分地反映了冷战后北约东扩以及科索沃危机得以产生和俄罗斯模棱两可政策的背景。为此，作者在赞同西欧一体化模式、主张扩大共同行动的和平组织的同时，反复呼吁务必要对俄国的作用与地位进行反思。

本编的最后一章是美国和欧洲统一。实际上，面对日益崛起的欧洲联合，美国的态度与俄罗斯并没有太大的差距。从50年代的杜勒斯、60年代的肯尼迪和约翰逊、70年代的基辛格到80年代的贝克等美国重要外交决策者的有关文献以及现任国务卿奥尔布莱特1997年在纪念马歇尔计划40周年的讲话，都反映出美国从二战结束后直到现在对欧洲统一的政策演变。作者将之总结为支持欧洲统一但同时加强大西洋合作，赞同经济一体化但力求坚持进入欧洲市场的机会，维持美国的霸权但适度与欧洲分享领导权的平衡政策（第542页）。

最后一编是"新时代的新构架"。冷战后，现有的欧洲联合的各种机构都在极力巩固与扩大自身的职能和范围。作者以最新的文献向读者介绍了欧洲安全与合作组织（OSCE）、北约、欧洲议会以及欧盟等在欧洲统一方面取得的最新进展，诸如1995年的《新跨大西洋计划》（the New Transatlantic Agenda）、1997年的《欧洲公民宪章》（the European Citizens Charter）、1997年《北约与俄罗斯的相互关系、合作与安全基础法案》（the Founding Act on Mutual Relations, Cooperation and Security between NATO and the Russian Federation）、1997年的《欧洲－大西洋安全与合作马德里宣言》（the Madrid Declaration on European-Atlantic Security and Cooperation）以及1997年的《斯特拉斯堡最后声明》（the Final Declaration of the Second Summit of the Council of Europe, Strasbourg）等。尽管作者承认上述的各项发展向适应新形势的方向迈出了可喜的步伐，但他更强调"新时代的新构架是一个远未完成的事业"（第583页），由此再次突出他编著此书的目的：呼吁人们对新形势下的欧洲统一问题进行全面的重新审视。他认为苏联是主导整个20世纪欧洲格局的基本因素之一，其解体则导致了欧洲和影响欧洲的世界政治、经济与安全结构的根本变化。由此"在20世纪末，欧洲统一必须重新思考……必须以新欧洲而不是扩大了的西欧的角度重新思考"（第582页）。作者的努力并未就此而止，他自己还身体力行地对一些最基本的问题进行反思。例如，他认为"欧洲一体化实在是太重要了，光靠成员国间的政府协议是远远不够的，它需要欧洲人民的积极参与，并且需要一个基本的原则作为法律基础"（第584页），为此作者专门摘录了1997年6月《欧洲公民宪章》，认为这个文件十分重要，不失为寻找"法律基础"的一个尝试。再如，他对新时代欧洲统一中美国的角色进行了思考。在冷战时代，许多欧洲人把欧洲联盟视为独立于美苏之外的力量，抱怨美国干预太多，并希望冷战后美国撤出欧洲。但是，布什总统关于"美国现在是并将继续是一个欧洲大国"的声明"在20世纪最后的日子里，不管是在美国国会、法国的政界与学界，甚至在莫斯科，这种言论不再受到任何挑战、质疑或埋怨？这不令人惊奇？的确如此"（第581页）。作者的这一询问是意味深长的，充分展示了在新形势下重新思考欧洲统一问题的必要性与重要性，而这正是他在开编中所声明的目的：研究欧洲统一必须提出适当的问题并且也许还应当寻求面向 21 世纪的答案。

该书收录了美国、苏联、俄罗斯以及欧洲有关国家上至最高首脑、下至学者百姓，远至 20 世纪初、近到 1998 年的有关欧洲统一的 124 篇文献，其中 80 年代后半期之后的文档占 40% 之多，比较全面地反映了 1989 年后欧洲统一的最新动态与发展。在每篇每章前面，作者都有一个简短的介绍，对该部分的背景与主要内容进行总结。此外，作者还编辑了一个 20 世纪欧洲统一、各种欧洲组织、德国演变和南斯拉夫解体的大事年表，极大地方便了读者。

如前所述，欧洲统一是个非常复杂的历史与现实课题，有关资料可谓汗牛充栋，任何一部著述都不可能穷尽所有的资料。因此，作者反复强调本书排除了容易收集到但同样重要的三类文献：基本的条约、欧洲法院的案例法条文以及欧洲委员会的有关资料。

当然，作者的某些观点是值得商榷的，例如他对东欧国家间组织对东欧联合乃至欧洲统一的影响以及统一后的德国和中东欧国家的关系等问题的看法就有进一步讨论的余地。但是，《20 世纪的欧洲统一：阅读精粹》以其广阔的视野、独到的角度、最新的文献向读者展现了欧洲统一在 20 世纪的发展历程和当今面对的种种问题与挑战。作者立足于冷战后的新形势，提出了新问题和新角度。更重要的是，作者的反复呼吁开启了人们重新审视和思考面向 21 世纪的欧洲统一问题，这也可能是我们人类历史上特别是国际关系发展史上最为重要的问题之一。因此，不管是对于刚刚入门的新手还是颇有研究的学者专家，此书都是国际事务特别是欧洲统一问题的一本最新的必读书。

（Frans A. M. Alting von Geusau, *European Univication in the Twentith Century, A Treasury of Readings*, The Netherlands：Vidya Publishers，1998）

（与张振江合作，原载《欧洲》2000 年第 3 期）

对国际体制和国际制度的
理解和翻译[*]

一种新的理论总是在一个或一组核心概念的基础上发展起来的。换句话说，某一核心概念的展开便是理论的形成。在这个意义上，了解和理解了一个概念的来龙去脉和发展衍变，也就抓住了该理论的基本脉搏。因此，如何在准确理解的基础上，翻译美英社会科学概念和术语，就成为中国学术发展中的一个至关重要的问题。北京大学辜正坤教授在两年前指出，由于国人错误地理解和翻译了"悲剧"和"元"字前缀，造成了一系列的学术混乱。[①] 国际体制（international regime）和国际制度（international institution）是国际关系理论中的两个重要概念，正确理解它们的含义及其在学术史上的意义，是掌握相关理论的关键。本文的目的是讨论如何理解和翻译它们。

一

国际关系理论是改革开放后才从国外引进的。"international regime"这一概念全面介绍到中国来，则是在基欧汉和奈的名著《权力与相互依

---

* 我一直有意对国际体制和国际制度概念进行一番辨析，但最终决定写这篇文章是在阅读了苏长和的博士论文《全球公共问题与国际合作：一种制度的分析》（复旦大学研究生院博士论文，1999年4月）之后。他的论文有专节讨论这些概念之间的联系与区别。我虽然不完全同意他的译法和若干提法，但仍感谢他给我的启示。

① 辜正坤：《外来术语翻译与中国学术问题》，《北京大学学报》1998年第4期，第45~52页。

赖》①的中译本 1991 年出版之后。该书的译者把它译为"国际制度"。复旦大学的倪世雄教授是最早向国内学术界全面介绍西方国际关系理论的学者，他在 1992 年出版的《战争与道义：核伦理学的兴起》一书也涉及这一概念，将其称为"国际机制"②。由联合国教科文组织主办的《国际社会科学杂志》中文版在 1994 年第 4 期"国际组织"专号中，登有三篇欧洲学者对 International Regime 理论的批评以及几位美国学者的回应文章。该杂志把"regime"译为"规制"，取"regime"中所含"规范、制度"之义而成。中国社会科学院王逸舟博士撰写的《霸权和平与"国际规则"》也涉及这一理论，他把它译为"国际规则"③。我在 1995 年发表的《国际政治经济学中的霸权稳定理论》中，则把它译为"国际体制"④。

显然，译名的不统一会妨碍读者对国际关系理论的学习和理解。而且，在没有注明英文原文的情况下，还可能产生歧义，以为这几个不同的译名谈的是不同的概念。要弄清楚哪一个译名比较合适，就需要对"international regime"的含义加以分析。

regime 这个来自法文的术语通常是指政权或政府，在政治学上往往是指缺少 legitimacy（合法性）的政府。在西方学者那里，就是没有经过西方式民主选举产生的政权。它的另外一个含义是管理制度和管理体制⑤。缺少合法性和管理体制的含义对我们理解"international regime"非常重要。

最早把 regime 概念用于国际关系理论研究的是美国学者哈斯和鲁杰。70 年代中期，他们主持了一项题为"国际科学和技术体制研究"的项目。1975 年他们分别发表了这一研究项目的部分成果，并在论文中提出了

---

① 林茂辉等译，段辉、宋新宁校，中国人民公安大学出版社，1991。Robert Keohane and Joseph Nye, *Power and Interdependence: World Politics in Transition* (Boston: Little, Brown & Comapny, 1977), 此书即将由纽约的 Longman 书局出版第 3 版，在此之前，他们把其中的重要修订整理成文，以 "Globalization: What's New? What's Not? (And So What?)" 为题先行发表，见 *Foreign Policy*, Spring 2000, pp. 104 – 119.
② 长沙出版社，1992。
③ 《美国研究》1995 年第 3 期。
④ 《战略与管理》1995 年第 6 期。
⑤ 这个理解主要根据陆谷孙主编《英汉大词典》（上海译文出版社，1993）的解释和 Susan Strange, "Cave! hic dragones [Beware! here be dragons]: A Critique of Regime Analysis", Stephen Krasner, ed., *International Regimes*, (Ithaca: Cornell University Press, 1983), p. 344. 此书大部分文章都来自 *International Organization* 季刊第 36 卷第 2 期上（1982 年春）的专题讨论。

"international regime"的概念。鲁杰认为"regime"一词涉及的是"一系列共享的期望、规则和规章、计划、组织能力和财政承诺,这些均为一些国家所接受"①。显然,他们把"international regime"限制在政府间的互动关系中。比较系统地利用这一概念来分析国际关系并把它发展成一种理论则始于基欧汉和奈的著作。在他们那里,"international regime"是与相互依赖这个理论范式密切相关的。他们指出,相互领事关系并不是凭空而来的,它"经常出现在各种规则(rules)、规范(norms)和程序(procedures)的网络并受其影响,这些网络调节着行为并控制行为的后果。这一系列影响到相互依赖关系的管制性的安排被称为 international regime"。显然,基欧汉和奈突出的是"管制性安排"(governing arrangement),并且冲破了国家间关系的限制②。

在基欧汉和奈的倡导下,到了 80 年代初,美国学术界对"international regime"有了较为深入的研究。斯坦福大学教授斯蒂芬·克莱斯纳给"regime"下了一个具有相当影响力的定义:"regime"可以被确定是,"在某一特定的国际关系领域中,各个行为主体的期望得以汇集在一起的一系列明确的或暗含的原则(principles)、规范、规则和决策程序(decision-making procedures)。原则是对事实、因果关系及公正的信念;规范是由权利与义务所确定的行为标准;规则是对行为的特别规定或禁令;决策程序则是作出和执行共同选择时所通行的实践"。在给出这一颇为繁琐的定义之后,他又小心翼翼地区分了原则、规范和规则、决策程序之间的差别:前两项提供了"regime"的本质特征,但是可以与原则和规范相匹配的规则和决策程序则有很多。因此,后两项的变化只是"regime 内部的变化",而原则与规范的变化则意味着"regime 本身的变化"。此外,他还提出两项"regime"的外部特征:其一,它具有一定的稳定性,它不是一项暂时的安排,它的变

---

① 英文原文是:the term "regime" refers to a set of mutual expectations, rules and regulations, plan, organizational energies and financial commitments, which have been accepted by a group of states。John G. Ruggie, "International Responses to Technology: Concepts and Trends", *International Organization*, Vol. 29, No. 3, 1975, p. 570; Ernst B. Hass, "On System and International Regimes", *World Politics*, Vol. 27, No. 2, 1975。15 年后,基欧汉赞扬鲁杰的这篇文章"预示了 1975 年以后十年内大部分的概念形成工作(conceptual works)", R. Keohane, "Multilateralism: An Agenda for Research", *International Journal*, Vol. 45 (Autumn, 1990), p. 755, fn 44。

② Robert Keohane and Joseph Nye, op. cit, p. 19.

化与国际权势和利益的转移相联系；其二，"regime"的利益具有长远性，"regime"指导下的行为不是以短期利益的考虑为基础的[①]。克莱斯纳的定义有两点值得注意的地方：一是"regime"被限定在一个特定的国际关系领域，这就与原来被用来概括国际关系整体的概念——国际体系（international system）区别开来；二是"regime"包括了一系列的原则、规范、规则和程序，但不包括组织实体（organizations）。在这里，有必要辨析国际组织的含义。国际组织在英文中有两种表达："international organization"和"international organizations"。表面上看起来这只是单数和复数的区别，但实际上，"international organization"还有更重要的一层动态的意思，即国际社会组织起来的方法和进程，或称制度安排。从这个意义上讲，"international regime"的形成过程就是"international organization"。很多人一见"international organization"就认为是指一种具体的机构或实体，这显然是片面的[②]。

明白了"regime"的含义之后，我们再来看看它的几种中文译名。译为制度应该说比较确切，但问题是它容易与 80 年代以后流行的另一个术语"international institution"（国际制度）相混淆。译为机制，略有不妥，因为机制往往是某一结构（制度）的功能，而不是结构（制度）本身，与其相应的英文词是"mechanism"。译为"规则"，内涵显然过于狭窄。译为"规制"，虽然颇为新颖，但毕竟不够平白通达。应该说，译为"体制"最为合适。体制在中文语境中突出的是某一领域里的管理和组织制度，与制度相比，体制更多的是指一种没有严格法律界定、相对松散的和非根本性的组织和管理结构，可被理解为一系列相关的条条框框（原则、规范、规则和程序）。我们常说，经济体制改革或政治体制改革，而不说经济制度或政治制度改革，就是这个道理。与国内政治机构或制度相比，国际体制没有那么严

[①] S. Krasner, "Structural Causes and Regime Consequences: Regime as Intervening Variable", Krasner, op. cit., pp. 2 - 4, 英文原文是："Regimes can be defined as sets of implicit or explicit principles, norms, rules and decisionmaking procedures around which actors' expectations converge in a given area of international relations", Ibid., p. 2, 对这个定义的翻译不尽相同。参见秦亚青《霸权体系与国际冲突：美国在国际武装冲突中的支持行为 1945～1988》，上海人民出版社，1999，第 275 页；苏长和《全球公共问题与国际合作：一种制度的分析》，第 42 页。

[②] 这两种英文表达译成中文后都是"国际组织"，这就无法体现出这层含义，加深了人们的误解。比如，反映美国国际关系理论最新发展的学科前沿杂志就叫 International Organization。

密，也缺少国内制度那种权威性，大概是出于这一原因，美国的学者选择了体制作为分析国际政治的概念。

二

国际体制的含义显然过于庞杂[①]，体制论者自己也认识到这一点。80年代初，奥兰·扬也参加了国际体制理论的建构活动，虽然他认为自己对国际体制的理解与克莱斯纳不同，但基本可以兼容（compatible）[②]。到了1986年，扬开始明确地批评克莱斯纳的定义。首先，这个界定是由一系列要素构成的，概念并不明确，在现实世界中更是相互重叠，因此不容易把体制与国际关系的其他内容区分开来；其次，就理论范畴而言，它显得很薄弱。只要在同一空间和时间拥有这一系列要素的现象都可以贴上体制的标签，但无法与更大的概念系统联系起来解决它自身概念不清的问题[③]。在此之前，基欧汉已在他的专著《霸权后：世界政治经济中的合作与不合》中指出，体制"这个概念太复杂，因为其界说涉及四个迥然不同的组成部分：原则、规范、规则以及决策程序……而规则、规范和原则是如此难分难解，要判断一项规则改变究竟构成了体制的改变抑或仅仅是体制内部的变化，必然包含武断的成分"[④]。他这时的研究已经深深地得益于微观经济学，特别是工业组织理论以及以科斯（Ronald Coase）为代表的新制度经济学（New Institutional Economics）。他如此钟情于新制度经济学，以至于干脆直接借用其制度（institution）概念来代替原先的体制概念，并把自己倡导的研究称为新自由主义的制度学派（Neoliberal Institutionalism）。因此，1988年他在担任美国国际问题研究会（The International Studies Association）主席时，发表了题为《国际制度：两种思路》的主旨报告，吹响了国际制度研究的号角。1989年他把自己包括这篇主旨报告以及有关国际体制研究在内的论文

[①] 有关这一问题的讨论可参见任东来《国际关系研究中的国际体制理论》，《欧洲》1999年第2期，第32~34页。

[②] Oran R. Young, "Regime Dynamics: the Rise and Fall of International Regimes", in Krasner, op. cit., p. 93.

[③] Oran R. Young, "International Regimes: Toward a New Theory of Institutions", *World Politics*, 1986, Vol. 39, p. 106.

[④] Robert Keohane, *After Hegemony: Cooperation and Discord in the World Political Economy* (New Jersey: Princeton University Press, 1984), p. 5.

结集出版,并以《国际制度与国家权势》相命名①。

那么,在基欧汉那里,什么是国际制度呢?它是"规定行为角色、制约行动,以及塑造期望的一系列持久和相互关联的正式和非正式的规则"②。这种国际制度有三种形式:(1)正式的政府间国际组织和国际非政府组织(formal international intergovernmental or cross-nongovernmental organizations),如联合国和国际红十字会;(2)国际体制③,如布雷顿国际货币体制和国际海洋法体制;(3)国际惯例(conventions),如传统的外交豁免(traditional diplomatic immunity)和互惠原则(reciprocity)。由此看来,基欧汉的国际制度的内容比克莱斯纳的国际体制的内容还要广泛,但对象似乎更明确了,即国际组织、国际体制和国际惯例三大块。不过,人们难免要问,基欧汉批评国际体制概念中的原则、规范、规则和决策程序不好区分,那么,基欧汉国际制度中的国际组织、国际体制和国际惯例的关系就容易理清吗?

对此,基欧汉承认,国际惯例、国际体制和国际组织的区分在现实中远非理论所暗示得那样清楚。"谈判所达成的协议(negotiated agreements)常常把明确的规则与并不明确的习惯谅解结合在一起,后者可能或多或少地含糊不清。国际组织,可能是无一例外地被镶嵌于国际体制之中,它们所做的很多工作是督导、管理和修改体制的行为。组织和体制从逻辑上讲是可以区分的,但在实践中,它们看起来几乎共存共处(coterminous)。"可能正是出于这一原因,基欧汉觉得,与其像体制理论那样把体制和组织截然分开,还不如让它们在制度的范畴下有分有合。基欧汉的倡导再次得到广泛的响应,他在 90 年代末总结世界政治学科发展时自豪地宣称:"90 年代对世界政治的分析是研讨国际制度,即治理世界政治要素的规则和帮助执行这些规则的

---

① 基欧汉认为他对世界政治研究最重要的贡献就是把经济学中的公司理论(theory of firm)应用于国际关系分析,即交易费用过高和不确定性造成政治市场的失败,而这些失败可以通过国际制度来矫正,从而使所有的参加者获益。R. Keohane, "A Personal Intellectual History", *International Institutions and State Power* (Boulder: Westview Press, 1989), pp. 27 – 28. 关于新自由主义的制度学派见该文集的第一章, "Neoliberal Insitutionalism: A Perspective on World Politics", Ibid, pp. 1 – 20。
② 英文原文是:"I define institutions as 'persistent and connected sets of rules (formal and informal) that prescribe behavioral roles, constrain activity, and shape expectations'", Ibid, p. 3。
③ 基欧汉这里的国际体制是指"具有明确规则的制度,这些规则为各国政府同意且涉及国际关系中的特定的一组问题"(Regimes are institutions with explicit rules, agreed upon by governments, that pertain to particular sets of issues in international relations), Ibid., p. 4。

组织。"①

由此看来，基欧汉批评克莱斯纳国际体制范畴的理由也可用来批评他所钟情的国际制度的概念。既然如此，那么基欧汉为什么又要用制度的概念来代替体制的概念呢？这在很大程度上可以看作是学派之争。他的主要目的可能是想和克莱斯纳划清界限。尽管克莱斯纳是体制论的主要倡导者，但他还是强调国家实力的变迁决定了国际体制的兴衰荣辱，体制的形成和存在是大国特别是霸权国家"供应"和维持的结果，因此有人称之为"国际体制的供应论"。显然，这种看法基本上没有跳出以肯尼思·华尔兹为代表的注重国际权势结构的新现实主义（neorealism，也称结构现实主义，structural realism）的框架，而基欧汉是新现实主义坚定的批评者，强调从国际权势结构出发不足以充分解释复杂的国际现象，国际政治正在因为相互依赖的加深而出现了深刻的变化。国际制度就是相互依赖的产物，它产生于国家之间互动的需要。这样，基欧汉就把国际制度的形成从归结于单纯的大国供应转为国际社会诸多国家的需求。因此有人把他的看法称之为"国际制度的需求论"②。基欧汉用制度代替体制的另一个考虑可能是想把国际政治和国内政治的分析统一起来。他在1998年一篇回顾总结国际制度的文章中指出："当我们继续思考全球化的规范含义时，应该同时注重在国内维护健全的民主制度，建立国际委托管理（international delegation）的正式结构，让跨国网络发挥作用。为了能够在21世纪有效地运作，现代民主社会需要国际制度。而且，为了与民主的价值相一致，这些制度必须对国内的市民社会负责"③。

虽然基欧汉有理由用制度概念来代替体制概念，但制度的概念仍然面临着内容过于庞杂的问题。前面提到，基欧汉是从新制度经济学那里借用了制度的概念，但在新制度经济学那里，制度是不包括组织这一内容的④。一些

---

① 英文原文是：the rules that govern elements of world politics and the organizations that help implement those rules。R. Keohane, "International Institutions: Can Interdependence Works", *Foreign Policy*, Spring, 1998, p. 82.
② 秦亚青教授对新现实主义和新自由主义对国际制度的不同解释有过精炼的概括，参见秦亚青前引书，第273~285页。
③ Keohane, op. cit., p. 94.
④ 美国新制度经济学代表人物之一道格拉斯·诺思认为："制度是一系列被制定出来的规则、守法的程序和行为的道德伦理规范，它旨在约束追求主体福利或效用利益最大化的个人行为。"诺思：《经济史中的结构变迁》，上海三联书店，1994，第225~226页。

从社会学角度研究国际制度的学者也认为，国际组织只是国际制度安排的结果，它们本身并不等同于制度。据此，复旦大学苏长和博士指出：基欧汉的国际制度概念容易造成分析上的混乱，因为，制度作为一种分析方法，可以用来研究国际组织。但现在却变成用来研究包括组织在内的制度，即用制度分析制度。他的批评是有道理的。实际上，在国际法领域，对国际组织的分析研究相当发达，已成为一个专门的领域——国际组织法。国际关系学者所能做的不是研究国际组织本身，而是有关组织形成和发展的行为规则。在指出基欧汉国际制度概念缺陷的基础上，苏长和明确指出："制度可以被定义为一套行为规则，它被用于支配特定的行为模式和相互关系；而组织则可被看作是一个机构、一个决策单位，由它们来实施对资源的控制。"在此基础上，他为国际制度下了一个具有可操作性的定义："国际制度就是一系列主要由行为者在协调（coordination）环境中形成的准则（convention）和在协作（collaboration）环境下创立的规约（contract）。"[①] 这个定义最有价值的地方是突出了制度是在角色互动中形成的合作和协作，从而使国际关系学者可以专注于制度形成的环境和条件，进而说明为什么国际制度会有不同的种类以及它们在国际合作中扮演的不同角色[②]。我认为，用国际制度的概念来代替国际体制的概念，长处之一是可以突出这种国际合作越来越具有合法性和约束力的方面。

三

从上面的分析来看，国际制度理论显然是在国际体制理论基础上发展起来的[③]。90年代以来，国际制度学者在基欧汉的倡导下开始深入研究国际制

---

① 苏长和前引文，第43~46页。英文定义中的 convention 和 contract 似乎应为复数。苏长和正确区分了国际制度和作为实体的国际组织，遗憾的是没有进一步指出国际组织的双重含义。
② 苏长和用博弈模式解释了不同的国际制度安排以及这些制度的不同功能，参见其博士论文。
③ 秦亚青教授在他的专著中已指出这一点，参见秦亚青前引书，第274~275页。王逸舟教授在他的专著《西方国际政治学：理论与历史》（上海人民出版社，1998）中提出的看法——"国际制度理论，也叫国际机制（即国际体制——引者注）理论，有时亦被称作多边主义理论"（第390页）看来是不确切的。另外，苏姗·斯兰吉奇（Susan Strange）也并非王著所说的那样是一位制度论者，恰恰相反，她至死都是制度理论最坚定的反对者。王著对西方国际关系理论的介绍在国内类似著作中是内容最丰富、涉及最广泛的，因此也是引用率最高的国际关系著述。但由于成书较仓促，结构上和理解上还有很多可改进的地方。

度的多边形式,形成了一种新的着重探讨多边制度的理论——多边主义(multilateralism)。多边主义理论可以说是对制度理论的深化,因此,从广义上说,是制度理论的一个分支。但就目前看来,多边主义理论方兴未艾,大有代替制度理论的势头,人们经常谈论的区域主义(regionalism)也是它的组成部分[①]。

(原载《国际问题研究》2000 年第 6 期)

[①] 参见 R. Keohane, "Multilateralism: An Agenda for Research", *International Journal*, Vol. 45, Autum 1990 和 *International Organization*, Vol. 46, No. 3, Summer 1992 有关专题讨论。这一讨论后由 John Ruggie 编成 *Multilateralism Matters: The Theory and Praxis of an Institutional Form* (NewYork: Columbia University Press, 1993) 一书。

探索东亚的国际关系

——读赵穗生教授《争雄东亚》

不论是前几年谈论"东亚奇迹",还是现在分析亚洲金融危机,一个简单的事实是亚洲,特别是东亚在国际关系中越来越受到重视。东亚的今天预示着它的明天,而要深刻地认识它的今天,我们又不能不回过头去看看它的昨天。当我为了教学和研究的需要作这番探索时,我发现不仅找不到类似泰勒(Taylor)探讨欧洲国际关系的《争霸欧洲》这样的名著,而且连一本最新的概览性著作都找不到。1931年美国出版的马士和宓亨利(H. B. Morse & H. F. MacNair)合著的《远东国际关系》,1955年出版的宓亨利和Donald F. Lach合著的《现代远东国际关系》仍然是英语世界中最好的参考书之一。相比汗牛充栋的研究欧洲国际关系的著作,东亚国际关系实在是一个被人遗忘的角落。难道东亚国际关系在世界政治舞台上无足轻重吗?难道东亚历史上没有发生过引发国际关系巨大变化的重大事件吗?回答显然是否定的。1905年的日俄战争、1937~1945年的中日战争以及随后扩大成为的太平洋战争、1950~1953年的朝鲜战争、1960~1970年代的越南战争都是不仅改变东亚地区格局,而且具有全球影响的重大国际事件。多少令人欣慰的是,中国旅美学者赵穗生教授《争雄东亚:从古老的中国世界秩序到冷战后地区多极体制》的面市彻底地改变了英语学术界对这一课题有意无意的疏忽。

赵穗生认为学术界对这一重要研究领域的忽略主要有两个原因:其一是近20年东亚经济奇迹和发展模式引起了学术界的广泛注意,从而多少转移对大国间战略互动模式的研究;其二,由于现代民族国家及其所构成的国际体系源于欧洲,这就决定了在此经验基础上发展出来的国际关系理论的欧洲中心倾向。因此,包括中国和日本在内的东亚国家被吸纳到欧美主导的国际体系当中，东亚的战争与和平这类至关重要的问题自然地被置于全球或其他地区的大国角逐的背景下加以考察。在作者看来，随着东亚日益成为全球权力角逐的新兴中心，现在应该是把东亚整合到国际关系研究的主流的时候了。作者的这一看法很有远见，而他的学术研究更有价值。

在《争雄东亚》一书中，作者采取了"以论带史"的研究法，用国际关系研究中的新现实主义理论作为分析框架，以大国争雄为个案，对20世纪的东亚国际关系主要事件进行了全面系统的考察。与大部分政治学者所撰写的历史著作一样，《角逐东亚》由三个部分构成，即理论、历史和现状。

作为政治学者，赵教授非常注意对理论的阐释。他探讨了新现实主义和经典现实主义的异同：尽管在一系列诸如国际无政府状态及其对国家的影响、国际合作的困难等关键问题上两者无甚差别，但在解释国际冲突和战争的原因上，经典现实主义注重的是人的本性，而新现实主义强调的则是国际体系的结构因素。在他看来，新现实主义是解释东亚国际关系的比较适用的理论。根据这一理论，权力的配置仍然是民族国家最关心的现实。在这里，权力表现在军事、经济和文化这三个方面。东亚的权力角逐就是在这三个领域中展开的。

在历史部分，作者紧紧扣住争雄东亚这一线索，从19世纪后期中国的世界秩序的衰落讲起，逐一考察了东亚权力结构的重大变化：日本通过中日甲午战争和日俄战争成为东亚的头号强国，欧美殖民大国为了约束日本而建立了华盛顿多边体系，为独占东亚日本发动了侵华战争和太平洋战争。日本的失败，苏联进入东北亚，美国称雄太平洋以及中苏同盟的建立使东亚成为冷战两极结构的一部分。这一结构随着中苏分裂、日本复兴和美国在印度支那的失败衰落，代之而起的是70年代美中苏战略三角的互动。柏林墙的坍塌和苏联的解体标志着冷战的结束，东亚的权力角逐进入了一个新的时期。

对东亚国际关系这一新现实，作者给予了较多的注意和分析。在他看来，东亚的权力角逐由传统的军事较量扩大到经济、文化等新的领域。随着经济的迅猛发展，越来越多东亚国家在关注传统的军事安全的同时，也开始注意经济的安全、环境的保障和文化的完整。安全的内涵扩大了。尽管作者认识到经济上的相互联系、对共同环境的关注和文化上的交流可能会降低对军事力量的依赖，但这些仍不能排除东亚国家动用武力来保护国家的疆域。如何解决东亚在经济腾飞的同时，军费开支也在不断增长的难题呢？通过对1989年建立的亚太经济合作组织和1976年建立的东南亚国家联盟这两个区域组织的个案研究，赵博士认为，正在形成中的东亚区域主义（regionalism）可能是避免东亚权力角逐失控的一种机制，它正在促使东亚国家通过这些区域组织来调整他们之间的关系。在他看来，东亚的区域主义比起欧洲和北美的区域一体化相去甚远，但仍然证明了新现实主义的一个基本观点，那就是主权国家间的相互依赖与国际无政府状态一样构成了塑造冷战后国际关系的根本性因素。

在存在着区域主义的倾向的同时，另一个不可忽视的趋势则是东亚地区军备的快速增长。虽然超级大国在这一地区对抗的结束排除了引发全球战争的可能性，但经济发展带来越来越多的可供支配的资源却使东亚各国正在以前所未有的速度武装自己。随着地区强国军事的现代化，东亚正在走向一种捉摸不定的区域多极体制（regional multipolarity），在这种体制中，区域（当地的）强国的崛起和世界（外来的）强国的收缩交合在一起。这种新格局的前景如何？一些欧洲人持悲观的看法，东亚正在重蹈19世纪欧洲的覆辙，"欧洲的过去可能是亚洲的未来"；一些东亚的领导人则不以为然，亚洲的智慧和时代的进步可以使东亚避免欧洲人的错误。作为政治学者，赵穗生不无谨慎地评论说："没有超级大国或地区强国领导的稳定的同盟关系，区域多极体制中的均势将会是非常复杂的。这种结构中固有的迅速转换同盟关系的弱点将会使区域多极体制处于不稳定和危险之中。如何控制这一变化不定的联盟关系已经成为这一地区政治领导人，同样也是国际关系学者关心的一个主要问题。"

《争雄东亚》虽然是赵穗生教授为美国的大学生写的概览性著作，但是，对于研究东亚国际关系，但又不容易接触到大量外国专题著作的国内学者来说，它仍不失为一本有价值的参考书。它所综合和引用的五百多种研究文献为学者的进一步研究提供了方便。作者虽然引用了一些中国国内学者的研究成果，但不够充分，特别是对国内历史学者的研究成果注意不够，如陶文钊教授的两本书——《中美关系史（1911~1950）》和《抗日战争时期中国对外关系》。对历史学者成果的忽视也造成了一些常识性错误，如把清朝的理藩院看作是朝贡体制的管理者（实际上是礼部），把1844年《中美望厦条约》中的最惠国待遇规定误以为是1898年海约翰在门户开放照会中提出的。作者把"美国与东亚争雄"作为全书的最后一章可能是为了适合在美国的教学需要，但从全书的整体来看，显得多余而又唐突。

（Suisheng Zhao, *The Dynamics of Power Competition in East Asia: From the Old Chinese World Order to the Post-Cold War Regional Multipolarity*, New York: St. Martin's Press, 1997）

（原载《世界知识》1998 年第 22 期）

研究美国对外关系的钥匙
——《美国对外关系大全》*

1950年，美国外交官乔治·凯南在离开美国国务院时曾经说过，美国外交政策在"公众心目中是一片混乱……总统不理解它，国会不理解它，公众不理解它，新闻界同样不理解它"。基于这一原因，凯南离开了外交界，成为一位帮助公众理解美国外交政策的学者，不断撰写研究美国外交史的著作和评论美国外交政策的文章。

在凯南的倡导下，更重要的是，随着美国在国际事务中的卷入越来越深，美国人对外交政策的兴趣越来越大，研究美国对外关系的著作也层出不穷。为满足一般公众对外交政策的理解以及学术研究的方便，学者们编辑了各种各样的参考工具书。到80年代，研究美国对外关系的参考工具书已相当齐备。要查阅美国外交史中的专有名词和人物，可以参考芬德林编的《美国外交史辞典》。该书收录了1200多个词条，涉及从美国独立战争到1988年为止的美国外交政策的重大事件和主要人物，其中人物条目和非人物条目各占一半左右。① 要核对美国对外关系事件发生的时间，可以找布龙编的《美国对外关系编年史》。该书分两册，共计1289页，逐年逐月甚至是逐日记载了从1776年1月10日潘恩发表《常识》到1981年1月10日伊朗美国人质获释期间二百多年美国与其他国家之间发生的种种事件。② 想对

---

* 布鲁斯·詹特尔森和汤姆斯·帕特森主编《美国对外关系大全》（Bruce W. Jentlson & Thomas G. Paterson, eds., *Encyclopedia of U. S. Foreign Relations*），四卷本，共计1963页，纽约剑桥大学出版社，1997。

① 约翰·芬德林：《美国外交史辞典》（John E. Finding, *Dictionary of American Diplomatic History*），康乃狄格格林伍德出版社，1989。

② 莱斯特·布龙：《美国对外关系编年史》（Lester H. Brune, *Chronological History of United States Foreign Relations*），纽约格兰德出版社，1985。

美国对外政策某一问题、事件、概念、机构甚至研究方法有个初步了解,则可以翻阅德康德主编的《美国外交政策全书》。此书分成三卷,共计1138页,由95篇专题论文构成,大都是学有专长的专家撰稿。[①]

不过,这些参考书有三个共同的缺陷:一是成书较早,涉及的是80年代以前美国的对外关系,体现的也是80年代的学术研究水平和方向;二是综合性不够,分别突出的是人物、编年史和论文;三是对美国外交政策的理解过于狭窄,专注于传统的政治、军事领域和双边关系,对经济、移民、文化和环保等新的外交领域和多边国际关系则注意不够。新近出版的、由政治学家詹特尔森和历史学家帕特森联袂主编的《美国对外关系大全》(以下简称《大全》)可以说克服了上述几个缺点,成为一本真正的美国对外关系全书,可以作为关心美国对外关系读者的案头参考书。

《大全》由美国著名的外交事务机构对外关系委员会(The Council on Foreign Relations)负责组织,共有373位学者和外交官参加了编写工作。在该书前言中,编辑指出:"《大全》旨在以它独特的方式,向学者同时也向一般读者提供一个综合的概览,考察美国人和他们的政府与外部世界相互影响的种种方式,以梳理美国对外关系。"翻阅全书,编者通过突出以下几个特点,大体上实现了这一设想。

《大全》的第一个特点是容量较大。从篇幅上看,《美国对外关系大全》不愧为美国对外关系研究的鸿篇巨制,它收录了1024篇长短不一(从500字到1万字)的文章,这些文章不仅涵盖了美国对外关系的基本内容,而且还包括美国以外的国家和地区事务研究概览,以及美国及主要外国领导人的传记资料。150幅地图和其他图表直观地展现了美国这个超级大国卷入国际事务的进程和程度。联合国185个成员国的基本资料、完整的美国外交政策大事年表和反映美国学术界研究美国对外关系最新研究成果的参考工具书目构成了三个极有价值的附录。此外,还有鸟瞰二百多年美国对外关系发展的权威性导论。

《大全》的第二个特点是角度新颖。在对外交关系的理解上,《全书》反映了对外交史研究的新趋势,即把对外关系看作是美国政府国际行为的所有方面,因此,在选择词条时,不仅注意到外交史的传统内容,诸如条约协

---

① 亚历山大·德康德主编《美国外交政策全书》(Alexander DeConde, ed., *Encyclopedia of American Foreign Policy*),纽约,1978。

定、会议谈判、宣言口号、政客名流，也包括了军事冲突、文化交流、国际经贸、环境保护和公共卫生等新领域。这些词条涉及了美国对外关系中的主要政策、原则，主要政策机构和国际组织，秘密活动和情报活动，裁军和军备控制，移民的移出和移入，人权保护，媒体和电子通信对舆论的影响。

《大全》的第三个特点是重点突出。对美国对外关系中的重大问题如美国革命、第一次和第二次世界大战、冷战、美国宪法、国会，以及新近突出的问题诸如移民、环境保护，都有系统和全面的论述，其广度和深度都超出了一般的辞书。

《大全》第四个特点是权威性。词条的作者基本上是相关领域学有专长的专家。如约翰·肯尼迪和罗伯特·肯尼迪两条就是由做过肯尼迪总统助理的历史学家小施莱辛格撰写，罗斯福和一些有关第二次世界大战的条目是由二战外交史权威、耶鲁大学教授史密斯撰写。文化外交则由哈佛大学的国际关系史权威入江昭撰写。为了保证质量，编者还请了在美国的外国历史学家来撰写有关条目，比如由任教马里兰大学的中国学者张曙光教授撰写毛泽东一条，由俄国学者祖波克博士撰写有关苏联人物的词条。

除了正文以外，《大全》的导言和作为附录的分类参考工具书目也极有价值。在导言中，编者对美国对外关系的历史作了提纲挈领的概括和分析，认为美国对外关系在历史上，可以分成八个时期：（1）1776～1815年，美国获得独立和巩固独立时期；（2）1815年～1840年代，通过与墨西哥的战争和与英国的谈判，美国确定其北美大陆版图，提出门罗主义和天定命运时期；（3）1840年代～1865年，美国内战时期；（4）1865～1900年，美国在中美洲和加勒比海地区建立霸权，提出门户开放政策并向太平洋扩张时期；（5）1900～1914年，美国成为帝国主义大国时期；（6）1914～1945年，经历两次世界大战后，美国成为世界超级大国时期；（7）1945年～1980年代，冷战和美国全球扩张时期；（8）1990年代至今，美国进入冷战后时期。在对美国对外关系分期的基础上，编者概括了美国外交政策中的五个核心目标，它们是：（1）生存和独立；（2）领土完整和扩张；（3）军事安全；（4）经济安全；（5）民主的价值和理想。

分类参考书目按总论、地区和专题编写，因为正文每个条目都有进一步的阅读书目，因此，这个总书目只收录工具书，即年鉴、地图集、书目、传记、编年史、文件集、百科全书和词典、统计汇要。

虽然《大全》和所有美国学者有关美国外交政策的著述一样，反映了美国人的国际观和价值观，并带有为美国外交政策辩护的色彩，但它所提供的各种数据信息、人物传记和背景资料等内容却为中国的美国外交政策研究者和国际关系研究者提供了研究上的便利，在这个意义上，它可以说是一本研究美国对外关系的入门钥匙。

（原载《世界历史》2001年第2期）

美国对台湾地位问题的立场

——也谈"认识到"和"承认"

在《世界知识》2002年第5期上，北京师范大学教授黄安年发表了《从"认识到"到"承认"——中美〈上海公报〉和〈建交公报〉中的不同表述》一文。作者结合历史背景和语义学，对两个公报中，美国方面在有关台湾地位问题上的两种表述（"认识到"和"承认"）之间的明显差别做了澄清，说明有关中学历史教材上存在着严重的"硬伤"错误。应该说，他的工作是很有意义的。

不过，在论述美国方面从《上海公报》（1972年2月）中的"认识到"（中文原文是"美国认识到，在台湾海峡两边的所有中国人都认为只有一个中国，台湾是中国的一部分"）转变为《建交公报》（1978年12月）中的"承认"（中文"美利坚合众国承认中国的立场，即只有一个中国，台湾是中国的一部分"）时，黄安年教授认为"这是顺理成章的事"。

其实不然，黄教授只注意到中文原文，没有注意去核对英文原文，在英文原文中，不论是"认识到"，还是"承认"，都是一个词，即"acknowledges"，也就是黄教授一再证明的中文"认识到"的对应词！下面是《上海公报》的这一部分英文原文：The United States **acknowledges** that all Chinese on the either side of Taiwan Strait maintain there is but one China and that Taiwan is a part of China。《建交公报》中的相关原文如下：The Government of the United States of America **acknowledges** the Chinese position that there is but one China and Taiwan is a part of China（黑体为笔者所加，下

同）。①

　　正如黄教授所云，这两处中英文表述，都是经过中美两国外交谈判人员反复磋商达成一致共识的，并经中美两国领导人批准，不存在什么文字解释上的歧义。《建交公报》中把 acknowledges 译成语气明显比"认识到"一语更强的"承认"，也是被美国方面接受的。据参加《建交公报》谈判的美国专家米切尔·奥格森伯格（Michel Oksenberg）称，他注意到这一变化，并询问这是内容上的，还是语气上（stylistic）的变化，中方代表的回答是语气上的。② 由于美方对此并无异议，因此，在 1982 年中美两国发表有关美国向台湾出售武器问题的第三个联合公报——《八一七公报》时，直接援引《建交公报》的文字，中文仍用"承认"，英文只是把 acknowledges 改为过去时（acknowledged）。③ 显然，仅就这一表达的语言而言，美国历届政府在台湾地位问题上的立场，几乎没有任何变化。

　　黄教授已经以充分的语义学材料，无可辩驳地说明了，至少在外交语言中，英文的 recognize（承认）和 acknowledge（认识到，台湾译为认知）是存在明显差别的，不能混用。笔者再以《八一七公报》援引《建交公报》的那一段文字为例，来说明它们的差别："美利坚合众国承认中华人民共和国政府是中国唯一合法的政府，并承认中国的立场，即只有一个中国，台湾是中国的一部分。"英文原文是："The United States of America **recognized** the Government of the People's Republic of China as the sole legal government of China, and it **acknowledged** the Chinese position that there is but one China and Taiwan is a part of China"。

　　那么，是否因为美国接受了用中文"承认"来翻译 acknowledge，就认为美国改变了立场呢？从前面的分析来看，显然是不能的。从这个意义上

---

① 很多有关中美关系的史书都把《上海公报》和《建交公报》作为附录，供参考。为慎重起见，笔者特别从权威著述中核对引用，两个公报中文原文分别见韩念龙主编《当代中国外交》，中国社会科学出版社，1990，第 419~423 页和第 429 页；《上海公报》英文原文见 Public Papers of the President of the United States, Richard Nixon, 1972 (Washington, D.C.: GPO, 1974), pp. 376－379；《建交公报》英文原文见 The Department of State, American Foreign Policy: Basic Documents, 1977－1980 (Washington, D.C.: GPO, 1985), pp. 1038－1039。

② The Asia Quarterly (Japan) 15 (4) (April, 1985): 70.

③ 《八一七公报》中英文分别见韩念龙前引书，第 430~431 页；The Department of State, American Foreign Policy: Current Documents, 1982 (Washington, D.C.: GPO, 1983), pp. 967－968。

讲，不仅谈及《上海公报》时不能用"承认"，甚至在谈及《建交公报》中的这两个"承认"时，最好也该加一句，这前一个"承认"是英文 recognize，而这后一个"承认"则是 acknowledge，它与《上海公报》表述相同。否则，极易误导读者。甚至连黄安年教授这样专门辨析两个公报差异的研究者，也被蒙在鼓里。追求事实的真相，而非注释现行的说教和政策，应该是一个专家学者的职责所在。至于教科书的编纂者是否接受学者的看法，那是他的事情，但讲不讲却绝对是学者的责任。

（原载《开放时代》2003 年第 1 期）

中国学者对冷战"其他问题"的研究
——对夏亚峰教授文章的补充

我饶有兴趣地读完夏亚峰教授的大作《冷战国际史研究在中国：对过去20年研究的述评》，[①] 受益良多，感触颇深。1994年，我曾经在美国威尔逊中心冷战史项目做过为期四个月的访问研究，与北京大学的牛大勇、张小明一起，应该属于这一项目最早的一批来自大陆的访问学者。在此前后，我也写过几篇与冷战史相关的论文。[②] 只是最近十年随着研究兴趣的转移，已经是这个领域的落伍者了。不过，由于迄今为止一直在所在单位（南京大学中美文化研究中心）开设冷战历史的课程，自忖对国内这一领域的研究，特别是1980～1990年代的研究还是比较注意的，因此，斗胆对几位留美学者的高论，从国内学者的角度作一补充和评论。

首先，感谢夏教授的工作。由于西方语言特别是英语的"学术霸权地位"，加之中国学术界的混乱以及学术成果的良莠不齐，整体来说，欧美学者甚至是通晓中文的学者，也很少关注中国学术界的研究现状和发展趋势。像夏教授这样，通过认真的实地考察，客观、深入地向西方学术界介绍中国学者在某个特定领域的工作与贡献，展示中国学术共同体某一侧面的整体实力和发展趋势，实在是凤毛麟角，值得赞赏与尊重。

其次，这类综述，难免挂一漏万。夏教授的工作也不例外，其中最大的问题可能是，对中国学者对"与中国相关问题"以外的研究，似乎

[①] 《冷战国际史研究》No.7，世界知识出版社，2008，第1～31页。
[②] 任东来：《中国、美国与1955年万隆会议》，沈宗美主编《理解与沟通：中美文化研究论文集》，南京大学出版社，1992；任东来：《大国干预与共产党的革命战略：对中国与希腊的比较研究（1944～1946）》，载《美国历史问题新探》，中国社会科学出版社，1996；任东来：《美国与1944年英苏划分巴尔干势力范围》，《美国研究》1997年第1期。

没有给予充分的注意和总结。由于这一疏漏导致了几位评论人的一致看法，那就是中国学者似乎很少研究那些与中国没有直接关系的冷战课题。①

为了避免这一疏忽导致的更大误解，为了证明中国学者的冷战研究同样是"国际史"，也为了更好地体现中国学者在困难的内外条件下所进行的不懈努力，在此，我略作补充，狗尾续貂，补充一些不"与中国相关的问题"的研究。

首先来看一下概览性著作（survey）。夏教授已经提到了2000年以后出版的有关教科书，但除此之外，20世纪末，已经有几本类似的著作问世，它们的开拓之功不可不提。早在1988年，当时在南京大学历史系任教的时殷弘就出版了他同名课程的讲义：《美苏从合作到冷战》，②这本书虽然只有200页左右，但较为全面、深入地论述了第二次世界大战期间和战后初期美苏从合作到冷战的整个历史过程。迄今为止，在有关冷战起源的问题上，它依然是大陆学界最好的一项研究。在冷战起源问题上，《战后世界历史长编》的主编、复旦大学世界经济研究所的刘同舜教授，也有着独到的看法，只不过他的精彩见解是以"点评"这种中国传统的学术形式表达出来的。在《"冷战"、"遏制"和大西洋联盟：1945~1950年美国战略决策资料选编》③中，刘同舜为每一部分文件写下了11篇提要，言简意赅，观点犀利，字字珠玑，值得细心把握。遗憾的是，这两本书生不逢时，发行量极小，影响有限。相比较之下，北京大学国际关系学院张小明博士的《冷战及其遗产》④则有很大的影响。这本书是国内最早的一本"冷战全史"，以专题的形式，作者对冷战起源、危机冲突、核武器、第三世界、冷战结束等九个专题进行了"史、论、今相结合"的论述。

其次，是一些接近或相当于专著（monograph）标准的著作和论文。张小明博士对冷战史的兴趣源于他对凯南的研究。基于对凯南著作的认真研读和分析，1994年张小明博士出版了他修改后的博士论文《乔治·凯南遏制

---

① 见刘晓源的评论、吕德量的评论，刘磊译《〈冷战国际史研究在中国〉一文评介》，《冷战国际史研究》No.7，第38、41页。
② 时殷弘：《美苏从合作到冷战》（《国际风云丛书》之一），华夏出版社，1988。该丛书生不逢时，发行量很小，而且，出了没几本之后，便无疾而终。
③ 刘同舜编译《"冷战"、"遏制"和大西洋联盟：1945~1950年美国战略决策资料选编》，复旦大学出版社，1993。该书知道的人更少，不仅限国内发行，而且印数只有区区500册。
④ 张小明：《冷战及其遗产》（《当代国际政治丛书》之一），上海人民出版社，1998。

思想研究》。① 他梳理凯南思想内在统一性的努力，给予读者深刻的印象。② 在完成对美苏冷战起源的研究之后，时殷弘教授利用新近解密的《美国对外关系文件集》开始研究美国在越南的卷入和遏制。在发表一系列专题论文的基础上，他出版了《美国在越南的干涉和战争（1954～1968）》③。该书出版后，《美国历史评论》曾经发表过肯定性书评。针对书评中若干不准确的批评，时殷弘据理反驳，最后书评作者不得不回应说，这是一本"出色的著作"（fine standard work）④。1990年代后期，时殷弘又发表过若干篇涉及1950年代赫鲁晓夫开展"非斯大林化"前后美苏关系的论文，其扎实的考证、缜密的论述曾经引起国内饱受意识形态控制的国际共运史学者的注意。⑤ 在沈志华教授"复出"之前，时殷弘可以说是当时国内冷战史的主要领军人物。在他的指导和影响下，有好几位青年学者都投身于冷战史的研究，发表了基于博士论文或博士后出站报告的专著。⑥

除了张小明和时殷弘以外，来自东北师范大学（吉林长春）历史系的崔丕和于群也都对冷战国际史研究作出了独到的贡献。这两位来自东北的学者有着中国其他冷战史学者所缺少的外语优势：他们都能够熟练自如地使用英语和日语两种外语进行研究。仅以多国语言文献的使用，崔丕对巴黎统筹委员会的研究，于群对1945～1972年美日关系的研究，⑦ 就比那些根本不懂对象国语言却依然从事冷战双边关系甚至多边关系研究的美国学者略胜一筹。

夏教授的大作之所以有些疏漏，分析起来，或许有以下几个原因。首先，他的实地调查似乎集中在北京和上海，而没有去其他地区；其次，他关注的主要是最近十年的研究，而1990年代的几个核心作者，如时殷弘、张

---

① 张小明：《乔治·凯南遏制思想研究》，北京语言学院出版社，1994。
② 任东来：《凯南的遏制思想与美国的遏制战略》，《美国研究》1996年第3期。
③ 时殷弘：《美国在越南的干涉和战争（1954～1968）》，世界知识出版社，1993。
④ 我已不记得这篇书评及时殷弘的回应刊登在《美国历史评论》（American Historical Review）哪一期上了。我曾经请学生张振江将书评等内容摘译成中文，以《时殷弘教授著作在美国引起反响》为题，发表在南京大学社科处办的《社科信息》上。
⑤ 例如，《美国与苏共二十大》，《南京大学学报》1996年第3期；《苏联东欧内部变化与美国的政策》，《世界历史》1997年第6期。
⑥ 石斌：《杜勒斯与美国对苏战略》，中国社会科学出版社，2004；张振江：《冷战与内战：美苏争霸与国共冲突的起源（1944～1946）》，天津古籍出版社，2005。
⑦ 于群：《美国对日政策（1945～1972）》，东北师范大学出版社，1996；崔丕：《美国的冷战战略与巴黎统筹委员会、中国委员会（1945～1994）》，东北师范大学出版社，2000。

小明，进入 21 世纪后，均淡出冷战研究，主要从事国际战略和国际关系理论的研究；最后，可能也是最关键的，那就是我们国内冷战研究的确过多地关注"与中国相关问题"，但同样需要指出的是，夏教授及其在美国研究冷战史的中国旅美学者，专注的领域同样也是"与中国相关的问题"。很自然，他们会更多地关注国内这方面课题的研究，下意识地忽略了国内学者对非与中国相关问题的研究。不过，无论如何，的确应成为大家共识的是，中国学者也应该"对其他问题研究作出贡献"。①

最后，在刘晓源的评论中有一个很有意思的话题。他指出，即便在"与中国相关问题"的研究中，比如中美关系、中苏关系、朝鲜战争和越南战争中，中国学者的重点往往放在了外国对华政策而非中国的对外政策上，致使这类研究让人产生了"集体疲劳"。因此，刘晓源建议在目前条件下，在研究"与中国相关问题"时，中国学者的重点应该放在中国方面而不是外国方面。"就中国冷战研究来说，我倾向于相信要开启该领域的下一个纪元，应该指望于对中国的研究而不是对外国的研究。"② 谢谢刘晓源教授给我们提了一个醒，不过，我还是要为国内学者作一个辩护。的确，我们应该更多地研究冷战的中国方面，但是，第一，很多的时候，国内冷战史学者们可能是"心有余而力不足"，某些外在的制约条件使他们无法进行这样的研究，这样的研究不仅需要很多的资金支持，而且，还可能有学术以外的风险；第二，就像海外华人教授的研究和教学是为了帮助西方学生和听众理解和认识中国一样，国内国际关系和历史教授也从事着类似的工作，他们要帮助中国的学生和听众理解和认识冷战的另一方。在一定的意义上说，正因为全面地认识和理解了另一方，你才有可能"鉴别吸收"，更深入和全面地认识中国。

（原载《冷战国际史研究》2010 年第 2 辑）

---

① 夏亚峰：《冷战国际史研究在中国——对过去 20 年研究的述评》，载《冷战国际史研究》No. 7，第 30 页。
② 刘晓源的评论，刘磊译《〈冷战国际史研究在中国〉一文评介》，载《冷战国际史研究》No. 7，第 38 页。

谨防傲慢

——读王缉思教授主编的《文明与国际政治》

王缉思教授主编的《文明与国际政治——中国学者评亨廷顿的文明冲突论》一书有一个明显的特点：全书28篇文章，大部分以否定、驳斥为基调。

这难免令人困惑：既然亨氏文明冲突论如此谬误百出，何以在国内学术界引起如此巨大的轰动与反响？或许这是因为亨氏论及了中国学人最感兴趣与自豪的话题：文化？在一些学者看来，泱泱中华大国，文明五千年，若议文明，我们才最有发言权。亨氏班门弄斧，实在是自不量力。但实际上，书中作者并非每一位都对亨氏理论作了认真和细致的研读。

二战后，国际关系中的文化研究方法一度被忽视与淡漠，80年代以来，西方一些有识之士又重新思考国际关系中的文化因素。（可参见 Y. Lapid, *The Return of Culture and Identity in IR Theory*, Boulder, 1996）尽管他们的研究尚未构成国际关系学中的主流，但显然已形成一股不可忽视的力量。亨氏的文明冲突论，正是这一潮流的反映。而这一现象本身又与当代西方，特别是与美国的国内问题和国际环境的新发展密切相关。

首先，经六七十年代民权运动的发展而改善的美国国内种族关系又有重新趋于紧张之势。社会上的文化多元主义和政治上的肯定性行动（Affirmative Action）非但没有解决种族摩擦，反而造成美国政治文化的分裂。其次，冷战时美国在西欧遏制苏联的相对成功与其在亚洲和中东的挫折与失败形成鲜明的对比，而这里正是美国决策者最不了解、与美国文化差别最大的地区。再次，即使那些在美国指导下实现或正在实现经济现代化的国家，它们与美国在政治观念以及文化传统上的分歧并没有因为经济发展而缩小，恰恰相反，这些国家因自身的现代化而对其文化传统更具信心。最后，国际社会中种族战争、文化冲突似乎代替冷战时期意识形态的对抗而成为国际关系中动荡与不安定的根源。

上述这四个方面的新发展，构成了国际关系研究领域中文化方法回归的大环境，而亨氏的文明冲突理论在一定程度上就是对这种新趋势的理论思考。应当客观地承认亨廷顿的研究是对新的国际关系研究范式的学术探讨，尽管这种反思与探索有相当的偏见，"……反映出西人居高临下、无视他人的心态，又是老大地位摇摇欲坠、危机感加剧的某种折射"（王缉思，第65页）。如果我们抛开不同的价值取向，仅就其研究主题的提出与确定，亨氏无疑为当代国际关系研究提出了一个新的领域。实际上，当今世界经济整合、政治分裂、民族主义再度兴起等现象的确与文化因素有关。

笔者无力对亨氏文明冲突论进行较为完整全面的评析，这里只想指出其观点当中存在一个致命的逻辑缺陷：既然文明冲突是必然的，又何来儒家文明与伊斯兰文明的合作？由此可进一步问道：儒家文明、伊斯兰文明与西方文明差异何在？儒伊联合对抗西方文明的目的又是什么？很显然，问题的答案又会回到本书大部分作者所谈到并指责亨氏所忽视的政治与经济利益上来。但稍对亨氏背景有所了解的人都会承认，亨氏绝不会天真地忘记政治和经济因素的重要，因为这一向是他研究的强项。应当指出，他的独到与可贵之处恰恰是避开老生常谈的话题，直接切入文明冲突。这或许可以用"片面的深刻"来概括。

同样需要指出的是，亨廷顿的理论中处处渗透着以西方为中心的傲慢心态，表现出某些西方学者对非我族类的敌视与狭隘。但在批评亨氏过程中我们似乎也可以看到"东方文化优越论"的影子。（许纪霖对这一思潮有出色的评论，见其《文化认同的困境：九十年代中国知识界的反西化思潮》，《战略与管理》1996年第5期，第100~103页）作为一个现代学人，我们不应用东方封闭的精神去批判西方狭隘的心态，更不能用中国文化的"傲慢"来代替美国权势的"傲慢"。否则，我们会犯亨氏所犯的错误。

（王缉思主编《文明与国际政治——中国学者评亨廷顿的文明冲突论》，上海人民出版社，1995）

（原载《读书》1997年第3期）

四　世界史书评

纪念一项延续了四分之一世纪的学术事业

——为《战后世界历史长编》写的墓志铭

在全球市场化的大潮中，中国终于成为 WTO 的一员。当 WTO 日益变得家喻户晓，连一个英文字都不识的上海里弄老婆婆都能流畅地读出 WTO 时，中国似乎是越来越国际化。看看一夜冒出的众多国际问题专家在各种大众媒体上，不断阐述着中国加入 WTO 的深远意义，深刻地分析着国际恐怖主义的历史、社会、文化和宗教原因，卖力地解构美国打击阿富汗的战略意图，真的让人感觉到国际问题研究的春天已经到来了。

像很多社会科学和人文学科一样，在国际问题研究（或曰国际政治、国际关系、国际研究、世界事务）学科内，大体分成国际现状（政策）、国际关系理论和国际关系历史三个子研究领域。现状研究最时髦，容易发表文章，而且，一不留神就有可能成为媒体的新星。因社会需求巨大，从业人员众多，结果泥沙俱下，良莠不齐。上至退役将军，下到刚入学的大学生，都可以叫板训练有素的专家学者，指点世界大势全球发展。不相信，可以去看看几年前有关亨廷顿"文明冲突"的讨论，有多少跟国际研究八竿子打不着的学者，仅仅根据《参考消息》和《参考资料》的摘译，就敢猛批狂轰亨廷顿。

国际关系理论的研究近几年至少在大学中流行起来，有成为显学之势。不过，它却不能像研究现状那样，可以靠《参考资料》包打天下，因为这个理论是地地道道的西方特别是美国的舶来品（这也是它热的原因，国人对美国货特别是学术上的美国货有着持久不衰的兴趣）。因此，研究者至少要懂英文，看一些原著，然后介绍给国人，再不济也要有渠道接触到港台译介的论著加以翻拍。几乎所有的研究者都坦率地承认，我们对国际关系理论的研究没有创新，尚处于做西方学者的"二传手"的阶段。美国的中国问题专家沈大伟（David Shambaugh）90 年代初，出版了他的博士论文《美丽的帝国主义》，专门谈中国美国问题研究者对美国的研究（在一定意义上也是对国际问题研究），认为中国学者的研究基本上是经验式的，有些是教条的，缺少学术上的创新。唯一的概念创新可能是"霸权和霸权主义"。他的说法可能过于极端，但的确也足以让许多中国的专家学者汗颜。

国际关系史可以说是国际问题研究的一个基础。过去，现实研究因其政策性强尚是学术禁区时，它曾经是中国所有政府以外的国际问题学者的避风港，中国国际关系史学会容纳了所有现状、理论和历史的学者，直到最近才把"史"字这个"红帽子"去掉。这一变化极具象征意义，既表明中国学术界的开放，也暗示国际关系史地位的式微。在强调学术研究的实用价值和现实意义的时代，史的研究怎么可能受到重视和尊重呢？

正是在这一背景下，在 20 世纪最后 25 年中，一直在不间断出版的《战后世界历史长编》（以下简称《长编》），在出版完第 11 分册（1956～1958 年）后，悄悄地告别了深爱它的专业读者。既没有编者的告别辞，也没有作者参加的告别仪式。它无声无息地走，就如同它悄悄地来。当第一本《长编》来到这个世界时，还是文化"被大革命"的后期，它以内部发行的形式出版，以当时通行的组织（编委会）的名义出版。我手头上的第一本（1945.5～1945.12）是征求意见稿，没有出版日期，由编委会署名的出版说明上的日期是 1974 年 12 月。直到 1985 年出版第 5 本时，编者的真人才显身——他们是复旦大学世界经济研究所的刘同舜教授和高文凡教授。而以前的五册（覆盖时期为 1945～1949 年）是由"文革"当中组成的写作班子撰写的，集中了上海最优秀的世界历史、国际经济和国际问题的专家，来自复旦大学、上海师范大学（由华东师范大学、上海师范学院、上海体育学院等五校合并组成）和上海《国际问题资料》编辑组（可能是现在负有盛名的上海国际问题研究所）和上海市"五七干校"六连（上海市外办？）。

"文革"后期各种理论班子不少，出版的著述和连续出版物也很多，但几乎都是政治的"婢女"，随着"文革"结束，树倒猢狲散，班子关门，著述停出，原先出版的东西成为一堆废纸。但是，《长编》这个政治高压时代的产物何以能够继续存在，并在刘同舜和姚椿龄（长编第 7 分册公开出版后的另一位主编）两位教授的精心操持和呵护下，甚至有所发达，在国内国际关系史和战后世界历史研究众多著述中，鹤立鸡群，独树一帜，最终在90年代中期获得上海市社会科学优秀成果一等奖呢！这绝对是中国现代出版史上的一个奇迹，值得出版界和学术界同仁的注意。

我不知道编写《长编》是谁的主意，但肯定与当时毛泽东下令编译外国史地著作所引起的对国际事务的关注有关。为了他的三个世界理论和反对美苏两霸的需要，毛泽东无意中作了一件惠泽学林的善事。当时，大批有一技之长特别是外语能力的专家学者从全国各地的干校中解放出来，翻译出版了近200种外国史地著作，它们选本之精，译文之好，与今日的很多译书不可同日而语。但这批译著版本偏旧，其所述内容大体上都是以第二次世界大战结束前为主。靠它们了解战后世界肯定是不够的，因此帮助"有关部门"了解战后世界的基本发展，成为当时意识形态领导的一项任务。因此，可以肯定，《长编》的诞生是一项上面布置下来的政治任务，意在研究战后世界发展的历史经验教训。当时的出版说明就强调"供有关部门参考"。

本来，包括上海译者在内的全国那些编译外国史地著作的译者都是涉外专业的学者，翻译对他们只是一种无奈的选择，著述才是他们心仪之事。于是，上海的学者再次动员起来，服务于当时的政治。但如果他们和当时很多类似的写作组那样，采取流行的三结合（大学教师、工农兵学员和基层工农）写作方式，处处以政治挂帅，从国际共产主义两条道路的斗争、社会主义反对资本主义、殖民地半殖民地人民反对帝国主义这三条线索来撰写一本战后世界历史和国际关系的话，那么，这个项目的结果就会像当时众多的著述一样，成为时代的笑柄。

但上海人的聪明、上海学者的智慧这时就显现出来了。他们决定采取资料长编这种中国史学的古老形式，按重大专题，依据西方特别是美国出版的一些文献和史料汇编，爬梳整理，来勾画出战后国际关系重大问题的轮廓。这样做，即可以避免任何政治风险，因为他们在出版说明中已经明白无误地告诉读者"不少资料渗透着错误甚至是反动的观点"，也可以为"今后研究和编写战后世界历史做一些初步工作"。显然，编者的良知和直觉告诉他们，以史料为主体的资料书在任何时代都不会过时。这一选择使我联想起李慎之先生在纪念著名学者罗荣渠先生时的一段话。谈到在政治专制年代罗荣渠教授的写作时：李慎之先生称，罗荣渠的作品"与当时那些高腔大调、一味以气取胜、以势压人的文章，真是不可同日而语。我历来相信，不管哪一种理论，只要你真正'坚信'它，坚持不懈地与事实对照，与其本身的逻辑对照，与自己的良知对照，有求是之心而无自欺之意，最后必然能够凭借'人'固有的内在理性的强大逻辑而接近真理"。这一赞誉同样适用于《长编》。

作为产生于"文革"这一特殊年代的特殊产物，《长编》之所以能够顽强地生存并壮大起来，秀木于林，为学界接受，完全是因为其内在的高质量。很多上海世界历史和国际关系的知名学者，如已故的世界史名家林举岱教授、西欧共同体研究权威伍贻康教授都参加过他们的工作。进入80年代后，这种用政治动员方式产生的班子不灵了，学者们各奔前程，回到原来的教学研究岗位。但刘同舜教授和姚椿龄教授却远见卓识，依然承担了这一主要是为学界"他人作嫁衣"的工作，顽强地坚持了下来。不久，两位来自南京大学的杰出年轻学者时殷弘博士和蔡佳禾博士加盟其中，为《长编》的编写注入了新的活力和血液。

正因为有如此出色的作者队伍，《长编》在选题上绝对前沿，概为国内一知半解或只知其一不知其二的问题。他们的选题可以说在中国国际关系史学术界创下了无数个第一：雅尔塔体制、联合国建立、战后国际金融体制的建立（国际货币基金会和世界银行）、冷战起源、德国分裂、希腊内战、苏南冲突、印巴分治、北约建立、欧洲共同体形成、美国调处中国内战、朝鲜战争、美日同盟、亚非会议、台海危机，等等。这些构成今天当代国际关系基本背景的大问题都是从《长编》起步，开始得到关注和研究，然后才进入学术界的视野。

当然，选题的前沿并不能保证研究的出色，要编出国际关系的信史，最根本的是发掘和利用外交档案。显然，如果《长编》的编写者根据的是《参考资料》等新闻报刊资料的话，那么他们的东西也不会比当时的新闻分析、背景报道高出多少。恰恰在资料利用方面，《长编》可谓独占鳌头，不仅在当时无出其右，就是现在，除了一些高质量的博士论文外，它也依然可以说是鹤立鸡群。在国内，《长编》最早全面系统地利用《美国对外关系文件集》，开一时风气之先。该外交文件集是美国外交史学者根据美国档案法25年解密期的规定，从无数政府绝密档案中择其重要的汇编而成，在西方国际关系学术界影响很大。以《长编》第1分册的第一篇重头文章《德黑兰、雅尔塔、波茨坦会议》为例，就是在充分研读了数卷该文件集，并与苏联公布的档案相对照，才编就的"史料长编"。长编的形式体现了编者的谦虚，实际上该文不仅汇集了第一手的史料，而且也参阅了当时大量的研究著作，比如著名外交史学者菲斯（Herbert Feis）的几部二战外交史名著可以说被一网打尽。如果去掉几页引言中带有些时代色彩的毛泽东语录黑体字，你根本无法想象它是那个年代的作品，因为它超越了时代。就笔者所见，似乎直至今日，还没有出现比它对三次首脑会议更为详细的研究著述。这再次证明了历史学亘古不变的实质：它首先是关于史料的学问。

从第7分册公开出版后，《长编》名字依旧，但风格有所变化，总体编写质量进一步提高，开始出现了从强调资料为主的长编，转向以资料为基础进行研究的趋势。这一特点在由时殷弘和蔡佳禾两位南京大学学者主编的第11分册（1956～1958）中体现得淋漓尽致。该书的编写距第1分册的写作大概在25年左右，不仅政治环境天翻地覆，学术条件也日新月异。编写者们在选题上有了更多的自由空间，在资料上也有了更丰富多样化的选择，减轻了对西方特别是美国文献的依赖，从而对涉及双边关系的选题，可以结合两方面的材料，给以较为平衡和全面的叙述。以第二次台湾海峡危机这一专题为例，这个题目在20年前甚至是不可想象的，它太敏感了，而且也根本无法找到中国方面的资料。而现在，作者在一如既往地利用美国档案的同时，也充分发掘了国内公开出版的各种文件如《毛泽东外交文选》和《建国以来毛泽东文稿》以及当事人如叶飞、肖劲光等将军，王炳南、吴冷西等政治家和师哲、李越然等翻译秘书的回忆录，从而对这次危机的前因后果作出了令人信服的分析，大大推进了这一问题的研究，远远超过了西方学者的研究，是目前为止海内外有关这一题目最为丰富和全面的研究。

《长编》虽然诞生在那个特殊的年代，但它却严格地遵守了今天才开始引起学者广泛注意的学术规范。从第1分册到最后第11分册，它虽然尚不能做到"无一字无出处"，但基本上做到了言必有据，而且它给出的版本信息非常全面，为国际问题和世界历史研究树立了良好的典范。记得80年代中期，《世界经济》评选经济学家厉以宁教授的一篇有关西方经济学和历史学融合趋势的论文为优秀论文，姚椿龄和杨宇光两位教授就从他们编《长编》的经验中，敏感地意识到，抛开文字的内容不论，该文在形式上存在着巨大缺陷，因为作为评论西方学术动态的学术论文，该文没有给出任何注释和参考书目。为此，他们投书《中国社会科学》杂志。严谨的学术态度也使《长编》的编者作出了一项惊人之举，他们主动退还了"八五期间"一项关于战后国际关系史的国家社科基金项目。原因是，当他们的项目申请获得资助后，研究组成员发生了变动，他们自认为尚没有力量作出较好的研究，还是继续《长编》本身的事业为好。就这样，他们主动放弃了令多少人羡慕，而且花费不少周折获得的资助。坦率地讲，虽然研究组人员不足，但仅凭着他们《长编》工作的积累，再利用手下的研究生，他们完全可以作出决不亚于国内任何其他机构的类似研究，但他们却因为达不到自己原来设定的目标而放弃。在国内社科基金资助史上，这一做法虽然不是空前绝后，但肯定是寥若晨星。这是一种什么精神？这是一种真正的实事求是的精神，一种永远追求卓越的精神，一种献身学术的精神，而这可能正是我们今天学术界最为缺乏的精神。

坦率地讲，几乎没有一位严肃的国际关系史和战后世界史学者没有参考过《长编》，也不知有多少研究生依靠长编的资料完成了他们的学位论文。可是，从这些学者的教材、论著和学生的学位论文的注释中，要找出《长编》及其作者的名字，几乎比登天还难。因为《长编》所有的分册的出版说明都有一条："引用本书资料，务请核对原文，并请注明原著版本。"虽然从《长编》最初的性质和当时出版的环境而言，这一规定既是一种自我保护，也体现了编者不求名利、虚怀若谷的学者风范，以及为研究者提供一个资料线索，鼓励他们多多利用第一手资料的良好用心。但问题是，80年代末期《长编》公开出版后，依然如此规定，就有些不近人情，特别是它不具体注明每个专题作者的惯例，可以说严重损害了作者的正当权益。正像前面提到的，《长编》越来越成为一项研究的成果，而不是资料的汇编。此外，出版说明中的这个规定，为很多投机取巧者提供了借口。因为很多利用《长编》的人根本没有条件（外文不通，找不到原著）核对原文，或者干脆懒得核对，因此，他们在自己的"论著"中大量引用《长编》的资料时，闭口不谈转引自《长编》，形成最令学界痛恨和头痛的所谓"伪引"现象。《长编》作者鼓励他人利用一手材料的良苦用心，结果却成为某些人不劳而获的借口，这实在是莫大的悲哀，完全出乎编者的想象。在谦虚的《长编》面前，一些根据《长编》写出来的"史""论"则似乎显得过于傲慢和自大。

面对静静地摆放在书架上的 11 本《长编》，我有一种和老朋友再见的感觉。二十年前，我是大学三年级的学生，当时老师布置要写一篇学期论文，我选择了雅尔塔会议。初稿写出后，颇为自得。但不久，我发现了《长编》的第 1 分册，读完其中的内容，其丰富的内容把我完全给镇住了，我只好放弃初稿，选择了其他。我想，我这辈子都不能选择《长编》作过的题目，除非我在资料上能够超过他，而这绝非易事。在北京读研究生时，我在灯市东口的旧书店买到了从农业部图书馆剔出来的《长编》内部发行的几册，后来我又想办法配齐其他已出版的几册。我从北京来到天津，最后落户南京，这过程中，丢掉了好几箱在北京旧书店购买的外国史地书。但是，庆幸的是，《长编》却完好无损。1990 年，姚椿龄教授在美国史年会上，看完我的《美国与英苏两国划分巴尔干势力范围》一文后，邀请我参加《长编》的编写，为心仪已久的《长编》撰稿自然是我求之不得的事。但后来，阴错阳差，我几次出国进修，未能履约，常常深感内疚。

　　翻阅装帧、印刷和纸张质量都大为改善的第 11 分册，令人感慨万千。我不愿相信这一全新风格的《长编》只是它生命结束前的回光返照。随着《长编》的主事者刘同舜教授和姚椿龄教授的相继退休，更重要的可能是，据说中国的学术已经发达到超越《长编》的资料阶段，而进入以专著和论文为主的创新时期，《长编》开始没落了。编写《长编》需要学者专心致志的时间投入，需要机构不求实物回报的物质投入，这实在是与一切讲究效率、讲究回报、讲究实用价值和现实意义、讲究论著转载引用率的学术大环境格格不入。《长编》太贵族气了，它似乎不食人间烟火，只讲奉献，不求回报，追求着自鸣得意的学术意境和孤芳自赏的研究风格，这就注定了走向没落。姚椿龄教授在退休前，曾经想把这个响当当的品牌无偿转让给他信任的某个研究机构，延续这个他为之努力了半辈子的事业，但是，这个既不缺钱，也不少人的机构却并不认为这是什么宝贵的遗产，而是包袱，而想接的学者则既无钱，更无权！

　　《长编》在它 25 岁的壮年悄然辞世，显得那样的仓促，甚至来不及通知深爱它的读者，也听不到那些使用过它、受惠于它的人们的一声叹息。但是，套用一句老生常谈，我想说"一些书消失了，但它们活在学者的论著里；一些书还在出版，但它们却留在了学者的字纸篓中"。《长编》存在时，曾经帮助过无数的学人，可是他们吝啬到不愿写一字的赞扬。现在，它和它所研究的对象一样成为了历史，让这些文字全当是它迟到的墓志铭吧！

　　[《战后世界历史长编》编委会：《战后世界历史长编（1945~1949）》，第 1~5 分册，上海人民出版社，1975~1980；刘同舜、高文凡主编《战后

世界历史长编（1950～1951）》，第 6 分册，上海人民出版社，1985；刘同舜、姚椿龄主编《战后世界历史长编（1952～1955）》，第 7～10 分册，上海人民出版社，1989～1997；时殷弘、蔡佳禾主编《战后世界历史长编（1956～1958）》，第 11 分册，上海人民出版社，2000］

（原载《读书》2002 年第 4 期）

朱瀛泉著《近东危机与柏林会议》

近年间，我国的国际关系史学科的专题研究有了较大进展。但这些专题研究所涉及的大多是与中国相关的双边关系史，而非多边关系史。与双边关系史相比较，多边关系史由于涉及的行为主体较多，内容更为复杂，因此要求研究者不仅要掌握多国甚至多种语言的文献史料，而且要对研究主题进行更宏观的考察与整体的把握。由于这一主客观原因，不涉及中国问题的多边国际关系史的专题研究在国内几乎是空白。南京大学历史系朱瀛泉教授的《近东危机与柏林会议》一书的出版，填补了这一空白，且选题恰当，材料丰富，分析精致，完全可与国外的专题研究著作媲美。

选择19世纪欧洲国际关系史中的东方问题作为研究课题，的确需要很大勇气。因为它涉及几乎所有欧洲大国，尤其是俄奥英德四国，因此把握它的整体就必须对这四方相互交织的复杂关系加以一一澄清。正是由于这一难点，甚至西方学者在研究这次近东危机时，也只是从某一列强的政策或双边关系角度去探究，而对柏林会议的研究则往往集中于会议本身，从而忽视了会议召开前的整个外交格局。这就在一定程度上割裂了近东国际关系结构与整个欧洲国际关系结构的内在联系。朱教授另辟蹊径，从整体的观点（注意近东和欧洲这两个国际关系结构的联系）、联系的观点（注意列强外交的互动）和全面的观点（注意外交与内政及外交家个人之间的关系）系统地考察1875~1878年的近东危机，这一选择显示了作者深厚的学术功底。为写此书，朱教授整整花了六年的时间收集材料，并在写成博士论文的基础上，于1988年得到国内专家首肯后，又根据一些未发表的西方学者的博士论文加以补充和完善。这种严谨的治学态度是值得称道的。

所谓东方问题，是指17世纪以来由于横跨欧、亚、非三大洲的土耳其帝国衰落而引起的国际纷争，而1875~1878年的近东危机则是其中的一个组成部分。这次危机影响之大，以致被西方国际关系史专家称之为"东方的大危机"。不过，像很多大危机一样，其起因却是一个小事件：1875 年土耳其帝国所属的波斯尼亚和黑塞哥维纳两省爆发了斯拉夫农民反抗土耳其统治者的起义。由于 1856 年结束克里米亚战争的《巴黎条约》已经把土耳其纳入所谓的"欧洲的协调"（Concert of Europe）的国际格局当中，这一局部事件引起了以斯拉夫人保护者自居的沙皇俄国的直接干预，最终导致 19 世纪第四次俄土战争（1877~1878 年）。俄国的胜利搅乱了欧洲原有的力量平衡，将巴尔干视为后院的奥匈帝国和把土耳其视为受自己保护的英帝国很快卷入其中，力图抵消俄国的胜利成果。它们通过柏林会议迫使俄国吐出了它在《圣斯蒂法诺条约》中已到嘴的肥肉。

本书细致地描述了远比上面这段概述复杂得多的历史进程，深入地分析了推动这一进程的各种力量。书中最显著的特点是注意从"整体、联系和全面"这三个观点来运用费心收集的多国外交史料，从而使这一令不少学者既感兴趣又望而却步的"历史之谜"变得清晰可见。

作者的"整体观"首先表现在把近东国际关系结构视为欧洲均势结构的一个部分，力图寻找出这两者之间的互动关系。为此，他特别对构成近东危机背景之一的 1873 年俄奥德三皇联盟加以分析，指出这一联盟"发轫时是奥俄之间的一项安排，在欧洲方面是防备德国潜在威胁的一种警诫和自卫的手段，在近东方面是日后寻找协调和妥协的根据"（第 12 页）。虽然德国为了孤立法国，协调俄奥在近东问题上的分歧而加入其中，但"奥俄保持合作则是这个联盟的基础"（第 13 页）。三皇联盟构成了当时欧洲大陆外交结构的主体，但它又不可避免地与近东国际关系相联系。

对于奥匈帝国来说，近东巴尔干直接影响到其多民族、双元帝国的稳定。虽然俄国一向对巴尔干有扩张野心，但为了维护与奥国的友谊，还是同意与奥匈一起维持巴尔干的现状。不过在这一地区有重大利害关系的不光是俄奥两国，还有号称"日不落帝国"的英国。本书明确指出，英国多年来在近东的外交目标十分明确，就是利用土耳其帝国为屏障防止俄国势力由海上向东地中海和由陆上向印度扩张（第 19 页）。因此，近东国际关系的特点之一就是在维持土耳其帝国现状这一点上，俄奥英形成了某种平衡。但这种平衡有其致命弱点，因为它无法控制可能会危及这种平衡的巴尔干当地的斯拉夫民族主义运动。这股反抗土耳其统治的民族主义力量，再加上俄国统治阶级内部强烈的泛斯拉夫主义情绪，就有可能打破旧的力量平衡。

对此，本书详细论述了波黑斯拉夫人寻求独立的要求是如何演变成为涉及诸列强的国际危机和俄土战争，以及这场危机又是怎样改变了当时的国际格局。柏林会议最终在近东和欧洲确立了新的国际关系结构。这就是"欧洲土耳其呈现出一种奥俄瓜分势力范围的状况，亚洲土耳其保持了英俄对峙的局面"（第201页）。于是，在近东俄奥英三角关系之中，奥国的跳槽使得奥俄协调为英奥联合所代替，同时，也使三皇联盟的基础不复存在。构成欧洲外交主体的三皇联盟名存实亡（第202页）。近东与欧洲国际关系就这样密切地联系在一起。

作者的"联系观"主要体现在注意各国外交的相互影响上。以俄国对土耳其战争前的外交为例，书中指出，当沙皇亚历山大二世在1876年11月决心对土耳其发动战争时，他的首相兼外相哥尔查科夫便面临着一个外交难题，即如何避免克里米亚战争的错误，防止全欧洲反对俄国。为此，俄国进行了广泛的外交活动，成功地中立了英国并争取到奥国的善意，最终使它对土耳其的战争"具备了执行欧洲意志的性质"（第94页）。但是，当俄国有可能占领土耳其首都君士坦丁堡，并把苛刻的《圣斯蒂法诺条约》强加于土耳其时，战前俄英、俄奥的脆弱默契便荡然无存了。英国通过显示海上实力以及协调与奥国的立场来限制俄国的胜利成果，遏制俄国势力的扩张，从而迫使俄国向英奥作出妥协，放弃原来旨在建立其巴尔干势力范围的"大保加利亚"计划。于是，"近东的国际关系结构发生了重大变化，标志是奥俄传统谅解的结束和英奥联合的开始"（第183页）。而奥俄谅解的结束必然会动摇三皇联盟，一直想在奥俄之间走钢丝的德国宰相俾斯麦为维护联盟，孤立法国，遂扮演起一个"诚实的掮客"。这就为说明俾斯麦在柏林会议召开过程中的重要作用埋下了伏笔。这样，作者把俄土战争前后欧洲复杂的国际力量的变化与组合丝丝入扣地揭示了出来。

作者的"全面观"则表现在既注意到外交是一国实力的体现，同时也审视其外交政策的水平。书中写到，俄土战争初期，一直主张俄英和解的俄国驻英大使舒瓦洛夫曾设计并向英国提出一项比较切合俄国实力地位的"小和平方案"，以结束对土战争，缓和因俄土战争开始紧张的俄英关系。尽管这一方案得到了首相哥尔查科夫的首肯，却遭到俄国国内受沙皇支持的军方强硬派的反对，最终不得不撤回，这就严重损害了俄国外交的可信度。更为荒唐的是，谈判和签订《圣斯蒂法诺条约》的俄国代表、驻土耳其大使伊格纳切夫竟不知道俄国战前对奥国的承诺（即它可以在必要时占领波黑两省），从而在波黑问题上留下了背信弃义的恶名，给奥国反俄提供了口实。同时，书中也指出，俄国在战场上不稳定的胜利以及战争给国内造成的财政困难和社会动荡，给签订条约后"俄国的外交地位造成了致命的弱点"（第154页）。这种把外交政策的水平与实力地位相结合的分析方法，较好地说明了俄国作为战胜国何以在柏林会议上却由其他列强来决定其应该获得多少胜利成果这一奇怪的现象。

　　作者的"全面观"还体现在对外交家个人作用的充分注意。如果说对国际关系结构及大国外交相互作用的重视，体现了作者对国际关系史学科的社会科学性质这一层面的深刻把握的话，那么，他对外交家个人作用的重视则体现出作者对国际关系史学科的另一面，即人文性质的独到理解。国际关系史毕竟离不开那些活生生的外交家们，这在19世纪外交史中尤为如此。外交家个人的重要性可能是19世纪国际关系史区别于20世纪国际关系史的一个重要特点。因此，作者着力对一些外交家进行刻画。以俄国的两位外交家为例，驻土耳其大使伊格纳切夫一出场，作者就指出，此公有强烈的泛斯拉夫情绪，致力于将巴尔干的斯拉夫人从土耳其人的统治下解救出来，纳入俄国的轨道（第19、32页）。这就为后面说明其在迫使土耳其接受《圣斯蒂法诺条约》中的作用做了铺垫。但正如书中所云"成也萧何，败也萧何"，伊格纳切夫不可能成为条约的修订者，而主张对英和解的俄国驻英大使舒瓦洛夫遂在修约中成为俄国外交的新星。书中指出，他在"伦敦的关键性岗位，熟悉英国的情况以及与俾斯麦的个人友谊，是使他在解决危机过程中发挥重要作用的有利条件"（第156页）。于是，俄国的政策便通过这种外交人事的沉浮而凸显出变化来。此外，作者对"诚实的掮客"俾斯麦的精明，对最具孤立色彩的英国外相德比的坦率，对醉心外交权术的奥国外相安德西斯的圆滑，都用心刻画，给人留下较深的印象。

　　该书的人文性不仅体现在对人物的重视上，也表现为文字的清新和行文的流畅。虽然本书依据的文献是相当枯燥乏味的西洋外交史料，但它的行文却很简洁，很少有欧化句子，可读性较强。在引用史料时，作者也尽量避免国内及美国一些外交史学者整段摘引原文的做法，而是设法用自己的语言加以概括，从而使文字更精炼，风格更独特。

　　作者在写作上惜墨如金，尽量寓议于史之中，让历史进程自身来说明历史的因果关系。这固然是一种值得提倡的修史之道，但作为读者，一般还是希望作者对若干关键问题能多加分析与评论，特别是像多边关系史这类复杂的课题。比如说，作者对英国近东利益的分析，对俄奥两国在巴尔干的实际利益的阐述似不够充分。读者可能会问，俄国究竟出于何种利益要在国力十分有限的条件下，不惜冒破坏欧洲力量均势的风险对土耳其作战？虽然作者提到这与俄国想通过控制保加利亚来增加其在巴尔干以及对土耳其的影响力有关（第70页），但从理性的角度来看，俄国似不值得为这一目的而付出战争代价。对这一问题，泰勒的解释似乎更合理些："除了收复比萨拉比亚之外，俄国人发动这场战争没有明确的目的"。对俄国决策者来说，"重要的不是具体计划而是（泛斯拉夫）情绪"。在做出对外战争决定时，沙皇正在克里米亚，他的周围都是一些泛斯拉夫主义的狂热信徒。[①] 这种非理性的解释是有一定道理的。应该指出，沙皇专制制度比起当时欧洲其他列强政府来，其外交政策更易受情绪而非理性的影响。

作为一本高水平的学术专著，在技术上尚有可改进之处，如果能够用附表或者译名对照表注明外交家和政治家的职位，就会方便读者。另外，外国人名第一次出现时，按惯例应用全名，本书却一律只用姓氏，甚至在译名对照中，许多人也是有姓无名。

《近东危机与柏林会议》是一本研究100多年前欧洲国际关系史的著作，但对于任何一位关注今天欧洲特别是波黑危机的国际事务的读者来说，它也是一本极有价值的参考书。的确，历史无法预示未来，但却可以为后人观察多变的世界提供一个合适的角度和方法。

（朱瀛泉：《近东危机与柏林会议》，南京大学出版社，1995）

（原载《历史研究》1997年第5期）

[①] 泰勒：《争夺欧洲霸权的斗争：1848～1918》，沈苏儒译，商务印书馆，1987，第282、264、274页。

公有制与英国工党的沉浮

——读刘成《理想与现实：英国工党与公有制》

自1997年上台以来，英国首相布莱尔在国际上异常活跃，倡导建立国际反对恐怖主义的联盟，配合美国进行伊拉克战争，不惜以恶化与欧洲大陆主要国家的关系为代价，维护和发展与美国的特殊关系。虽然英美特殊关系一向都能够经受得起历史的考验，但两国领导人的私人关系却并不总是亲密无间。显然，良好的国家关系为良好的私人关系提供了舞台，但并不能保证能够建立这样的关系，因为领导人涵养、旨趣和风格的不同都会影响这类关系的建立；同样，领导人之间良好的私人关系可以为良好的国家间关系提供机会，但并不能保证一定能够建立这样的关系，因为国家间关系涉及的国家利益远远超出了领导人的个人好恶。

由此看来，良好的国家关系与良好的领导人私人关系同时并存的机会微乎其微。仅以美英关系——20世纪国际关系中最稳定的一组双边关系——为例，似乎只有1940年代的美国总统罗斯福和英国首相丘吉尔，1980年代的里根总统和撒切尔首相，还有就是现在的"两布"：布什总统和布莱尔首相是几个引人注目的例外。前两对铁关系相对容易理解，罗斯福和丘吉尔是第二次世界大战中同一战壕的战友，他们在战时留下的几千封通信，累计时间达数月之多的十几次会晤，都使人们有理由相信这样的一个传闻：罗斯福闯到丘吉尔的客房，见到刚刚沐浴完毕的丘吉尔，颇为尴尬，赤条条的丘吉尔却说："在美利坚合众国总统目前，大英帝国的首相是没有什么好隐瞒的！"

里根和撒切尔是一对极端保守主义的难兄难弟。在经历1960~1970年代各自国家自由主义泛滥成灾之后，在欧洲大陆依然是社会民主主义一统天下的年代，这两位铁腕人物居然对自己潜在的一部分选民，特别是有组织的工会和由工会组织的罢工大开杀戒，毫不妥协；对战后一直沿袭下来的、帮助社会弱势群体的福利制度大动干戈，毫不留情。共同的保守主义理想和政策让两人惺惺相惜，甚至传出里根对撒切尔眉来眼去的谣言。

因此，唯一不好理解的是"两布"之间的密切关系。他们何以也能够建立起铁哥们儿的关系？一位是以新保守主义著称的美国共和党总统，另一位是以倡导"第三条道路"名世的英国工党首相。特别是，布什前任民主党总统克林顿与布莱尔密切的关系，更给布什投下了阴影。因此，布什刚上台时，人们都怀疑克林顿和布莱尔两人之间的密切关系是否会在布什与布莱尔之间继续下去？布莱尔是1997年上台的，他和克林顿有着太多的共同点：平民出身，家庭变故，天资聪明，很早懂事，个人奋斗，牛津教育，律师背景，年轻从政，少年得志，均有"政治神童"之称。就连克林顿在白宫与莱温斯基小姐的偷情，和布莱尔在首相府生子添丁，都被媒体看作是精力旺盛、青春依旧的共同表现。要不是克林顿碍于美国宪法总统任期两届的规定而在壮年时黯然下台，他和布莱尔的关系说不定又会成为美英关系的一段佳话。

克林顿和布莱尔的那些共同点，布什全没有，而且，尽是不同点。但出乎所有人预料，布什这个以西部牛仔自谓的名门之后居然与布莱尔这个平民之子的牛津绅士，建立了极为默契的关系，比起克林顿与布莱尔的关系来，是有过之而无不及。其奥秘就在于，虽然"两布"经历和旨趣相差甚远，但是，领导风格和政治哲学却非常接近。"两布"在"反恐"和"倒萨"两场战争中，都表现出一旦下定决心，就锲而不舍、我行我素的领导风格和能力。但是，说他们两位有共同的政治哲学，肯定是会引起非议的。一个是美国共和党的保守派，一个是英国工党的自由派，而且，一般来说，英国工党属于欧洲的社会民主主义传统，要比美国的民主党还"左倾"，在美国被认为是自由派的民主党，如果放在欧洲的语境中，简直就是保守派，而被认为是保守派的美国共和党，则与欧洲臭名昭著的极右派差不了多少。

但是，时代在变，各党派的政治立场也在变，我们不能再用老眼光来看待欧美政党和领导人的政治哲学。在批评布什极端保守的立场时，我们忘记了布什实际上给自己的保守主义加了一个限制词"有同情心的保守主义"，以便和里根主义为代表的、冷酷无情的保守主义拉开距离；在我们突出布莱尔的"第三条道路"时，我们更多地把它看作是对传统保守主义和社会民主主义的超越，对撒切尔主义的反拨，而忽视了在本质上，它是偏离工党的传统，向"右"，即保守主义大幅度摆动。正是在这里，布莱尔的右摆和布什的"有同情心的保守主义"找到了共同点。而正是这一共同点，为他们两位建立密切的私人关系奠定了思想基础。

我们认识的一些失误，既是因为我们受制于原来的思想框架，同样也是我们对英美政党特别是对英国政党在二战后的发展变化缺乏深入的研究有关。前几年有关布莱尔"第三条道路"的文章不少，但大都是就事论事，没能从二战后英国社会结构的变化和工党本身的新陈代谢进行追根溯源，因此，对"第三条道路"的理解只限于政策层面，而没有深入到工党变革的制度层面和其领导人洗心革面的思想层面。正是从这个意义上说，南京大学历史系刘成博士的专著《理想与现实：英国工党与公有制》对我们了解"第三条道路"的由来，进而帮助我们认识到，就一个政党来说，不论是在野还是在朝，与时俱进是其保持政治生命力的根本保证。

对于一个从来没有在英国生活过的中国学者来说，要梳理清楚一个外国政党的纲领政策的发展演变，体验其中的世事沧桑，绝非易事。但是，中国学者也有自己的优势，中国过去半个世纪的巨大变化，让我们对一个政党的理想与它所面对的现实之间的巨大反差，政党的纲领与其政策实践之间的巨大鸿沟，有着特殊的敏锐和感悟。正是依靠这一能力，刘成博士对战后英国工党的研究，摆脱了以往只注意研究政策和人物的做法，而是深入到工党性质和目标这一更为关键性的问题。这就是英国工党党章中的第四条款——公有制条款。这可不是一般的条款，而是涉及工党目标的核心条款。在1918年工党大会颁布的工党党章中，该条款明确了工党的政治目标和理想："在生产资料公有制和对每一工业和行业所能做到的最佳民众管理和监督的基础上，确保体力劳动者或脑力劳动者获得其辛勤劳动的成果和可行的最公平的分配"。1929年工党年会，又增加了"分配和交换"的内容，即将"在生产资料公有制"改成"在生产、分配和交换资料公有制"（第11~12页）。工党之所以被认为是社会主义党，或者用国内的表述是社会民主主义政党，也主要是因为这一表达其社会主义信仰的公有制条款。

紧紧围绕公有制条款这一核心问题，刘成博士从工党内部的复杂关系、工党上台后的政策与社会环境的互动这两条线索展开，以战后英国的社会阶级变化、经济结构变化、工会的演变、人民价值观念的变化为背景，对二战后工党内部在这个问题上的不同观点和争论，工党国有化改造和福利制度的建立等有关实施公有制思想的实践，以及工党在执行这些政策时的困惑及变化的原因等问题进行了多方面的叙述、剖析和研究，为我们展示了一个政党成长过程中的成功、失败、困惑、迷茫、革新和再成功的复杂图景。由此可见，公有制条款在工党的研究中，的确可以起到纲举目张的作用。

对很多的工党领导人和团体及个人党员来说，公有制条款是工党的命根子，是党在政治舞台上区别于其他政党的鲜明标志，是其争取和团结广大工人群众支持的黏合剂，因此也是其制定国内政策的重要依据。但是，成败皆萧何，公有制条款使工党从一开始就陷入了难以摆脱的两难处境：一方面，它必须把工人阶级的利益（公有制是其中最主要的利益）放在其政治活动的首位；另一方面，作为一个只能通过议会选举才能实现其阶级理想的非革命性政党，它只有争取到工人阶级以外的选民支持，才可能上台执政。这样，是争取选举的胜利还是坚持党的纲领，就成为工党竞选发展史上一个至关重要的问题。

虽然工党在第二次世界大战行将结束时，利用战时的特殊时机，首次上台执政，开始实现自己的公有制（国有化）理想，建立了福利国家，实现了充分就业，但是，它很快就发现，它的理想很难彻底实现。与通过革命上台后的社会主义政党不同，英国工党的国有化政策必须尊重法律和产权，必须采取赎买政策，而它手中的资源根本不足以完成这样的赎买，更糟糕的是，已经国有化的企业立即暴露出效率低下、官僚治厂的毛病，几乎个个亏损，家家要补贴，结果，工人的收入也就停滞不前，一些工人竟然未经工会同意，开始以大规模的罢工来反对自己的政府。社会主义的理想并没有带来人们所希望的结果，反而成为工党的软肋。1951年大选时，保守党人便称：只要迫使工党在"社会主义问题上同我们竞选"，保守党肯定可以赢得大选（第50页）。这对1945年以社会主义为号召而上台的工党来说，实在是莫大的讽刺！

在1951年议会选举（大选）中，工党败北。其内部出现了修正主义思潮，认为公有制和国有化政策是工党失败的原因，遂有修改第四条款之议。但这一声音太离经叛道了，在绝大多数人看来，公有制条款是团结全党的基本纽带，没有了它，工党也就不成其为工党。虽然1964~1970年和1974~1979年，工党两度上台执政，分别尝试用"科学革命"和"扩大公有制战略"来挽救英国日益衰落的国际地位和一蹶不振的国内经济，从而加强工党与保守党在竞争中的地位，但是，由于二战后英国经济结构的变化，作为工党社会基础的工会及其所代表的产业工人日渐衰落，工党没有能够获得持久的成功。1983年的大选成为工党的滑铁卢，遭遇了成立以来最大的一次失败，而它的以扩大公有制为核心的大选宣言，被讥讽为"历史上最长的自杀备忘录"（第186页）。这次大选的结果，无疑是英国民众对撒切尔夫人保守党政府过去四年全方位私有化政策的一个肯定。

此后，在1987年和1992年的两次大选中，坚持公有制理想的工党再次败北。工党的精英不得不一次又一次地反省自己失败的原因，开始认识到在保守党多年全盘私有化的基础上，在普通民众普遍尝到了自由市场经济的好处后，要想以公有制和国有化来吸引选民，赢得大选的胜利，几乎是不可能了，工党必须洗心革面，否则，永无翻身的机会。新的形势需要新的领导人，由于工党领袖史密斯的突然去世，布莱尔提前被推上历史的前台，当时他年仅41岁。

作为战后出生的新一代领导人，布莱尔没有历史的包袱，同时也目睹了工党一次比一次更为惨痛的失败。他下决心放弃公有制条款，并亲自起草了新的第四条。在保留工党追求社会正义和平等，突出公共利益和集体行动重要性的同时，新条款肯定了市场和私营企业在经济发展中的作用。新的第四条在1995年工党大会上以65%的选票被接受，布莱尔的"新工党"终于得到全党大多数的认可。对此，作者给予了恰如其分的评价："它是战后英国社会诸方面变化的结果，也是在英国这样的一个典型的资本主义国度里，工党长期探索并付出惨重代价得出的结论。对公有制条款的修改，并不是废除公有制、全面实行私有制，但它表明工党已不再以实现公有制作为工党的指导思想和目标。"（第229页）

党章的改变，为"第三条道路"理论的出现铺平了道路。正是以此为指导，工党终于在1997年赢得了大选的胜利，重新上台，这时离它上次执政整整间隔了18年！现在，布莱尔有机会实现其"新英国"的理想。在1998年9月出版的《第三条道路：新世纪的新政治》中，布莱尔指出了第三条道路的本质："力图吸取反对派和中左翼的基本价值，把它们运用于社会经济发生了根本性变化的世界中，而这样做的目的是摆脱过时的意识形态"（第234页）。2001年的英国大选，无疑是对布莱尔第三条道路的一次全民公决，工党以压倒性多数的胜利证明了自己选择的正确。

刘成博士以《理想与现实》为题，来讲述工党凤凰涅槃的故事，实在是有着强烈的启发意义。因为，当今世界上许多社会主义性质的政党都面临着一个难题：当它的政治理想与它所面对的社会现实存在巨大差距时，或者说，存在巨大矛盾时，究竟是牺牲理想来迎合现实，还是下决心改革、改造甚至是革命这个社会现实来实现理想？究竟是理想重于现实，还是现实重于理想？抑或在这中间，还存在某种"第三条道路"，那就是面对个人甚至政党都难以控制其变化方向、节奏和目的的复杂的人类社会，不断地调整、修改甚至是彻底放弃原来的理想？如果说这本书有什么不足的话，那就是作者没有能够在理论的高度对此加以总结概括。不过，这一要求已经超出了这本著作的目的，更不是作者所能直接回答的，甚至不是学者们能够回答的，它的答案只能是来自无数个像布莱尔这样勇于革新的政治家的伟大政治实践。只有生活和实践，而不是书本才能回答这个可能会永远困扰人们的社会难题：理想与现实该如何协调与平衡？

（刘成：《理想与现实：英国工党与公有制》，江苏人民出版社，2003）

（原载《博览群书》2004 年第 12 期）

冷战史中的苏联解体

——读《美国、俄国和冷战，1945~2006》

1991年8月23日，在部分苏联共产党领导人发动"8·19政变"失败后，民选的俄罗斯总统叶利钦趁机下令限期解散机关、企业和军队中的苏共组织。次日，苏联第一位也是最后一位总统戈尔巴乔夫宣布辞去苏共中央总书记职务，并建议苏联共产党中央解散。就这样，一个经过一次国内战争、一次世界大战考验的一度是世界上最强大的政党顷刻间倒下，没有遗嘱，没有墓志铭，更没有送葬者。

尽管时间已经过去了20年，但由于历史的因缘，不仅俄国的历史学者，就连中国的学术界，在讲述和讨论苏联亡国史时，也难免会涉及民族情感和政治敏感。或许，下面这本冷战史大作《美国、俄国和冷战，1945~2006》（以下简称《冷战》），可以从国际史的角度解释苏联解体的国际背景和制度因素。作者沃尔特·拉费伯尔是美国康奈尔大学历史系的荣休教授。

作者坚持了他40年前的看法：美苏对抗的基本背景来源于这两个国家扩张的历史，以及美国对苏俄世界革命理想的深深恐惧。在此背景下，斯大林1941~1946年的外交政策是一种正常的现实主义路线，而不能以"妄想狂"来一言以蔽之。"如果他和其他苏联人的确对西方深怀猜疑，这也是现实使然，而不是出于妄想。因为1917到1920年，西方派遣成千上万的军队涌入俄国；在三十年代，西方拒绝与苏联合作；1938年西方试图把希特勒的祸水引向斯大林；西方多次在第二战场问题上食言；1945年，西方还试图进入那些斯大林认为对苏联安全至关重要的地方。"作者这样讲，并不代表他赞赏斯大林的做法，他对后者并无好感。在书中，他两次重复赫鲁晓夫的回忆，来说明斯大林不受限制的权力所带来的傲慢：对不愿意合作的南斯拉夫领导人铁托，斯大林宣称："我动一动小指头，铁托就完蛋了。"

赫鲁晓夫在党内激烈的权力斗争中胜出，并在1956年2月苏共二十大上，发表了揭露斯大林的秘密报告。作者对此的评论颇为精辟："他用来驱除这个独裁者的幽灵是剃刀，而不是切肉的斧头。"赫鲁晓夫强调："错在斯大林的'个人崇拜'，而不是共产党体制本身。他也小心翼翼地保护党和军队免受斯大林罪行的牵累，但是却并没有保护群众和知识分子。在国内事务，他努力加强他个人的权力，放松斯大林加之于经济上的限制，在不至于诉诸恐怖手段的情况下确保对社会的绝对控制。"因此，"反斯大林是有限度的，特别是当它威胁到了党和赫鲁晓夫权力的时候"。

在国际上，赫鲁晓夫开始和缓与西方的紧张关系，与美英等国达成协议，从奥地利撤军，恢复了后者的独立。在欧洲冷战格局基本固定后，他改变了从意识形态来判定新兴国家政权性质的成见，向一些东南亚和中东等地的新兴国家提供援助，开始与美国争夺第三世界。"苏联人将拆除斯大林设置的屏障，开进毗邻的高速公路，进入尚未投入冷战的第三世界。"这一进程最有戏剧性一幕就是1962年赫鲁晓夫将导弹运至并部署在古巴，由此引发冷战中最大一次核战争危机。已经把赫鲁晓夫内外政策视为修正主义的毛泽东对此有一个颇为精辟的评论："从冒险主义开始，以投降主义结束。"美国的行径的确霸道无理，它策划入侵古巴的猪湾事件，把导弹部署在土耳其对准苏联，使用 U－2 飞机飞越苏联，却不允许苏联在它的后院部署导弹。赫鲁晓夫的冒险决定，有太多的个人因素。据说这一念头来源于赫氏在黑海海滨的一次度假。他突然意识到，在黑海另一边的土耳其境内，部署着美国的导弹，他遂对手下说："我要放个刺猬到美国人的裤子里。"这个刺猬就是部署在古巴的导弹！后来，连苏联的一位高官都骂道："如果斯大林还活着，他会悄声无息地完成每件事情，但是，这个笨蛋却四处声张威胁——迫使我们的敌人增强了他们的军事力量。"

外交上的失败，国内经济的停滞不前，最终导致赫鲁晓夫在1964年10月下台。勃列日涅夫等人利用赫氏在黑海度假的机会，召开苏共中央主席团会议，决定剥夺他的权力。面对现实，赫氏气呼呼地冲着昔日的战友和助手说了句大实话："你们今天能罢免我，也多亏了我创建的宽松体制！"显然，这句话给勃列日涅夫等人留下终生难忘的印象，那就是绝不能重蹈覆辙！勃列日涅夫结束了有限的非斯大林化，重新加强国内控制。"质疑政府政策的知识分子，被逮捕、流放，或者被宣布为'精神错乱'。"因为在勃氏看来，"我们正处于一场经久不息的意识形态战争中"。缓和是为了减轻与西方在军事和政治上的敌对，对付毛泽东革命的中国，但意识形态的偏离是绝对不允许的。当 1969 年捷克"布拉格之春"出现偏离共产党领导的苗头时，勃氏毫不犹豫地以社会主义大家庭的名义，动员华沙条约组织，将坦克开进了布拉格。在国内，勃氏继承苏联发展的一贯做法，不是靠创新而是靠资源和劳动力的更多投入来增加 GDP，虽然在 1970 年代初，它的煤炭、钢铁和水泥产量已经超过了美国，并成为世界上最大的石油生产国，但是国家财富的 1/4 左右投入到军备，投入"困难重重的古巴和越南的无底洞"。结果，人民的生活并没有改善，1970 年代的死亡率和婴儿死亡率大幅攀升，人口红利不再。这种粗放的增长自然不可能持续，GDP 的增长从勃氏上台初期的 5% 下降到了 1979 年的 0.8%。如果苏联人生活在斯大林时代那种完全封闭的环境下，这样的体制或许还可以苟延残喘。但是为了换取西方对东欧边界的承认，苏联同意东西方人员和信息的自由交流，多年的"欧安会"达成原则性的《赫尔辛基总协定》。面对主管意识形态领导人的担忧，主张和解的苏联外交领导人称："我们才是我们房子的主人。"但是，他忘记了，家长打孩子也是违法的，现在，对任何异议者的镇压都让苏联在国内变得理亏，苏联官员后来承认：该协定"逐渐成为持不同政见者和自由化运动的宣言，事态发展完全超出了苏联领导人的想象"。作者认为："苏联的解体已经在此埋下了伏笔。"

此时，终身制的领导人垂垂老矣，毫无生气。美国苏联顾问专家布热津斯基向新总统卡特介绍苏联时刻薄地说："在列宁时期，苏联就像一场宗教复兴，斯大林时期就像一个大监狱，赫鲁晓夫时期像一个马戏团，而勃列日涅夫时期就像美国的邮局。"苏联人自己的政治笑话也在传递着同样的信息：苏联三代领导人同坐一列货车，火车突然停驶，领导很气愤，后果很严重。斯大林建议枪毙工程师，赫鲁晓夫提出原谅机组人员，再给他们一次机会，而勃列日涅夫则认为，最好是拉下窗帘，权当列车仍在平稳行驶。在这样自欺欺人的氛围中，老人政治最终寿终正寝。1982 年勃列日涅夫死在任上，后来的两位继任者在短暂的执政后，也重复了"以身殉职"的命运，短短四年时间，这个国家的三个一把手终老任上，为现代政治所仅见。论资排辈，现在该轮到资格最老的葛罗米柯外交部长了。79 岁的葛氏毕竟是见过大场面的外交家，他推辞不就，表示不要让世界再看到苏联病夫治国的笑话了，并提议由最年轻的政治局委员戈尔巴乔夫担任苏共总书记。所有人都相信，就像丘吉尔拒绝成为葬送英帝国的首相一样，戈氏绝对无意成为结束苏联帝国的总书记。相反，他希望通过改革成为苏联中兴的英雄，但是他最终被自己激发起来的力量所吞没，和它一起下沉的还有那个存在了69年的帝国。如果说戈氏犯了事与愿违的错误的话，那就是他和他的改革派战友太自以为是了，自信他们能够代表和反映人民心声，控制改革的步伐和节奏，正像一位苏联官员感慨地说：戈氏"试图改革那些不可能被改革的事物"。多少值得人安慰的是，这个不乏革命和战争传统的国家，以一种和平甚至过于平淡的形式解体，缺少希腊悲剧中的悲壮。因此，哲人以赛亚·柏林把解体视为"投降"："此前，从来没有一个帝国在没有经历战争、革命或者入侵的情况下投降的例子。"

（沃尔特·拉费伯尔：《美国、俄国和冷战，1945~2006》，牛可、翟韬、张静译，世界图书出版公司，2011）

（原载《学习博览》2012年第1期）

中俄密档里的朝鲜战争

——读沈志华《毛泽东、斯大林与朝鲜战争》

一 斯大林为什么会给金日成开绿灯？

沈志华先生的《毛泽东、斯大林与朝鲜战争》一书没有像国外一些学者那样纠缠于谁打响了朝鲜战争"第一枪"这一表面问题，而是将目光集中在一个更重要的问题上：使朝鲜人民军在1950年6月25日大举越过三八线这一军事行动得以实现的条件和前提是什么，斯大林作出这一重大决策的国际背景是什么？

在这个问题的指引下，作者才能够跳出朝鲜半岛来讨论这场战争。朝鲜战争起源的研究于是便成为朝鲜战争国际关系的研究，中苏两国最高领导人毛泽东和斯大林也就自然出现在历史的聚光灯下。作者把梳各种历史文献，结合外交的现实结果，勾画出朝鲜半岛国际关系的清晰轮廓，并提出自己独到的见解。比如，二战结束时，斯大林为什么会在苏联红军已经越过三八线的情况下，鸣锣收兵，接受美国慌忙提出的以三八线为界与苏联分占朝鲜的建议？以前的相关论述都语焉不详。通过分析斯大林的回电以及苏联考虑占领日本北海道的计划，作者有理由认为，斯大林"是试图以苏联对日本本土三八线以北部分领土的占领来交换美国对朝鲜半岛三八线以南部分领土的占领"。

根据俄国的档案文件，在整个1949年，尽管朝鲜半岛处于战争边缘状态，但斯大林一直反对金日成用武力统一朝鲜。但到了1950年初，也就是他与毛泽东谈判中苏条约期间，突然同意了金日成的武力统一建议。目前提供这一变化原因的唯一直接文献证据，是1950年5月14日斯大林在给毛泽东的电报中所说的"鉴于国际形势发生了变化"。究竟是什么变化，学者们的解说不尽相同。作者另辟蹊径，寻找出中苏同盟条约的谈判与斯大林政策变化之间的内在联系。根据这一时期莫斯科和平壤的秘密电文，作者首先确定斯大林改变对朝鲜半岛政策的时间是在 1950 年 1 月，并在 4 月与来访的金日成会谈中"最终确定"。接着，他便提出："在这短短的 1 个月（1949年底 1950 年初）中，究竟发生了什么事情使斯大林突然改变了主意？"显然，这一时期最重大的事件是中国共产党在内战中的胜利和中苏同盟的谈判，作者指出斯大林并没有因此感到更安全，恰恰相反，它"使斯大林感到（二战后）苏联在远东的既得利益将受到威胁或者完全丧失……对于莫斯科来说，新中国的建立可能是一把双刃剑：一面是扩大了苏联在亚洲的安全防御地带——这无疑会巩固苏联在这一地区的权益，另一面则是这个邻国一旦强大起来就可能对苏联的安全和利益造成威胁"。同样，签订新的中苏条约对莫斯科也有双重效应：中国与苏联结成同盟关系固然加强了苏联在亚洲的政治实力，但也迫使斯大林同意让出他在 1945 年从蒋介石手中攫取的大部分政治经济权益。所以，似乎可以判定，斯大林 1950 年初改变对朝鲜半岛政策的主要动机，是维护和保证苏联在亚洲特别是东北亚地区的政治经济权益。

作者进一步推论说："斯大林完全可以预见到，在朝鲜半岛爆发一场战争，无论其结局如何，都将保证苏联在远东设定的战略目标——获得太平洋的出海口和不冻港。因为在战争胜利的情况下，苏联就会控制整个朝鲜半岛，其南部的港口，如仁川和釜山，无疑可以替代旅顺和大连的作用……即使战争失利，苏联仍然能够如愿以偿，因为东北亚的紧张局势会迫使中国要求苏联军队留驻旅顺、大连。同时，由于中苏双方商定，一旦出现战争局面，苏联军队有权使用长春铁路，这样，长春铁路自然也就继续在苏联的掌握之中了。"但是，斯大林真的会考虑这么远吗？真的会像作者推断的那样，他"完全可以预见到"胜败都会对苏联有利？

实际上，作者用充分的篇幅说明，斯大林对美国的基本估计才是问题的关键："斯大林后来逐步倾向于接受这样一种估计，即在朝鲜半岛发生的危机中，美国不会直接出面进行干预。"笔者以为，这才是他最终给金日成开绿灯的最直接和最重要的原因。显然，斯大林再恣意妄为，他也不愿跟美国发生直接冲突。他可能比谁都清楚，刚刚结束的战争是怎样地削弱了苏联的实力；而美国在进行两洋战争同时，仍然可以源源不断地向英国和苏联提供巨额的租借战略物资；战争结束后，它不仅可以将数百亿美元投入到马歇尔计划，而且可以用数万架次的飞机，以人类历史上规模最大的空运来打破苏联对柏林的封锁，维持数百万人口的日常生活达一年之久。正是对美国力量的清醒认识，让斯大林在可能涉及美国重要利益的领域小心谨慎，绝不轻举妄动，这从其战后外交的谨慎性和美国卷入朝鲜战争后的一段时间，他不愿与美国直接对抗的做法中获得佐证。因此，比较合理的"大胆假设"应该是，各方面的情报使斯大林相信，从美国没有将"南朝鲜"和台湾包括在其亚太防御圈的画线战略来看，美国不会卷入朝鲜战争，同时，他也相信金日成的保证，战争会很快结束。

二 苏联"空军掩护"：何时、何地、何为？

该书披露，早在1950年7月2日苏联驻华大使罗申给苏联的电报中就提及空军掩护问题。罗申汇报说，周恩来要苏联领导人提醒朝鲜注意美国军队在仁川或后方实行登陆的危险性，同时说中国的3个军总计12万人已经集中在沈阳地区，并表示如果美国人越过三八线，中国军队将装扮成朝鲜人进行抵抗。周恩来并询问，苏联空军是否可以为这些部队提供掩护。这是目前所见文献中最早涉及苏联空军掩护的材料。据作者研究，这时中国领导人还没有考虑出兵问题，也没有正式作出在东北集中3个军的决定。因为当时朝鲜人民军迅速向前推进，势如破竹，根本不存在美国人打过三八线的问题。因此，周恩来的说法，"在某种程度上可以说是在应付或试探斯大林"。但斯大林对此非常认真，他马上回电表示："我们认为，立即集中9个中国师于中朝边境，以便在敌人越过三八线时，志愿军进入北朝鲜作战是正确的。"他还答应"将尽力为这些部队提供空中掩护"。在7月份中苏最高层的一系列电报中，苏联再次表示愿意派一个空军师掩护中国军队。但在这里，苏联掩护的范围实际上指中国东北，并没有涉及入朝参战问题。不过，中国军事将领似乎理所当然地认为，这种掩护应该随着中国军队的前进而前进。

虽然周恩来提出了中国军队装扮成朝鲜人作战的想法，但明确提出"志愿军"的概念却是在美军即将跨过三八线的时候。当时金日成急电斯大林，希望苏联直接军事卷入。由于斯大林的口惠而实不至，金日成估计到苏联出兵的可能性不大，因此，他又提出，"如果由于某种原因（苏联）不能做到这一点，那么请帮助我们在中国和其他人民民主国家建立一支国际志愿部队，为我们的斗争提供军事援助"。斯大林立即把军事援助的责任推给了毛泽东。

出兵还是不出兵，一下子成为中国领导人自掌权以来所面临的最严峻的考验。它不仅事关新政权的外来威胁，而且还涉及同盟之间的信任。虽然在毛泽东的主导、周恩来的配合及彭德怀的坚决支持下，10月5日前后中国领导人已经作出参战的决定，既然毛泽东和周恩来等最高领导人已经决定出兵援朝，并且在金日成也已获知了中国决定的情况下，为什么周恩来还会在与斯大林的会谈中强调中国的困难并以没有空军掩护为由，表示中国也暂时不能出兵援朝呢？显然，这不大可能是周恩来一时的决定。作者认为，周恩来"在离开北京之前与毛泽东商量过要斯大林保证中国出兵朝鲜的条件，而在会谈中这个条件没有得到满足。这个条件就是要苏联提供足够的军事援助，特别是出动空军支援中国军队入朝作战"。

结果，斯大林只好无可奈何地通知金日成，要他准备把部队撤退到中国和苏联并在中国东北建立流亡政府。但与此同时，在北京的毛泽东又有惊人之举。在获悉周恩来和斯大林的会谈结果后，毛泽东却作出了在没有苏联空军掩护的情况下，中国单方面出兵援朝的决定，有了10月13日"我们必须参战，参战对我们有利"的著名电报。

中国的勇敢决定并没有感动"上帝"。在赞赏中国同志的国际主义精神的同时，斯大林向中方表示：苏联将只派空军到中国境内驻防，两个月或两个半月后也不准备进入朝鲜作战。

尽管毛泽东后来对苏联的这一表现耿耿于怀，但他坚决主张出兵朝鲜的决定，"并不是出于斯大林的要求和压力，而是有他自己的深层考虑"。这就是作者在另外的文章中所概括的：台湾问题所引发的对抗美国的革命热情、根据国际分工为社会主义阵营承担的责任和义务、对国家安全和主权完整受到威胁的忧虑。由此看来，争得苏联的空军掩护不过是一个减少牺牲、增加胜算的额外条件，而非毛泽东考虑参战的必要和充分条件。

中国盟友的行动也改变了斯大林原来的两个半月后苏联空军才能投入战斗的计划，决定迅速跟进，命令苏联空军从中国东北的机场起飞，掩护中国人民志愿军的后方。基于细致的档案研究，特别是苏联空军指挥官的作战报告，作者澄清了学术界对苏联空军参战时间的混乱说法，明确苏联空军在志愿军于10月25日正式打响地面战斗后的第7天便投入了战斗，尽管只是在后方，但也足以说明斯大林的决心和对中国的支持。

三　中苏同盟的加强和潜在问题

就这样，中苏两国实际上是脚前脚后参加了朝鲜战争。据作者的研究，在朝鲜战争中，以中国东北为基地的苏联第64防空集团军总共有12个飞行师，先后参战的空军人数总计为7.2万人，1952年为最高年份，达2.6万人。1950年11月1日至1951年12月6日，苏联空军共击落敌机569架，损失63架。但同样需要指出的是，这些空军的作用是有限的，它没有掩护或配合中国军队的地面作战，而是在美国人所称的"米格走廊"（在鸭绿江与清川江或大同江之间的地区）保护后方交通线。而且，与美国统一指挥联合国军作战不同，苏联空军完全独立于中国军队，他们与中国的地面部队"没有任何合作"。这意味着，斯大林始终没有满足中国领导人最初提出的要求：希望苏联空军与中国军队协同作战。

一个空军掩护问题，折射出盟友间多少的悲欢离合、世事沧桑！中苏同盟中事实上的不平等，在心理上深深地刺痛了毛泽东。于是，亲密的同盟中同样孕育着不稳定。

（沈志华：《毛泽东、斯大林与朝鲜战争》，广东人民出版社，2003）

（原载2003年10月30日《南方周末》）

回眸 20 世纪

——《牛津 20 世纪史》简介

20 世纪结束之际，有关 20 世纪史的著述便充斥于市。其中应景之作和滥竽充数者甚多，不过，本文所要介绍的《牛津 20 世纪史》（以下简称《20 世纪史》）却是一本相当出色的作品。这部由英国牛津大学现代史前讲座教授麦克尔·霍华德（Michael Howard）爵士和美国得克萨斯大学（奥斯汀）英国历史和文化教授罗杰·刘易斯（Roger Louis）合编的著作，汇集了英美等西方国家 26 位顶尖的历史学家和科学家，对 20 世纪的经济、政治、文化、科学和国际关系的主要问题进行了总结性的概括和有所侧重的分析。

粗读《20 世纪史》，有以下几个印象。首先是它把民族主义持续不断的影响看作是 20 世纪的一个主题。在霍华德看来，民族主义"是人类世界所见过的进行社会动员的一种最有力的工具"（第 8 页）。20 世纪开始，人类便目睹了欧洲人对民族国家的崇拜是如何导致了第一次世界大战的爆发。而在 20 世纪结束的时候，民族主义仍然以这样或那样的形式表现出来，在意想不到的地方成为冲突的根源。

其次是它对 20 世纪历史大体范围的界定。《20 世纪史》接受了历史学家一般谈论"短 20 世纪"（short twentieth century）的分期，即从 1914 年一战爆发到 1989 年冷战结束。这种具有内在连贯性的划分比 1900～2000 年自然的划分更有意义。在这个时期的开始，欧洲列强主宰了世界的大部分地区，而很多欧洲国家本身又往往是古老的土地贵族统治者。第一次世界大战实际上结束了欧洲统治的时代。为了谋求对亚洲太平洋的主宰，第一个实现工业化的非白人国家日本在 1941 年底发动了太平洋战争，美国最终结束了一战后的孤立主义状态，1939 年开始的欧洲战争变成了全球战争，欧洲主宰的时代和旧的世界秩序最终土崩瓦解。

第二次世界大战是20世纪最根本性的变化。欧洲殖民帝国瓦解，同时为二战后出现的两个超级大国提供意识形态争斗的空间。经济的繁荣和军事的强大让美国人自认为"美国世纪"已经到来。苏联也相信以欧洲为基础的资本主义的失败和苏联巨大的军事力量意味着社会主义在全球胜利的可能性。但1989年发生的巨变使二战后所形成的美苏争霸的模式几乎在一夜之间消失。此后的年代更多地应该看作是通向21世纪的序曲，不仅民族国家，而且国际组织，特别是联合国，都试图勾画一个冷战后时代的基本轮廓。

再次是它既注意所述内容的平衡又对重点有所突出的编写方式。全书分成五个部分，首先以"本世纪的框架"开篇，以"世纪曙光""人口和城市化""了不起的简约：20世纪的物理学""知识的传播""世界经济的成长""全球文化的发展"和"视觉艺术"等7个章节的篇幅集中讨论人类世界在20世纪所经历的种种重大变化的主要原因和特征。根据编者的理解，这一变化表现在人口的变动和流动及城市化，表现在科学知识的增长，表现在文化艺术的多样化和推陈出新，更表现在全球性经济的形成和发展。

接着，编者根据20世纪前后两个半叶的时代特征，分别以"欧洲中心的世界1900~1945"和"冷战1945~1990"为题作为全书的第二和第三部分。在第二部分，作者突出论述了第二次世界大战结束以前欧洲在世界上的主导作用，以及作为欧洲扩张产物而发展起来的俄国（苏联）、美国和日本。在第三部分，美苏对峙成为主题。美苏在二战中的崛起和随后的对抗主导了二战后的世界，而衰落的欧洲只能在美苏两个超级大国的阴影下，脱胎换骨，重新塑造。

尽管广义上的欧洲（西方）文明是20世纪的主导力量，但世界毕竟不仅仅是欧洲文明。正如编者所承认的那样，"每个地区都有它区别于西方的独特的历史"（第xxii）。在第四部分"扩大的世界"中，作者分地区叙述了东亚、中国、东南亚、南亚、北非和中东、非洲和拉丁美洲等地区革命性变革的国际背景和国内动力，英联邦最早的四个成员（加拿大、澳大利亚、新西兰和南非）以及联合国与国际法也在这部分设专章加以论述。

在最后部分"结束语"中，作者先是在"20世纪的终结"一章中描述了90年代以来世界发展的新趋势，诸如北约东扩、联合国维和受挫、卢旺达的种族屠杀、东南亚金融危机。接着,又在最后的"走向 21 世纪"一章中,分析了可能会构成 21 世纪主题的全球化和区域主义及其后果。

人类在 20 世纪取得了前所未有的文化和物质进步,同样也经历了空前也可能是绝后的战争和屠杀。展望 21 世纪,人类并没有足够的理由盲目乐观。在《20 世纪史》的作者看来,新世纪仍然继承旧世纪的重重难题。一个国家内部的矛盾和冲突与民族国家之间的敌对同样严重,依然存在。亚洲、非洲和拉丁美洲的发展中国家的贫富差距,特别是城市和乡村的差距越来越大,甚至是像西欧的发达国家,尽管解决了 20 世纪初存在的民众贫困,但外来的移民借助各种快捷的交通工具大量涌入,又带来了新的社会矛盾。单一的全球市场的存在可能使城乡之间的鸿沟、外来移民和本地人之间的鸿沟愈加难以填平。它也意味着所有的国家,不论贫富,都发现越来越难以保护自己国内经济,而过去遗留下来的棘手难题使问题更为严重。

人类进入 21 世纪时面临着人类进入 20 世纪同样的问题:在过去一个世纪中取得的技术进步能否使我们解决那些很大程度上由这些进步所带来的问题?对这样世纪问题,《20 世纪史》并没有给我们一个政治家惯用的老生常谈或是宿命论的解释。这个答案不是历史学家所能回答的,它将存在于人类社会如何从对自身历史的感悟和理解中创造出新的生活和生产方式。

从内容上看,《20 世纪史》试图在传统政治史的框架下,吸收增加一些人口、经济、文化和科学史研究的新成果。但这一努力看来还很不够,比如全书几乎没有涉及日益受到人们注意的人类与环境关系的内容,也没有提到影响日大的绿色和平运动等国际非政府组织(NGO)的活动,对妇女史和家庭史研究成果的吸收也不够。对"新史学"研究成果注意不够可能与《20 世纪史》的作者队伍有关,26 位作者绝大多数都是 40 年代以前出生的老派历史学家,而且只有 2 位是女性。另外,撰写第三世界地区的历史最好是请生活在那里的本土学者,但 26 位作者中,除了写东亚和日本的入江昭(Akira Iriye)和写南亚的朱迪思·布朗(Judith Brown)是本土出生、在西方受教育并任教外,其余学者都是纯粹的西方学者。

与正文内容相配,《20 世纪史》的编者还精心选择了近百幅反映 20 世纪历史面貌的彩色和黑白图片、照片。比如一幅由清一色的男性白人组成的早期英联邦首脑全家福和一幅由各色人等男女皆有的 90 年代英联邦首脑合影就形成了鲜明的对比，比任何文字资料更能反映出时代的变迁。此外，编者还编写了按各章内容精选的阅读书目，以及按政治与国际关系、科学技术与医药和文化三个主题排列的综合性大事记。

（Michael Howard & Wm. Roger Louis, eds., *The Oxford History of the Twentieth Century*, New York：Oxford University Press, 1998）

（原载《二十一世纪》2001 年第 6 期）

巴勒克拉夫的《当代史导论》

在西方史学界，人们普遍把一千五百年以来的世界历史看作是现代历史。正是地理大发现、文艺复兴、宗教改革、殖民主义、民族主义和工业革命塑造了现代世界。这些概念及其所包含的内容说明了现代世界历史的重心所在。学者们观察历史的视角自然而然地带上了"欧洲中心论"的色彩。但20世纪以来，世界发生了巨大的变化，两次世界大战摧毁了欧洲在世界上的中心地位。美苏的政治霸权、日本的经济奇迹、第三世界民族主义运动和非殖民化的迅猛发展，表明了一个与以往不同的世界正在诞生，新的历史观应运而生。久负盛名的英国历史学家杰弗里·巴勒克拉夫就是这一新史观的最早倡导者和阐述者之一。他在1984年出版的、20年来仍在重版的《当代史导论》一书中，明确地指出了以整个世界作为观察历史视角的"当代史"概念。

在巴勒克拉夫看来，20世纪以来的世界以一种前所未有的形式和速度发展成为一个整体。任何一个民族、一个国家，不论它多么弱小、多么遥远，都不能置身于这个整体以外。20世纪上半叶世界范围内的革命性变化和危机，足以与过去任何一个大变动时代相比拟。因此，只有采取一种全球性的视角而不是欧洲的视角才能够理解世界历史及其内在发展动力；只有从发展的而不是静止的观点，才能够发现20世纪不再是19世纪简单的继续；只有把着眼点放在现在而不是过去，才能够认识当代历史的起源。他指出："我们的目标在于认识我们所处时代的起源，理解那些使这一时代不同于十五世纪欧洲为中心的世界的种种因素。""在当代史与现代史之间，差异甚于类似，间断性多于连续性。"因此，不能再以欧洲为中心来观察世界，相反，应该在世界背景下来透视欧洲。

新的视角一旦确定，接下去的问题就是当代史的特征和界限。作者认为，通常的当代史概念——活着这一代人所处的历史——是不确切的。世代交叉和交替的存在，将会使当代史的界限变化莫测。因此，问题不再是历史学认识主体与客体的时间对应关系，而是主体观察客体的认识关系。"只有当我们在自己内心中确定两个历史时期的真正界限，我们才能建立起沟通的桥梁。"要做到这一点，首先要选择一个合适的透视点。这个视点既不能离历史学家所处的时代太近，也不能太远，而是应该近到足以清楚地发现我们时代的精神风貌，远到可以明晰地看出相对完整的历史背景。历史学家的责任就在于，与历史保持一段距离，由此来回视历史，取得一种比当时人和当事人更广阔的观察视野，得出比他们更深刻的结论，发掘出他们不曾认识到的潜在意义。因此，如果当代史能够明确地指出造成当代世界的那些根本的结构性变化，当代史就完全可以说是一门严肃的学问，而不再像保守的史学家所指出的那样，只不过是杂乱无章流于表面的材料堆砌。

毫无疑问，当代史植根于现代史，新世界是在旧世界的阴影下成长起来的。用巴勒克拉夫的话说，"当代史开始于今天这个世界实际存在的问题初露端倪之际"。旧世界走向新世界的结构性变化开始于19世纪的最后十年。19世纪后半叶的第二次工业革命和帝国主义成为新世界的催化剂。工业化为帝国主义大肆扩展提供了便利。帝国主义反过来又把工业化扩展到全球。这一扩张的结果之一，却是欧洲人口在全球人口中比重的下降，这意味着欧洲国家的衰落和非欧洲国家的兴起。工业化的另一个结果是大众民主的出现以及政党组织的大量发展。同时，作为无产阶级革命意识形态的马克思－列宁主义也开始向20世纪初占统治地位的资产阶级价值观提出挑战。在国际关系领域中，仅仅半个世纪，以美苏两个非欧洲强国为中心的多边军事体系、欧洲的殖民体系也在民族解放运动中土崩瓦解。世界从"均势"走向全球政治时代，同时作为人们对现实世界的审美认识的艺术观念，也发生了缓慢而巨大的变化，19世纪的工业进步带来的乐观主义，被第一次世界大战后出现的悲观思潮所代替。第二次大战后世界的迅速复兴，又产生出新现实主义。作者最后乐观地预示，"未来的文明正在以一种世界文明的形式出现，在其中所有的大陆都会作出贡献"。

在这本雅俗共赏的小书中，显示出一位大史学家渊博的学识和敏锐的洞察力。不过就其内容而言，也非完美无缺。举例来说，作者对改变当代世界面貌的两次世界大战未作专门论述，对威胁人类生存的核威胁也较少提及，而在笔者看来，这些正是造成"现代史"和"当代史"的根本差别的重要原因之一。

(Geoffrey Barraclough, *An Introduction to Contemporary History*, Penguin Books England, 1984)

(原载《读书》1988年第1期)

小人物情书中的插图史

——读格里斯特《我最亲爱的洛蒂》

如果从1978年考上东北师范大学历史系算起,我"读史阅世"快三十年了。多年读史下来,似乎也读出了一些门道,发现最无趣的史书就是那些毫无生气、面面俱到的教科书了,其次是充斥着"成者王侯败者寇"王朝史观的官方正史,最后则是一些政治大人物"看上去很美"的回忆录和传记。相比较而言,一些非政治人物的日记、家书和回忆录,虽然没有什么宏大的主题、全面的叙事、激动人心的情节、英雄主义的气概、历史规律的探讨,但却更符合生活的常识,更贴近读者的人生体验,自然也容易引起读者的共鸣,受到读者的欢迎,尽管这些私人叙事或许只记载了历史的某个片段、某个侧面,远不及宏大叙事"全面、深刻"。以我自己曾经关注过的抗日战争期间的中美关系为例,1948年出版的由美国名记者白修德(Theodore H. White)编辑的《史迪威笔记》(The Stilwell Papers),1978年白修德自己出版的回忆录《探索历史》(In Search of History),要比一些正史更加生动有趣,同时也大大增加了我对那个时期历史的感性认识。

不过,史迪威毕竟是美国驻华的军事大员(盟国中国战区统帅蒋介石的参谋长和美军中印缅战场司令官),其日记更多记载的是他在中印缅战区与中国、英国高官的合作与龃龉,其内容可以说仍然属于传统的"帝王将相"的历史;白修德虽然是位记者,其笔下不乏中国民众底层的生活(尤以他对当年河南饥荒惨状的报道和记叙最为突出),但重点依然是中国高层的政治纷争,还有就是战时陪都重庆的精英生活。可以这样说,他的记载在"帝王将相"之外,增加了一些"才子佳人"的传奇和故事,与底层老百姓的历史还是有一段距离。真正属于普通人历史的私人叙事很少见到,因此可以说,这本美国大兵从中国战场写给妻子的情书多少填补了底层故事的空白。

《我最亲爱的洛蒂：一个美国大兵写自60年前的中国战区》由北京新世界出版社出版，图文并茂，以一个美国大兵的眼光，记载了那个时代的国人生活。这本书给人的第一印象是本情书集，但其中的内容远远超出两个日夜相思的年轻夫妇的卿卿我我，而是一个普通的美国大兵对一个异国文化和社会的细致观察。就此而言，我更喜欢英文原名《没有审查过的中国邮包》(*China Mailbag Uncensored*)。

本书作者卢·格里斯特，是第二次世界大战时期一位年轻的美国军械师。1944年圣诞节前夕，他离别了新婚4个月的妻子，由东向西穿过北美大陆，横渡太平洋，绕道澳洲南部，进入印度洋，从孟加拉湾的印度加尔各答登陆，再坐火车到北部的阿萨姆邦，然后通过著名的"驼峰航线"（喜马拉雅山），飞抵中国的昆明。这个历时月余、行程2万多英里的漫长征程，是当时数万美军士兵前往中印缅战区以及数百万吨美国"租借"援华物资的必经路线。在中国的日子里（1945年3月~1946年4月），格里斯特先后驻扎在昆明、贵阳、柳州和上海，开始的工作主要是作为军械师帮助中国军队（94军）分发、使用和保养美国"租借"援助下的武器，日本投降后则在上海的美军总部从事人事工作，负责上海外侨和日本战俘的疏散和遣返。在格里斯特来华期间，他的妻子洛蒂，一位纽约工作的文员，把对丈夫的思念化为源源不断的情书。像众多的美国军人妻子一样，洛蒂一面积极参与募集战争债券、劳军演出，一面不断写信鼓励丈夫。在《一个战时新娘回忆60年前和丈夫往来中国的通信》中，她深情地回忆道："我喜欢利用每个空暇时间给他写信，无论是在乘地铁的上下班路上，还是在作午休或在家的时候，总是信纸不离手。我要用我的心灵和精神安慰他，提醒他我们有共同经历的昨天和充满希望的明天。"我不知道，在人类的战争史上，是否还有比这样的家书、情书更能鼓励士兵的东西了。

同样，格里斯特也从不忘记与妻子分享他在中国所看到的一切。这位年仅23岁的美国小伙有绘画的天赋，在文字描述的同时，他用天才的画笔，画了许多反映其在华生活的漫画和速写（全书共有一百多幅图），津津有味地描绘了所到之处的世间百态：农民用扁担挑担子、穿开裆裤的孩子、母亲在街上给小孩把尿、田里耕地的水牛、赶着猪去赶集的农夫、农村里的水车和磨坊、土地庙供奉的神位、村镇里上演的地方戏、路边的卖糖人小贩、成为一片废墟的战后柳州、恶性的通货膨胀。

除了世间百态外，格里斯特还在情书中尽可能地向妻子介绍中国的文化和历史。在这些颇为准确的介绍中，流露出一个心地善良的美国大兵对中国文化和历史的理解、尊重和同情。在昆明时，春城的众多花卉给格里斯特留下了美好的印象，他感叹道："如果没有来自中国的花卉，世界上的花园就会大为逊色。"为此，他不厌其烦地向爱妻指出，中国古人对植物栽培和分类作出的贡献远远超过同一时期的西方，并预言："在神秘的东方，中国人为人类的生存作出了卓越的贡献。如今，如果他们能从压迫中解放出来，自由地发展他们的经济和生活，他们将成为伟大的世界伙伴"（第113页）。显然，他所说的"压迫"就是他看到的那些落后甚至是丑恶的现象，诸如抓壮丁、克扣军饷、乞讨、漠视生命、恶性通货膨胀。在两封信中，他都谈到了一个残酷的现象，就是那时的中国很少有人关注事故中的伤病员，因为"帮助临死或受伤的人有一些潜规则：谁救人，谁就得负责今后养活他"。他分析说，生活的艰难，社会的动荡，导致了这样的"残酷无情"，想"要活下去，就只能负责家里人"（第87、138页）。

作为美军总部的人事官员，格里斯特在战后的上海度过了其在中国的最后半年。这部分信函绘声绘色地描述了他与各色人等特别是刚刚从日本集中营出来的外国人（主要是犹太人）打交道的经历。他参加虹口犹太人难民营里的礼拜，带难民营的孩子参观游览，为嫁给美国大兵的"战时新娘"办理出境手续，观察在沪外国人的生活和心态，这些记述让我们了解了战后在上海的美国大兵的生活和外国人社区的状态，而这些是在通常的史书上很少看到的。在这样华洋杂居的社会中，种族往往是一个敏感的因素，作者的一些信函透露出鲜为人知的信息。比如，第二次世界大战当中，有五六万美国士兵在中国，但几乎看不到黑人士兵。作者开始也很奇怪，因为在缅甸和印度都有很多黑人士兵，而且，著名的史迪威公路（从印度的雷多起始，进入缅甸后与原来滇缅公路相接，至昆明）就有近万名黑人工程兵在筑路。那么，缘何没有黑人士兵在中国呢？原来，"蒋介石是因为害怕种族通婚而拒绝他们进入中国的，他说过白人士兵就已经够令中国人兴奋的了。他说这话，完全忽略了有色人种部队在修建乐都（通译雷多）—滇缅公路中作出的卓越贡献，他们重新打通了外界唯一通向中国的大路，这是传奇般的壮举"（第213页）。人类的种族优越感和等级观念似乎难免，至少在当时是如此，蒋介石是如此，就是格里斯特这个充满爱心的小人物也是如此。在看到上海贫困交加的白俄人不得不卖淫、乞讨时，作者写到"他们给欧洲人丢尽了脸"。"看见人乞讨心里会很难过，看到一个欧洲人干那种事情，我更会难受到浑身打激灵"（第228页）。

通常，人们对美国大兵在二战战场上的英勇赞不绝口，对他们平时的表现却不以为然，因为他们常给人留下没有文化、缺少教养、举止粗鲁、寻欢作乐、追求刺激的印象。书中也有类似的记载。当时在上海的美国陆海军举行了一场橄榄球赛，为了活跃气氛，不知谁想出了一个损招，在比赛正式开始前，让一些拉黄包车的苦力进行比赛，每个车上还坐着一个从美军不同单位选出的美女。比赛是从外滩跑到充作橄榄球比赛的跑狗场，优胜者获得30美元的奖金。1万美国大兵观看了苦力的竞赛，"胜出的女郎举起银质奖杯，笑得很甜；而赢得胜利的黄包车夫站在一旁，莫名其妙地看着别人把花环挂在他的脖子上，好像一匹在德比马赛上得胜的马"（第235页）。平等待人、尊重他人的文明准则，在这些大兵兴高采烈的狂欢中不复存在。

对于美国大兵的粗俗，就连当时的美国第一夫人埃莉诺·罗斯福都有些担心，害怕这近千万的阿兵哥回国后能否很快适应正常的、文明的生活。不过，在看到美国大兵粗俗的同时，也应该看到他们整体的教育水准较高。比如，当时的美国青年，不论是干苦力的劳工，还是做办公室的白领，不论是小学毕业生，还是在读的大学生、研究生，只要接到征兵通知，必须参军，无一例外，而当时的中国，大学生可以免服兵役。以那时的美国标准来看，格里斯特也算是"小知识分子"。当兵之前，他是美国南加州大学工程系的大三学生，不过，他的墨水还是很有限，语言表达也不够规范。他曾经非常得意地告诉妻子："我学会了在正式场合使用正规语言。我在进修英语语法，再上几课，我也许真能讲一口正规的英语了"（第307页）。可就是这样一位自认为英语不规范的美国低级军官，却有着一种来自生活而非书本的聪颖。经过战争的考验，格里斯特形成了朴素的世界观："我希望世界和平稳定持续下去，希望战争带来的痛苦与不幸不再降临地球。可惜，只要有仇恨存在，和平就无法持续。如果我们有能力排除仇恨，我们就有能力排除误解，也就是我所认为的战争根源。这就是我们传递这场战争的和平尾声的重要性。人们必须意识到，只有传播友谊才能让我们自由地和平共处。我知道这是理想主义，但是一旦应用，就能将梦想变为现实，因为世界行动靠我们大家的共同努力，责任是属于我们大家的"（第294页）。就是怀着这样朴素的信念，格里斯特以自己的微笑结交朋友、平等待人，不管他是印度酒店里的堂倌，还是中国的厨子，不管是工作中的中国战友，还是战俘营中的日本战俘,不管是难民营里的犹太儿童,还是高尔夫球场上的中国球童。

战争不仅塑造了格里斯特的和平信念,同时也加深了他对爱情的理解。面对战时所有已婚和订婚军人的担忧问题:"我们远隔重洋,是否会变心?"他回答说:"我相信这事绝对要看具体的人,也要看是什么东西一直在刺激着他。那些变心的人肯定早有变心的理由了。也许他们跟爱人之间本来就不怎么亲近,也许,长久的分别造成了一系列错误的看法、观念和思想,譬如长期积攒心底的战争经历就可能导致一些人最终丧失对人的信心和信任。最后,那些基础不牢靠的婚姻,不能约束夫妻双方遵循生活的规则"(第319页)。当即将结束3年半军旅生活的时候,格里斯特对生活已经有了哲学家一样的思考:团圆就在眼前,"再也不用撕心裂肺地彼此思念。从分别中我们也学到不少东西,那就是我们爱情的真正价值和意义。这段时间没有白白流失,因为,它为我们的爱情,为我们的未来的共同生活,打造了一把心灵的尺子"。显然,正是这把心灵尺子,让他们相亲相爱,白头偕老,一同走过了六十余年的人生。格里斯特的这些生活感言,也给美国年轻一代留下了深刻的印象。一位美国青年在亚马逊网站上,写下了自己对英文版原书的读后感,认为格里斯特不愧为"美国最伟大一代人中的一员"。可惜,格里斯特已经无法再看到和听到人们对他的赞扬了。2005年8月,老人偕夫人来华参加纪念抗战胜利六十周年的活动,出席了本书的中译本首发式。两个月后,格里斯特因病在美国去世。

本书翻译忠实原文,平白流畅。不过,有一个明显的失误。在第158页上,一幅明显是格里斯特本人的素描像被误注为"日本战俘石黑喜一郎"。格里斯特曾在信中特别告诉妻子,他和一个日本战俘互画肖像。这幅素描中的"石黑喜一郎"几个汉字显然是给格里斯特画像的那个日本战俘,即肖像作者的签名,而非被画的格里斯特。另外,作者记述了自己在上海期间的两次去"海宜城"旅行的经历(第259、263页),根据作者的叙述,这个地方应该是杭州湾的海宁。

(卢·格里斯特:《我最亲爱的洛蒂:一个美国大兵写自60年前的中国战区》,李淑娟、郑涛译,新世界出版社,2005)

(原载《博览群书》2007年第10期)

寻求画中的真历史

——读陈仲丹《画中历史》

新千年开始,人们的怀旧情感似乎与日俱增。荧屏和银幕上戏说历史的作品越来越多,书市上"图说",或者更确切地说是"涂说"历史的"老字号"系列书也大行其道。经过现代的包装和梳妆,历史终于从千年和百年的封尘中走了出来,的的确确成了一个令人随意打扮的小姑娘。不论是戏说者还是涂说者,他所追求的是如何让小姑娘既可人又可爱,至于是否符合历史的真实,不在他的考虑之中。针对历史学界批评"戏说历史"的做法,有位戏说者则明言:"我就是要气死历史学家"。

平心而论,戏说者或涂说者实在是有权利做他们喜欢的事,不过,他们似乎应该事先告诉读者:"纯属虚构,且勿当真",否则就有误导读者之嫌。对历史学家来说,他们当然不会气量小到被戏说的历史和调侃的历史"气死",不过,他们也该扪心自问,自己是否钻进象牙之塔,逃避了自己向大众叙述真实历史的社会责任?

看看我们的一些历史学家,他们笔下的历史是多么的乏味!在那里,鲜活的历史变成了对抽象教条的注释,丰富多彩的变化归结于主义的演变,无数的风云人物简单地贴上了好坏的标签,现实主流的好恶成为历史唯一的价值判断。对他们来说,历史或者是现实斗争的武器,或者是一个民族自慰的良药,其目的不过是促进一个民族的自尊、自信和自强。当历史负载了如此厚重的责任,你还能指望历史学家的笔下会有轻松而又益智的历史吗?在这种情况下,广大观众和读者从文人戏说和涂说中满足他们的念旧癖,也就不足为奇了。

好在仍然有那么一些历史学家,他们已经厌倦意识形态化的历史,也痛恨伪历史指示的广泛传播,认认真真地重构过去的大千世界,实实在在地传播真实的历史知识。南京大学历史学教授陈仲丹博士就是这些学者中的一位佼佼者。继备受赞扬的《墙头政治——现代外国宣传海报解读》（福建人民出版社，2000）之后，他又出版了第二部图说历史的小书：《画中历史——外国历史画解读》。

作为历史读物，即使是普及性的，其第一要务仍然是真实可信。如何确定其可信度，一般是根据其参考的资料和引文出处来进行判定，遗憾的是，和所有历史普及读物一样，《画中历史》没有给出参考资料。尽管如此，读者还是可以看出作者在资料方面煞费苦心、力求真实可靠。比如，在介绍"饮鸩前的苏格拉底"一图时，作者特地给出了学界有关雅典处死其最出色学者的三种不同解释。在评论"妇女向凡尔赛进军"这一法国大革命的重大事件时，作者也给出两种不同的看法。

除了介绍一些不同观点外，作者还对一些历史图片所展示的不合情理或似是而非的场景进行了细致的考证。仅以书中两幅涉及中国的图片为例。其一是表现1851年伦敦世界博览会的精美图片，其引人注目之处在于，前排恭贺博览会开幕的各国使臣中，有一个穿清朝官服的中国人。如果不认真考订，就会想当然地认定是清朝的官员。实际上，直到1866年清朝才有个知县随当时中国海关的英籍税务司赫德去过欧洲。可见，他绝不是清朝的官员。作者根据2002年上海学者的最新研究，指出此人是在上海经营丝绸的广州商人许德琼，并认为"他可能按当时中国官场的习俗捐过官，故有全套官员朝服"（第87页）。其二是"法国入侵越南"一图。为了说明西方殖民主义的扩张，作者选了一幅越南民间艺术家的作品，反映法国殖民军队入侵越南北部城市兴化城，与中国军队对阵的情景，题名"兴化阵战"。作者并没有就图说图，叙述中国军队当时的抵抗，而是进行具体深入的研究，最后发现当时中国守军不战而退，自毁营盘，根本不存在着这一对阵场面（第185页）。类似的考证在书中还有不少，反映了作者一丝不苟的史家态度。如果考虑到本书只是一本普及读物，这一态度尤其可贵。

真实可信至关重要，但如果作者的解读和叙述如同嚼蜡，也无法引起读者的阅读兴趣。真实性和趣味性在很多史家那里常常不可兼得，但《画中历史》却很好地甚至可以说近乎完美地结合在一起。首先，作者所采取的这一左图右史、一图一文（千字左右）、独立成篇的形式，就非常吸引人，既可以一口气读完，也可以随时翻阅，跳跃阅读。其次，也是最重要的，作者还用精炼的文字，结合图片的主题，或叙事或白描或点评，或者兼而有之,来帮助读者对图片的了解。这一"螺狮壳里做道场"的本领,对一般的历史学者来说,实在是强人所难,但陈仲丹教授运用自如,甚至可谓是游刃有余。

在解读拿破仑"撤出莫斯科"一图时,作者给我们描绘了这样的图景:"到处是遗弃的死尸和大炮,有些士兵就地点起了篝火……只有拿破仑戴着他那著名的三角帽,骑着马,在竭尽心力筹划如何把法军带出这一望无际的俄罗斯荒原"(第107页)。这样的图文并茂,让人获得了一种身临其境的历史感。在"罗马暴君尼禄"一章,作者既结合图片说明了尼禄的残暴和残忍,又对尼禄的荒淫无耻作出描绘,而且还针对他爱好艺术的特点,把他与中国宋朝的亡国之君宋徽宗进行对比,感慨:"在历史上常有一些被命运播弄、错定角色的政治人物。这些人本有自己的特长,尤其在艺术方面,但恰好他们又有幸(或不幸)生在帝王家,有条件继承大统,跻位君主。而这对他们来说是弃其长,扬其短,最终结局往往是悲剧性的"(第32页)。在评价人物上,作者往往是寥寥几笔便勾画了人物的基本特征。在《色当战败》中,他介绍败将、法国皇帝拿破仑三世:他"是拿破仑的侄子,处处以他英雄的伯父为楷模,但却没有伯父的雄才大略。他也爱好对外用兵,但却没有伯父的军事才干;他也喜欢在国内表现亲民的形象,但却没有伯父的个人魅力"(第118页)。这样的叙述,使叔侄两人的天壤之别,一目了然。

作者在序言中表示,在撰写解读文字时,他曾想将《墙头政治》重在叙事的"发事隐"形式变为重在说理的"发理隐",但没有成功。实际上,作者的这一目标本身就是不现实的,诚如哲人所云"历史是用事例阐述的哲学",离开了事例也就没有了历史。作为一本历史书,永远是以"发事隐"为主,"发理隐"往往是在"发事隐"基础上产生的副产品。只有这样的"发理隐"才自然,才周全,才容易为读者接受。应该说,作者在这方面已经做得相当好了,其精彩的点评,俯拾即是。以介绍"古罗马角斗"一图为例。作者不是就事论事,而是借机对古希腊和古罗马进行对比,言简意赅,恰到好处,却令人印象深刻。我们知道古代希腊和罗马是西方文明的源头,希腊的哲学与艺术和罗马的法律与政治对现代西方产生了持久的影响。但这两个民族的差别,在一般历史教科书中却语焉不详。而作者结合角斗一图,在说明罗马人好战嗜血的同时,还把罗马人与希腊人进行对比,指出罗马的神虽然脱胎于希腊的神,却比后者更"好勇斗狠"。以爱神为例,希腊的小爱神是个张开翅膀飞翔的婴儿，而到罗马人手里，他"手中就多了一张可以伤人的弓"。"希腊人的城中多剧场，演出悲剧、喜剧，观众获得的是艺术享受；而罗马人的城中多角斗场，上演的是鲜血淋漓的格斗厮杀，看客追求的是感官刺激"。尽管角斗的盛行与罗马人的军事传统有关，作者还是感叹道："古罗马人居然能对同类想象出如此暴虐的娱乐，不禁让人叹息'人心惟危'，而耻于与他们引为同类了"（第36~37页）。

作者常常能够在解读文字的最后，发出类似的感慨或联想。作者选了一幅《宗教裁判所》的图片介绍中世纪天主教迫害异端的种种暴行和酷刑，同时还特别强调，教皇给这些"最残暴的非法手段冠上了神圣的名义"。"今天宗教裁判所的年代已往矣，但用刑讯逼供以获取定罪口供的做法还没有绝迹。这就是至今我们还不能忘却过去这段历史而要时时保持警惕的一个重要原因"（第55页）。

这样的联系和联想是一般读者钟情于历史的重要原因。而一个出色的历史学者，为了便于读者理解复杂多变的历史现象，就要想方设法调动读者已有的知识背景，使其产生各种联想，从而获得读史的乐趣和思想的启迪。但要做到这一点，绝非易事。特别是在国人不熟悉的外国史领域，要让读者容易理解，适当对照、参照中国的历史，或者讨论中外之间的联系和影响，实属必要。

在介绍古希腊"斯巴达三百壮士"的结尾，作者笔锋一转，谈及这一故事"曾在中国的清代末年给有血性的爱国男儿极大的鼓舞"，并以杨度的《少年湖南歌》和鲁迅的《斯巴达之魂》为例。"今日我们观此图，忆往旧事，耳边似乎犹响1903年留日学生拒俄义勇队电报中的铿锵言词：'夫以区区半岛之希腊，犹有义不辱国之士，何以吾数百万万里之帝国而无之'"（第19页）。"使团出行"则谈的是1871年日本派团考察西方宪政的故事。正是这次考察，开启和确定了日本的明治维新，日本由此开始殖产兴业、脱亚入欧的现代化进程。从日本使团的出访，作者联想到1905年晚清"五大臣出洋"，但发现结果是如此的不同："他们西游归来不但未能开出救世良方，就连有关宪政的报告还要请避居日本的钦犯梁启超和身为布衣的杨度起草，又怎能指望他们肩负起拯救危亡的重任呢？"（第179页）类似对比和联系，在书中还有不少。

这些看似平淡的联想和对比，在很大程度上反映了作者广博的学识。国内新一代历史学者，从读研究生开始（有的学校甚至从本科生开始），就分为中国史和外国史、古代史和现代史，各自有着不同的课程内容和专业训练。这样早的专业化，自然导致各个专业领域学者知识面狭窄，视野有限，而按专业划分的教研室体制，更导致学者间的相互隔阂，往往是老死不相往来。考虑到这一背景，作者把古今中外的历史知识融于一体，打破这种学科的分析和隔阂，实在是难能可贵。这显然与作者的训练和志趣密切相关，陈教授虽然是世界近现代史的博士，但却长期教授世界古代史；他虽然以世界史为业，但平常却以大量涉猎中国文化历史著述为乐。

翻阅这一百幅未必个个精美但却内涵丰富的外国历史画，阅读这一百篇未必字字珠玑但却深刻独到的千字文，实在是一种艺术享受和知识滋养。在读图时代有衰变为"伪图时代"（借用2002年12月20日《中国青年报》的"读图时代还是伪图时代"的表达）的时候，图说历史有蜕变为涂说甚至胡说历史之虞，希望有更多的这样严肃的历史学者，像陈仲丹教授投身于普及科学的历史知识这样的启蒙工作。

（陈仲丹等：《画中历史——外国历史画解读》，福建人民出版社，2002）

（原载《博览群书》2003年第2期）

有趣又益智的文明之旅

——评陈仲丹编著《图说兵器战争史》等

记得九年前，女儿还在幼儿园大班，有人来推销《目击者丛书·自然博物馆》。那是我见过最完美的中文书，从内容到装帧，从文字到图片，几乎无可挑剔。为了女儿，也是为了我自己，我用自己半个月的工资买下了其中的十本。唯一遗憾的是，该丛书是三联书店从国际著名的参考和科普读物出版商DK出版社引进的，而非中国学者和出版人的原创作品。我当时就想，什么时候，中国人自己也能编撰出可以与DK的图文出版物相媲美的原创图书。今天，当读到陈仲丹教授编著的姊妹书《图说兵器战争史：从刀矛到核弹》和《图说交通探险史：从牛车到飞船》时，我的确有一种无比的喜悦，因为它满足了我或许有些狭隘的民族自尊心：中国的学者和中国的出版社同样能够做出世界水准的图文读物来！

这两本"图说史"的世界水准可以说表现在四个"精"字：精彩的图片、精美的文字、精致的装帧，以及这三者精妙的结合。先说图片的精彩。以每页三幅图片、两书合计500页计，全书所收录的图片至少1500幅之上。这些图片类型多样，就古代的主题而言，有原始人的岩画、中国的汉画像砖、古埃及的石刻、古印度的佛塔、古希腊的陶瓶画、腓尼基人的壁画、古罗马的遗存……很难想象，如果不是作者对古典文明有较深的造诣，如果不是作者十几年的用心收集，几乎不大可能从各种零散的文献搜寻出这些珍稀的图片。如果说古代的图片会因为稀少而难寻的话，那么，就现代部分而言，则会因为数量太多而难以取舍。编著者首先碰到的问题是，在客观的照片和主观的图画之间如何选择？显然，最简单的办法就是挑选老照片，但是，作者却没有走捷径，而是尽可能选用内涵更为丰富、更具表现力的图片。在解释为什么留绘画而舍照片这一做法时，作者说自己在"选图上有点唯美主义倾向，欣赏口味偏于传统"，实际上，从读者的角度看，绘画所带来的视觉效果以及由此对绘画主题印象的深刻性，是很多粗糙的新闻照片所无法比拟的。虽然此举可能会影响对历史真实性的了解，但是，考虑到这样一种普及读物的读者口味，以及作者文字的准确性多少弥补了图片真实性的不足，应该说，这是一个成功的选择，也能凸显所谓"片面的深刻"。仅就这一点而言，也不难看出作者的一片苦心。

编著者陈仲丹教授是位世界史研究学者，在目前的学科分野中，算是治西学的人。在一般人的印象中（实际也的确反映了基本的现实），治西学者虽然熟悉洋文，但是，他们的母语写作水平却不敢恭维。西学著述往往文字枯涩，特别是那些别扭的倒装句、被动态、从句套从句，成为众多西学著述的典型特征，令人往往无法卒读。但陈教授却没有因为读洋书而染上这种语言欧化的毛病。在治学之余，他终日沉浸在古今汉语大家的华章美文中，逐渐养成了一种清丽隽永的文字风格，受到读者的广为欢迎。这种风格在其《墙头政治》《画中历史》等最初的图说历史著述中已初露端倪，而在这两本"图说史"中基本定型。以《图说兵器战争史：从刀矛到核弹》中拿破仑的经典战役"奥斯特利茨战役"一节为例，可以管窥作者精美的文字。作者的叙述犹如中国传统的白描："1805年12月2日早晨，浓雾散去，天空放晴，太阳冉冉升起，拿破仑事后称之为'奥斯特利茨的太阳'。这一天是拿破仑加冕称帝一周年的纪念日。"由于掌握了丰富的历史知识，作者非常善于突出历史的喜剧性场面。也就是在这一节中，作者是这样描述普鲁士使臣战役结束后来见拿破仑的场面："他本来的使命是代表普鲁士向法国宣战，但看到拿破仑获得了空前的胜利，他立刻随机应变，面带微笑向拿破仑祝贺胜利，并表示普鲁士愿与法国结盟。拿破仑知道他态度变化的原因，讥讽地对他说：'命运女神把您的祝贺对象改变了。'"普鲁士如此，那么，作为法国的世敌，英国的态度又如何呢？作者写道：在拿破仑凯旋巴黎的同时，英国人为自己精干的首相、反法联盟的主要缔造者小皮特举行了葬礼。"奥斯特利茨战役中俄奥的惨败，使小皮特心力交瘁，一病不起。临终前，他让人取下挂在墙上的欧洲地图说：'卷起来吧，今后十年不需要它了。'言下之意是，拿破仑的军事胜利将大大改变欧洲的政治地图。"就这样，用这些寥寥数笔的清新和中性的文字，作者把这次战役的后果和影响交待得清清楚楚。要知道，对这些问题，学院派历史学家通常可是需要长篇大论的。

虽然有精彩的图片、精美的文字，但如果缺少精致的装帧来包装，图书的形象也会大打折扣。暂且不论图书的内容，仅就装帧而言，国内图书就比发达国家的图书落后一大截。所有参加过国际图书博览会的出版人，回来后首先感慨是我们自己图书的用纸、排版、印刷和装帧太不追求精致和完美。一本优秀的图书往往因为装帧欠佳而大为逊色，进而影响普及和推广。固然，试图用过度华美的包装来掩盖内容的贫乏，诸如地摊上标价为数千元，但几十元就可以拿走的雍华礼品书，的确有金缕其外败絮其中之嫌。但是，酒好不怕巷子深的观念，在激烈的图书市场竞争中同样也不可取。在这一点上，图书的作者往往无能为力，完全要依靠出版者的眼光、用心和必要的资金投入。值得欣慰的是，两本"图说史"的出版者对编著者的艰苦工作给予了充分的认可和赞赏，投入了不菲的人力和资金，精心包装，不仅用高级铜版纸印制，而且，在封面、封底、衬里、扉页等处均挑选书中精彩的图片装饰。在留足页眉页脚和页边空间的同时，还配有提示书目信息的标题文字和图案。虽然两本"图说史"是普及性大众读物，但是，它们依然一丝不苟地配有甚至是国内研究类著述都很少附有的主题索引。为了避免目录和索引页的单调，制版者精心选用了有代表性的图片，不同色彩的文字，以及与主题相称的影射图进行衬托，可谓费尽心机。

正是作者与出版者之间密切的配合，这些精彩的图片、精美的文字和精致的装帧，才得以精妙地结合在一起。这种大16开本、图文并茂的修身养性读物，在国际图书市场上又有茶几书（Coffee Table Book）之谓，意思是可以放在客厅的茶几上，供全家人和客人随手翻阅。在海外，这类茶几书往往也是亲朋好友礼尚往来的礼品书，显然，以书作为小礼物自然要比拎几瓶好酒或拿几条香烟要雅致得多。怪不得精明的香港出版商，立即买下这两本书的繁体字版权，而且在海外华语出版物市场上获得了畅销的佳绩。随着国内经济的发展，人民生活水平的提高，特别是所谓"中产阶级"的出现，这类以展现人类文明成果为主题的茶几书有着广阔的前景。从这个意义上说，两本"图说史"无疑是开风气之先。

（陈仲丹编著《图说兵器战争史：从刀矛到核弹》，江苏少年儿童出版社，2003；陈仲丹编著《图说交通探险史：从牛车到飞船》，江苏少年儿童出版社，2004）

（原载《博览群书》2005年第8期）

五　学术规范与学术批评

国际问题研究论文的
内在要求和外在形式[*]

国际问题研究基本是一个不甚科学的表达，更多的是一种出于管理和讨论方便的权宜之计分类。对此，留美归国学者、南开大学国际关系教授张睿壮教授曾有过明确的批评。[①] 但是，既然中国的学术界广泛地使用这一表达，我们也就不能不以此为题进行这一领域学术规范的讨论。

一　国际问题研究的学科范围和领域

与其他的社会科学学科相比较，国际问题研究作为一个独立的学科领域，显得非常庞杂，甚至有些混乱，至今没有一个相对统一和明确的范围。目前，至少有四种不尽相同的分类，它们分别是：高校和研究部门学科的设置、国务院学位办的学位分类、国家社会科学基金的分类和教育部的人文社科研究项目的申请和管理代码。[②]

因此，国际问题研究与其说是一个学科，毋宁说是个涉外研究专业的总称和拼盘。这个拼盘中，基本上包含了四大内容：国际关系（政治）、比较

---

[*]　感谢南开大学张睿壮教授阅读初稿并提出批评；感谢南京大学历史系研究生蒋阿凡核对注释。本文系教育部社科司组织编写的《学术规范导论》中的一章，发表时有删节。

[①]　张睿壮：《我国国际关系学科发展存在的若干问题》，《世界经济与政治》2003年第5期，第70页。

[②]　参见国务院学位办公室授予博士、硕士学位和培养研究生的学科、专业目录（1997年颁布），http://www.moe.edu.cn/moe‐dept/xueweiban/py_zyml.htm#3；国家社会科学研究基金2003年项目指南的"国际问题研究"部分，http://www.npopss‐cn.gov.cn/2003sj/gjwtyj.doc；教育部人文社科研究项目的申请和管理代码，http://www.sinoss.net/comm_search/search_subject.asp。

政治、国别（区域）研究和中国外交。这一特点也反映在中国国际问题研究的三大综合性核心杂志①所发表论文的内容中。当然，这些杂志特别是《世界政治与经济》，也包括了一些世界经济的内容，但主要侧重的是国际政治学者感兴趣的国际经济组织、国际经济关系以及世界经济的政治后果。作为经济学的国际经济，则属于经济学门类，中国社科院的《世界经济》杂志是其主要园地。

实际上，像这样的拼盘不仅存在于中国的国际问题研究领域，而且同样存在于国际的学术界，这就是以美国学者为主体的，包括笔者在内的很多中国学者都参加的国际［问题］研究会（International Studies Association，简称 ISA）。该组织十分庞杂，其成员根据自己的研究兴趣和爱好又组成了 21 个专业委员会（sections），既包括国际组织（International Organization）、外交政策分析（Foreign Policy Analysis）、国际安全研究（International Security Studies）、外交研究（Diplomatic Studies）、和平研究（Peace Studies）这样的传统领域，也包括国际政治经济学（International Political Economy）、全球发展（Global Development）、国际伦理学（International Ethics）、环境研究（Environmental Studies）等新近发展的学科，更有一些我们还不熟悉的新领域，如国际事务中的积极学习（Active Learning in International Affairs）、多学科比较研究（Comparative Interdisciplinary Studies）、种族·民族主义与移民（Ethnicity, Nationalism and Migration）、女权理论与性别研究（Feminist Theory and Gender Studies）。②

这些专业委员会的存在反映了国际问题研究队伍的现实和兴趣所在，当然，在这样的自愿组合中，必然存在着很多的交叉和重复，这正好也反映了国际问题研究的特点：它是一种相互交叉且涉及面宽广的综合性研究。

从国内学界一般的认同来看，国际问题研究的核心是国际［政治］关系，紧密层则包括以研究军备特别是大规模毁伤性武器（WMD）对国际关系影响为主题的国际战略和地区安全研究；突出国际经济关系政治后果和政

---

① 这三大核心刊物分别是，中国社科院的《世界经济与政治》（月刊）、中国现代国际关系研究院的《现代国际关系》（月刊）和外交部中国国际问题研究所的《国际问题研究》（季刊）。
② http://www.isanet.org/sections.html。秘书处设在美国科罗拉多大学。它出版三种杂志，即以发表研究性论文为主的 *International Studies Quarterly*，主要为教学服务的 *International Studies Perspectives* 和主要发表学术综述、书评的 *International Studies Review*，它们均由著名的学术期刊出版公司 Blackwell Publishing 出版。

治特征的国际政治经济学（IPE）；作为国际关系制度形式的国际组织的研究；对重大国际事件和国际发展的政策研究；对国际事务中有一定地位并可能对国际事务产生一定影响的地区和国家的研究；作为国际关系中一部分的中国外交和战略的研究。

二 学术规范与中国国际问题研究

在论及今天中国国际关系研究的现状时，国内已经有好几位学者对这一领域学科划分混乱、专业化程度低下、研究方法陈旧、学术规范缺乏、著述低水平重复等多方面的问题提出了尖锐的批评。[①] 但需要注意的是，在指出这一相对落后的学科现状同时，我们不能不涉及造成这一状况的历史原因，特别是造成"学术规范缺乏"的基本背景和成因。

由于政治对学术的粗暴干涉，1949年以后，除了作为官方政治意识形态的马克思主义、列宁主义，中国实际上取消了学术意义上的现代社会科学。直到1978年改革开放以后，经济学、政治学、社会学这些现代意义上的社会科学才恢复和重建。作为一门综合性的学科，国际问题研究也开始初步发展成为一个独立的、祛政治化的学科。因此，与传统的人文学科相比，中国社会科学的积累先天不足。相比较而言，国际问题研究由于最高领导人的直接关注，比起其他社会科学还要幸运一些，早在1960年代就开始重建。

1960年代，为了更好地与苏联修正主义和美国帝国主义进行斗争，支援亚非拉地区的民族解放和人民革命运动，当时的中国最高领导人提出了加强国际问题研究的要求。正是在这一背景下，教育部在北京大学、复旦大学和中国人民大学设立了国际政治系，分别以亚非拉民族解放运动、欧美资本主义国家和国际共产主义运动作为教学侧重方向，同时成立教育部属下的第一批国际问题研究所（室）。在此前后，中央有关机构也建立了一批研究所，它们后来发展为今天的中国现代国际关系研究院、中国国际问题研究所以及中国社会科学院的拉丁美洲、俄罗斯东欧中亚和西亚非洲等三个研究所。这些研究所主要是对国际形势作跟踪研究，其研究资料主要根据国外的

[①] 参见张睿壮《我国国际关系学科发展存在的若干问题》，《世界经济与政治》2003年第5期；苏长河《中国国际关系学：问题与研究方向》，《世界经济与政治》2000年第1期；庞中英《关于国际研究在中国的三个典型问题》，《欧洲》2000年第6期。

报刊以及由新华社国际部编译的著名的"大参考"(《参考资料》),绝大多数的成果也以内部报告的形式供中央有关部门参考。

改革开放后,这些研究机构在继续进行政策性研究的同时,也开始了学术性研究,并在各自研究所主办的专业刊物发表公开的学术论文。遗憾的是,由于长期政策研究养成的习惯,加之研究人员大都没有经过专门的学术训练(大多数是外语专业的毕业生),因此,其论文基本不讲究学术规范,缺少起码的资料出处和引文注释,更不要说学术史的回顾了。不过,作为中国第一代国际问题研究者,他们筚路蓝缕,建立这一学科的框架,并留下了密切关注现实、学以致用的传统,但同时,也留下了不讲学术规范,不注意理论概括、抽象、建构和创新以及过于政治化的学科遗产。

这一遗产也影响到了1980年代中期以后,受过系统训练的新一代国际问题研究学者。虽然中国国际问题学界的这批第二代学者比他们前辈幸运得多,能够利用改革开放提供的各种机会,与外部世界进行广泛和直接的交流,并在介绍和引进海外国际问题研究的方法、理论、观点方面成就不小,但就建构、遵守和发展本学科的学术规范而言,他们基本上沿袭了前辈学者的做法,没有取得突出的进步。对这一点,老一辈国际问题学者、欧洲研究专家陈乐民先生就曾坦率地提出过自己的看法,他认为当时的很多国际问题研究论著"似乎等于把新华社以及当时所能看到的外国通讯社的消息(大部分又能在《参考资料》上看到)当作基本材料,编写成各类专题性的文字,这样的工作至多是一种资料的整理,很难说是学术性的、理论性的研究"。[1] 一位新生代学者则"不客气地说,我们有些国际关系学者,是靠《参考消息》和《参考资料》(内部刊物)这样的资料'包打天下'的"。[2]正因为如此,加上学者的研究题目太紧跟现实,贴近现实,缺少一般学术研究所需要的距离感和独立性,以至于一些外国学者批评中国的国际关系研究基本上是"扎实的新闻作品而非学术著作"。[3]

外国学者之所以认为我们的论文不像学术论文,很大程度上是因为它缺乏起码的学术规范。首先,这类论文往往缺少明确的问题意识。既然是篇论

---

[1] 陈乐民:《我为什么要进入文明史的研究》,《欧洲研究》2004年第1期,第140页。
[2] 苏长河:《中国国际关系学:问题与研究方向》,《世界经济与政治》2000年第1期,第73页。苏长河是复旦大学的副教授,生于1970年代,可以说是中国的第三代国际问题研究学者。
[3] 任晓:《理论与国际关系理论:一些思考》,《国际政治》2001年第1期,第38页。

文,就不单单是对现实国际事务的客观描述,也不单单是对别人观点的简单重复,更不是对现行外交政策的解说和辩解。它应该甚至必须说明所研究的议题在客观的历史背景中和主观的学术传统中的位置。

具体说来,要构成一个可以进行学术研究的问题需要有几个要素:第一,它是一个新现象,尚未引起研究者的注意,需要对之进行起码的描述、归纳、比较、抽象和综合,比如正在出现的全球公民社会(global civil society)对国际事务的潜在影响这类问题,就可以通过个别案例进行研究。第二,这一现象虽然引起了研究者的注意和研究,但由于种种主观的原因(缺少新的分析方法或无力获得必要的文献)和客观的原因(客观现实刚刚出现,还没有发展到可以进行科学概括和综合所需要的程度),这一现象只是得到了部分的、粗浅的认识。随着客观世界的发展成熟,新资料的出现或者新研究方法的应用,这些现象有可能得到较为充分、全面和深入的回答。人道主义干预可能就是这样一个问题。1990年代这一现象刚出现的时候,由于案例过少,难以进行有理论意义的研究概括,现在的条件就成熟得多了。第三,现存的解释理论和方法与客观世界有着明显的矛盾,也就是说现在的理论方法不足以令人信服地说明客观现实,因此,需要重新研究和解释。比如,我们一向认为现存的国际经济秩序对发展中国家不公平,可是,为什么越来越多的发展中国家愿意而不是退出这个秩序?我们通常认为霸权国家以强凌弱,那么为什么那么多的弱国又主动地追随(followship)霸权国?第四,现存理论本身缺少内在的连贯和一致(coherence),很难自圆其说。

前两个要素是从现实世界中的现象着眼,后两个要素是从理论世界入手,这四个要素往往混在一起,构成了一个问题值得进行学术研究的内在价值,对它们的研究也必须同时结合现实和理论两个方面。需要指出的是,这些现象或问题是否有通常所说的"现实"意义并不重要,只要它能够满足人们强烈的求知欲,即使是为学术而学术,它就是一个有价值的研究题目。

问题意识是学术规范的内在要求,也就是我们常说的这一课题值不值得去做。正因为这样的内在要求,才出现了学术规范的外在形式。外在形式是为内在要求服务的,正是通过外在形式,人们才能判断这一问题是一个真问题,而不是一个"伪问题",即不是一个前人已研究透了的问题,或者作者自己根本没有能力把握的问题。这一外在形式具体体现在作者使用资料的原始性和权威性；作者研究思路、基本概念、分析方法的继承和创新；论文写作形式的规范和完整。

三 学术规范的内在要求：文章要有新意

现在，"创新"已经成为一个非常时髦的术语。众多的学术论文都自诩为"填补空白"的创新之作。有这样的创新意识自然是学术的一大进步，但创新不是喊出来的，往往是"面壁十年"苦出来的。"填补空白"的前提则是作者对自己所研究的课题有着全面深入的了解和把握，因此，创新和填补空白绝非易事。在目前的学术体制和物质条件之下，要在中国的国际问题研究领域中，做出真正具有创新意义的成果来，更是难上加难。要知道，国际问题研究中严格意义的创新，应该放在国际学术研究共同体中进行评估，是在国际范围内对现有研究成果的修正和超越，而不仅仅局限于在中国国内。但是，由于语言上的障碍和西方特别是美国学术界的"话语霸权"，中国学者的文章很少能够用英语在国际主流的学术刊物上发表，同时，国际学术界的同行也几乎没有阅读中国学者汉语论文的能力，即使有这样的能力，也极少有兴趣去阅读。因此，我们不能不痛苦地承认，我们尚无法与国际学术界"接轨"，让国际学术共同体来承认我们的"创新"。

对绝大多数的中国学者来说，与其在不公平的竞争环境中硬去与"国际接轨"，追求成本巨大但收益并不明显的"创新"，还不如实事求是地根据中国的实际情况，寻求更为符合中国学术界眼前状况的研究课题和模式。具体说来，也就是在中国走向世界、参与国际事务的大背景下确定我们的研究议题，同时把我们的研究论著放在中国大陆的汉语学术界中进行评估。由此来判断我们的研究成果有没有新意，是否涉及国内学术界尚未涉及或涉及不深的问题，对于我们认识外部世界的知识是否起到了增量的作用。下面，将结合本人的学术实践，说明学术论文中的新意问题。这里所说的新意可以表现为四个方面：叙述方式、新资料、新观点和新方法。笔者之所以这样做，并不是说自己的研究比国内的同类研究更为出色，完全是为了行文的便利。

（1）新的叙述方式。也就是综合国外相对成熟的研究成果，在真正弄懂吃透之后，按照最适合国内读者接受的话语和叙述方式，进行重述或转述。实际上，国内绝大多数的国际关系理论著述都属于这一类。

在评论美国国际关系名家、普林斯顿大学教授罗伯特·吉尔平（Robert Gilpin）的《国际关系政治经济学》时，① 笔者发现构成该书理论框架的是所谓的"霸权稳定论"，而国内对这一理论尚没有任何系统和全面的介绍。于是，笔者进一步研读了这一理论的其他代表人物的著述，如金德尔伯格（Charles P. Kindleberger）、克莱斯纳（Stephen D. Krasner）等人的论著，以及批评这一理论的基欧汉（Robert O. Keohane）的著作，从而使自己对这一理论的学术渊源、形成背景、主要观点、学术争议有了比较全面的了解，遂以比较适合中国读者的方式和话语，撰写出一篇理论综述，成为国内最早系统介绍，也是迄今为止较为全面评析霸权稳定论的文章。② 在此基础上，笔者再接再厉，又写出了国内最早的一篇系统介绍国际体制理论的论文。正是在这样的重述中，笔者注意到了 international regime 和 international institution 的微妙区别（对此，国内外学者似乎都没有注意到这一点），为此，笔者从基本概念入手，结合体制理论的发展脉络，写出了相关的考辨文章。③

（2）发现和运用新的资料文献。这里的新文献资料主要是指原始或第一手文献，诸如政府公报、领导人的声明和讲话、立法机构的听证、各种统计调查数据，等等，而非研究者的研究成果。

在研究1989年后美国对华政策中的"最惠国"待遇问题时，针对国内一些学者批评美国违反1979年《中美贸易协定》的说法，笔者特意找来协定原文加以认真研读，发现协定当中已经暗含了美国政府必须遵守《杰克逊－瓦尼克修正案》（Jackson-Vanik Amendment），并据此在特定情况下可以"免责"的内容，而中国的谈判者当时并非没有意识到这一点。因为这一问题——作为社会主义国家，中国获得美国贸易的最惠国待遇，需要满足自由移民等条件——在当时情况下，一般认为不大可能出现。在此基础上，笔者又查阅了美国国会所提议案的原文，区别了美国国会在有关最惠国问题上不同的立法议案。④ 因为研读了第一手材料，因而就避免了无的放矢的批评，使自己的批评建立在更有说服力的基础上。

---

① 任东来：《国际关系研究中的政治经济学方法和霸权稳定理论》，《世界经济与政治》1991年第6期。
② 任东来：《国际政治经济学中的霸权稳定论》，《战略与管理》1995年第6期。
③ 任东来：《国际关系研究中的国际体制理论》，《欧洲》1999年第2期；《对国际体制和国际制度的理解和翻译》，《国际问题研究》2000年第6期。
④ 任东来：《中美两国最惠国待遇问题的由来》，《国外社会科学情况》1994年第4期。

国内有学者认为："虽然二手资料准确性差一些，但二手资料有省时、省钱、省力的优点。"① 对此笔者不敢苟同。最主要的原因是，国内国际问题研究学者鱼龙混杂，各种论述所依据的资料在质量上参差不齐，其研究结论往往缺少扎实的文献基础，即使看上去引用了不少第一手文献，但实际上这些文献中不少是作者根本没有核对过的资料，常常不够准确。因此，在尽可能的情况下，要把自己的研究建立在原始资料的基础上，如果做不到，也尽可能引用学术上比较可靠、其材料可以得到核实和验证的规范著作（standard works）。

（3）提出一些新的解释和新的看法。除非是可以不受学术规范约束的天才，否则，新观点不可能凭空而来，只能是来自对文献资料的认真研读和思考。新观点可以从研读和思考新的文献资料中"自发"产生，也可以是对旧文献或二手文献（他人研究成果）再思考的结果。

1990 年代中期，冷战结束后不久，美日矛盾特别是经济上的摩擦日渐突出，"日本可以说不"的声音高涨。据此，国内一些学者的研究有意无意地夸大了美日矛盾，过高地估计日本的独立性，低估了美日同盟的牢固性。虽然笔者不懂日文，也没有掌握什么新资料，但是，凭着对美日战后同盟关系的基本了解和冷战历史的研究基础，笔者认为这一看法存在问题。于是，在综合分析国内学者不同观点的基础上，利用一般性的资料，笔者得出了美日实际上正在构建一种试图主导东亚安全和经济结构的轴心关系的结论。②这一看法引起了人们一定的注意，中国留美学者于滨在为美国斯坦福大学东亚安全研究项目准备的研究报告中，还把这一看法列为中国国内有代表性的观点之一。

（4）在分析和研究文献资料时，有意识地尝试一些新的分析工具和方法。在学术研究中，由于主客观条件的限制，有时很难发现能够得出新观点的新文献，也可能一时无力对原有文献和二手研究著述进行批评性思考。这时，可以有意识地尝试一些新的分析方法。

在尝试新方法时，一定要扬长避短。数理基础较好的学者，可以较多地利用统计和回归的定量分析方法，人文学科出身的学者可以更多地利用类比和比较的定性分析方法。

---

① 阎学通、孙学峰合著《国际关系研究实用方法》，人民出版社，2001，第 256 页。
② 任东来：《形成中的美日轴心及其对东亚的影响》，《战略与管理》1996 年第 5 期。

1993年，笔者在挪威诺贝尔研究所（Norwegian Nobel Institute）从事一项大国干预与国际体系的研究课题。这显然是项社会科学的题目，但笔者的专长是外交历史，而外交历史的基本要求是第一手的档案。同时，该研究所的收藏和研究项目限定的时间都不允许进行第一手的文献研究。于是，笔者决定在别人专题研究的基础上，选择第二次世界大战后，大国干预他国革命的案例进行比较研究。最终，以二战后的中国内战和希腊内战作为历史比较的案例，顺利地完成了这项研究。[①]

四　写作规范

国际问题研究论文的写作，与其他学术论文的写作一样，都需要遵循一定的写作规范。但是，国际问题研究有时比较敏感，也就是人们常常说的"政策性强"，过多地受到现实政治的干扰。因此，学术研究的独立性（理性）和研究者的国家身份（情感）之间常常存在着一种张力。作为一名学者对此必须要有充分和清醒的认识，如果你撰写的是严格的学术论文，那么，你必须面对现实，接受哪怕是可能会伤及个人情感的真实。

以中美关系中的台湾问题为例。我们都知道，台湾问题是中美关系中最敏感和棘手的问题，我们的舆论常常批评美国自食其言，违反了中美三个公报的原则。但美国方面则常常以《与台湾关系法》作挡箭牌。对此，我们一再强调中美有关联合公报与该法没有任何关系。毫无疑问，这是我们政府必须坚持的立场。但作为研究学者，就不能仅仅说我们"不承认"了事，而必须知道，在美国人那里，他们是如何建立起这样的联系，美国行政部门政策又是如何与国会的这一立法协调互动的？只有这样，学者才能提出真正有意义的政策建议，而不是仅仅满足于从情感上为国家的立场辩护。因此，对一篇学术论文来说，首要的要求就是必须准确和客观，要做到这一点，就不能人云亦云，必须去寻找权威的原始文件。

准确不仅表现在要有勇气面对真实，尽可能摆脱研究者的情感和偏见，而且还表现在语言转换的细节上。国际问题研究的性质决定了研究者不得不去阅读大量外文文献，这就难免涉及大量的人名、地名和专业术语。由于这

[①] 任东来：《大国干预与共产党的革命战略：对中国和希腊的比较研究（1944～1946）》，南开大学历史研究所美国史研究室编《美国历史问题新探》，中国社会科学出版社，1996。

些名词术语的翻译既缺乏权威的规定,也没有学术团体认可的业内标准,结果就出现了一词多译甚至乱译的"自由化"局面,造成了交流上的混乱和困难。人名、地名还好办些,新华社和中国地图社出版过多种人名和地名译名手册或词典,可资参考。即使这样,对于一些常识以外的外国人名和地名,在文章中第一次出现时都应该用括号标识出原文的全名。即使是常见的一些人名,如布什、罗斯福、肯尼迪这样的名字,第一次提到时,也要给出哪怕是译成中文的全名,因为有两个罗斯福总统,两个布什总统,好几个作为政客的肯尼迪,不给出全名极易混淆。

最困难的是一些没有统一标准的专业术语。例如,国际制度研究是目前的一个热门话题。如果你不给出一个相应的英文,读者就不清楚你这里的制度究竟是现实主义学派那里的 international regime,还是自由主义学派那里的 international institution？这两个概念虽然常常重叠,但实际上反映出不同的学术取向。① 相应地,英文 institutionalism 一词,中文就有"机制主义""制度主义""机构主义""建制主义""规制主义"等不同译名,如果不给出英文的话,读者还以为这是不同的主义呐！实际上,这里的"ism"根本不应该翻译成"主义",而应该翻译成"理论"。同样所谓的布什主义(Bush Doctrine)、尼克松主义(Nixon Doctrine),应该翻译成布什原则、尼克松原则。国人已经吃够"主义"的亏了,还是应该像胡适八十多年前说过的那样,少谈些"主义"为好！

这里的"主义"满天飞,与中国国际问题学术界专业化程度不高的确有密切关系。我们很多的术语都是不假思索地从新闻界那里照搬过来的。实际上,对于现成特别是最早来自新闻媒体的术语译名,学术界的研究者一定要多个心眼,不要随意接受,因为里面很可能有个陷阱！以颇为时髦的"人道主义灾难"一语为例。自20世纪90年代末的卢旺达难民危机和南斯拉夫科索沃危机后,不管是媒体还是学术界,经常是大谈特谈"人道主义灾难",结果"人道主义灾难"本身也泛滥成灾了。如果仔细推敲的话,这里的逻辑根本不通,美好的人道主义怎么会成为灾难呢？或许是指在人道主义名义下,西方所进行的干预所导致的灾难？即使这样,最多也只能说,美国和西方的人道主义干预导致了生命损失的灾难。按这一理解,这一概念用在科索沃危机还勉强说得过去,但用在卢旺达却完全行不通。因为那里似乎

---

① 任东来：《对国际体制和国际制度的理解和翻译》,《国际问题研究》2000年第6期。

只有"以牙还牙、以血还血"的"兽道主义"盛行,与人道主义实在是八竿子打不着,即使在科索沃危机中,也很难看出人道主义本身有什么灾难。为此,笔者不得不找出它的英文原文作一番语义学的考察。

中文中的人道主义灾难来源于英文的 humanitarian disaster。这里的关键是对 humanitarian 一词的理解。查微软公司的英语电子词典,它有两个意思:其一是人道主义的:热衷于改善他人的生活,例句便是人道主义组织(caring: committed to improving the lives of other people? a humanitarian organization);其二是有关人的:涉及和影响人类,特别是以有害的方式,例句恰好是"人类灾难"〔human: involving and affecting human beings, especially in a harmful way (informal) a humanitarian disaster〕。显然,这里比较准确的翻译应该是取第二个义项。由于 humanitarian disaster 一语的最初译介者只知其一,不知其二,再加上个人政治上的好恶,便想当然地把它译为"人道主义灾难",让人道主义这一美好术语含羞蒙冤,实在是"罪莫大焉"。显然,确切的表述应该是"人类灾难或人群灾难"。①

除了准确这一学术写作的根本要素外,学术论文的外在形式应该是完整的,至少应该包括摘要、导言、论证、结语和注释或书目这五个部分。

虽然摘要放在文章的最前面,但却是写作过程中的最后一步,是在文章完成之后才"摘要"的。它或者是对文章中心观点的提炼,或者是对所依据文献的强调,或者是对所使用的研究和论证方法的介绍,或者是几者兼而有之。这完全取决于文章的主要贡献所在。好的摘要是一篇独立的短文,不需

---

① 除了这个例子外,还有"欧盟"这个译名。大家知道,欧盟是欧洲独一无二的超国家组织。但对于一般读者,看到欧盟两字,就会联想到"东盟"。因为人们先从报纸上熟悉东盟,后才知道欧盟,两个都是"盟",难免让人产生联想,甚至把两个组织的性质等量齐观。笔者认识的一位国际关系学者,就提出了一项要对这两个"盟"进行比较研究的计划。显然,这两个"盟"基本上不是一回事,缺少可比性。如果核对英文原文的话,其中的差别一目了然。在英文中,东盟(ASEAN)的全称是东南亚国家联盟(Association of Southeast Asian Nations)。欧盟的全称是欧洲联盟(The European Union)。东盟的"盟"是 Association,原意是协会或联合会的意思,译为联盟实在是差强人意,有无限拔高之嫌。有趣的是,作为东盟一员的新加坡,其华文媒体从来就不用东盟这一概念,而是用"亚细安"这个音译,显然自有道理。他们对东盟性质的了解自然在我们这些局外人之上。而欧盟的"盟"更接近苏联(The Soviet Union)的"联",因为在英文中,它们是一个词 Union(联盟)。如果非要把"亚细安"称为东盟的话,那么欧盟实在是应该叫"欧联"。但约定俗成,这两个概念现在已经很难再改过来了,只能将错就错。不过,目前欧盟正在制定一部统一宪法,待有朝一日欧盟宪法通过后,还是应该借机把欧盟改为"欧联"更为恰当。

要出现"本文（或作者）认为"这样的导语。其最要紧者是言简意赅，必须用极有限的篇幅（通常在300字以内），尽可能多地传递出明确的信息。

如果说言简意赅是摘要的基本特点的话，那么，作为文章的开头，导言或引言则要求开门见山，一目了然，让读者知道作者究竟要研究或说明什么问题，这个问题为什么值得作者去花力气研究。作为文章主体的论证，主要有两种方法：一是按事态发展的顺序来展开，可以说是以纵向的进程为核心，本质上是一种历史的方法；另一种是将研究对象解构为各种要素，围绕这些要素展开论证，可以说是以横向的结构为中心，本质上是一种结构－功能论方法。这两种论证方法各有千秋，完全取决于议题的需要和研究者个人的学术训练。一般来说，西方学术界的国际问题研究更多地采用后一种方法，中国国内的学者由于社会科学方法论的训练不足，大都采用前一种方法。

结论是论证的自然结果，充分和出色的论证可以为有说服力的结论提供结实的基础，但它并不能保证结论一定起到其应该起到的"画龙点睛"的作用。根据笔者的研究实践和长期观察，结论可能是中国国际问题论文写作中最薄弱的环节。

目前结论写作中突出的问题有两个：其一，"揠苗助长、无限拔高"型。这样的结论往往过高地估计了具体个案研究的普遍意义。包括笔者本人在内，研究者总是希望自己的研究有更重要的影响和意义，因此，常常会自觉不自觉地放大自己所研究的问题以及得出的研究心得在这一领域的重要性。实际上，有经验的细心读者可能会很轻易地发现，作者所依据的文献、所选择的案例、所使用的方法，并不足以支撑其试图抽象出来的普遍性结论。

其二，"简单重复、草草收兵"型。在这样的结论中，由于理论水平所限，论者往往是简单重复论证过程中已经提出的观点，使结论成为简单的总结，而不是发展成为一种能够唤起读者进一步思考的开放性观点。这两种成问题的结论看似矛盾，是一种对立，实际上却是一枚硬币的两面，都是由于读书不够、研究积累不深所造成的学术眼界狭隘、理论修养不足所致。

虽然出色的论证不能保证出色的结论，但是，出色的结论则肯定要以充分的论证为必要前提。一个出色的结论应该能够做到"钻进去，跳出来"，在详尽和充分的论证基础上，再根据对所研究课题的学术渊源和理论方法的较好了解，从已有的论证中更上一层楼，对现行的理论或方法做出有意义的验证和补充，甚至是挑战和修正。

再出色的论证和结论，如果没有标识出所依据的文献，读者就无法进行检验。现代学术之所以被认为有一定的科学性，就在于其他学者可以根据你所提供的资料，并利用相似的方法，做出类似的研究，这有一点儿像科学实验中的重复验证。如果完全是通过个体感悟，通过冥思苦想获得的结论，则很难获得承认，特别是学术界的承认。虽然标识文献、注明出处的做法常常受到"掉书袋"或"形式主义"之讥，但在专业分工越来越细、学术研究越来越标准化和体制化的时代，却是任何一个想成为学者的人都必须遵守的。

注释和参考书目的具体做法，各种期刊和出版社的规定大同小异，基本上可分为人文学科方法（芝加哥大学出版社出版的《著述者手册》① 为代表）和社会科学方法（以《APA 出版手册》② 为代表）。前者采用脚注或尾注，比较适合注明单篇的档案文献，非常有利于读者的进一步追索；后者采取文中夹注加文末参考书目的形式，比较适合注明各种不同的学术观点，非常节省篇幅。与国外的情形相反，目前国内国际问题研究的杂志都采用第一种人文学科方法，但教育部系统的各大学学报则采取了后一种类型，即《中国学术期刊（光盘版）检索与评价数据规范》（简称 CAJ－CD 规范）的简化本。它虽然是对 MLA 和 APA 规范的借鉴，但也有不少为了统计需要所进行的"创新"。不过，对这一创新学术界也有不少批评意见，③ 但是如果为大学学报撰稿，则必须按照这一规范。

五 简短的总结

在总结自己多年的研究心得的基础上，陈乐民教授感慨地说："国际问

---

① *The Chicago Manual of Style*，2003 年时已出到了第 15 版。由于它不仅是为了作者，也是为了编辑和出版家而编写，因此有很多非常专业的编辑学内容，对作者没有多大用处，因此 Kate L. Turabian 编有一个只为作者服务的"简本"：*A Manual for Writers of Term Papers, Theses, and Dissertations*, the 6th edition, The University of Chicago, 1996。另外，属于人文学科的文学研究有自己的推荐规范，这就是美国现代语言学会（MLA）组织编写的《MLA 论文写作手册》（*MLA Handbook for Writers of Research Paper*），2003 年已经出版到第 6 版。该手册的中译本已经有问世。它的注释方式更接近于下面提到的《APA 出版手册》。

② APA 是美国心理学会的简称，它的手册叫 *Publication Manual of the American Psychological Association*，2001 年出版了第 5 版。

③ 参见《社会科学论坛》2002 年第 9 期的专题讨论，其中即包括了任东来等人对这一规范的批评意见，也包括了周祥森的支持意见。

题研究，要搞出水平来，是一件很困难的事。""其一，学者本人的文化素养问题。一个中国学者需要东西兼顾"，需要了解中国的文化和思想传统。"其二，'国际关系'是人类社会或文明发展史中的属于国际政治的'零部件'，必须把它放在世界文明的大框架里去考察。"[①] 陈教授所言极是，笔者深有同感。

　　一个立志于从事国际问题研究的学人，应该努力朝陈教授所指出的方向发展，也就是古人所云的"功夫在诗外"境界。在掌握了本学科的基本研究规范和基本内容之后，应努力去培养自己的文化素养和全局眼光。从这个意义上说，掌握学术规范只是成为一个合格学者的第一步。而且，还需要说明的是，掌握学术规范的最好办法不是去读专门论述学术规范的书，而是去认认真真地研读本学科经典的或有代表性的著述，并不断地进行学术写作的训练，尽管对学术规范基本的了解，可以帮助研究者在从事研究的工作中，取得某种事半功倍的效果。

（原载《国际观察》2004 年第 2 期）

[①] 陈乐民：《我为什么要进入文明史的研究》，《欧洲研究》2004 年第 1 期，第 140~141 页。

学术期刊的注释标准
——兼谈非学术因素对学术的干预

郭英剑教授谈到注释和引文的规范问题，这的确涉及中国人文社会科学研究中的一个薄弱环节。不过，中国的学术刊物也不是像郭英剑教授所讲的那样只有《外语教学与研究》等几个外语刊物做得比较好。实际上，中国社会科学院所办的大部分学术刊物，特别是《历史研究》和《美国研究》在这方面就有相当的专业水准，绝不比《外语教学与研究》逊色。

郭英剑教授所介绍的美国现代语言学会（MLA）格式标准只是美国文科中最流行的三种格式标准之一，另外两个标准分别是《芝加哥规范手册》（*Chicago Manual of Style*）和美国心理学会（APA）的格式标准。APA 的标准和 MLA 的标准大同小异，注明引用出处都是采取在行文中用括号加注的形式，通常只给出作者名（同一作者的不同著作用发表的年代来区分，同一年代的话，再用 ABCD 来识别）和页码，在文末再给出所有引用文献的全部信息，按作者姓氏的 ABCD 排列。这两个标准中也有脚注或尾注，主要是说明性文字。夹注做法的最大好处是节省篇幅和便于统计引文次数，绝大多数的西方社会科学和自然科学期刊都采取这两种格式标准。但它们用在人文学科（文史哲）特别是历史学论文时就非常不便。因为历史学论文常常要注明文献的性质、内容、时间、发表或收藏的地点。比如笔者在最近的一篇论文中引用了美国国家档案馆所收藏的文献，其中的一个注释如下："Proposed directives governing the establishment and operation of the U. S. military advisory group to China", appendix, "b", p. 24, RG319, 019 China TX, National Archives of the United States. 这样的注释显然只能靠脚注或尾注才能解决。因此，大部分西方的人文学科期刊都采取芝加哥手册中所推荐的脚注或尾注标准。需要指出的是，《芝加哥规范手册》是美国出版界和学术界应用最为广泛的一种专业写作和编辑规范,它同样也介绍了夹注的方式。

国内目前实际上也存在着规范注释的"国家标准",只不过不是学术界的主动行为,而是新闻出版局的行政命令。这个标准是建立在美国 MLA 和 APA 格式基础上的,以夹注为主,完全不顾及人文学科的特点。以历史学为例,这个标准使所有利用第一手文献进行研究的学者根本无从下手(上面给出的美国国家档案馆的引文就是明证),除非你只利用第二或第三手材料(出版物)进行写作。这种标准推广的结果是客观上鼓励了历史学者和其他人文学者不去发掘与利用第一手文献,而是去炒冷饭,不断地相互克隆。由于新闻出版局规定,不采用这个标准,期刊就不能参加它所组织的评优活动,不能纳入国家电子期刊系统,结果是教育部便发文下令其属下所有大学的学报都必须改用这一标准。于是,从去年开始,这一标准横扫全国高校,不管是北京大学还是南京大学,复旦大学或是北京师范大学,从南到北,从东到西,几乎所有的大学学报一夜之间都改换了门庭。新闻出版局的一个标准,教育部的一个批文,可以改变中国所有大学学报的注释格式,行政命令干预学术还有比这更令人心寒的例子吗?试看今日之世界,还有哪一个国家的新闻出版局有如此大的权力?有哪个国家的大学有如此卑微的地位?一个大学居然不能够决定自己学报的注释格式,还谈什么学术自由?还创什么世界一流和高水平的大学?可恨的行政干预,可悲的中国大学,可怜的中国人文学者!

写到这里,笔者心里充满了难言的悲哀。从理论上讲,新闻出版局做出这一规定的初衷,也是为了提供一种规范和标准,而且这一规范对自然科学和社会科学(狭义的)注释的标准化的确很有意义,但问题是你不能采取行政命令的方式,不顾对象地强行推广。而教育部更没有必要下文要求重点高校效法。这一点笔者非常佩服中国社会科学院的编辑们,尽管社科院现在比起重点投资的大学来财政拮据、人才难留,可能更需要新闻出版局在有关期刊管理上的配合,但他们却有勇气抵制这种一刀切的不科学做法,坚持实事求是的做法,维持原来的注释标准,极大地方便广大的人文学者。对此,笔者对他们深表敬意,衷心希望他们能够坚持下去。

据一位做大学学报编辑的朋友讲,新闻出版局的标准之所以受到教育部的积极配合,主要是它非常符合教育部目前各种评审活动中最常见的"量化"考察,因为这一标准可以通过计算机来统计文末的参考文献,从而比较准确地统计出有关文献的引文次数,不会出现在脚注或尾注格式中重复统计的情况。这样做固然可以评估某些社会科学论著的影响力，但用在人文学科上就有些本末倒置，显然引文和注释的目的不是为了管理部门评估的方便，其根本目的是方便读者和作者，推动学术的进步和发展。在这里，再次强调一下注释的作用想来不是多余的。它首先是告诉读者作者所依据的材料和引文的出处与性质（书籍、报刊、档案、音像、电子）；其次是给读者一个进一步研究或考察作者研究可信度的线索；再次是放置作者认为可能会影响文气、结构和逻辑连贯性，但又有必要加以评论、说明、解释的文字；最后是用来对他人的研究表示尊重和致谢。

（原载《社会科学论坛》2002年第9期）

我们需要什么样的学术注释规范？

《中国学术期刊（光盘版）检索与评价数据规范》（简称 CAJ-CD 规范）出台后，社会科学信息情报界和编辑界好评如潮，赞扬声不绝于耳。各人文社会科学学术期刊纷纷采用这一标准。高校文科校报研究会据此翻版，制定了《中国高等学校社会科学学报编排规范（修订版）》，要求所有文科学报采取这一规范，一时间该规范横扫大江南北，将所有大学文科学报定于一尊。除了学术批评网（www.acriticism.com）有若干批评文章外，学术界几乎鸦雀无声，忍受着这一抹煞各学科特点和个性、形式极为烦琐、使用非常不便的规范。

为了中国人文学术至少是笔者最为熟悉的历史学界的共同利益，我觉得有必要从四个方面对这一规范进行讨论：第一，CAJ-CD 规范是否具有普遍的适用性，即不论是对现代的社会科学（social sciences），还是传统的人文学科（humanities），都是一种比传统的注释规范更好的选择？第二，如果它并不具有普遍性，可能只适用某些学科，那么是否也存在缺陷？第三，这一规范为什么会存在这些缺陷？第四，用一种带有行政命令的方式，强制推行众多规范标准中的某一种如 CAJ-CD 规范，是否符合学术研究的内在要求？

一　CAJ-CD 规范是否具有普遍的适用性？

在谈论第一个问题时，我们先要明确判断一种规范是否适用的基本原则。从笔者本人的学术实践来看，一种规范得以确立并被接受的首要条件是科学、有效原则，也就是它必须符合学者对注释的四个期望，也就是它应该拥有四种功能：（1）告诉读者，作者所依据的材料和引文的出处及性质（书籍、报刊、档案、音像、电子）；（2）给读者一个进一步研究或考察作者研究可信度的线索;(3)放置作者认为可能会影响文气、结构和逻辑连贯性,但又有必要加以评论、说明、解释的文字;(4)最后是用来表示对他人研究和机构资助的尊重和致谢(此外,或许还要加上一个附带功能,也是 CAJ-CD 最得意的功能——为学术评估和文献信息分析提供检索的方便)。

只有在实现了这一涉及本质的基本原则之后,才能考虑第二项涉及形式的原则——实用、简单、经济原则,也就是如何用较少的篇幅简洁明了地实现第一项原则。如果具体分析,就会发现,前两项在传统的规范中是注的功能,在 CAJ-CD 规范中,通过文末的参考文献来实现;后两项是释的功能,可以看作是 CAJ-CD 规范中的随页脚注。从表面上,这个标准完全可以满足注释的这些作用,但结合本人的历史论文写作,就会发现以参考文献代替原来的注释的形式时,至少有两种情况比较难处理。

第一,参考文献的转引自问题。与自然科学甚至与社会科学的一个很大不同是,人文学科特别是在笔者所从事的历史研究中,由于客观条件所限,作者所引证的史料和观点,不可能完全是作者亲自查阅调查所得,在这种情况下,作者就必须老老实实地说明这些史料和观点是转引自有关文献和论著,否则,就会出现为学界痛恨并屡禁不绝的"伪引"现象。转引自实为无奈的选择,通常出于两种情况:一是作者无法接触到第一手的文献,但是它们又出现在能够接触到这类文献的作者的作品当中。比如,美国学者研究中美关系史,可以从美国国家档案馆等处收集大量文献,中国国内学者不可能人人都去美国查档,有时不得不转引他们所发现的文献。即使不涉及海外的文献,国内的很多文献也不是每个研究者都可以随便接触到的,这种学者因地位和单位不同,而拥有的接触文献的不同特权,结果造成了学者间不公平竞争的状况,这在中国可谓比比皆是。比如中共中央文献研究室主编的《周恩来传》《毛泽东传》披露了大量为中央档案馆收藏的周恩来、毛泽东函电、文稿和讲话,但一般研究者根本不可能接触这些文献,也就无法进行核实,因此只能采取"转引自"这一有限责任制。记载中华人民共和国历史的权威丛书《当代中国》披露了大量珍贵的史料,但一般研究者同样无法接触和核实其中的大部分材料,只好无奈地选择转引自。还有一种情况是观点的转引自。有些书刊,或因在海外发行,或因流传不广,研究者一时难以找到,或者没有阅读外论所需要的语言能力,但他从书评或其他论著中间接地接触到它们的一些重要观点或方法,而且这些又与自己进行的研究密切相关，于是，他只能退而求次之，采取转引自的方法。在 CAJ-CD 规范标准中，似乎没有考虑到这一涉及基本学风和学术责任的重要问题，而推行这一标准的全国大学文科学报中，笔者再也没有看到转引自的表达。显然，没有转引自并不能说明中国学术研究的水准已经完全超越了转引自的阶段，到了根本不需要再转引自他人材料和观点的新时期。或许，笔者只是杞人忧天，中国的研究者现在已经能够随意接触到任何想要的文献，可以阅读任何非母语的论著了。

第二，如何表明所引用材料的具体特点，即它的性质、内容、时间、发表或收藏的地点。一项原创性的历史研究论文是对某一历史过程的重构和再现，因此必须尽可能地穷尽这一题目的史料。文字史料多种多样，未刊行的文本称为档案，刊行的可谓文献。就本人研究的外交史而言，不管档案还是文献，他们又可以分成会谈纪要和记录、来往电函、公报声明、私人日记等，不同性质的文献档案不仅其史料价值存在差距，而且在不同的语境中，其意义和重要性也不尽相同。考虑到外交官是"合法的职业说谎者"的说法，依靠外交公文和公开声明写出的外交史显然无法揭示外交纵横捭阖的真相。因此，外交史研究论文不能仅注材料的出处，而且还要在给出的出处前说明是什么样的文献，并标明文献产生的日期。当然，从理论上讲，作者可以在正文中给出文件的性质和日期，但那样的话，史学文章就会像是一个资料长编。

正是在这一点上，CAJ-CD 规范很难满足历史论文注释的要求。国内研究美国外交史或冷战史的学者主要是利用美国国务院编的美国政府解密外交文件，即《美国对外关系文件集》（*Foreign Relations of the United States*）。如果是一项前人没有做过的原创研究，那么，有时整篇论文的资料都可能是来源于一卷或数卷《美国对外关系文件集》，虽然只有这一种参考书，但其中的文件却是多种多样的，如果按 CAJ-CD 规范的做法，你可以有两种选择：一是只列《美国对外关系文件集》作为一种参考文献，而不注明史料本身；二是把全部材料分别视为该规范所谓的"析出文献"（标号 A），作为参考文献列出，这就和传统的注释标准相差无几，而且更繁琐（因为传统注释中，第二次出现的文献可以省略有关版本信息和使用缩略语）。类似的抉择也会出现在论文集、个人文集、期刊、报纸和档案的全宗等包含了大量析出文献的材料中。这样做的结果就是，或者是单一的参考文献，或者是数不胜数的、实为同源的参考文献。

如果作者做第一项选择，那么就违反了任何规范都重视的科学的原则，但如果作第二项选择，又与 CAJ-CD 规范所希望的实用简洁的原则相悖。因此，这一标准在适用到历史学等人文学科时存在着无法克服的结构缺陷。可以明确地说，在历史学领域中，CAJ-CD 规范绝对不是一项比传统注释方法更好的标准。这大概是中国最有经验的历史期刊编辑和他们所编辑的中国最权威的历史期刊《历史研究》《中国史研究》和《近代史研究》等拒绝该标准的根本原因。实际上，看看国际学术界的历史类杂志就会发现，所有严肃的学术期刊都是用传统的注释标准（主要根据 The Chicago Manual of Style 的规范），而没有用类似 CAJ-CD 规范这类参考文献式规范。我想，不是这些编辑跟不上形势，而是历史学研究的内在规律使然。

CAJ-CD 规范在应用于历史学时所存在的上述问题，同样也存在于社会科学期刊，但问题似乎不那么严重，与其说是结构性缺陷，不如说是技术性缺陷。

二　使用 CAJ-CD 规范标准时的技术性缺陷

据介绍，国家新闻出版署是在参考了二十多种规范文件的基础上，制订了 CAJ-CD 规范。但本质上，CAJ-CD 规范也是舶来品，它的最基本的特征，即把注和释分开，用文末参考文献代替注的做法，实际上是对美国学术界最流行的两种社会科学引文规范——美国现代语言学会（MLA）格式标准和美国心理学会（APA）格式标准的继承和改造。

APA 的标准和 MLA 的标准大同小异，引文都是采取正文行文中用括号加注的形式，给出作者名（同一作者的不同著作用发表的年代来区分，同一年代的话，再用 ABCD 来识别）和数字（页码），但没有序列号，在文末再按作者姓氏的 ABC 给出所有引用文献的全部信息。少量的解释性文字（英文称 content，即中文的释）则作为随页脚注。这种做法的最大好处是节省篇幅，绝大多数的西方社会科学期刊都采取这两种格式标准。

把 APA 和 MLA 标准与 CAJ-CD 规范相对照，就会发现后者在保留参考文献和脚注同时，发明了用参考文献序列号 + 页码的办法代替了前者标准括号内作者姓氏 + 页码的做法。不客气地说，这一变化与其说是改进，还不如说是倒退。

在按 CAJ-CD 规范写作的论文中，既有用圆圈标识的页下注释，又有用上浮的方括号标识的文献序列号以及相连的用圆括号标识的页码（而且还带一个不伦不类的大写 P，英文表示页码是小写 p.，中文是页），而且文献序列号以该文第一次出现为序，以后再出现时，依然以第一次出现为准，这样，序列号经常是颠三倒四。就其外在形式而言（三种标识，两种括号，再加上两种序列号和大写的 P）可谓奇丑无比。

前面提到，注释标准的一个基本原则是删繁就简，现在仅标识括号（圆圈）就三种之多，比起原来的一种，究竟是进步还是退步？

三 为什么 CAJ-CD 规范会存在如此严重的问题？

一种规范应该反映了某一特定学术共同体的内在要求。中国学术界的确需要一定的标准来规范它的学术写作，提高它的学术水平，正是从这个意义上讲，CAJ-CD 规范的设计者的出发点是好的，反映了时代的要求。但问题是，由谁、根据什么、为什么学科来确定什么样的标准和规则。

学术的常识告诉我们，规范应该是建立在现有的学术研究文献之上而非强加于文献。因此，规范的制订者必须对他们所想适用的对象进行广泛的调研。具体说来，他们必须调研、参考和咨询以下三个方面：（1）现存的研究文献；（2）学术期刊的核心作者和核心刊物的资深编辑；（3）现有公认的权威标准。当然，在"群龙无首"缺少权威的时代，较好的选择可能是尽量靠拢目前最有影响的社会科学和人文学科杂志所采用的标准。在中国，《中国社会科学》和《历史研究》这两家至少是不能绕过的。CAJ-CD 规范标准的设计者肯定也做了大量的前两项工作，但显然没有认真考虑和参考过以《中国社会科学》和《历史研究》为代表的中国社会科学院主办杂志的标准，否则，它们不会不参加自己参与制订的标准。由此看来，产生严重问题的首要原因可能是 CAJ-CD 规范标准的设计者对人文学术界特性和现有规范不够熟悉或者不够尊重。

据说这一标准实际上是由中国学术期刊光盘版的出版公司（北京清华信息系统工程公司）的主管单位清华大学的一些学者们制订的。清华是一所了不起的大学，只可惜长期被剥夺了发展文科的权利。因此，我们有理由相信，这一大一统的规范主要是由一些理科学者根据理科的规范制订的。CAJ-CD 规范所依据的 20 余种标准，基本上都是理科规范。此外，从他们对文科特性的陌生可以看出理科规范的影子。这里只举两个例子。

其一：这一规范中页码是可选项。因为理科引文很少引著作或资料集，大都是引证期刊和会议论文的观点，故页码可有可无，但文科的引文大多是著作和资料集，没有页码等于什么都没有引，读者根本无法核对。大学学报的编辑在无奈之中，才选择了大写的 P 表示页码这一为很多作者和读者诟病的下策。

其二：它所规定的文献代码（M：专著；J：期刊；N：报纸；A：析出文献；C：文集、论文集；Z：其他）中，唯独没有人文学科最重要的资料集和未刊档案文献，只好一股脑地划到 Z 中。而且把文集和论文集视为一类是非常不科学的，因为在文科中，论文集一般是作为一种著述和观点来引用，而文集（重要人物、历史人物的选集、全集或资料集）是作为研究的史料来用，两种性质截然不同。

原因之二可能是没有顾及光盘电子版和印刷版学术期刊的区别。从 CAJ-CD 规范的全称——《中国学术期刊（光盘版）检索与评价数据规范》——就可以看出，这是一个检索和评价数据的规范，而不是为学者研究设计的注释引文规范。其出台的一个主要目的是"为了适应数字化时代光盘检索和引文统计的需要"。因为"原来的注释编排方式，若转换成文本文件，注释根本无法检索和统计，有关著录项目也无法进行计算机切分，所以它已经不适应数字化时代学术研究成果传播的要求了"。因此，CAJ-CD 规范的一个最突出的地方是它非常方便电子检索。它可以通过计算机来统计文末参考文献的多寡和性质，从而实现两个目的：第一，比较准确地统计出有关文献的引文次数，不会出现在脚注或尾注格式中重复统计的情况，进而建立科学的引文索引（citation index），确定某一学科中的一些经典论著；第二，通过分析所引文献的数量、质量和性质，来判断这项研究的重要性。这样一来，一直困扰社会科学管理的如何评估社科论著影响力的问题似乎就迎刃而解了。

但设计者可能忽略了三个基本问题：一是，CAJ-CD 规范是光盘电子版标准，作为印刷版的学报显然不需要突出检索功能，凭什么印刷版要去迎合电子版的规范？考虑到公正意味着"最大多数人的最大利益"，那么这一标准对绝大多数只读印刷版的读者是不公平的，他们不在乎检索功能，而看重规范是否科学和便捷。二是，引文和注释的目的不是为了管理部门评估的方便，其根本目的是方便读者和作者，推动学术的进步和发展。为管理方便的评估和为文献信息研究者提供方便，只是注释和引文的附带功能，绝不能为此而牺牲注释的科学和便捷原则。三是，社会科学特别是人文学科的引文索引，是仿照科学引文索引建立起来的，但在国际上远远不及后者影响大，很少为学者注意。笔者曾经检索过美国出的《社会科学引文索引》（SSCI）的中国作者，发现邓小平和毛泽东两位作者绝对占据被引用的榜首。因为他们的文集是众多学者研究的对象，也就是说分析社会科学，特别是历史学论文的引文索引的话，最常见的不是学者的论著，而是第一手的文献和资料。比如分析美国外交史论文的引文的话，美国国务院将高居榜首，因为它所编辑的《美国对外关系文件集》是学者研究的基本资料。

如果考虑到这些，CAJ-CD 规范中最出色的检索功能，在一定程度上是在牺牲人文学科对注释的基本要求基础上实现的，这显然有些本末倒置。真可谓成也萧何败也萧何。

四 几点结论和想法

反对 CAJ-CD 规范标准的大多数人，绝不是像它的支持者所批评的那样，是因为因循守旧、跟不上形势才这样做的，那样的话，实在是太低估中国社科院系统那些杂志编辑的水平了！他们之所以抵制这一标准，完全是因为它存在着不可克服的结构性缺陷和极为低级的技术性缺陷。

像笔者这样一位仅仅出于对学术注释标准和规范重视，但并没有受过正规编辑训练的学者，都能发现这一规范的一些严重问题，那么，让众多的大学文科学报的专职编辑来对这一规范进行全面系统的审查，必然会发现更多的问题。可是，一个令人迷惑不解的问题是，似乎还没有对此有意见的编辑站出来，质疑和挑剔这一规范的问题，相反，对大学文科学报编辑方针和规范有极大影响力的全国文科学报研究会却不遗余力地配合和推广 CAJ-CD 规范标准。于是，从 2000 年开始，几乎所有的大学学报一夜之间都改换了门庭，对 CAJ-CD 规范俯首称臣，无一例外地全盘接受。结果自然就是，就外在形式而言，现在是百刊一样、千人一面。

《中国学术期刊（光盘版）检索与评价数据规范》的出版是一个商业行为，因此，人们也有理由怀疑，它大力推荐（或许推销更确切？）其注释规范，既有推进学术的动机，也有商业利益的驱动。道理很简单，如果光盘版的来源期刊注释标准各异的话，就会影响光盘版的科学性和权威性，进而影响其销路。这种情况下，它有两种选择，或者是花大力气按自己的标准来重新编辑来源刊物的论文，这样一来，它的成本会成百倍地增加，甚至可能高到无利可图的程度；或者是，通过影响有关主管部门，用行政命令的方式推广它的规范，让无数作者改变他们的写作习惯，让成千上万的学报编辑为它义务打工。这显然是任何"理性的经济人"都会做出的选择。

CAJ-CD 规范之所以受到有关主管部门的青睐，一个可能的解释是它非常符合管理部门为了管理方便而推行的各种各样的"量化"考察，这个诱惑实在太大了。可以想象，当管理者键盘一敲，鼠标一点，不仅属下各单位发表的论文数量一清二楚，而且连这些论文的影响力也一目了然，这是一种什么样的感觉啊！真让人感受到现代化"数目字"管理的乐趣！CAJ-CD 规范一统江湖的野心和管理部门对大一统、一刀切的管理模式的热衷天衣无缝地融为一体，不分彼此。

现在国家新闻出版署已下文推行这一规范，国家教育部办公厅也通知推荐这一标准，这一趋势继续下去的话，说不定 CAJ-CD 规范就成为国家标准了。如果是这样的话，那么这将是中国人文学术界莫大的悲哀，就像中国的政治受"左"的危害远甚于"右"的贻害，大一统格局给中国的学术带来的灾难远远超过了多样化所造成的问题。人为地建立一个不考虑学科特殊性的统一规范，并赋予它"话语霸权"，将会对某些学科的发展造成灾难性的影响。

在一个市场经济的时代，在中国已经加入到 WTO 的今天，仍然在学术领域中采取计划经济的做法，强制推行一种本来应该由学术"市场"优胜劣败规律所决定的规范，实在是与现实背道而驰。更为重要的是，这种做法包含着非常可怕的意蕴。如果一所大学居然不能够自己决定学报采取何种注释标准，还能谈什么学术自由？如果大学的地位如此卑微，还能创什么世界一流和高水平的大学？

（原载《社会科学论坛》2002 年第 9 期）

学术注释规范与国家权力
—— 再与周祥森先生讨论

很高兴看到《历史研究》的文献引证标注方式（注释规范）和周祥森先生的回应文章。实际上，我们的共同点远甚于我们的分歧。首先，我们都认为良好实用的规范是学术进步的基本要求；其次，我们也同意目前各期刊各自为政的注释体例存在很多不完善的地方，需要进一步改进和规范；最后，CAJ-CD 规范和《历史研究》的标引规范都不是完美无缺的。但同时，我们之间依然存在着一些分歧。这里提出来供进一步的讨论。

一 《历史研究》的文献引证标注方式更适合史学论文

我为《历史研究》顶住压力，仍然坚持历史学最通行的和适用的注释形式而深感欣慰。首先因为它的标注方式是目前未采用 CAJ-CD 规范的学术期刊中最详尽和可操作的一种；其次它所规定"引证外文文献，原则上应使用该文种通行的引证标注方式"非常实事求是，一般说来，你不可能设计出比母语国家人更好的外文标注方式。不过，周祥森先生提出的批评中有一点我是同意的，就是通过用冒号和不用冒号来区别责任者的行为是撰著还是编、校等是不很科学和合理的，似乎没有什么意义。关于古籍引证的方法是否合理，我不敢妄加评论。

《历史研究》的规范中，的确遗漏了因特网资料的注释方法。国内研究外国史学者，特别是美国史学者越来越借助于因特网来获得文献资源。比如，我在上次那篇文章（《我们需要什么样的学术注释规范？》）中提到的《美国对外关系文件集》最新的十几卷，都可以在美国国务院的网站上找到；美国最高法院的具有历史意义的重大判决也可以在康奈尔大学的相关网站上觅得。去年，美国历史学会主席方纳（Eric Foner）访问中国，我曾经问他研究美国史的外国学者如何能够做一些原创性的研究，他认为，在因特网发展之前，外国学者只能做一些美国史学史和以文化研究为中心的美国研究（American Studies），但因特网上大量的数据和史料库改变了这一状况。因此，因特网的数据库的确可能帮助一些学者克服他们所面临的资料缺乏的难题。

《历史研究》引证标注方式中未规定因特网资料的注释方法的确是个缺陷，但这并不能得出周祥森先生的批评结论，即"《历史研究》规范无视蓬勃发展的电子文献的存在"。因为《历史研究》的外国史论文中，就出现过引证网上资料的情况。显然，它并不反对这一做法，更得不出"无视电子文献存在"的武断结论，可能只是没有意识到网上资料的引证也需要有一定之规。

有一点需要明确一下，就是我不反对通过引文分析来判断论文的原创性和影响力，而且也认为这是CAJ-CD规范的长处。我反对的是，不能因为引文分析这一注释的附带功能而牺牲它的主要功能；另外，我想强调的是，社会科学特别是人文学科的引文分析不如自然科学引文分析那么有意义。给出毛泽东和邓小平文集的例子是想说明，在历史学研究中，被引用最多的是文献，而不是研究论著。这并不否认，仅就研究论著的引用率来说，的确可以作为一项重要的评估指标。

从技术上讲，《历史研究》方式同样可以进行科学的引文分析。在进行这一分析时，它与CAJ-CD的差别是，同一论著多次被引用时，在《历史研究》的脚注中会多次出现，统计被引用时就会按实际引用次数计；而在CAJ-CD规范，尽管该论著也是多次出现，但在参考文献中则只出现一次，统计时自然按被引用一次对待。只要在统计软件上稍作改动，也可以把《历史研究》注释中多次出现的同一论著，在引文统计时按一次计。实际上，按一次计未必就比按实际引用次数计更科学。因为文科主要引证著作和资料，而著作就可能包含了不止一种值得研究者引证的观点，资料集更不用说，它收集了各种各样的文献，按一次计显然不科学。这再次证明了我的猜测：CAJ-CD规范的制订者不熟悉文科，因此，只能将理科的引文统计传统生搬硬套到文科上。

二　反对大一统方式，欢迎小一统方式

周祥森先生在文章中明确提出："是否有必要每个学术期刊编辑部或某几个学术期刊编辑部联合起来自行制订一套自己认为合适的文献引证标注方式？通过国家权力部门强行推行是否就意味着危害了学术发展，阻碍了学术民主？笔者对此持否定意见。"他的论据是，文献引证标注方式"只是一种行业性的技术操作标准"。但在我看来，把它与物质生产领域相提并论，认为与"某种制造业或建筑业的技术标准一样"，却是很成问题。首先，即使物质生产领域里的行业技术标准，也只是对其基本质量、配置和功能（内容）进行规范，而不可能对某种外在形式进行规定，谁都无法规定高层建筑、电视机或电脑的外观必须一模一样，而 CAJ-CD 却是希望所有学术期刊的学术论文是一个样子；其次，精神文化特别是学术领域的"生产"与物质领域生产的一个显著的不同是它的多样性。因此，即使我们可以把自然科学、社会科学和人文学科不加区别地放到一个"科学"的篮子中，只推行一种文献引证标注方式也是不恰当的，遑论这三个大学科之间还存在着巨大的差别。最后，再退一步说，如果真能够建立一种一统江湖的文献引证标注方式（当然，这根本不可能），也需要各路诸侯（有代表性期刊编辑）和封疆大吏（有关学术团体代表和知名学者）在自愿的基础上达成基本的共识。周祥森先生也承认："许多技术标准都是由国家权力部门在有关行业长期实践和已有经验的基础上，结合当前的技术发展等现实情况制订出来。"显然，他所推崇的 CAJ-CD 规范并不符合这一条件。

学术期刊的确需要统一的文献引证标注方式，但绝不是无视自然科学、社会科学和人文学科各自的特殊性，不顾各个学科特点的"大一统方式"，而应该是产生于某一学科内在需要的、特定的"小一统方式"。就像美国的 MLA 标准在语言学、APA 在心理学和社会学、芝加哥规范对于人文学、蓝皮书在法学这样的小一统方式。因此，《历史研究》联合北京七家有影响的史学刊物规范史学期刊文献引证标注方式的努力，极有价值，值得鼓励和赞赏。如果其他学科的顶尖刊物也能像《历史研究》那样，联合学科内的主要期刊，并广泛征求作者和读者的建议，结合国外推行的一些规范，对经济学、政治学等学科的学术期刊的引证标注进行规范，那实在是学术界的幸事。

在《我们需要什么样的学术注释规范？》中，我试图说明学术主管部门钟情于 CAJ-CD 的原因是便于进行量化的"数目字"管理。进一步考虑，可能也与中国学术期刊的某些特点有关。中国以学术为名的期刊数量之多可能和中国的人口一样，位居世界第一。而且，这些学术期刊相当大的一部分（或许有一半）是内容设置上大同小异的综合性刊物，涵盖了现代社会科学和传统人文学的各个领域。这样一来，为了统一格式，注释规范就不可能考虑各个学科特点，只能采取某种牺牲个性、追求共性的规范，这就为 CAJ-CD 提供了"施展才华"的天地，解决了这些综合性期刊编辑一直困扰的统一注释方式的难题。从这个意义上说，CAJ-CD 的的确确具有中国特色，非常符合中国学术研究的国情。

一涉及中国国情，问题就复杂了，不仅洋人弄不清楚，就连我们这些本土书生也一筹莫展，说不出个所以然。以综合性学术期刊为例，它为什么那么多，而且很少有个性，总体学术水平实在是不敢恭维，虽然自产自销，但却不会自生自灭。因为它们背后有强大的组织支撑着，它们是全国数以千计的大学、地方社会科学院、社会科学联合会、党校，它们的编辑出版以及人、财、权皆归这些组织控制，因此，其编辑人员很难保持为维持一定学术水准所需要的起码的独立和自治。只要领导一发话，岂有不听之理？全国文科学报研究会说，不采用 CAJ-CD 规范，就没有资格参加评优活动，你发表的文章质量再好、水平再高、影响再大，也是白搭。而评优活动恰恰是衡量领导业绩的指标，哪一个领导能够抵抗这一诱惑？尽管有很多大学文科学报编辑对 CAJ-CD 规范满腹牢骚，但又能怎么样呢？一夜之间，全国学报不都全部成为 CAJ-CD 的俘虏吗？

三　根本问题是国内学术研究的计划体制

为了说明强行推广 CAJ-CD 的正当性，周祥森质问到："由国家权力部门来强制推行［CAJ-CD］，怎么就成了干扰学术自由发展和阻碍学术民主了呢？如果要说国家权力对学术自由和学术民主的干扰和侵害，还有比国家权力部门制订的诸如'课题指南'之类更严重的吗？"我完全同意他后一个质疑。

随着中国经济的发展，国家权力部门掌握的财力越来越多，这从国家社会科学基金的增加和教育部投入颇大的形形色色的工程和项目中就可以看出。这些所谓"国家项目"和诸多工程,加强权力部门对学术机构和学术发展方向的管理和控制,从而使国家社科和人文学术的计划体制非但没有削弱,而且有强化的趋势。在国家各部门"非计划经济化"和"非集权化"的潮流中,这一做法颇显现出中流砥柱的英雄本色。对于这一问题,并不像周祥森先生所说的那样:"没有人去论争,没有人〔去〕争取学术自由和学术民主的权利。"就在我们讨论的平台——学术批评网上,就有不少好文章。例如,北京大学潘维教授就曾发表过一针见血的评论。而且,即使没有人批评这一做法,也不能证明就不应该批评强行推广 CAJ-CD 的做法。因为每个人的兴趣是不同的,总不能要求人们必须先去批评课题和项目的计划体制,然后才能批评注释规范的计划体制吧。

如果周祥森先生能够采取同样的批评标准的话,那么,他似乎应该在批评国家项目的计划经济的同时,也反对注释规范的计划经济,因为它们的本质是一样的,那就是计划体制,即用国家权力和行政命令的方式来干预学术研究的发展。这既违反了学术发展的自身规律,也与中国整体发展趋势相悖,正如周君所云,它们"危害学术自由发展和学术民主"。

从学术注释规范这一形式甚于内容的技术性问题,到国家项目这一内容重于形式的实质性问题,再进一步深入到学术研究体制的根本性问题,我们的讨论越触及问题的本质,我们作为一介书生就越显得苍白无力!我承认,我之所以对规范问题比对项目课题问题更感兴趣,可能在下意识里觉得学术注释规范或许是我们学者唯一能够通过共同努力,可以与强大的体制力量进行抗争,改变正在发展着的一种大一统的趋势,或者更确切地说可能是我们唯一有能力来维护的残存下来的一点自主的空间,因为这毕竟涉及的只是学术论文的外在样式!

我们必须承认这样一个现实,与一些现代国家自治和独立的现代学术体制不同,中国今天的学术体制是计划经济的产物,而且依然是按照计划体制来管理。有人说:"中国的教育体制是计划经济的最后一个堡垒",套用这句话也可以说:"中国的社科人文学术体制是计划经济最顽固的一个堡垒。"唯其是堡垒,便不是我们这些小民可以攻破的。这大概是当国有企业正在大张旗鼓地进行股份制改造,以建立与全球生产经济兼容的现代企业制度时,却很少有人提出要改造中国计划经济的学术体制的原因吧。

(原载《社会科学论坛》2002 年第 9 期)

"核心期刊幼稚病"

鉴于越来越多的学校和科研机构把核心期刊作为一种作为科研成果的评估手段，认真地讨论这一问题非常必要。我们面对的第一个问题是，核心期刊为什么受到无数学界精英和管理官员的欢迎？

首先，它是建立在利用数学工具进行的科学分析基础上的[1]，而唯科学主义已成为20世纪中国的根本性思潮，获得了最高和最终的权威。任何东西只有与科学攀亲，才能获得它的合法性和权威性。其次，它是来自英美学术界的舶来品，体现了与国际接轨的时代要求。而跟国际接轨，在很多人看来，便意味着进步、发达和现代化。最后，它的量化分析，迎合了现实社会中科学研究的数目字管理的需要。

核心期刊真的像它的信奉者那样神乎其神吗？至少在中国，至少就人文学科和社会科学而言，它的缺点是相当明显的。

首先，核心期刊本身是否具有权威性就存在着疑问。在核心期刊的筛选和确定工程中，虽然大都利用了定性的专家评价法，但正如核心期刊的倡导者自己所承认的那样，"问题是参与评价的专家数量较少，专家评价方式单一"。[2] 在一个专业分工越来越细的时代，似乎可以明确地讲，没有比专家的判断更为有效和直接的确定方法。其他的筛选方法如引文分析、文摘法实际上仍然是间接地反映着专家的意见。一个基本的常识是，离开了核心作者，就不可能有核心期刊，核心作者是谁，当然是各个领域中最活跃的专家。缺少专家的直接和积极的参与，光凭期刊情报界和社科管理部门的参与，很可能是缘木求鱼，水中捞月，很难建立真正权威和有价值的核心期刊体系。

---

[1] 这一点可参见叶继元《中文核心期刊研究之我见》，《学术界》2001年第4期，第168～175页。

[2] 叶继元前引文，第174页。

其次，更为严重的问题是科研管理部门对核心期刊的误用。核心期刊的主要功能不是科研论文的评估，而是帮助图书馆在订阅有关杂志时，在资源有限的条件下，如何最经济和有效地为读者服务，以取得最佳的价格/性能比。假定核心期刊是在广泛征求专家意见的基础上确定的，那么，应该说它的确有一定的评估作用。比如说，提起《历史研究》来，国内的历史学者一般都认为是一个高水平的杂志，能够在上面发文，是学术成果得到承认的重要标志。但它之所以重要，不是因为它被确定核心刊物，而是因为半个世纪的严肃而认真的学术积累使它成为中国史学期刊中的旗舰。这显然是一种潜在的专家评价在起作用。

现在的问题是，大学和一些研究机构的科研和人事管理部门，从便利管理出发，把核心期刊的论文评价的附带功能，作为科研和教师管理的量化手段，只认杂志不认文章，把核心期刊作为数目字管理的利器，作为教师晋升、奖励和津贴的根据。实在有本末倒置之嫌。

虽然这一误用的主要责任是在管理部门，但一些期刊情报界的人士也难辞其咎。他们或是有意无意地通过大众媒体扩大核心期刊的评价功能，或是顺水推舟，迎合管理部门的盲目热衷，夸大自己产品的重要性。其中可能还夹带自己的私利。有一次，笔者无意中查阅到某江南名校人文社科研究成果的统计，发现该校在一流刊物（这是核心期刊的核心，基本上每个一级学科只有一个）中发文最多的是该校图书馆系的一位教师，顿感疑惑，因为该系比起其他文科各系来，实力之差简直是天壤之别，不可同日而语。仔细一看，才发现由该系主持确定的该校核心期刊中，《大学图书情报学刊》和《中国图书馆学报》同时被列入屈指可数的一流刊物中，为此，这位作者左右逢源，一年内同时在这两个刊物上狂发论文四五篇。而哲学和历史这两大学科，只有《哲学研究》和《历史研究》名列其中。一个作者每年能够发一篇论文就谢天谢地了。至此，笔者对所谓核心期刊的可信度锐减。

误用甚至是滥用核心期刊作为论文评价可能会产生不良影响。首先，造成一些学科间的不公正竞争，人为地制造矛盾。在核心期刊论文的统一模子下，没有多少对比性的人文学科（通常是指文史哲或传统文科，相当于英文的 humanities）和社会科学（通常是指政经法或应用文科，相当于英文的 social sciences）被捏在一起统一评估，往往缺乏一致的科学和客观的标准。于是，各学科为了各自的利益，不择手段地尽量扩大自己核心期刊的数量。由于各校对核心期刊的总量有所限制，各学科都想尽可能多地让本学科的期刊成为核心刊物，相互间的竞争变成了一种非常残酷的你失我得的零合博弈

(zero-sum game)。如果某一学科的教授成为学校文科的主管,或者核心期刊的确定者主要来源于某个学科,那么,该学科核心期刊往往就会得到特别的照顾,于是就常常出现一个学科核心期刊数倍于另一个学科的怪现象;或者一些以普及为主的刊物和属于丛刊类的连续出版物也列入核心期刊的笑话。

把核心期刊作为论文评价的另一个后果是,可能会扼杀学科整合和边缘学科的发展。核心期刊的目录不可能年年变更,以做得比较好的北京大学《中文核心期刊要目总揽》[1]为例,也只是计划每4年更新一次目录。也就是说,任何一种新的学术期刊最快也要4年后才有可能(仅仅是可能!)入围核心期刊,从实际的利益考虑,有哪一位学者会从事这样一种得不到起码承认的研究呢?

由此看来,学界特别是拥有权力的人文社科研究的管理部门,忽视了核心期刊在论文评估方面的重大缺陷,过分热衷于确定各自的核心期刊,可以说是患上了一种"核心期刊幼稚病"。值得注意的是,在北京大学、中国社会科学院文献情报中心、清华大学和南京大学等机构,依靠国家各个相关部门的大力支持和巨额资助,积极争夺人文社科核心期刊评定的"话语权",分割这块令人羡慕的"大蛋糕"时,最早利用核心期刊以及引文索引进行所谓"学术榜"排名的科技情报界,已经开始进行深刻的反思,不仅不再迷信核心期刊,甚至对与核心期刊互为表里的引文索引评估法,也提出质疑。一般认为,由于人为因素较少,在论文评估方面,引文索引评估法比核心期刊略胜不止一筹。即使这样,它也存在着种种无法克服的局限。为此,2002年夏,国家科技部和教育部联合制定了《关于充分发挥高等学校科技创新作用的若干意见》,指出要合理利用科学引文索引(SCI)在科研评价方面的作用,强调科研评价要严格区分政府评价与学术界自我评价,取消政府导向的SCI排名,突出学术界的评价。[2]

科技界的自我反省给人文社科界提了个醒,该是治疗"核心期刊幼稚病"的时候了。

(原载《出版广角》2002年第7期)

---

[1] 戴龙基等:《中文核心期刊要目总揽》,北京大学出版社,2000。
[2] 张景勇、吕诺:《改进高校科研评价制度 政府导向SCI排名将被取消》,新华社北京8月1日电,"学术批评网"2002年8月3日转发。

也谈核心期刊、专家审稿及其他

周祥森和张伟然两位先生有关核心期刊及相关问题的讨论相当精彩，值得关注中国学术生态的朋友注意。本人不揣冒昧，忍不住也想插上几句。

首先是核心期刊划分的积极意义。我基本上赞成周祥森先生指出的这一划分的消极后果，但他似乎对它的积极影响估计不足。实际上周先生给出的一个数字——中国仅历史类期刊就达600余种——本身就说明评定核心期刊的重要性（这里姑且不讨论评定的方法是否科学，评定者是否公正的问题）。600余种这个大数字着实出乎我的预料，不过转念一想，中国作为文化资源大国，历史悠久，史学发达，加上凡是研究所、史志办、档案馆和史学会，不管是地方，还是中央，都要办个杂志，不如此，便无法体现出机构存在的合法性。如此多的杂志事实上就存在着三六九等，核心期刊在某种意义上是客观现实的反映和承认。核心期刊的评定未必完全准确，但确实起了一个导向的作用，让有限的学术资源流向比较规范、学术性较强的杂志，这也是对周先生这样认真办刊的编辑辛勤劳动的承认。当被评定的核心期刊在作者眼中真正构成了学术刊物时，张伟然先生所希望的学术规范首先要区分学术和非学术文章的目的也就比较容易达到了。

值得注意的是，核心期刊是根据编辑学原理，主要是转载率、文摘率和引用率来确定的，但正如张伟然先生所指出的，在中国目前的学术研究中（我觉得把它限定在我们比较了解的人文学科特别是历史学研究可能更合适），这些标准不是那么可靠。大学和研究院评定学术职称，对论文发表刊物的重视超过了论文本身，这不是核心刊物和它的评定者的罪过，而恰恰是掌握职称评审大权的有关委员会及其办事机构（科研处）无能和无奈之余懒惰的表现。如果三四流学校和地方社会科学院只能根据论文发表的杂志是否是核心刊物来判定论文质量尚情有可原的话，那么，出现在争创世界高水平的中国一流大学的这一做法，则无疑是中国学术莫大的悲哀！

其次是专家审稿问题。周祥森先生指出的"专家审稿不是万应灵药"，可能在中国尤其准确。张伟然先生对专家审稿是有些理想化，但专家审稿的确有其长处，否则不会成为国际高水平学术刊物的普遍做法。周先生提出的三个疑虑，尽管有道理，但不全面。周先生认为，杂志多，人手不够，另外，审稿花钱。但在笔者看来，并不是要求所有的杂志都有必要搞专家审稿制，只是那些影响已经很大的学术杂志应该有专家审稿制。审稿是学者对学术共同体的贡献，是一种互助的行为，因为作为学者，审稿者和被审者的角色是互换的。向学者晓明这一点，可以不支付或少支付审稿费。比起职业编辑来，专家的确以"专"见长，他对相关专题的研究还是更为了解，更具有权威性。专家的确和编辑一样，与作者可能存在着千丝万缕的联系，但考虑到专家审稿制中，一般是请两位专家同时审，如果意见不一时，还要请其他专家参与，一般来说比职业编辑更容易摆脱复杂的人事纠葛。

不过，即使采用这种在国际学术界通行的匿名审稿制（referee system）的杂志，也都是专家审稿与编辑审稿（在美国，他实际上也是该学科某一领域的专家，如果博士学位可以看作是专家的话）结合。专家主要是从学科现状和发展来审文章的内容，如文献是否可靠，材料是否全面，观点是否创新，方法是否独到，结论是否恰当；编辑则注重结构是否合理，前后是否一致，语言是否标准，注释是否规范等外在的形式。

再次是研究生发表论文问题。这一点我完全赞成周祥森先生的看法，把发表论文作为获得硕士或博士学位的充分条件是一种违反学位条例的做法。一方面是研究生的质量随着招生规模的不断膨胀而有所下降；另一方面，却是各校纷纷相互效法，对研究生读书期间发表论文作出硬性规定，其结果研究生培养的整体水平（至少是本人所了解的历史学和国际关系学领域）有所倒退，同时研究生们为获得学位发表论文到了饥不择食，甚至是不择手段的程度，既制造了不少学术泡沫（如果不是学术垃圾的话），更使研究生对学术研究的严肃性充满了怀疑。实际上，发表论文的规定不仅违反学术成长的基本规律，也缺少起码的常识。因为目前的研究生学位论文（至少是硕士论文）主要是一种学术的训练，而不是学术成果。如果在学位论文之前，就可以在学术期刊上发表作为学术成果的论文，那么还有作学位论文的必要吗？这其中的逻辑就像最近的热门话题"博导读博士"一样费解。

所有这些问题都根植于目前中国特色的学术体制。只要学术必须服从于学术以外更高的目标，只要大学和研究院依然是国家学术和高教管制体制的一环，只要大学和研究院作为一个机构缺少起码的自治，只要教授民主治校依然是一个可望而不可即的梦想，那么，人文学术自身的规律就不可能得到应有的尊重，我们所讨论的问题也就无法得到根本的改观。

（原载《学术界》2001 年第 4 期）

社会科学学科硕士学位论文
要准确、适量、注重社会效果

在知识分子占总人口比例还不高的情况下,将有限的智力资源有效地运用于科学发展和国家建设,应是我国四化建设中的一项基本国策。但是,由于学位论文与学位的获得与否密切相关,从而导致一些偏离正确写作目的和方法的现象发生,这是当前社会科学学科硕士学位论文写作中极应注意的一个问题。

从国家角度而言,要求写作硕士学位论文的目的应是双重的:检查硕士生的学术水平,作为授予学位的依据是其一,它是具体的、短期的目的。通过论文的写作,解决或促进学科发展中的疑难问题,推动学科发展,同样也是目的之一,而且是战略性的、长期的目的。作为国家科研教育领导机关,作为各个学科科研工作的组织者和带头人都应对后一目的有明确的认识。从当事人角度而言,经过数年学习,不但增长知识才干而且取得学位,是硕士生的合理目标。经过数年工作,关心、帮助学生成长到顺利通过论文答辩获得学位,是硕士生导师的合理目标。但是,在社会科学中,问题与答案的关系并不像数学中等式关系那样严格,问题涉及的因素也很多,"众说纷纭"是极常见的现象。尽管不同观点的争论是学术发展必不可少的推进力,然而如若因此而导致论文答辩不能通过,对硕士生和硕士生导师都将造成有形与无形的压力。为保证顺利通过答辩,导师希望学生或学生自愿尽可能去做一些不易引起争论的课题,如做小题,做偏题,或将鲜明的题目故意搞成模糊的,以此提高"保险系数"。不仅如此,为防止因粗疏而招致责询,便谨小慎微,处处堵漏补缺,将本来十分简明的论述故意搞得含糊其辞或绕着圈子走,拉长其篇幅五六万以至十余万字。据笔者所知,这是目前社会科学学科硕士学位论学写作中比较普遍的。偏题、小题不是不能做,也并非于学科发展无益,但与主要课题、重大课题相比,其意义、作用无疑都相形见绌了。

况且根据我国目前报刊书籍编排出版的一般状况，字数在三万至七万间的论文要发表也相当困难。成果已有而不能公之于世，也就谈不上社会效果。

上述情况必须设法改变。首先，硕士学位论文不应以全面反映硕士生学术水平为要求，而应以准确反映硕士生学术水平为要求。对于硕士生，既要求有一定知识宽度，又要求有一定的知识深度，这是合理的。但要求在一篇硕士学位论文中将宽度与深度完全表现出来，这就不尽合理了。写大题可以着重考察知识宽度，写小题可着重考察知识深度，同时二者又可适当兼顾。大题与小题都可准确反映硕士生在某一方面特别是研究方法方面的水平。然而不应在主观或客观上全面要求硕士生写偏题、小题，或引导他们去写那些不易引起争论而社会意义相对较小的题目。

其次，社会经济、政治、思想、文化等各方面的生活都是复杂的矛盾运动过程。解决问题的关键在于抓住主要矛盾。作为对硕士学位论文的主观要求，应使所做课题各有关因素及其作用都得到妥当贴切的阐述，但从客观可能性和效果而言，面面俱到是不必要的、不可取的。"中心突出，层次清楚，有理有据，详略得宜"倒更好些。当然，论文篇幅的大小也与作者的文字能力密切相关。目前一些论文空发议论，"水分"很大，也是篇幅大的重要原因。为提高学位论文质量，应根据各专业情况从制度上鼓励硕士生把论文写得精些、短些，以保证质量为前提，对文字数量适当的论文优先推荐发表并给以较高评定档次。

最后，从前述写作硕士学位论文具有双重目的立论出发，我们认为：必须鼓励和支持硕士生以社会和学科发展中亟待解决的课题为学位论文课题的选题目标。写新题，出新意，不怕引起争论。硕士生和硕士生导师应以发展学科为己任而不局限于保证获得学位的浅近目标。论文答辩委员会和学位评定委员会成员也应认真考虑所选课题的学科价值并以此作为评定论文的重要标准。在有条件的学科和培养单位，应鼓励硕士生在科研规划范围内选题并提供各种方便。应利用各种渠道，特别是图书资料系统，建立全国性的分学科的博士、硕士论文资料中心，定期或不定期地发表论文目录及提要。除利用各种报刊发表优秀、优良硕士学位论文外，还可选编优秀学位论文集出版。以上做法既有利于发挥硕士学位论文对学科发展与社会进步应有的效益，"学以致用"，又可在一定程度上避免信息不通畅所造成的重复劳动现象。

（与陈其广合作，原载《学位与研究生教育》1985年第3期）

学术批评为何不署本名

杨玉圣先生的评论文章《学术批评应当署本名》指出了署名批评的重要性,可谓是句句在理,值得那些匿名批评者深思。不过,笔者倒想进一步问一句:一些批评者为何要匿名?杨教授提到的原因之一是"保护自己",不过他认为这根本"保护"不了,"反倒引起不少无谓的人事上的猜忌"。他主张批评者应"敢作敢当","既然有良知、有勇气写批评文章,又何必怕得罪人、怕打击报复呢?"如果别人说这话,可能会引起"站着说话不腰疼"之讥,但我相信玉圣却完全有资格这样讲。因为早在十年前,他就曾公开撰文批评《移民与近代美国》一书为抄袭之作(见《世界历史》1992年第1期),在美国史学界有口皆碑。据我所知,杨玉圣可能是新时期我国史学界公开站起来进行学术打假且打假成功的第一人。

杨玉圣本人的确是敢作敢当。此后,他还在《中华读书报》《美国研究》等发表过一系列学术批评文章(详见其文集《学术批评丛稿》,辽宁大学出版社,1998),可谓不遗余力。不过,他在从事学术批评的过程中也曾经历过相当的磨难和压力,其中的酸甜苦辣可能只有他本人最清楚。但恕我直言,并非每个批评者都能够像他那样有勇气、有毅力。署名批评,固然是学术批评的上策,但在目前学术批评非常不景气的情况下,我以为,匿名批评也同样应该受到欢迎。

话题再回到文章的开头,批评者匿名,大概有三种可能性:一是批评者内心龌龊,小题大做,哗众取宠,暗箭伤人,这种情况在各学术机构所谓升级升等的竞争中屡见不鲜,但极少见诸公开的报刊,因为这样做的结果最终只会是搬起石头砸自己的脚;二是批评者是"小人物"(如研究生、等待评职称者等),而被批评者可能是"大人物"(如教授、博士生导师、高居官位者等),"小人物"虽有正义感,但在很多方面往往受制于"大人物",无奈之中，情急之下，只好采取匿名的下策；三是尽管批评者不是"小人物"，但如果被批评者是个胡搅蛮缠、惹不起的主儿，批评者为了避免将来可能会有的无尽的烦恼而用匿名的方式。要知道，学术界目前的造假之风是愈演愈烈，而且造假者的底气似乎也越来越足，所谓的"陈国生现象"就是明证（详见《学术界》2000年第3期发表的蓝勇教授和张伟然教授的批评文章）。如果遇到这种情况，批评者往往是望而却步。

总之，在目前学术界的整体环境尚未根本改善、学术批评的体制还没有建立健全、正常的学术批评氛围还没有成型的情况下，匿名批评是可以理解的，也是应该允许的。不过，有一点需要指出的是，为了学术公正和公平起见，报刊在决定发批评文章之前，最好能及时通知被批评者，后者尽管没有权力阻止批评文章发表，但应该拥有同时发表辩护文章的权利，这在美国学术界已成为学术批评中的一个惯例。否则，对被批评者而言，显然是不公平的，因为读者都有先入为主的阅读心理。

（原载《学术界》2001年第2期）

在学术批评中确立学术规范

越来越多的学人在谈论学术界的种种"失范"现象，但如何建立和维护学术规范，则众说纷纭，莫衷一是。有的说，要像自然科学研究论著那样，规定论著必须有摘要、前言、文献综述、方法、发现、讨论和参考文献诸部分；有的说，要像西方的洋人那样，在出版社和杂志社建立双重匿名人审稿制；还有的说，要从大学开始抓起，讲授学术研究的 ABC。这些建议都给人以有意义的启示，但似乎过多地看重学术规范的具体形式，忽略学术规范的目乃推动学术发展这一根本点。正如法律制度的建立（此乃法制）并不一定能够保证法律的执行和实施（此谓法治）一样，问题不在于重新设计一套新的学术规范，而在于如何在学术活动中贯彻已有的学术规范，维护这些学术规范的严肃性和权威性。在这里，开展充分和多样化的学术批评才是问题的关键。

学术界目前最缺少的首先是学术批评所追求的那种推动和提高学术研究水平的求知求真精神，其次才是学术规范和学术批评的具体形式。以引起学术界争议的《中国历代人口统计资料研究》一书为例。此书从形式上看相当规范：编辑说明、理论框架、方法设计、参考书目，一应俱全；同时它也通过了形式上严格的"学术批评"：提出课题论证报告，经过专家审查立项，通过权威的鉴定，最后还有赞扬性的书评。正因为如此，人口地理史学者葛剑雄和曹树基对此书一见钟情，花费千元，买了数本。结果，他们却大失所望，不得不对此书重新进行评论一番，遂引起历史学界的极大反响（见葛剑雄和曹树基《是学术创新，还是低水平的资料编纂》，《历史研究》1998 年第 1 期）。

葛、曹两人的书评给我们一个启示，那就是学术批评的主要功能应该是维护学科研究的学术水平。在此思想的指导下，可以开展多种多样的学术批评。一般来说，在一项研究项目确立和完成的各个阶段中，都可以进行形式不一的学术批评。研究计划、论著初稿、阶段性成果，可以在学术讨论会等不同场合请同行同事审读评论；研究项目完成后，杂志社和出版社可请专家审定提交来的论著；论著出版后再由学术界的同仁撰写书评。如果每一阶段都能保证学术批评的客观性和公正性，就可能避免上述那种尴尬局面的出现。应该明确的是，学术规范不是空中楼阁，它需要通过学术批评来维护和完善；同样，学术规范的权威性又可以推动学术批评的发展。

由于种种原因，国内学术界目前尚未形成在最终成果发表之前进行学术批评的习惯，因此以书评形式表现出来的对最终成果的评论就显得尤为重要。书评的功能不仅在于考察论著的内在价值，即材料是否完备，论证是否严密，方法是否恰当，结论是否得体，等等；更重要的是，它还应该标出论著在其学科或专业领域中的位置，指出它的贡献和不足。对于世界史论著的评论者来说，不仅要指出被评论论著在国内这一学术领域中的位置，而且还要把它与国际学术界的著作相对照。在这里，我们往往面临着几个方面的困难。首先，由于许多世界史论著不够规范，缺少对所论及课题的研究状况的评述，评论者不得不自己去作一番学术史的探索；其次，国内外文资料相对缺乏，常常难以在国际学术史的背景中评说论著；最后，国内世界史的圈子相当狭小，评论者与被评论者有着千丝万缕的联系，不免受到各种限制而使书评有失公允和客观。

可喜的是，包括《世界历史》在内的史学杂志对书评越来越重视，同时，越来越多的作者和评论者本着推动中国史学发展和进步这一史学界同仁的共同目标，积极参与到了学术批评的事业中。为了学术的健康发展，也是为了我们每一个学者都在其中的学术共同体的尊严，我们期待着学术批评成为我们学术生活中不可缺少的组成部分。

（原载《学术界》2000年第3期）

学术批评与学术界人际关系网络

——以苗怀明与吕小蓬的"抄袭案"争议为例

学术批评网在2004年12月4日、6日、11日先后刊载了南京大学中文系副教授苗怀明和北京外国语大学国际文化学院副教授吕小蓬就后者博士论文"抄袭案"所展开的批评和反批评的三篇文章：《首都师范大学的博士论文抄袭案——评〈古代小说公案文化研究〉》《对〈首都师范大学的博士论文抄袭案〉一文的答复与声明》和《再评首都师范大学的博士论文抄袭案——驳吕小蓬的所谓"敲诈"说》，笔者对其中的是非曲直不敢妄加评论，因为这样严重的指控，需要业内独立和权威的人士做出评判，像笔者这样的外人不该置喙。让笔者感兴趣的是争议过程中所卷入的人与事。

这个事件有两名主角。主角一：苗怀明，南京大学中文系副教授。1999年7月在北京师范大学获得博士学位，博士论文为《中国古代公案小说史论》。

主角二：吕小蓬，北京外国语大学国际交流学院副教授。2002年7月在首都师范大学获得博士学位，博士论文为《古代小说中公案因素的文化探析》。该文后以《古代小说公案文化研究》为题，由中央编译出版社2004年1月出版。

这个事件还有三位配角：段启明，首都师范大学中文系教授，他是吕小蓬的导师；张俊，北京师范大学中文系教授，他是苗怀明的导师；萧相恺，原江苏省社会科学院文学研究所所长、《明清小说研究》杂志主编，古代小说资深研究专家。

据苗怀明称，由于他在公案小说研究方面曾下过多年的功夫，对本专业研究动态十分关注，所以在"朋友"处得知吕小蓬《古代小说公案文化研究》出版后，急忙购买一本，对比自己的博士论文，发现该书的"抄袭相当严重"。但是,在"吃惊"之余,苗怀明没有直接与吕小蓬本人以及其所在单位的学术委员会交涉联系,而是"随即将此事告诉"萧相恺先生。在向萧先生具体指证吕小蓬书与自己论文的"相同之处"后,萧先生让苗怀明查找更多、更为充分的证据,"并打电话将此事转告吕小蓬的导师段启明先生。苗怀明没有给出这一过程的具体时间,但从下面段启明就此事在2004年1月16日给苗的回信看,肯定是16日之前。也就是说,在吕书出版(1月)的第一时间,他就得到了该书。

在段启明的答复中,他又把苗的导师张俊拉进来了:"怀明兄:萧老师已转告我,您发现吕小蓬的书中用了您的论文中的思路和观点,我立即请吕小蓬进行查对,目前她正在做。昨天去见了张俊先生,告知此事,因吕小蓬的论文张先生评阅过,我们都极关注,我们希望您能把发现的问题告诉我们,即把吕书与您的论文中的相关页码见示。因为我们两人年纪都大了,查对起来很慢,又不想听吕小蓬的'一面之词',只有给您添麻烦了。近年来,您在学业上作出很多成绩,我们都很高兴。何时来京,欢迎到舍下相聚。谨祝春节好。段启明元月十六日匆匆。"

从这封信来看,段的态度很显然非常积极。但是,将张俊先生提出来,增加了此事的复杂性。"吕小蓬的论文张先生评阅过",这暗示着,作为苗博士论文的指导教师,张俊认可了吕文。这里有两种可能,或是他已经忘记了自己三年前的弟子苗怀明写了些什么,或是认为吕文没有抄袭现象。遵照萧与段两位前辈所嘱,苗于4月中旬写出揭发吕小蓬抄袭文章的初稿,将自己所发现的部分抄袭证据列举出来,并表示希望吕小蓬能进行正面回应,予以反驳、申辩。"同时表态想在报刊上公开此事,说明真相。"

不知出于何种原因,苗不仅把文章寄给段、张两位先生,同时还"呈请南京大学文学院院长董健先生等资深专业人士指教"。正是在表示要付诸舆论以及多位"资深专业人士"获悉此事的背景下,事态出现了微妙的变化。同在北京的段、张两位教授对此事进行沟通("昨晚,恰巧段启明老师来一电话",见张俊给苗怀明的信)后,他们分别(5月12日和16日)写信给苗,转达了吕表示的"直接沟通""交换意见"的看法,他们显然都是希望苗能够接受吕的这一意见。

这里一个最明显的变化是段的态度。在给苗的第二封信中,他的语气完全不同于1月的第一封信。他写道:"苗怀明同学:来件收到,已遵嘱转交。吕小蓬同学近期将与您交换意见。谨此奉复。段启明五月十二日。"它从原来中国学界通讯中典型的"称兄道弟"的亲切表述,变成了官样文章。这当然让苗怀明"感到惊讶"。"因为段先生看完笔者的揭发文章后,并未表明他本人对此事的态度,再者也未见吕小蓬表明态度,进行辩解、反驳,只是表示要和笔者'交换意见'。"

在"惊讶"之余,苗怀明并没有告诉读者这一变化的原因。实际上,合理的推测有两种可能性:(1)段认为苗的材料不足以证明吕的抄袭,苗小题大做;(2)吕把材料给"董健先生等资深专业人士指教"的做法,特别是想在报刊公开此事的表态,坏了学界"家丑不外扬"的潜规则。从吕小蓬反驳文章的陈述来看,这两个因素都存在。在看到苗的指责材料(估计是其导师给她的):"当即对双方的博士导师详细谈了我的看法、态度,并请他们转告苗怀明:他的'抄袭'之说既不属实,也不能成立,如他持有异议,可以通过正当的途径、申请专家鉴定来解决问题,但如果在媒体上发表不负责任的言论,我则会通过法律途径保护自己的权益。"

看来,两位导师并没有听苗怀明的"一面之词",也看不出他们推动吕认错的表示。对这个过程,苗怀明当然不知道。因此,当吕拒不认错,而是表示要与其直接平等地"交流"时,苗怀明深感气愤。但是,他还是没有直接找吕理论,而是再度"把这一情况转告萧相恺先生,萧先生由于和段启明先生、张俊先生及笔者本人都是很好的朋友,他认为吕小蓬主动提出要'交换意见','交换一下看法,进行一下沟通',表明其态度是想内部解决,既然如此,不妨给她一个机会,先不要把文章公开发表,并自告奋勇,表示愿意在中间做调解人。"

此时,苗吕两人笔墨官司,还是场外围战,没有直接交火,但却把双方的导师还有一个萧先生等三位学界前辈卷入进去。作者解释了接受萧先生调解的原因:"笔者听从了萧先生的劝告,之所以同意,一是因为担心公开此事会伤及段先生,毕竟段先生是笔者一直十分尊敬的前辈学者,和笔者也较为熟悉,为笔者的硕士论文、博士论文答辩付出了很多劳动,笔者心存感激之情,伤及他是笔者所不愿意看到的;一是笔者看到吕小蓬想'交换意见',想来南京,或请笔者去北京进行面谈,并没有进行申辩、反驳,觉得她的态度还算可以,可以给她一个改过的机会,加上平日教学科研任务繁重,时间精力有限,所以也不想将事态扩大;一是因为萧先生为人热情、正直,在学界有着很好的人缘和口碑,平日对笔者的学业、生活十分关心和了解,经常言传身教,笔者从他身上学习了很多东西,对他是完全信任的。"

一直到9月初，萧先生的调解没有起色，吕依然没有直接表态。苗本人的愤怒没有因时间的过去而消失，"觉得再也无法忍受吕小蓬这种遥遥无期的拖延，只得向张俊老师写信，提出吕小蓬缺乏诚意，虽表示要和笔者交换意见，但迟迟没有消息，无奈之下，只好将此事公开，同时请他向段先生转告笔者的歉意。张俊老师很快将笔者的意见转告段先生。就这样，在表示要和笔者'交换意见'近4个月之后，9月14日，笔者终于接到吕小蓬写于9月10日的第一封来信"。

直到这时，这场笔墨官司的两位主人公才直接交火。据案发已经过去9个月了。直接交火的结果是不欢而散，苗最终在12月将事件公布于众。从这个事件的过程可以看出，一起并不复杂的学术争议事件，本来应该以当面锣对面鼓的直接讨论形式，来进行澄清和解决。在双方达成不了共识的情况下，再寻求制度或法律上的解决。但是，这场争议的两位主角却无意于此，而是采取了寻求过去导师和学界前辈的调处来"摆平"，将一起简单的学术争议引入到复杂的人际网络之中，无端消耗了其他人的时间和精力，但最终非但没有解决问题，而且还使问题变得更加复杂，发展到似乎需要靠法律来解决的"诽谤"或"敲诈"的程度。这大概是所有人都不愿意看到的结局。

从这个事件中，可以提出一些值得我们思考的问题。

第一，学术仲裁制度的缺失是一个亟待解决的问题。当一个学者认为自己的权益（在这个事件中是著作权）受到侵害时，究竟该采取什么途径来维护自己的权益？目前似乎没有明确的渠道。苗怀明的第一篇文章曾经提到《中华人民共和国著作权法》，但认为该法"虽然明文禁止剽窃等侵犯他人著作权的行为，但还缺乏相应的实施细则，比如抄袭、剽窃的事实认定问题，对抄袭行为的具体惩处问题等"。实际上，这类专业性极强的学术争议并不适合用法律来解决，这可能也是为什么没有实施细则的原因。解决此类争议最有效的途径应该委托本专业学术共同体（在美国就是各个专业学会）来进行仲裁。随着学术的发展和繁荣（且不去管它是真繁荣还是假兴旺），随着学者维权意识的强化，此类学术争议在所难免。由主管部门，或者各专业学会来确立一套具体、明确和可操作的程序来解决或仲裁学术争议已经刻不容缓。

第二，在制度缺失的情况下，当事人就事论事的直接交流或许更为可取。苗怀明与吕小蓬都是高级知识分子，但似乎仍然不能摆脱与导师的某种依赖关系。事发后，苗首先求助于学界的前辈，随后双方又依赖"过去的"

导师的协调。这绝非正常现象。虽然涉案的是博士论文，为原来的导师所指导，但是，博士论文的著作权是博士本人，而不是导师。导师并不对其中的任何错误承担法律责任。因此，引入导师和学术前辈绝非好的选择。同时，这一事件也促使我们进一步思考，目前研究生培养制度中手工作坊式的"师徒关系"真的应该寿终正寝了。因为，复杂的师徒关系扭曲甚至阻碍了正常的学术批评。就像苗怀明给吕小蓬信中所云："我之所以同意和你交流，主要是看段老师的面子，否则，我早公开此事了。如果你不想公开此事，内部解决，则必须在承认抄袭的前提下进行。"

第三，当事人就事论事的直接交流虽然更为可取，但是，这绝不应该是一般民事纠纷中的"私了"。学者有学者的尊严，但这种尊严应该是事实的澄清与责任的认定。当然，在特定的情形下，必要的经济赔偿乃至惩罚是必要的。但是，像苗怀明信中那样的表述，的确会引起误解和反弹："我的态度很明确：如果你不承认抄袭，则根本不用交流，我们公开过招，让别人评理。如果想内部解决，你必须写一份道歉书，承认抄袭的事实，同时赔偿侵权带来的损失、心理伤害及不公开此事的损失，共计人民币5万元整。"

（原载《社会科学论坛》2005年第1期）

从"《读书》奖"事件看理性的重要性

本来，2000年《读书》"长江奖"的评选是读书界的一件幸事。但大概出乎所有人的预料，评奖竟然评出了一个"《读书》奖"事件。据笔者作为一个局外人的观察，这个事件有三个相互关联的内容：一是有人评判这个奖有失公允，基本上是《读书》自己的人（编者和作者）给自己评奖，谓之创"中国学术腐败之新高"；二是由此引发了一些人对《读书》这两年来立场的不满，即所谓"新左派"把持和控制了《读书》，使之成为宗派的刊物；三是对《读书》的批评引发了一场斯文扫地的人身攻击。在香港的《读书》作者、"长江奖"评选委员会委员甘阳在没有弄清楚批评他的文章作者的情况下，用典型的"文革"大批判语言对《读书》的原主编沈昌文先生进行了令人难以置信的、近乎疯狂的攻击。

坦率地讲，《读书》以自己的影响搞到赞助，创立大奖，确定评选规则，选择它所熟悉和信赖的人（基本上都是它的作者）组成它所喜欢的评奖委员会，评出他们所认为的优秀著作和论文，实在是合情合理，也有它的个性，他人不宜过多指责。比如，《读书》"长江奖"的获奖著作以思想史为多，就反映了《读书》及评奖委员会的旨趣。长此以往，未见得就是坏事，至少可以逐步使该奖项成为国内思想史研究领域中的权威奖项。

不过，即使按《读书》的旨趣，有些获奖著作可能是有争议的，比如葛兆光的《中国思想史》第一卷《七世纪前中国的知识、思想与信仰世界》一书，曾经被上海社会科学院历史研究所研究员陈克艰非常严肃地批评过，指出它在方法、材料、逻辑和语言上的许多问题（参见《思想的无端骄傲：评〈中国思想史〉第一卷》，《学术界》2000年第1期，第124~138页）。至于这一批判是否公允，笔者无力评判，但葛兆光至少应该出来回应和说明一下，评选委员会也应该对批评意见加以考虑，以保证"长江奖"的权威性（至少是在思想史领域）。当然，这种失误对首次"长江奖"评选来说，或许是难免的。

但是，这样的失误并不是问题的关键。要命的是，"读书人"太自以为是了，似乎把"长江奖"看作是中国民间学术奖之最，要知道奖金数额之最绝不意味着奖项水平之最。而"读书人"看来忘了这一基本的常识，为了说明自己的公正性和权威性，"读书人"甚至告诉新闻界，它的评奖方式"取经诺贝尔"，即在完全"拷贝"诺贝尔科学评奖方法之后，又补充了更为严格的学术民主评奖条例。我不知道"读书人"是否真的像有的评论所猜测的那样，"想把这一奖项办成最权威、最公正、最有影响力的学术著作奖项"。如果真是那样的话，它永远摆脱不了别人对它的诟病。

至于《读书》风格的变化，可谓见仁见智。虽然学术乃天下之公器，但学术杂志毕竟还要听编委会的。更何况，《读书》不是一个严格意义上的学术杂志，而是一个思想评论的杂志。应该说，在这类杂志中，编辑的个人作用非常大。甚至在美国这样开放和自由的国家，像《新共和》《纽约客》《大西洋月刊》这类杂志，也常常会因为编辑的更换而改变某些风格。因此，《读书》因主编更换而出现一些方针性变化，不见得就不正常。《读书》有权力根据环境和现实的需要来调整编辑方针，虽然这可能会使《读书》的某些前辈和作者感到不快。

综上所述，《读书》事件中的前两个问题实在是仁者见仁，智者见智。一些喜欢《读书》原来风格的读者为《读书》风格的变化感到不满，甚至是愤怒，似乎是可以理解的。唯一不可理解的是，作为《读书》作者，特别是《读书》"长江奖"评委的甘阳在《无可奈何答昌文，百般不解说〈读书〉》一文中所持的态度和所使用的语言。诸如"昌文不过是看准了今日中国知识界分裂混战的格局，因此出来浑水摸鱼、趁火打劫而已"。"这种卑劣的把戏，不要再玩下去了！因为谁都知道这不是事实，而是彻头彻尾的恶意中伤！"这样骂似乎还不过瘾，以至于到最后，干脆就指责"沈昌文到底是在装疯卖傻，还是真的神经错乱？因为这种血口喷人是实足从前上海滩上专门出庭作伪证的小流氓的职业行为。我惟希望昌文宁可越老越糊涂，不要变得越老越不要脸！"说句心里话，我看到这些文字时，真希望甘阳先生能出来辟谣说，这不是他的文字，而是别人冒用他的大名。但甘阳并没有出来这么做，因此我只好认为这是甘阳先生的手笔。

甘阳先生的这种态度与语言实在是令人难以相信它是出自甘阳先生这样学人之口，它不仅使甘阳先生的学术名誉受损，更使人们对甘阳先生的人品有了疑问。我想，所有看过这篇文章的人都会有一个同样的感受，那就是它已不是在讨论问题了，而变成一种典型的泼妇骂街。退一步讲，即便沈昌文先生真的写了《甘阳先生的狐狸尾巴露了出来》（《读书》现任主编董秀玉女士已说明该文作者亦远并不是沈昌文先生的笔名）一文，甘阳先生的反应也远远过了头。

据甘阳先生自己解释说，如果亦远的文章"是一个小混混写的骂街文章"，"他可以置之不理"，但就是因为是沈昌文所作，他就不得不揭沈昌文的短（尽管他在一天前的文章中还尊称沈昌文先生为"沈公"），不得不以其人之道还治其人之身，开始骂街了。当然，甘阳先生这样做，自然有其内在的逻辑，这就是原始时代遗留下来，至今还盛行于世界上某些地区种族仇杀中一报还一报的"血亲复仇"。但作为一个读者，我总觉得这样的逻辑未免太残酷了，太不近人情了，离"新左派"所倡导的悲天悯人的终极关怀太远了，而离他们深恶痛绝的社会达尔文主义又太近了。更何况，沈昌文先生还是在甘阳先生成长过程中提携过甘阳的前辈。

笔者无法理解的是，像甘阳先生这样聪明的人（应该说，亦远以甘阳没有从芝加哥大学拿到学位来嘲讽挖苦甘阳的学识和水平是不足为信的），何以会犯这样的低级错误，先是确定亦远是沈昌文先生，继之加以讨伐。或许，亦远的情绪化的文章及其不负责任的言辞（诸如"踏着青年学生的鲜血来到美国读书的"，"代表中共组织部或宣传部"），使甘阳先生一时失去了理智。记得1980年代中期，甘阳为三联书店编《文化：中国与世界》丛书时，以新启蒙为己任，高扬理性主义的大旗，是何等的气度。可是时至今日，大概已近不惑之年的甘阳却为一时的冲动而不顾理性了。看来，倡导启蒙的人自己同样需要用文明社会的礼仪和理性来自我启蒙。

我们曾经生活在一个丧失理智的时代，知识分子为了狂热的理想和最起码的生存，相互揭发、批判甚至是搏杀，我们把这一切归咎于外在的压力和乌托邦的诱惑。但今天，在一个外在压力趋于减少、内在生活日益充足、个人自由逐步增多的时代，如果我们仍然丧失理智和理性，在主义（不论是民族主义，还是自由主义，或是新马克思主义）的旗帜下，相互猜忌和攻击，那么，我们中国的思想界和学术界还会有希望吗？

的确，《读书》并没有像它的一些批评者所指责的那样，成为"宣传喉舌"；同样，《读书》"长江奖"也不见得"创了中国学术腐败的新高"；但是，甘阳对沈昌文先生的人身攻击，确是《读书》界20年来语言恶毒之罪。由于甘阳是在为《读书》的辩护中发表批评沈昌文先生的文章的，加上他本人又是《读书》"长江奖"评选委员会成员，不能不使包括笔者在内的很多人为《读书》感到悲哀，因为他的言论已经深深地损害了《读书》的好名声和"长江奖"的公正性。

（原载《社会科学论坛》2000年第9期）

切实重视翻译质量

最近二十多年来，伴随着改革开放、学术交流与版权贸易的发展，我国在翻译和出版人文社会科学著作方面无疑已经取得了巨大成就。但是，在充分肯定已有成就的同时，也应对目前严重存在的翻译质量问题给予关注，并愿在此呼吁切实重视翻译质量。

先举我们在读书中新发现的两个例子：

其一，新华出版社1998年出版的美国前国务卿沃伦·克里斯托夫的回忆录《美国新外交：经济、防务、民主》第187～190页，有一段克里斯托夫离开国务院时对国务院工作人员的告别词，其中在提到第二届杜鲁门政府（1949～1953年）的国务卿"阿奇森"（标准译法为艾奇逊）时，居然几次出现"阿奇森院长"的字样，令人费解。经前后对照，原来"阿奇森院长"与"阿奇森"国务卿同为一人，可是，他的头衔何以又变成了"院长"呢？原来译者把艾奇逊的英文名字 Dean Acheson 中的名 Dean 望文生义而误解为"院长"头衔，结果闹出了如此叫人啼笑皆非的笑话。

其二，把晚清中国驻美公使伍廷芳生吞活剥地弄成"外交大臣"。这个同样叫人啼笑皆非的笑话出现在中国社会科学出版社2000年出版的八卷本《透视美国》丛书的总序中。据说，其作者都是"在美国学有所成的中青年华裔学者"，并"横跨中美两种文化，有得天独厚的条件和优越的视角，在各自的领域里又都有一定的建树"。因此，人们当然有理由对这套书寄予厚望。可是，未料主编邓鹏先生上来就在总序中和读者幽默了一把："一些中国人甚至将他们对美国的观感用英文写出在美国发表，其中曾经担任中国驻美外交大臣的伍廷芳写的《一个东方外交家眼里的美国》最为透彻生动……注：伍廷芳同时还担任中国驻西班牙、秘鲁、墨西哥和古巴的外交大臣"（《透视美国丛书》，总序，第3页）。刚读到此，我们弄不懂外交大臣作为官职何以变成了驻外使节？后来一想，看来主编是把兼有大臣和公使含义的英文词 minister 只作大臣解，自然也就把它翻译为外交大臣了。按理说，作为"在美国学有所成的中青年华裔学者"的留美学者代表，主编本不应犯这样的错误，因为 minister 并不是一个难词。即使不知道 minister 的公使含义，凭中国近代史的常识，也可以知道在中国的外交官序列中一向没有"外交大臣"这一级别（实际上，不仅清朝的外交官中没有外交大臣，就连清朝的官职中也没有这一名称）。

其实，类似的"翻译笑话"还有不少。兹举几个新近的例子：华东理工大学倪乐雄教授在《中华读书报》（1999年2月10日）发表的受到广泛关注的《孟子变成"门修斯"——学术界必须关注的问题》指出，三联书店1998年出版的吉登斯《民族-国家与暴力》一书，除把西方史学之父希罗多德译成"黑罗多特思"、法兰克国王查理曼大帝译成"夏勒马涅"等以外，竟把孟子莫名其妙地译成了"门修斯"。北京师范大学伍铁平教授最近在《学术界》（2000年第2期）发表的《"三人成虎"新版——"多佛尔海峡"变成"多佛大街"及其教训》列举的例子，也相当突出：三联书店1985年出版的利奇著《列维-斯特劳斯》中把多佛尔海峡误译成"多佛大街"（第107页），结果复旦大学教授申小龙自1990年至1999年多次在他的文章（《论结构人类学的语言逻辑》）和著作（《语言的文化阐释》《文化语言学论纲——申小龙语言文化精论》《申小龙自选集》）中照搬这一错误（尽管早就有评论指出了此点）。至于把波伏瓦的名著《第二性》弄成"《第二性生活》"（东方出版社版，《现代美国妇女》），把亚眠条约搞成"豆眼条约"（求实出版社版，《大国的兴衰》），把"美国中部"译成"中美洲"（天津人民出版社版，《费正清自传》），把19世纪90年代译成"1890年"（河北人民出版社版，《改革时代》）等，恐怕就更不是单纯的翻译错误的问题了（见杨玉圣《美国书籍在中国：成就与问题》，载《学术批评丛稿》，辽宁大学出版社，1998）。有讽刺意味的是，连新华出版社出版的一部极有影响的国际问题著作，也把联合国翻译成了"美国"（详见黄卫峰《是文明的冲突还是文明间的冲突——亨廷顿〈文明的冲突与世界秩序的重建〉中译本举谬》，《学术界》2000年第5期）。

对于翻译者的劳动与心血，我们是充分尊重的。可是，当面对这些五花八门的误译现象时，在引以为憾的同时，又不能不忧心忡忡。毕竟，出版上述译著的都是我们国家的著名出版社（如三联书店、中国社会科学出版社等,而东方出版社是人民出版社的副牌,求实出版社是中共中央党校出版社的副牌),上述译著的译、校者大都是任职于我们国家有名的教学科研机构(如北京大学、中国社会科学院等)的知名学者。读者选购这些译著时,其中不少人就是冲着这些名牌出版社和译、校者的知名学者身份去的,因为名牌出版社本应出版信得过的译著,知名学者翻译的书也理应是靠得住的译著。然而,鱼龙混杂的译著却一再同善良的读者开玩笑。可是,除了苦笑,我们能笑得起来吗?要知道,广大的读者主要是通过译著来了解、认识西方社会、文化与学术的。严肃认真的翻译本是一项名山事业,高质量的译本应是中外学术文化沟通、交流与理解的桥梁。为此,我们呼吁翻译(校对)工作者、出版社、广大读者能协同努力,严把翻译质量关,将更多的译著精品贡献给读书界。

(与杨玉圣合作,原载《世界历史》2001年第5期)

自吹自擂与学者的职业道德

在 2001 年 6 月 19 日《波士顿环球报》(Boston Globe)——美国东北部一家有影响的报纸——的头版头条上,刊登了这样一篇报道《约瑟夫·埃利斯教授对伪造自己越南战争的经历表示道歉》。埃利斯教授是哪方神仙,竟然引起一家有影响的大报的如此厚爱?原来,他不是一般的历史学者,也不是默默无闻的教授。就在两个月前,他最新的一本畅销书《建国之兄:革命的一代》(Founding Brothers: The Revolutionary Generation,这显然是创造性地借用美国专门形容华盛顿、杰斐逊、富兰克林等人的"建国之父"Founding Fathers 这一说法,强调这些建国之父间的平等兄弟之情)荣获普利策历史奖(the Pulitzer Prize for history),在此之前,他撰写的托马斯·杰斐逊的传记还赢得了 1997 年的国家图书奖(the National Book Award)。虽然这两个奖项不是历史学界声誉最高的专业学术奖(如 Bancroft Prize),但却是一个美国历史学家能够获得最有社会影响的图书大奖。对通常是默默无闻的历史学家来说,能获得这样的图书奖可以说往往是名利双收。

可就是这样一位有全国影响的历史学家,居然爆出一件丑闻——在学校的课堂上编造自己参加过越南战争的故事。在美国著名的"七姐妹"女子学院之———Mount Holyoke 学院讲授美国外交政策和美国文化两门课时,埃利斯经常谈到自己在越南的经历,绘声绘色地告诉他的学生,1968 年 3 月 16 日美军在美莱屠杀越南平民(My Lai massacre)前夕,他正在附近地区参加野战排的清剿作战。一个学生后来回忆道,当他们听到埃利斯谈到美莱时,"把全班都镇住了,我们惊叹道:'天呀,他在美莱,那里发生的一切必然深深地影响他'"。为此,同学们对他佩服得五体投地。

埃利斯不愧是"爱历史",甚至对新闻界,他同样大言不惭。去年在接受环球报记者采访时,埃利斯告诉记者,1965 年他是越南战场上的一个野战排的排长，并吹嘘自己后来又积极参加了反战和民权运动。但埃利斯大概没有想到，他的名声越大，新闻界对他刨根问底的劲头也越大。新闻界最近的调查发现，他的越南经历完全是子虚乌有，他从未到过越南。1965～1969 年间他在耶鲁大学读研究生，随后四年，他的确投笔从戎，但却是在西点军校教历史。埃利斯的西洋镜被揭穿后，他的学生大呼上当，表示对这样一位有名望的教授会编造自己的经历来欺骗他们而深感失望。

美国学术界人士在震惊之余却认为，埃利斯事件证明教授们所面临的职业道德问题日渐突出。最近数十年来，伪造学位、证书和研究资助已成为美国高等教育的一个痼疾。不过，还没有揭露出像埃利斯这样伪造自己经历并把它用于课堂讨论的事件。在他们看来，凡人往往会扩大自己在某一事件中的作用，但是，如果一个教授，特别是以记载和撰写历史为职业的历史学家，也在课堂教学中这样干，那问题就严重了。全美大学教授联合会（The American Association of University Professors）的一位负责人称："如实再现自己应该是做人的标准。而作为学者更有额外的责任，因为我们从事的职业，有着特定的行为准则。"

像埃利斯这样聪明的人，编造如此低级、极易被人识破的假话，实在是有悖常理。因此有人试图从心理学的角度来加以说明。哈佛大学医学院教授、美国精神病学协会（The American Psychiatric Association）前任主席 Lawrence Hartmann 医生指出，才华出众者对自己的成就文过饰非并不少见，"他们希望别人把他们想象得更聪明"。"作为研究真实问题的专家"，他认为，"这些人可能感到不安全，事实是一些人聪明并不意味着他或她就感到安全"。

在《波士顿环球报》揭露了这一自吹自擂的假话后，埃利斯拒绝接受记者采访，但第二天他还是通过他的律师发表了一份道歉声明。声明说："即使在人生最辉煌的时候，错误也在所难免。对于我让这样的一种看法——我去过越南——存在随后又加以确认的做法，我深表歉意。对这件事及有关本人生涯中的其他失真现象，我想向我的家庭、朋友、同事和学生表示道歉。"

但学术界的人士并不认为这一道歉足矣。美国历史学会（American Historical Association, AHA）负责人称，埃利斯的做法违反了学会职业道德规范（The American Historical Association's Code of Ethics），"在课堂上，即使是对自己个人的经历，教授也负有真实和坦率的责任"。尽管 AHA 和其他教授团体尚未对埃利斯违反职业道德的不诚实的行为给予学术上的警示，但在美国，一旦这类事情发生，学院的教授委员通常会作出有关裁定。不过，Mount Holyoke 学院教授委员会是否有勇气作出不利于埃利斯的决定，还需要拭目以待。

事情发生后，Mount Holyoke 学院的校长 Joanne V. Creighton 第一个反应就是护短。她发表声明说，埃利斯以他的"了不起的正直、诚实和自尊"而著名。"几代 Mount Holyoke 的女生都把他选为最有感染力的教师"。她对新闻界的做法很不以为然，表示"我们学校不知道环球报报道这样的故事究竟是想服务于什么样的公众利益"。显然，出于人之常情，她不想让家丑外扬。但不久，她就不得不为自己的护短而道歉。学校的有关教授委员会经过一个半月的调查，包括埃利斯本人的讲课提纲和数千学生的课程评估材料，认定埃利斯的做法有违一个学者和教授的责任和道德。

这时，Creighton 不得不对新闻界解释说："我最初听到此事时，我真的相信它是错误的，并认为对埃利斯的指责会被证明是无稽之谈。"并特别补充道："我真诚地尊重新闻界追求真实的权利。"现在事情已经明白无误，她决定暂时中止埃利斯的讲座教授的职位。埃利斯本人则表示，他将离职一年，"以便有时间自我反省，并写一本新书"。这意味着他将失去高达 8 万美元的讲座教授年薪。一年后，他能否重新回到他的教职，还要取决于学校董事会的最后决定。

对埃利斯来说，这个打击相当沉重。1972 年以来他一直执教于这一著名的女子学院，是该校最受欢迎的教授，无数学生心目中的导师，曾经担任过历史系主任、人文学院院长，并一度出任学校的临时校长。可是，一世的英名却栽在了一个并无恶意的自吹自擂的大话上。事件发生后不久，他就表示不再讲授越南战争的课程，重新回到他最擅长的领域——美国早期史。

长期担任哈佛大学文理学院院长的 Henry Rosovsky 评论说，美国大学里有关教授职业道德规范"通常都太笼统，难以执行"。他拒绝评论埃利斯事件本身，只是强调学校和教授应该在学术诚实上更加严格。为此，他目前正在撰写一本教授职业道德的书。应该说，埃利斯事件暴露出了美国学术界不光彩的一面，提醒我们实在没有必要迷信美国的学术道德和职业规范。但同时，我们又不得不承认，在约束学者的行为规范方面，美国的确比我们做得好。毕竟，美国有无孔不入的新闻界在监督学者的言行，美国还有诸多专业学会对学者进行必要的行业自律，否则，埃利斯的假话既不会被揭穿，同时，埃利斯也不会作出多少会令他难堪的正式道歉，接受代价昂贵的处罚。毕竟，在一些人看来，埃利斯只不过是为了加强课堂教学效果，让学生们对越南战争留下更深刻的印象而编造了并无恶意的假话，实在不值得记者和学术界大惊小怪、兴师动众。

(原载《博览群书》2002年第1期)

学术腐败的"中国特色"

随着几起学术丑闻被大众媒体曝光,学术腐败的问题也走出学术的圈子,成为一个社会关注的公众话题。虽然大家都在谈论学术腐败,但很少有人给它一个明确的含义,从各方面的评论来看,大体上可以看出它包含了两重含义。

其一是通常意义的腐败,即人们深恶痛绝的以权谋私,在学术界的表现就是利用权力,以不正当手段获得荣誉和利益,损害学术的纯洁性、完整性、公正性和客观性。它既包括非学界人士如行政官员用权和商界人士用钱来获取他们不该拥有的学历、学位、著作权和亲朋好友的受教育权,也包括学界官员和精英利用自己在学术界的权力、地位和声望为自己或小集团,采取极不公平的方式,获得非常不合理的学术利益,诸如独占政府高额研究资助和学术奖励等公共资源,优先获得晋升晋级、出国进修和交流等排他性机会。此种腐败的成因在于中国的学术体制本质上仍然是一种拥有独占权力、封闭型的垄断体制,这是一种制度性的行业腐败。在中国这样的发展中国家特别是转型社会中,此类腐败极为普遍,在所难免,改革起来绝非一日之功,而是与整个社会转型的成功、市民社会的壮大、法治国家的建立息息相关、密不可分。

其二是特殊意义的腐败,主要是指学术界内部在学生培养、学术成果发表、社会服务等产出方面的诸多违背学术行为规范和职业道德的严重问题,诸如低水平重复、粗制滥造、假冒伪劣和抄袭剽窃等。这里更多是指学术个体的行为,与学术体制和社会环境存在着密切但并非必然的联系。这类腐败,古今中外,概不能免,甚至在常常被作为批评中国学术腐败参照系的美国,这种现象也屡见不鲜。就这些违规现象本身,笔者认为更为恰当的批评和评论应该是就事论事,而不宜笼统地冠以"腐败"之名。

不过话又说回来，这一违规现象常常和制度性腐败密切相连，人们出于义愤把它们一股脑地斥之为学术腐败，也在情理之中。比如原西南师范大学教授陈国生的学术抄袭及造假事件本来是个一般性的个体学术违规事件，但事发后有关部门不仅不对其进行必要的惩戒，反而出于小集团的利益，利用手中权力加以包庇并给予晋升，使造假者更加肆无忌惮，有恃无恐。这显然就不再是一个违规事件，而成为地地道道的腐败。所以，可怕的不是出现学术违规，而是出现后听之任之，缺少起码的惩治和必要的约束。相比较而言，美国历史学界过去两年出现的两起引人注目的学术违规事件及其结果，值得我们深思。

两位顶尖的历史学家，一个因为在课堂内编造自己的越南战争经历而不得不公开向媒体和学生道歉，并自动离职一年反省；另一位则因为在自己获奖著作中编造史料而被迫放弃自己的终身教授的位置，卷铺盖回家，另谋出路（两起事件的详情见笔者写的两篇评论性报道，分别见《东方》2001年第8期和2002年第11期）。

制度性学术腐败是一个结构问题，其根本的改变有待于结构的变化，非一两句所能说清楚。因此，学界谈论学术腐败的重点大都集中在它的第二种含义，即本文所说的学术违规现象。抄袭造假者固然应该得到批评和处罚，但发表这些伪作的出版社和学术期刊是否也有失察甚至是失职之处？出版界为何会一而再再而三犯一些在专业学者看来极为低级、不难发现的错误呢？对此，有必要对中国学术成果的出版制度作一简略的考察，看看是否存在着可以改进的地方。

按现代规范化的学术成果出版流程，不论是一本学术著作还是学术论文，其发表之前应该由两位以上匿名的同行专家审阅（review），看看是否有新的学术贡献以及这一贡献是否达到足以发表或出版的水平，当然，这一专家匿名审稿制也非十全十美，因为即使是专家，也会由于主客观条件的限制，不能保证他们的意见准确无误，更不可能像火眼金睛那样透视出其中的造假（广泛实行这一制度的美国学界也难免频发造假事件就是明证），但它的确在职业编辑之外又多了一个杜绝假冒伪劣产品的防火墙，同时也给潜在的违规者一种震慑，因为他面对的可能是比他知识更为广博、专业更为精深的同行。这种审稿制的积极方面是，审稿人对文稿的批评和评论可能使作者受益匪浅。一位在美国已功成名就的华人讲座教授曾告诉笔者，是审稿人的精彩批评挽救了他的第一本著作，使他在美国学术界得以立足，对此他终身难忘，并心存感激之情。

而缺少这一制度的恶果则是显而易见的。在其长达十几年的学术批评生涯中，杨玉圣揭批的第一本抄袭著作是作者本人在著作出版后，亲自送给杨玉圣希望为之写书评的。如果出版社实行某种形式的专家审稿制，就可能防患于未然，避免后来的尴尬。

虽然越来越多的人认识到学术违规中出版界的责任，也对在人文社科的学术成果出版中实行专家匿名审稿制的重要性达成了共识，但实行起来却异常困难。中国能够出版学术著作的出版社太多了，特别是一些综合性出版社几乎没有各自重点出书范围，很难形成某种有特色的学术著作系列，也没有积累自己的专家库，实行专家审稿自然有相当的难度。学术期刊是中国人文社科学者发表其研究成果的主要园地，这里同样面临学术著作出版中的通病，缺少制度化的、可操作的专家审稿制。

此外，国内人文社会科学学术期刊的两个显著特点可能也不利于及时发现和制止学术研究中的违规现象。特点之一，这些期刊在学科内容上，综合性（即内容几乎包括社会科学和人文学科所有学科）杂志占主导，单一学科的专业期刊明显偏少。各大学和学院的学报、各省市自治区社会科学院和社会科学联合会主办的人文社科刊物几乎都是综合性的，除了一些有地域研究特色的栏目外，就其学科内容而言，都是面面俱到，可谓是千人一面，大同小异。学术期刊的这一特点首先与计划经济体制下形成的社科研究体制有关，与此相联系的是杂志的部门所有制和各院校、地方社科院系统往往都追求"大而全""小而全"的学术研究格局。而属下的期刊经常成为自己人员为晋升晋级等发表论文的"自留地"，基本上自产自销，几乎没有什么学术声望，出现假冒伪劣产品也在所难免。

特点之二，这些期刊所发表的文章，万把字左右的研究论文或所谓研究论文占主导，学术评论文章（综述、书评、质疑、专家笔谈、访谈等）处于绝对的边缘状态，显得可有可无。如果考虑到，学术期刊及其所发表的论文代表了一个国家最新的学术研究成果，人们一般据此来评价一国的学术研究水平高低的话，这样的状态就非常值得注意。学术期刊应该是以专业性为主，还是以综合性为主，所刊文章应该以长篇大论为主，还是论文与评论兼顾，笔者不敢妄下断语，需要专门的对比研究。但至少从百家争鸣百花齐放的角度来看，以论文为主的综合性学术期刊一统天下的局面，似乎不是最有利于学术的健康和深入发展。而且，南京大学中国社会科学期刊论文评估中心的初步研究已经证明，在其他条件类似的情况下，专业性期刊上的学术论文比综合性期刊上的同类论文有更大的影响力。①

因此，要减少学术违规现象，除了强化学者的职业道德意识、健全和落实必要的学术惩戒制度，改革中国现有的人文社科学术类学术期体制也是不可忽视环节。专家审稿制、由相对独立的专业化学术团体参与甚至代替政府的研究机构和大学来负责学术期刊、加强学术刊物中的评论和批评内容，或许是现有条件下可行的努力方向。

[原载学术批评网（www.acriticism.com）2008年9月14日]

---

① 上述两个特点的概括主要是与作者相对较为熟悉的美国学术期刊的现状对照而形成的。在美国学术界，除了《大西洋月刊》《纽约客》《纽约时报书评周刊》这类时政、文化、社会批评刊物外，几乎没有以综合性的学术刊物，更没有以发表本校教师成果为主的大学学报。最有影响的学术刊物通常是各专业学会主办的期刊，如美国历史学会的《美国历史评论》(American Historical Review)、美国经济学会的《美国经济学评论》(American Economics Review)、美国政治学会的《美国政治学评论》(American Political Science Review) 等，这些名牌杂志的一个共同特点就是专业性强，而且评论文章（主要是书评）与论文几乎是平分秋色。以美国学者为主的国际关系研究会原来主办了一份以论文为主的《国际问题研究季刊》(International Studies Quarterly)，最近也创办了以评论为主的新杂志《国际问题评论》(International Studies Review)。尽管中美两国国情不同，制度差异更大，学术刊物各有千秋，很难一概而论，但至少可以作为我们编辑办刊的一种参考。

附：序/跋

政治：难以摆脱的公共空间

——《政治世界探微》序言

年轻时代，一腔热血，自然会热衷于有"改天换地"之功能的政治。为此，在1984年读研究生的时候，我还专门为一次全国性研究生代表会议写过一篇《论研究生从政》的交流文章。现在，文章早就没有了踪影，但其中的主要观点居然还历历在目，主要是说国内大学的传统一向是好学生留校当老师，一般的学生才到社会的管理部门。为了实现现代化，应该改变这一情况，鼓励好学生从政，优化公共管理者的素质，提高管理的现代化水平。现在看来，这样幼稚的想法不过是"学而优则仕"的现代版。虽然谈起问题来津津有味，但轮到自己头上时，却成了好龙的叶公。第二年毕业时，我被中国社会科学院研究生院推荐到团中央的国际部工作，但到最后关头，却临阵变卦，考了当时还相对稀罕的世界历史专业的博士生。由此，走上了一条从事学术研究的不归路。当时，安慰自己选择的居然是美国政论大家李普曼的一句名言："学者想要控制政治，结果是政治控制学者"。

二十年过去了，虽然自己一直远离政治，但政治却总想控制我。所以，在特定的社会中，李普曼的话应该改为："即使学者不想影响政治，政治也要控制学者"。最具讽刺意味的是，翻检自己过去的学术文字时才发现，政治这一主题居然是唯一可以贯穿我不断转换的学术兴趣的一条主线！不论是研究大国的外交，还是研究国际体制；不论是研究一般性的族裔冲突、民族自决，还是具体的宪政法治；不论是讨论宏大的国际事务，还是学术界茶杯里的风波，其实质问题都是权力的获得与使用、利益的分配与协调、秩序的建立与维护，而这些恰恰构成了政治的基本要素。

仔细想来，这实在也不奇怪。所谓政治不过是个体赖以存在的被管理的公共空间而已。对个人来说，这个公共空间可以从所处的小社群到神圣的民族大家庭；对一个民族或国家而言，这个公共空间可以是从一个具体的国际组织到抽象的全球社会。由于个体注定要存在于某种形式的公共空间，故希腊先哲亚里士多德称"人是政治的动物"。用政治来界定人与非人，足见政治性乃人的本性。从历史来看，也的确如此。人类的形成和发展几乎与政治难舍难分。在人类的早期，因为自然环境的残酷，个体不依靠群体便无法生存，于是就有了群体合作，有了氏族社会，有了公共空间，有了公共权力管理公与私的关系，也就有了政治的最重要的含义——权力。有了不同的氏族，人类不仅面临来自自然的挑战，而且也面临来自同类的挑战，为了争夺有限的生存资源，人类之间就出现了仇杀，于是就有了"我们"和"他们"的身份确定，"我们"可能从氏族发展为部落及部落联盟，最后成为国家。他们可能也遵循同样的途径成为另一个国家，于是政治便有了另一种含义——确定和构建身份。国家只是最后的身份，而在国家内部，因出身、血缘、地域、职业和地位不同有着不同的人群，而有限的公共资源不可能得到平等均分，即便是弱肉强食，也还是需要某种秩序，于是政治有了第三种含义——秩序的政治。而源自五百多年前哥伦布等人航行和探险所开始的西方扩张，又把世界上所有孤立和分散的民族与国家，裹挟到不可抗拒的全球现代化进程之中，形成了一个日益紧密的国际社会，出现了与国内社会拥有一样政治诸要素（权力、身份和秩序）的世界政治。

这本文集中的文章，就是从这些不同的侧面或者说维度来说明政治的内容、本质及其意义。第一组文章讨论和评析的是西方（美国）学者有关世界秩序与国际制度的理论。全球化使全球治理日益成为一个无法回避的现实问题，如何使世界秩序与国内秩序协调发展，如何维持国际社会起码的正义，需要人们越来越多的思考。

尽管国际制度在无政府的国际社会中扮演了至关重要的角色，但是，当今的国际社会的基本单位和行为体依然是主权国家，而其中大国的政治外交对国际制度和其他主权国家施加的影响，远远超过了后者对大国的影响。这个世界依然是大国主导的世界，因此，探索和理解大国的国际政治行为成为第二组论文的主题。

世界大国关系中，于中国最为重要，同时也存在巨大挑战的无疑是中国与美国的关系。这一关系充满了剪不断、理还乱的恩恩怨怨。两国的合作和敌对不仅直接影响到两个国家的发展与稳定，而且也波及亚洲和西太平洋地区的和平与繁荣。探究中美关系的政治后果及其内在的发展逻辑是第三组论文试图努力的方向。

虽然主权国家常常等同于民族国家，但世界上纯粹的单一民族国家极为罕见。在国家主权和领土被认为不可分裂的传统国家观依然占主导的情况下，欧洲近十年的发展却让人眼花缭乱。在中东欧地区，多民族国家的分裂居然成为冷战后的新景观，而在原来的西欧，却出现了与此裂变进程完全相反的聚变（一体化）进程。与此同时，一向以民族大熔炉自居的美国则出现失去民族同一性的担忧。理解这些涉及民族或族裔政治的难题是第四组论文的工作。

一般的看法是政治决定法律，但殊不知，在美国这样的法治国家中，经常看到的是法治特别是它的最高体现宪政，界定并规范甚至改变着政治！这一切如何成为可能，是笔者近年来一直苦苦思考的问题。第五组论文就是这些思考的初步成果。

作为学界之人，不仅时时刻刻受到外在政治有形和无形的挤压，而且还面临着学术共同体内部政治的束缚。高智商人物云集的学院，其政治的复杂性与其中人物思想的复杂性相辅相成，以至于对国际政治烂熟于心的大师级学者摩根索感叹说，"最复杂的政治莫过于校园政治"。最后一组文章部分地涉及了学术中的政治以及政治中的学术。

这些文字，都是从过去十多年笔者所发表的上百篇学术性文章中所选择出来的，基本上基于三个标准：一是专业化论文注意其原创性；二是评论性文字突出其可读性；三是已经综合并编入到笔者已出版著作的文章尽量不收。就文章的性质而言，主要有三种类型：一是根据解密的政府档案所进行的历史研究，以期填补国内外这些课题的研究空白；二是基于公开的官方文件进行的政策研究，力图对现实问题进行客观的学术分析；三是对有关学术著作和学术理论的评论和解析，帮助国内读者把握一些较新的学术著述和思潮。所有的论文都是围绕着某一具体问题、概念、著述、理论和机构展开的，是地地道道的"探微"之作。为保持原貌，收录文集时只对文章做了必要的技术性修改，恢复了最初发表时被编辑删掉的某些部分。每篇文章后面均注明了原始出处和最初发表的时间。

这些文字，不论是历史问题的研究，还是现实事务的讨论，或是对学术研究本身的评论，涉及的虽然都是广义上的政治世界的议题，但基本的出发点却是纯学术的旨趣，这也是为什么文章类型多样、议题广泛的主要原因。本着求真和创新的原则，从本人学术兴趣所选择的这些研究或评论题目，基本上是学术界没有作过或作得很不够的题目，并尽可能地发掘新材料，尝试新方法，小心求证，努力寻求历史内在的真实和逻辑解释的完备。

和任何一项创造社会财富的工作一样，学术研究同样需要充裕的时间、良好的心境、安定的工作条件和必要的物质投入。在南京大学－约翰斯·霍普金斯大学中美文化研究中心优越的工作和研究环境中，我很荣幸地能够同时拥有这些条件。对于该中心的历届中方主任——他们是王志刚教授、陈永祥教授和黄成凤教授——多年来对我的关怀和提携，我深表谢意。

书中的一些研究论文是我在海外从事客座研究期间完成的，在这里我也要对下列为我提供研究资助的研究机构表示感谢：挪威诺贝尔研究所（Norwegian Nobel Institute）、美国威尔逊国际学者中心国际冷战史项目（Cold War International History Project, Woodrow Wilson International Center for Scholars）和中国香港大学美国研究中心。

还有若干篇论文是笔者与合作伙伴共同完成的，虽然笔者已经在这些文章的题解中注明了他们的姓名，但是，对于他们允许我把这些文章收入到本书中的慷慨做法，笔者不能不对他们逐一感谢，他们是：陈伟、张振江和胡晓进。在文稿的输入和校对方面，我得到了笔者学生蒋阿凡、刘华和吴晓天以及笔者的女儿任琬洁的帮助，谢谢他们。

中国军事科学院程亚文先生的推荐，《政治与法律思想论丛》主编高全喜教授的鼓励，让我有机会整理这些过去的文字，把它们编辑成书。北京大学出版社年轻编辑邓丽华的认真校订，避免了一些令我汗颜的低级文字错误。对于他们的这些帮助，我会牢记在心。

（任东来：《政治世界探微》，北京大学出版社，2005）

《小视角下的大历史》前言

过去的五六年里，在从事教学和研究这些本职工作之余，我为非学术性报刊撰写了数百篇国际评论、观察和随笔。读者面前的这本《小视角下的大历史》就是从这些发表过的文字中选择和编辑的。这些文字基本上保持了发表时的原样，只是做了一些结集出版所需要的技术性修改，并恢复因为字数限制等原因而被删除的部分。每篇文章写作完成的时间均在文末注明。遗憾的是，因为没有保存好剪报，现在已经无法一一核对许多文章最初发表的报刊。绝大多数国际评论发表在2002年11月至2006年2月的《南方都市报·地球周刊》的"任东来专栏"。2000～2002年的若干国际随笔和美国宪政评论分别发表在新加坡的《联合早报》和广州的《看世界》杂志。还有几篇有关美国宪法和大法官的文章发表在《法学家茶座》。其他文章则散见于《南方日报》《厦门日报》《科学中国人》《环球》和《书屋》等报刊。

在学术界的某些正人君子看来，一个堂堂大学教授，为知识性的通俗报刊撰写"短、平、快"文章，说轻了是不务正业，说重了是自甘堕落。有时我自己也在问自己，是什么动因促使自己一度成为报纸的专栏作者？是厌倦了象牙之塔的生活？是让知识服务于大众的理念？是报刊写作带来的名利？我无法排除其中的任何一个因素，我同样也说不出哪个因素最重要。不过，我的确可以告诉你这一写作的缘起。

我是从2000年开始写国际评论和随笔的，当时，我刚刚结束自己在美国的第三次访学研修。正是这次研修促使我重新思考自己的学者生涯。在这过程中三位前辈学者成了我的榜样。第一位是台湾《中国时报》创办人余纪忠先生。为了报答母校中央大学，余先生专门为南京大学和东南大学设立了华英文教基金会。1999年，我有幸获得基金会的出国研修奖，成为南京大学第一位文科华英学者。余先生是位出色的报人和评论家，但他在中央大学和英国伦敦经济学院学的却是历史,这和我的专业领域一样。

第二位是美国著名的中国通戴维·兰普顿教授。拿着华英奖学金,1999年秋季学期,我来到了位于美国首都华盛顿的霍普金斯大学高级国际问题研究院,该院是我所在学校(南京大学中美文化研究中心)的合作伙伴。接待我的就是该院中国研究项目主任兰普顿教授,此前很长一段时间他还担任过"美中关系全国委员会"主席。像很多美国学者一样,兰普顿并没有把自己限制在狭小的书斋里,而是积极参与"上传下达"的政策咨询和分析工作,也就是既参与一些思想库如尼克松中心的政策研究,又在媒体上向民众解释或评论中美关系或中国事务的新发展和新问题。

第三位是中国老资格的国际问题评论家陈有为先生。对年轻一代国际事务爱好者来说,陈有为名字已经陌生了,但是,对于我这一代人以及比我更年长的那代人,如果他们经常看1970年代末和1980年代初《人民日报》国际版的话,都会对陈先生以"司马达"的笔名撰写的国际随笔留下深刻的印象。这些随笔构思精巧、语言辛辣、观点犀利、与众不同。当然,他对年轻一代影响最深的还是他的《基辛格评传》一书,不少人因此对国际事务产生了浓厚的甚至是毕生的兴趣。1980年代初期,陈先生在我就读的美国研究所短暂工作,我得以与他有幸相识。没有想到,1999年我能够在华盛顿与已定居此地的陈先生重逢。他当时是当地中国论坛社的社长和高级国际问题研究院中国项目的特约研究员。

在华盛顿的半年,我有机会参观美国的政府机构,参加各种思想库的活动,聆听各界要人的政策主张,体验了与书斋生活完全不同的世界。华盛顿不仅是美国的首都,而且也可以说是国际舆论的制造中心。其中最重要的一个制造中心就是思想库(think tank)。说起思想库,虽不是美国的特产,但美国思想库之多、经费之充足、人员之精干、影响之广泛,可以说全世界无出其右者。不仅像我这样的中国学者感到惊奇,连欧洲学者也羡慕不已。在研究院和我一起做访问学者的一位德国学者就感叹道,在思想库集中的杜邦广场画一个一英里的圆,其中的各类思想库要比全欧洲还要多!以前,我们更多注意思想库为政府出谋划策的"谋士"功能,身临其境才发现,它还有另外一个重要的功能:教育公众。实际上,美国思想库里的一些"智囊"自己也承认,他们对政府政策的影响极为有限,相对来说,眼睛向下的"辅导员"功能影响可能更大。这一观察让我意识到,虽然在中国的国情下,学者根本没有渠道去影响政府,如果想要做"智囊"的话,就应该去做像著名学者资中筠教授在《美国研究》创刊号上所倡导的那样,"做全民族的智囊"。因为在全球化迅猛发展的时代,公众面对的国际信息越来越多,越来越庞杂,学者有义务参与进来,为他们提供认识和理解这些现象的观察角度、历史背景和结构框架。

就这样,2000年初回国后,我尝试着利用自己的专长,撰写国际评论,先是投给新加坡的《联合早报》。当时的议题集中在中美关系,大体是每月一篇。其中一篇《中美关系:脆弱而有韧性》,比较客观地描述了中美关系中脆弱的一面,比如在台湾问题上的分歧、政治和意识形态的差别,也比较全面地论述了两国在全球安全、地区稳定和经济贸易上的广泛和深入的共同利益。该文被湖北的《长江日报》转载并拿去参评2001年"中国国际新闻奖",竟然获了个评论类三等奖。这个意外之奖,无疑是对我写作国际评论的一个肯定。

除了来自"官方"的肯定外,"民间"的影响也让我感觉良好。2002年10月,《南方日报》的一位编辑约我写一篇关于美国备战伊拉克的文章。为此,我从美国准备天花疫苗说起:"就拿20年前人人都接种的预防天花的牛痘为例,对今天大部分青少年来说,简直就是天方夜谭。我11岁的女儿就不止一次地问我,'为什么爸爸和很多大人的膀子上有两个难看的疤痕?'"因为这篇评论以一首流行歌曲的歌词("不是我不明白,而是这世界变化得太快")开头,故有些特色。当时,我女儿琬洁读小学6年级,老师要求从报刊上找时评文章,她的一个同学居然从《南方日报》的网络上下载了这篇文章,并在班级朗读。琬洁很高兴地告诉她的同学:"那是我爸爸的文章,他说的女儿就是我。"

2002年江泽民主席访美,应《南方都市报》之约,我写了一篇《小视角下面的大历史:中美关系中的两个23年》的整版评论,通过对比分析中美建交前后两个23年里地区环境和两国现实的巨大不同,来阐明中美关系的积极价值。这篇评论,社会反应不错。于是,编辑就要我给他们的《地球周刊》写美国评论专栏,每星期一篇,坚持了4年之久,直到2006年报纸改版。这期间,我又有机会两度赴美做访问学者,从事教学和研究之余,正好把自己的观察与思考记下来,与读者分享。

有时我在想,学者笔下的国际评论和随笔与报人及专门的时评家有什么不同?我没有专门研究过这个问题,只是根据自己的实践有些大概的感受。报人的评论往往就事论事,时评家则更多是借题发挥,当然,他们也都追求

"新闻背后的新闻"。对于学者的评论和随笔而言，似乎应该有更多的要求。探索"新闻背后的新闻"，至少对从事国际评论的学者，是起码的要求，因为他们能够比一般读者和报人接触到更多外文原版报刊和新闻来源，自然可以找到更多"背后的新闻"。不过，外文好的新闻从业者，也能够做到这一点，至少不会比学者差。那么，学者评论的优势在哪里呢？我想，它应该探索和介绍"新闻背后的历史、结构和制度"，尽可能多地介绍相关知识，将学者的研究转化为普通读者可以看得到、看得懂的东西。我不敢说自己写作的国际评论和随笔做到了这一点，但它的的确确是我努力的目标。

作为专栏作者，我体验到了一个学者以自己的知识服务大众的无穷乐趣，也体会到了新闻人职业的某种无奈和艰难。现在，我不再去写固定的专栏，但是，为非学术性报刊撰稿，服务于广大的一般读者，业已成为我的自觉，成为自己学者生活的一部分。借此机会，我要感谢鼓励我撰写国际随笔评论并提供发表园地的编辑们，他们是《南方都市报》的巴勇和黄滢，《看世界》的周琪，《法学家茶座》的何家弘和廖明。此外，正是由于中国军事科学院程亚文先生的推荐和同济大学出版社刘芳女士的鼓励，才使这本评论随笔集的出版成为可能，对他们的帮助，我心存感念。

（任东来：《小视角下的大历史》，同济大学出版社，2007）

盟友之间霸权和平转移的实证研究

——《从英镑到美元》序

最近十年,国际关系的研究成为一门颇为热闹的"显学"。不过,稍加留意就会发现,大量的著述不是对西方(特别是对美国)国际关系学界课题、理论和方法的重述和介绍,就是基于新闻报道和时事资料而撰写的应景之作。作为国际关系学基础,同时传统上也是国内学界研究强项的国际关系史研究,却相对式微。除了沈志华教授等倡导和身体力行的冷战国际史研究以外,鲜有基于第一手外交档案和文献进行的国际关系史研究。当一大批颇有才华的年轻学者一窝蜂地跟在洋人的屁股后面,津津乐道地大谈特谈理论、方法和主义时,不能不让我想起胡适先生那个著名的告诫:"少谈些主义,多研究些问题。"

谈主义既时髦,又省力。相比较而言,研究问题则是既落伍,又枯燥。因为主义通常是现成的,只需要"照着说"就可以;问题则是需要解决的,需要想办法"接着说",也就是要下苦功夫去搜集资料,进行个案研究,来验证(证实或证伪)既有的理论。比如,在传统政治经济学和目前时髦的国际政治经济学(IPE)中,一个基本的假设就是各国力量发展的不平衡,会导致正在崛起的大国对国际社会的领导国或曰霸权国构成挑战和威胁,最终导致战争。在列宁那里是帝国主义争夺殖民地的战争;在"霸权稳定论"主要倡导者、美国大牌学者罗伯特·吉尔平那里,是可能改变世界权力结构的"霸权战争"。略微不同的是,列宁认为帝国主义战争不可避免,吉尔平却没有这样绝对。在面对崛起的新兴强国的挑战时,后者认为现存的霸权国有三种基本策略:第一,消除产生这个问题的根源,即发动预防性战争"消灭或削弱新兴的挑战者";第二,可以通过进一步扩张来寻求减少保持其地位的成本;第三是减少承担的外交义务,包括直接放弃承担的某些义务,"与威胁性较小的国家结盟或寻求和睦关系",对新兴大国退让从而让其"分享维持现状的好处,换取其分担维持现状的成本"(Robert Gilpin, *War and Change in World Politics*, New York: Cambridge University Press, 1981, pp. 191-193)。国内众多论者被"霸权战争"这个概念的简约之美所迷惑,似乎忘却了吉尔平所总结的第三种策略。如果说前两种选择是近代世界历史发展的一种常态的话,那么,这"第三条道路"或许是现实世界,或者说第二次世界大战以后的一种趋势,代表了未来的一种发展方向,至少在国际经济领域。何以见得?这就需要实证性的经验研究,读者面前的这本著作,张振江博士的《从英镑到美元:国际经济霸权的转移(1933~1945)》,就具有这样的说服力。

就国际的权势机构而言,19世纪"不列颠治下的和平"已经让位于20世纪后半叶"美国治下的和平"。这一转换是如何形成的?从表面上看,显然与第二次世界大战有关,美国借二战领导者和战略物资提供者之便利,一举取代英国而成为世界的领导国家。这再次证明了现代国际关系史上的一个基本经验,没有一个崛起的新兴大国赢得过霸权战争的胜利,相反,新的霸主通常是前一个霸主的同盟或伙伴。这的确有鹬蚌相争渔翁得利的味道。那么,美国作为英国的盟友,又是如何取代英国地位的呢?如果考虑到国家的综合实力首先表现在经济实力,世界领导权也较多地表现为国际经济的主导权,显然,国际经济秩序中英国主导地位让位于美国,或者通俗地说,英镑让位于美元,就具有了最基础的意义。从这个角度来看,振江博士从美英经济外交入手,探讨国际经济主导权的转移,无疑别具一格,学术价值很高。

西谚曰:"罗马不是一日建成的"。同样,罗马的衰落也非一日完成的。美国的经济实力在1890年代就超过了英国,到1913年时,美国的工业生产总值占到了世界工业总产值的1/3,比英法德日四国加起来还多。尽管如此,世界的金融中心依然在伦敦而非纽约,英国依然可以依靠自己几个世纪积累的财富、经验和制度来维持自己的领导地位,即便是第一次世界大战严重削弱了这一地位。迫使它放弃这一地位并寻求与美国合作的是1929年的世界经济危机。面对以极度金融恐慌为特征的世界经济危机,大英帝国最终无法承担起维系世界经济秩序的责任,也就是国际经济学家查尔斯·金德尔伯格在其名著《萧条中的世界,1929~1939》中所指出的那样,"在金融危机银行关闭的紧要关头,作为重新启动金融的最终信贷者而发挥作用"(Charles Kindleberger, *The World in Depression*, 1929-1939, CA: Berkeley,

University of California Press, 1973, p. 305)。

当以邻为壑的经济和金融外交无法解决危机时，英美两国领导人便开始坐在一起，探讨克服危机的途径。这是一场典型的经济谈判，马拉松般漫长，锱铢较量。可以想见，这种经济权势的转移不是一蹴而就，必然经历了一个相当长的过程。幸好有随后的第二次世界大战，英国为了获得美国的援助，不得不做出越来越多的让步，加速了这一权势转移过程的完成。因此，对这一课题的研究，比较好的起点不是作为政治里程碑的二战，而是作为经济里程碑的大萧条。振江博士的研究时段，1933～1945，可谓恰到好处。正像作者所云，这一选择避免了对历史的人为割裂："美国在40年代迫使英国接受的贸易平等原则一直是国务卿赫尔在30年代的对英经济外交主题，而英国坚持不放的帝国特惠制也正是30年代英国对外经济战略的核心。30年代双方在经济外交领域的冲突与妥协奠定了40年代争锋的基调和主题。因而，以二战为分界的英美经济关系研究人为地割裂了从30年代到40年代两国对外经济政策及其外交折冲的连续性。"

我们这一代人，目睹了中国加入关贸总协定（GATT）和世界贸易组织（TWO）的漫长谈判过程。中国的一位主要谈判者感慨地说，他从一头青丝谈到满头白发。贸易谈判可以说是各类外交谈判中最繁琐、最枯燥的讨价还价。对谈判的参与者来说，这个过程苦不堪言；对后来研究谈判的学者，研究过程也是异常乏味。20年前，我在阅读1946年《中美友好通商航海条约》谈判的全套英文记录时，就有这样的切身体验。当时，中美双方代表，为条约中的国民待遇和无条件最惠国待遇的条款，咬文嚼字，锱铢必较，几乎到了无以复加的地步。在被中国职业外交官为中国利益苦苦努力而感动的同时，我也表示，不愿再去碰这样的研究题目了。因此，看到振江这部以美英金融、贸易、援助谈判为核心来展开的外交史专著时，非常佩服作者知难而进的勇气。

作者出色的贡献，不仅在努力收集和挖掘美英双方的第一手文献，重现谈判的具体过程，展现美英同盟背后的利益之争，而且，还能够跳出谈判本身，发掘其在英美霸权转移过程中的意义。比如在分析大萧条后美英达成的第一个贸易协定时，作者指出："从美国角逐世界经济霸权所展开的对英经济外交角度来看，1938年的贸易协定极具象征意义。对美国来讲，它是对自1932年就已开始的对英经济外交的第一次成果，而且部分达到了预期的目的，即为美国的农产品打开了英帝国市场。对英国来讲，与美国达成一项贸易协定同样扩展了英国的贸易圈，而且经过艰苦的交涉与谈判，最终还是捍卫了帝国特惠制。因而，围绕1938年贸易协定的这场英美经济外交基本上还算是一个旗鼓相当的双赢，尽管英国屈于经济之外诸因素的考虑而进行让步的基调已露端倪。但好景不长，第二次世界大战的爆发完全改变了英美双方未来讨价还价的地位，为美国角逐世界经济霸权带来了新的机会、战略与动力，却使得英国全面依靠美国的援助，完全失去与美国抗衡的资本。就此，让步与接受美国战略逐步成为英国的政策方向。"

由于振江博士的这项研究主要基于国内学者没有利用过的文献，使得这本论著中有很多国内学者并不了解的新知识，比如美英众多的贸易谈判全貌，都是第一次出现在中文的研究文献中。为了主题的连贯和论说的完整，作者也叙述了个别旧的议题，比如外交史学者耳熟能详的《大西洋宪章》。即便对这样的题目，作者在材料和解释上都有新贡献。学者一般都强调这一宪章作为后来反法西斯同盟思想基础的积极价值，突出英美利益的一致性和共同性，忽略了在团结背后的利害冲突。为此，利用美英双方的外交密档，作者详细描述和分析了双方就该宪章涉及英国帝国特惠制的第四条所展开的激烈争吵和让步妥协，还原了历史本来的真相。

国内的历史研究，或多或少地突出历史的必然性，忽略历史的偶然性。即使谈到偶然性，也把它看作是必然性的表现，这实际上是抹煞偶然性作为一个独立变量的存在。这固然与我们程式化的史观相联系，同样也是因为我们对历史细节研究不够，总是大而化之。对一个有经验的研究者来说，一旦深入到历史细节，他常常会发现，历史的发展实在是充满了众多偶然因素，它们的相互作用构成了历史多姿多彩的景观。虽然对细节的研究，会出现"只见树木不见森林"的现象，但是，从历史学的一般研究目的而言，见到准确的树木，要比只见到朦胧的森林而不见确切的树木要重要得多。众多对树木的准确描述，放在一起，就可能会有一个清晰可见的森林；而众多对森林的朦胧描述，聚在一起，依然是一个深不可测的森林，结果，不仅无法获得森林的准确形象，而且也缺少形象具体的树木。因此，对历史学者而言，见树木要比见森林更重要。

振江博士的这本著述，无疑为我们描绘了国际经济秩序这个广袤森林中一片准确的树木。而且，在描绘这片树木时，作者也试图勾画出其所处森林之轮廓。尽管随着美国经济实力的增长和国际卷入的加深、扩大，尽管随着英帝国实力的相对和绝对衰落，美国肯定会取代英国而执世界经济秩序之牛耳，但是，这一过程何时开始何时完成，完全是偶然的因素。为此，作者认为，对美国来说，至少存在过三次机会："第一次世界大战将美国从债务国变为债权国的时间表大大提前，为之提供了'第一次机会'；1929年开始的大萧条一劳永逸地摧毁了以金本位和自由贸易为标志的英国领导下的国际经济体系，为美国的崛起省去了破旧之力，可谓'第二次机会'；二战的爆发则完全剥夺了在30年代与之分庭抗礼、构成美国霸权之路最大外部挑战的英国在未来抗衡美国的任何资本，当为'第三次机会'。如果说国内条件的不成熟致使美国浪费了'第一次机会'，英帝国的外部抗拒使得'第二次机会'也难以实现目标，那么美国决策者对'第三次机会'则有着充分的认识与把握，追逐战后国际经济霸权的冲动犹如上弓之箭，蓄势待发。"显然，这样的论述较好地反映了历史发展本身的多样性和复杂性。

历史的研究以解决"问题"为目的，而不唯探究"主义"为宗旨。不过，问题的解决，实际上有助于对"主义"的梳理。比如，前面提到的那位金德尔伯格，就是经济自由主义的倡导者和权威。他的一个著名论断是，1930年代"美国无意而英国无力"充当世界经济霸主。但从对"问题"的微观研究中，振江博士却认为，金氏的论断流于简单，只注重所谓霸权"意志"这一表象问题。实际上，从20世纪初的西奥多·罗斯福开始，经过威尔逊，直至富兰克林·罗斯福，历届美国政府不但"有意"，而且都积极致力于建立美国领导下的世界新秩序。1930~1940年代美英双方艰难的经济交锋充分表明美国角逐世界经济霸权外部条件的不成熟，实际上，仅就1930年代而言，"英美两国都是有意但无力"摄取世界经济霸主之席。

此外，对于大名鼎鼎的凯恩斯，作者也提出了自己独到的见解。学界对凯恩斯的评价，完全是基于其丰富的经济学遗产，把他贴上"新自由主义""经典自由主义"以及"保守主义"等莫衷一是的标签。殊不知，凯恩斯更是一位实践性的经济学家，或者说身体力行的经济学家。作为1930~1940年代英国最出色的金融谈判代表，凯恩斯义无反顾地投入到为大英帝国的权势和尊严而与美国人的苦苦较量之中，直到以身殉职。通过研究他亲自参与和主持的对美经济外交谈判，作者发现，凯恩斯对外经济政策观点与立场的转变充分表明了他思想的灵活性和现实性，远不是那些后人的标签所能概括的。如果说有什么一成不变的思想的话，那"就是根据不同的国内外环境而采取不同的政策主张，以最终确保英国的大国地位和国家利益"。

这本研究3/4世纪以前英美经济外交的著述，其意义远远超出了狭隘的外交史范围，值得不同领域的学者去阅读和品味。对美国研究者而言，可以了解美国对外经济政策的决策过程和美国处理与盟国关系的方式方法；对世界历史学者来说，可以发现在第二次世界大战波澜壮阔的历史场景背后，还有建立战后经济秩序的复杂构思和激烈谈判；对国际经济学者来说，英美"换岗"和战后国际贸易、金融秩序形成的历史，无疑可以帮助加深了解这一秩序的现在和未来走向；对于国际关系学者来说，霸权和霸权转移，永远是一个迷人的主题。

作为作者原来的博士论文，本书严谨有余，生动不足。实际上，外交史也还是可以写得生动有趣。为此，作者也做了一些努力。其中，作者对英美经济外交两个主要代表人物（美国国务卿赫尔和凯恩斯）结局的论述，最令人难忘，极具象征意义。"从1934年开始，赫尔因互惠贸易法案被数次提名诺贝尔和平奖得主，但始终因为种种原因而一直无缘获此殊荣，直到1945年底终于如愿以偿，可谓其个人生涯的最后一个完满句号。他为此信心百倍地憧憬着美国的未来：'我们已经成熟，与此同时还是一个充满活力与资源的年轻国家'，'美国什么也不惧怕，前途是确定无疑的。我们的巨大资源与机制确保着我们的命运，我们的机会永存'。"与此同时，凯恩斯却上演着截然不同的最后篇章。"在健康已经受到了贷款谈判长期劳累和苦闷的致命损害"下，他依然在国际货币基金组织与世界银行第一次会议上"竭尽全力争取美国的点滴让步，顽强地坚持英国的观点"，像以往一样，他再次遭受美方的高压，被迫完成英美经济外交的最后一轮屈服和让步。在离开辛酸之地的火车上，凯恩斯旧病复发，陷入昏迷。一个月后，这位20世纪最伟大的经济学家溘然长逝。

的确，这两位杰出人物截然不同的个人遭遇，形象地代表了英美两国十多年来角逐世界经济霸权的终局。借用一位美国学者的概括，作者总结了这一令人难忘的历史场景："这是一个超级大国产生时发出的阵痛声和另一个超级大国走向没落时的痛苦呻吟声相互交错的场面，一个由他们是血亲的事实而衬托得更为令人心酸的故事"。至于这一故事是否真的"令人心酸"，还要靠读者自己去感受。

[张振江：《从英镑到美元：国际经济霸权的转移（1933～1945）》，人民出版社，2006]

（原载《博览群书》2007年第1期）

记一次愉快的精神之旅

——《美国宪政历程》后记

编写完《美国宪政历程：影响美国的25个司法大案》，看着这些不知修改过多少遍的文稿，我如释重负，同时感到了莫大的欣慰。

在过去的两年时间里，除了撰写了几篇学术评论和时事评论外，我以极大的兴趣和热情全身心地投入到本书的写作和编辑中。对于我这样一个从未受过专门系统法律训练的人来说，这个领域既充满了诱惑，也有很大的风险。不过，我想到当代美国最有影响的法学家兼法官（联邦第七上诉法院）波斯纳的一句名言："法学应当使外行人也感兴趣，自己多少有点安慰。"如果法学能够使外行人感兴趣的话，也就无法排除感兴趣的外行人来从事有关法律的业余研究工作。既然国内有那么多没有任何法律专业背景训练的职业法官和律师，而且，也没有法学教授来潜心写作美国宪政史的入门书，那么，由几位研究美国历史和国际关系的学者来写作美国的宪政历程，作为抛砖引玉之用，看来也不能说太出格。

当然，最重要的还是，宪政史研究是一个跨学科的领域，并不是法律专家的"非我莫入"的禁区。以美国为例，美国大学法学院三年制的法学博士（J. D.）教育主要是一种法律职业训练，侧重于实用而非学术，其目的是培养合格的律师。而法学领域的学术研究则是一种跨学科的交叉综合，比如，经济系在政府经济法规、产权制度、反托拉斯法、公司法等课题，政治系在美国宪法、司法制度、立法过程、政治法律思想等课题，社会学系在法律社会学、犯罪学、刑罚理论等课题，历史系在宪政历史、宪法史、法律思想史等课题，都扮演着非常重要的角色。此外，由于英美普通法传统和案例教学法的影响，美国大学的法律教育不可避免地与法律史和政治法律思想史密切相关。

相比之下，中国虽然没有发达的法学教育，却有着庞大的法学学位获得者。我本人就是一个"法学"硕士。不过，这个中国社会科学院研究生院的一个法学硕士学位（1985年），和绝大多数中国法学学位一样，并没有真正的"含法量"，因为我的专业学科是国际政治和国际组织。而中国的学位分类中，包括党史和政治思想教育在内的所有政治学都属于法学范畴。从这个角度说，中国培养的"法学"学位获得者之多，大概连"诉讼之国"的美国都望尘莫及。

1988年，在师从杨生茂教授六年后，我从南开大学历史研究所获得了美国外交史方向的史学博士学位（博士论文后以《争吵不休的伙伴——美援与中美抗日同盟》为题由广西师范大学出版社出版）。我随后南下金陵古城，在南京大学－约翰斯·霍普金斯大学中美文化研究中心开始了我的职业学术生涯，一直为中心的美国学生讲授中美关系和国际冷战史，间或也给南京大学本科生和研究生讲授20世纪美国、中美关系史和美国外交史，为促进中美两大民族年轻一代的相互理解和相互尊重贡献自己的绵薄之力。授课之余，利用中美中心丰富、精当和更新迅速的外文书刊，围绕着中美关系、中美外交史和国际关系理论展开一些学术研究和写作。经过十几年的努力，虽然成就不大，但自认为还算扎扎实实，研究工作开始有了驾轻就熟之感，一些研究成果也被同行学者所接受，用一句比较土的话来说，至少"混了个脸儿熟"。

但就在这个时候，我忽然对美国宪政史产生了浓厚的兴趣。1999年夏初，南开大学社会科学处处长王正毅教授邀请我给"全球化和区域主义"国际讲习班学员作一个有关国际体制作用的主题发言。为此，我特地撰写《对国际体制和国际制度的理解和翻译》一文（后发表在《国际问题研究》2000年第4期）。在南开期间，我与正在南开历史所义务讲学的美国宾夕法尼亚印第安纳（Pennsylvania Indiana）大学历史学系教授王希博士邂逅。承他不弃，送我一本他刚刚在北京大学出版社出版的《原则与妥协：美国宪法的精神与实践》。回到南京后，我很快就读完这本极为出色的著作，对美国宪政的丰富内涵有了较为全面和深入的认识。

是年夏天，我在美国西雅图参加了以"美国的世界作用以及对中国的影响"为题的中美年轻学者对话会。社科院美国研究所金灿荣博士也是与会代表。他是我的老朋友，当年我们同在美国所读研究生，我比他高两级，我学美国外交，他读美国政治，但后来他师从北京大学袁明教授攻博，转向了美国外交的研究。会余时间，我们漫步在电影"Sleepless in Seattle"（《西雅图夜未眠》/《西雅图不眠夜》）中出现过的海滨码头，一起交流读王希书的体会，得出了同样的看法：美国宪政史和法治史在国内是个亟待开拓的领域，而且，美国人的宪政观和法治观对其外交的内在目标和外在行为方式都产生了重要影响。从美国人早期追求航海自由权，到威尔逊对国际联盟的痴迷，到罗斯福的"四警察"观念（即二战后由美英中苏四大国像警察一样维持各自所在地区的国际安全和稳定）和联合国构想，再到当前美国克林顿政府对国际体制和国际制度不遗余力的倡导和推动，无一不与其国内宪政观念和法治经验密切相关。显然，没有对美国宪政的一定理解，对美国外交政策的解释和美国国际关系理论的评析是很难深入下去的。

这一考虑激活了我内心中对美国宪政法治的潜在兴趣。我过去对美国宪政一直有所注意，80年代初读硕士研究生时，我给导师杨生茂教授写的第一篇读书报告就是《美国宪政史上的联邦法令废止权》（14年后，该文经大量修改后终于发表在《美国研究》2001年第2期）。1995年秋，根据自己在美国华盛顿的直接观感，为《读书》写了《在美国焚烧国旗是否合法？》（最近，日本东京大学出版社来信，告之他们将把该文编入日本的中文教材）。随后，在研究美国对少数族裔和妇女等弱势社会群体照顾性的"肯定性行动"计划时，更是涉及不少美国联邦最高法院的民权案子。

2000年新学年开始，我毅然放弃了在前述《对国际体制和国际制度的理解和翻译》一文基础上写作介绍美国"multilateralism"（多边体制论，也译多边主义）的计划，开始了自己在美国宪政史的探索和冒险。遗憾的是，比较美国汗牛充栋的宪政文献，有价值的中文著述实在是少得可怜。除王希书外，余下的似乎只有南京大学法学院张千帆教授的《西方宪政体系：美国宪法》。与王希书按历史进程来讨论美国宪政的"史论"不同，该书按美国宪政的主要问题，对美国宪法原则进行了法理的分析。另外，台湾学者朱瑞祥写过一本《美国联邦最高法院判例史程》，以一系列案例穿起了美国最高法院的演变。

还有两本翻译著作引起了我的注意，它们是柯特勒的《美国八大冤假错案》和Peter Irons的《为权益而战》。它们以讲故事的形式讲述了美国法治史上的冤假错案，和小人物为维护自己宪法权利进行的不屈不挠的斗争。这两本书，内容生动，评论犀利，非常精彩，在美国好评如云，的确反映出美国学者对本国宪政制度的批判精神和政府滥用司法权力的警觉态度。但是，当它们移植到中国的语境中就会出现误读的可能性，因为美国的一般读者对自己生活的法治环境有相当多的切身体验，也比较容易理解美国法治的"阴暗面"只是其完备法治的一小部分，但对于没有在美国生活体验的一般中国读者，这一"阴暗面"可能会被不自觉地放大成为美国宪政和法治的全部，而且，由于作者是美国知名学者，作品又是有影响的著作，因而就增加了这种印象的权威性。中国的批判家就可以振振有词地说："有必要强调美国宪政和法治的长处吗？美国人自己都说自己的法治问题成堆！"

这里的确向我们提出一个严肃的问题。我们的学者在挑选译介西方著作时，在突出我们的个人偏好时，一定要照顾到全面；在赞赏另类时，更应该突出主流。在人文学术中，有时新不一定比旧好，有时新可能还不如旧。在其名著《国际政治》（*Politics among Nations*）中，国际政治学权威摩根索开篇就指出："在政治理论中，新鲜突兀未必是优点，源远流长也未必是缺点。"不幸的是，中国学界似乎已形成了某种传统，译介近现代西方学术时较多地选择经典和主流，但译介当代作品时似乎更多地注意标新立异的枝干，而非源远流长的传统。在我看来，不同社会间的交往和交流应该跟人与人交往一样，尽量了解、借鉴甚至是学习对方的长处，取长补短，共同发展。过多纠缠于历史的纠葛和偶然的冲突，陷于某种受害者、胜利者或救世主的心态而不能自拔，绝非是一个伟大民族自谦、自信和自强的表现。这绝非无的放矢，看看在过去的几年里中美两国一些不负责任的媒体和学者对相互嘲弄、彼此揭短甚至是攻击谩骂的热衷，就可见一斑。

这一观察确定了我从事美国宪政史探讨的一个原则：作为这一研究领域的一个后来者，我要虚心地学习和阅读其他学者的著述；作为身处一个法制远非健全、人治常常代替法治社会中的观察家，我将努力寻求一个法制相对健全、宪法为其立国之本社会的法治精粹和宪政经验。在具体做法上，利用自己作为历史学者善于叙事、对细节敏感和对美国历史发展背景熟悉的优势来讲述美国宪政法治发展演变的故事。于是，我打算以"美国伟大的［国会］法律和［联邦最高法院］判决"为题分别讲述十大判决和十大法律的故事。

当我向远在美国的王希教授和我的老朋友陈伟提出这一设想时，得到了他们热情的赞扬，并建议我把判决和法律分开来作。由于判决的案例故事如此丰富多彩、惊心动魄，它自然成为我的首选。更为重要的是，老友陈伟与我不约而同地对美国最高法院的经典判决产生了兴趣，并在我之前开始在国内的《读书》《南风窗》和海外的《世界周刊》以及网上电子刊物《华夏文摘》和《国风》发表他的美国法律纵横谈。他的欣然加盟，大大提高了本书的可读性和思想性，缩短了与读者见面的时间。

本书的合作成为我们 20 多年友谊的小小高潮。我们是东北师范大学（长春）1978 级校友，我在历史系，他在政治系。1982 年初大学毕业前夕，我报考了中国社会科学院美国研究所，他报考了苏联东欧研究所，由此我们开始相识。我于当年如愿以偿，他却在赴京复试后马失前蹄，但我们一直保持着书信联系。1984 年他终于如愿以偿，成为苏东所外交与国际关系专业研究生。此后，我们有一段很愉快的交往，包括一起为国务院国际问题研究中心提供一份美苏关系的咨询报告，一起去采访原国民党驻印度远征军副总司令郑洞国将军，探讨美援对中美抗日同盟及其对中共、国民党、美国、苏联四角战略关系产生的重大影响。

1990 年前后，我们突然对中国参加朝鲜战争的高层决策过程产生了共同兴趣，从各种零星的材料中，非常吃力地试图弄清楚周恩来 1950 年 10 月 8 日赴苏联与斯大林讨论苏联空军援助和中国出兵的决策过程，弄清楚周恩来此行究竟是带着参战的决定还是没有？为此，陈伟采访了原中央书记处办公室主任、周恩来此行的翻译师哲和机要秘书、原中央办公厅副主任康一民，经师哲引荐，他还采访了当年周恩来的军事助理、原总参作战部副部长雷英夫。但是，由于缺少完整的第一手档案资料，除了弄清楚周恩来的行程之外，其他问题还是一锅粥。所以，我们的第一次合作研究，除了留下一批认真讨论的信件外，并没有成果发表。这一困扰冷战史学者的"世界性难题"，直到 1996 年俄罗斯方面档案公开，才最终水落石出。

陈兄后来赴美留学，就读乔治·华盛顿大学并获得电脑信息技术硕士学位，成为一位数据库高级技术主管。1992 年和 1994 年我两次赴美进修研究，都在华盛顿见到他。但 1998～2000 年间，我们的联系一度中断。1999 年秋～2000 年春，我在霍普金斯大学高级国际问题研究院做了一个学期的高级访问学者，太太和女儿同行，住在华盛顿远郊。到 2000 年秋，我们恢复联系后，这才发现我们当时近在咫尺，住在同一个社区，我女儿琬洁和他女儿陈晨居然还在同一所小学上学。更令人不可思议的是，陈晨竟然曾无意中为琬洁当过英语翻译。那时，可怜的琬洁一句英文不懂，做数学作业时，像国内一样把答案直接写在了书上，老师比画了半天，她也不明白。老师只好请来高年级的陈晨，用中文向琬洁解释说，不要把答案直接做在书上，因为美国的教科书归学校所有,要传给下届学生。这虽然是戏剧性的巧合,但我宁愿把它看作是一种神秘的力量要我们的友谊延续到两个孩子身上。

陈兄不仅及时完成了他所承担的案例(就这一点,我就要深深地感谢他,因为他是在极其繁忙的工作之余,牺牲自己的休息时间完成这些写作的),而且审读了全部文稿,提出了极为宝贵的修订意见,同时他还对大到全书的整体构思、案例的选择,小到书名的确定、脚注的核对都作出了不可缺少的贡献。比如,他对我最初提出的"伟大判决"很不以为然,因为"斯科特案"可以说是美国最高法院"最糟糕"的判决之一。这提醒我在案例的选择上,不能仅仅着眼于"伟大",而且要注意到"恶劣"。最高法院的大法官绝非不食人间烟火的圣人,他们也像凡人一样会犯错误,而且因为特定的地位,还有可能犯大错误。

为了书中某个术语的翻译、某个概念的表述、某个段落的安排、某个引文的核对,陈兄在过去一年中给我打来了十几个周末越洋电话,我们常常一谈就是几个小时,直到电话卡用完为止。更不要说相互间的上百份电子邮件,无数次的稿件传送。由于文字处理系统的差异,我们在文稿修订方面费尽心机。他的认真态度实在是难能可贵。

同样,山东大学历史文化学院的白雪峰博士也给我友好的帮助。2001年初夏,我参加了白雪峰的博士论文《沃伦法院研究》的答辩。这可能是国内第一篇以宪政史为题的美国史博士论文,写得相当扎实。白雪峰对沃伦法院处理的一些著名的公民自由和权利的案件很有研究,在此基础上,他为本书贡献了三个精彩的案例故事。

这样一本小书还得到了两位资深美国宪政史学者的支持。2001年7月,我和国内15位学者一起参加了夏威夷大学东西方中心(East-West Center)、北京大学主办的"讲述美国和中国"讨论班。讨论班上,我结识了旧金山市立学院(City College of San Francisco)社会科学教授、美国宪政史专家伍淑明(Laurene Wu McClain)女士,向她请教了有些不易在书本上获得的美国司法程序和地方法院的知识。作为华裔教授,我很希望她能够为我的项目撰写一篇有关华人的案件,2002年初她寄来《从受害者到胜利者》。接着,我希望她能再写一篇二战中日裔美国人受迫害的案子,她再次欣然同意,不过不是由她亲自来写,而是请她的丈夫、加利福尼亚大学伯克利校区法学院法治史教授 Charles J. McClain 来撰写。查尔斯教授还是该法学院法学和社会政策项目副主席(Vice Chairman, Jurisprudence and Social

Policy Program），研究少数族裔宪法权利的专家。

中华美国学会会长、中国社会科学院美国研究所所长王缉思教授忙里偷闲，阅读了部分书稿，并针对书稿的若干不足提了意见，写出一篇精彩序言。他在文中对美国宪法宗教背景和自然权利观念的精辟分析，对书名中"宪政"一词的题解，使全书大为增色。至于序言中"不识抬举"的戏言，也体现出作者特有的谦虚和幽默。

这一项目设计的初期，王希教授提出了非常专业的意见。美国南伊利诺伊大学历史系教授、2000～2001 年度在南京大学任教的富布莱特学者 Sam Pearson，对我所选择的案例提出过意见和建议。在此，表示我深深的谢意。

我还要特别感谢现任美国杜鲁门总统图书馆馆长的 Michael Devine 博士。虽然他与这个项目没有任何直接的联系，但是，1998～1999 年度他在中美文化研究中心任教期间我们之间进行的无数次长谈交流，不仅让我分享了他对美国政治、外交、社会等各种问题的深刻见解，而且促使我重新认识象牙塔内学院派历史学家（academic historian）的社会责任。作为 1999～2000 年度美国公共历史学家组织的主席，他给我讲述他是如何从一个只为同行而写作的学院派外交史学者，转变为一个以服务公众为己任的公共历史学者（public historian）的个人经历。他讲故事的天才提醒我时刻不要忘记，只有生动的故事才会有鲜活的历史，才会吸引你的读者。

2002 年 4 月，在书稿的第二稿完成后，我有机会陪同 20 多位美国国会两院议员在上海、南京和北京考察交流一个星期。这些议员有一半是律师出身，与他们的交流使我受益匪浅，让我对美国的法治文化有了进一步的体验。曾经担任过德克萨斯最高法院法官的众议员 Lloyd Doggett，还和伍淑明教授一起为我写推荐信，帮我争取到福特基金会北京办事处的小额资助，使我能够在 2002 年夏去夏威夷东西方中心客座研究四个星期，利用夏威夷大学的资料，借机对书稿进行最后的修改定稿。因此，我要感谢这些给予我帮助的机构和个人。

贵州人民出版社编辑程亦赤先生曾经对这一选题很感兴趣，并从出版的角度提出了一些有益的意见。遗憾的是，我根本无法在他所希望的时间表内完成编写工作。中国法制出版社社长祝立明先生对项目鼓励有加，促成本书的及时面世。对这两位编辑朋友，我非常感谢。

最后，我要感谢我的妻子吴耘和女儿琬洁。我把应该陪伴她们的几个寒暑假和许多其他休息时间都用来写作和修改书稿。她们对我的工作表示了充分理解，毫无怨言，一如既往。吴耘还以她理解英文的卓越能力，帮助我弄清楚一些最高法院判决中复杂的句式及其含义。

在现代学术体制中，这个既没有正式"立项"亦无任何机构直接"资助"的项目，实在是微不足道。但敝帚自珍，想到它得到这么多海内外老友新朋的慷慨相助时，每每令我感动不已。朋友们的热情和友情，写作和编辑本身所具有的挑战性，以及这些故事所蕴藏的无限勇气、丰富哲理和超凡智慧，使这项工作成为我从未经历过的一次精神旅行，愉快无比，也使同期一些复杂繁琐的学术体制给我带来的种种不愉快，统统消失得无影无踪。

在这一小项目即将完成之际，国家教育部将我申报的"联邦最高法院与美国法治的历史实践"列为教育部资助项目。这样，这本书最终还是没有逃脱现代学术体制的束缚，而成为资助项目的前期工作和阶段成果。

我真心希望，新的项目能够像这个"没有名分的项目"一样，带领我进行一次新的、更为愉快的精神旅行。

（任东来、陈伟、白雪峰等：《美国宪政历程：影响美国的25个司法大案》，中国法制出版社，2004）

（原载《学术界》2003年4期）

《在宪政舞台上》前言

一

在现代世界中，几乎没有哪一个国家的政治精英不在强调法治的重要，强调政府应该是在法律之下，而不能超越法律。为此，除了英国、以色列和新西兰外，世界上所有的主权国家都有一份大同小异的成文宪法，规定了政府的权限范围，同时也列举了民众的基本权利与自由。但是，在这些宪法之下，绝大多数国家的法治状况依然差强人意。国家的公权是如此的强大，个体的权利却微不足道，官员常常可以用"公意"或"国家安全"这类冠冕堂皇的借口，来损害和践踏民众的自由和权利。对这些民众而言，法治依然是一个可望而不可即的理想。由于无法通过合法的途径来伸张正义，维护权利，绝望的民众或者寄希望天上的"救世主"，或者求助于江湖的"绿林好汉"，或者孤注一掷，拼一个鱼死网破，"杀一个够本，杀两个还赚一个"。结果，专制、腐败、动荡、混乱，成为一些国家挥之不去的幽灵。

这些国家的历史教训说明，光有一份漂亮的成文宪法并不足以保证一个国家的长治久安。如果与现代以来相对发达稳定的国家相对照，或许可以发现，法治国家的另一个条件是还要有一个独立司法机构，它能够把宪法上对公权的限制与对私权的保护落实到生活的实处。宪法与独立的司法可以说是通向现代法治国的不可缺少的两翼。因此，在寻求现代的法治之路的时候，不仅要关注宪法的起草与制定，同样也要注意独立司法的建立与建设。

制定一部可以运作的宪法固然不易，建立一个独立的司法机构更难。它不仅需要有足够的宪法授权，还需要有能够权衡利弊、注重根本价值而非眼前利益的法律智慧，最根本的还是，它依法作出的裁定甚至是对宪法的诠释，不仅能够为诉讼的胜利者所欢迎，同样也能够让失败者所接受，不论失败者是个体、法人，还是政府。对任何一个现代法治国家而言，要达到这样一种法治境界，都是一个漫长的渐进过程。

在现代法治国当中，英美两国无疑是资格最老的国家。英国是一个没有成文宪法，但却有宪政制度（constitutionalism）的法治国家。如果从构成英国不成文宪法核心的《大宪章》（1215年）算起，英国的法治历程已有791年的历史；如果从美国立国真经（creed）之一《五月花号公约》（1620年）算起，美国的法治历程也有386年的历史。从英美的法治历程来看，尽管决定法律的根本力量是政治，甚至是政治最极端的形式——武装冲突和战争，但是，在和平时期，在既有的法律框架之内，逐渐独立、强大起来的司法机构的确也通过其对法律的创造性解释，将法律的平等保护对象逐渐扩大到一些弱势群体，并用宪法的精神来约束政府权力的滥用和过度扩张。相对于议会至上的英国而言，三权分立制的美国这一点更为明确。

170多年前，法国贵族政治家托克维尔考察美国时，对美国最高法院的权威留下了深刻印象。在《民主在美国》（旧译《美国的民主》）中，托克维尔感叹道：世界上"其他任何国家从来都没有创制出如此强大的司法权。联邦的安定、繁荣和生存本身，全系于七位联邦法官之手。没有他们，宪法只是一纸空文。行政权也依靠他们去抵制立法机构的侵犯，而立法权则依靠他们使自己不受行政权的进攻。联邦依靠他们使各州服从，而各州则依靠他们抵制联邦的过分要求。公共利益依靠他们去抵制私人利益，而私人利益则依靠他们去抵制公共利益。保守派依靠他们去抵制民主派的放纵，民主派则依靠他们去抵制保守派的顽固"。

如果考虑到托克维尔来自一个官僚治国的中央集权制国家，他的感叹也就不难理解了。这个司法权的强大可以从两个方面来理解：其一，其管辖的范围异常广泛，正如托克维尔所注意到的那样，在美国，几乎所有的政治问题或迟或早都会转变成司法问题；其二，其管辖的性质涉及政府立法与行政行为的废存，也就是行使为法律人津津乐道的司法审查权：通过对宪法的最终解释，联邦法院能够裁定包括国会在内的各级立法部门通过的法律、包括总统在内各级行政当局的政策行为是否合乎美国宪法的条文和要义，有权判定违宪的法律和政策无效。

实际上，托克维尔考察美国时，虽然最高法院否决各州法律的判决已经不少，但否决国会立法却只有一次，而且还只是1789年《司法法》中并不重要的第十三条，也就是1803年"马伯里诉麦迪逊"中涉及的最高法院初审管辖权的相关条款。与20世纪30年代,最高法院刀砍斧削政府规制经济立法,五六十年代大刀阔斧扩大和维护公民权利,挑战各级政府立法的"司法能动"相比,可谓小巫见大巫。因此,他的观察实际上更适合20世纪。而且,如果他对美国的考察,不是在19世纪30年代,而是在1857年"斯科特案"之后,托克维尔的看法或许不会以如此的口气肯定最高法院的权威和作用。

"斯科特案"裁定美国黑人不是公民,限制奴隶制向南方以外地区扩张的国会立法《密苏里妥协案》违宪,由此激化了美国南北双方固有的矛盾,加速了内战的到来。"斯科特案"固然是美国最高法院的一大败笔和难以洗去的污点,不过,如果把板子全部打在最高法院大法官身上,也有欠公平。"斯科特案"与其说是大法官们的失败,不如说是美国宪法制定者的一个失败。在建立一个自由的共和政体的同时,他们试图保留罪恶的奴隶制。为了建立一个统一的联邦,他们将一时无法解决的奴隶制问题推给了后人。大法官的错误就在于,他们试图解决一个超出其司法能力的政治问题。历史的嘲讽在于,他们之所以做样做,也是因为他们在此之前获得了司法治国的巨大成就,一时忘乎所以。由此看来,司法权依然受制于时代的政治主流。这一点托克维尔也注意到了。紧接着上面那段话,他补充说:大法官的"权力是巨大的,但这是受到舆论支持的权力。只要人民同意服从法律,他们就力大无穷;而如果人民忽视法律,他们就无能为力"。

二

正是因为法律与政治、社会舆论之间斩不断、理还乱的复杂关系,美国伟大的大法官霍姆斯称:"法律就像魔镜,反映的不仅是我们的生活,而且是曾经存在过的所有人的生活!每当我想到这一宏伟的主题,我都难以自制。"

如果说法律像魔镜,那么专门司法的法院就是像魔镜所反映的一个舞台,作为被告和原告的个人、法人或政府以及为他们辩护的律师,断案的陪审团或法官,相互作用,共同上演着一出出光怪陆离、千姿百态、有声有色的社会戏剧。这些戏剧是社会的缩影,展现着人类寻求自由、权利、平等、秩序、稳定、繁荣、发展和公正这些基本价值的不懈努力。这个舞台有些是州法院,有些是联邦地方法院和上诉法院,还有就是联邦最高法院。我们无法观看所有舞台上的所有戏剧，只能选择个别舞台上最有影响的戏剧。它通常是在最高法院上演，内容涉及的往往是联邦与州政府之间的较劲、民主与市场的比拼、公权与私权的对垒、权利与权力的冲突、价值与价值的龃龉，这些可以说是人类社会永远存在的、难作取舍的困境；它的演员们总在寻求美国宪法——他们心目中世俗的圣经——赋予的保护和权利，而他们又不得不听命于宪法的代言人大法官代传甚至是假传的"圣旨"。正是出于这样的考虑，美国最高法院进入了作者的视野。

一部美国最高法院的司法史，从法院外部可以理解为，以大法官为一方，以舆论、民意以及自称民意代言人的选举官员为另一方，就何为美国根本价值以及如何平衡这些根本价值与当前利益而进行的争吵不休的博弈和谈判；从法院内部可以理解为，现任大法官之间以及他们与前辈大法官之间，就何谓宪法以及不变的宪法条文如何适应变化的现实世界永无休止的对话、辩论和争执的过程。

从外部和内部这两个视角出发，《在宪政的舞台上：美国最高法院的历史轨迹》试图对美国联邦最高法院的确立和发展作一较为系统和有重点的叙述。之所以选择宪政作为贯穿始终的主题，既是因为联邦最高法院基本上是一个宪法法院，这个特征进入20世纪以后愈加突出，更是因为宪政构成了现代法治国的奠基石。此外，采取历史的而非专题的叙述模式，一方面固然是作者的学术训练使然，同样也是出于历史与宪政之间难舍难分的内在联系。

作为社会与政府相互控制、过去与现在交流对话的法理基础和政治框架，宪政对历史发展的影响绝不亚于历史发展对它的影响。离开了美国历史，宪政就难以理解；离开宪政，也不会有今天的美国历史。历史之于宪政，犹如牛奶之于奶酪。正像奶酪浓缩了牛奶的精华，且别有风味一样，宪政折射了历史，且突出了人类的进步与无奈、精彩与荒诞。

《在宪政的舞台上：美国最高法院的历史轨迹》与先前出版的《美国宪政历程：影响美国的25个司法大案》可谓姊妹篇，也是作者计划写作的美国宪政三部曲的第二部。与《美国宪政历程》中"以案说法"的案例故事（case story）不同，《在宪政的舞台上》则是从机构看法治演变的制度故事（institution story）。当然不仅仅是它作为一个制度和机构的历史，更是它作为宪政世界舞台的历史。在这里，背景是美国二百多年的迅猛发展，主角是号称正义化身的大法官，内容是不断被诠释的宪法条文，主题是最高法院本身制度的演进和完善，重点则是它的杀手锏——司法审查。

三

在写作上，本书作者试图继续《美国宪政历程》的风格，在保证内容的准确性和科学性基础上，尽可能突出可读性和故事性。不过，两书的写作背景有着重要的不同：《美国宪政历程》是没有名分的项目，基本上是我和合作者陈伟等人凭兴趣的随心之作，有很大的"法律票友"自娱自乐的成分；而《在宪法的舞台上》则是一个正规科研项目，一个拿到国家教育部资助的所谓"省部级项目"。虽然这一项目的提出本身出自学术研究兴趣，但是，其研究和写作过程无不渗透着"赶工、交差"的因素。

在当前"项目就是一切"的大学学术研究氛围中，项目驱动的研究日益代替兴趣驱动的探究。在大多数情况下，如果搞不到资助，学者只好放弃自己兴趣导向的课题；同时，为了搞到项目，他们往往又不得不牺牲自己的学术兴趣，削足适履，去迎合资助者主观设计的"项目指南"。这样，资助者控制（或者用邓正来先生自创的那个词"宰制"）了学术研究的主流和基本方向，一般学者自然也就成为国家社会科学大厦建设生产线上的"计件工"。虽然只是低级的计件工，但因为工作岗位有限，而学术研究大军却不断招兵买马，申请者依然是趋之若鹜。

毕竟，拿到了项目就意味着有了财政资助。要知道，在研究型大学中，一个学者的地位与声望，往往不是根据他的研究质量，而是根据他手头项目的多寡和资助额度的强弱度来判定。在这种企业化了的大学氛围中，没有项目的学者，不仅自惭形秽，而且日子也过得紧巴巴。没有项目资助，就意味着买书复印、邮寄资料、开会出差、请同仁喝茶吃饭等学术活动开销，都要自掏腰包。

正是出于这种职业和经济上的考虑，在初步完成《美国宪政历程》的写作后，我也不得不跻身于"学术计件工"岗位的申请人行列，设计了"联邦最高法院与美国法治的历史实践"课题，开始了漫长而又艰难的"求职"过程。按理说，这个题目虽尚不能与国际"接轨"，但毕竟国内尚没有人系统研究过；从我的学历（1988年的博士）、职称（教授）和成果（四十余篇核心刊物论文）等个人条件来看，多少也有些竞争力，因此，自以为还是很有希望获得资助的。但是，申请结果却令我大失所望。先是申请国家社科基金，未果；退而求其次，申请江苏省的社科资助，还是败北；最后申请学校的项目资助，依然是铩羽而归。

屡战屡败的结果大大打击了我的自信心。难道课题的设计出了问题？应该说不会的，在这方面我还是相当有经验的，绝不会比其他学者更差。想当年，20世纪90年代游学海外时，我用英文设计的外交史课题，在对各国学者平等开放的"国际项目"申请竞争中，曾经先后得到过全美社会科学理事会、挪威诺贝尔研究所、美国威尔逊国际学者中心等著名学术机构的资助，为此，还自不量力地专门给研究生讲过基金申请书设计的方式方法。随便说一句，国际上的这些资助与国内的项目资助不同，它们实际上是替代和补充申请人工资收入的一种研究金（fellowship），让获得者能够摆脱身边的日常工作半年或一年，专心致力于学术研究。而且，这些资助的申请从不需要什么申请手续费；不论申请成功与否，都会非常礼貌地正式告知。相比之下，国内的项目申请，不管哪一级，都征收数额不菲的手续费。虽然收费不菲，但却从来不直接正式函告申请者本人最后的评审结果，缺少对申请者起码的尊重和理解。这种征收手续费的做法是否合法，是否是规范的行政事业收费，大有令人怀疑的余地。因为相关社科基金下拨时，应该已经包括了基金的管理和运作费用。由于国内大部分申请人多是用旧课题的结余来支付手续费，他们这些人对这笔支出也就无所谓了。而对我们这些没有项目的人，就只能自掏腰包了。这多少会打击这部分人申请项目的积极性。仅就这一点而言，手续费的收取从一开始就造成了不公平的竞争势态。

言归正传，再回到我心爱的最高法院课题。我虽非意志顽强之人，但是，在这个项目上，我居然冒出了屡败屡战的傻气，寻求最后一个资助来源：教育部2002年社科项目。由于有前三次失败的阴影，这次也没有抱多大的希望，但是，歪打正着，这次居然获得几万元的资助，当时真有一种范进中举的感觉。后来，与同病相怜的同事谈及，发现他们这几位没有学术团队支撑的"散兵游勇"，当年也获得资助。显然，这里不仅仅是个人的运气，而是有些共性的东西。原来，从这年开始，教育部的课题申请有了很重要的制度创新，不再设课题指南，而采取"海报"（借用中国乡村基层选举中"海选"说法）的形式；采用随机抽取的匿名专家通讯评审；给予课题设计书本身而非学术团队更多的尊重，等等。现在想起来，我此前的三连败很大程度上是"自杀"：既没有接受课题指南的"引导"，又缺少起码的学术团队，哪怕是一种拉郎配的草台班子。

记得当时教育部要求，一般课题三年内完成。作为一部学术著作的写作，三年的时间远非充裕。2003年，我利用"非典"带来的难得清闲，完成了书稿的前三章。但是，随后的一系列额外工作，包括译校麦克罗斯基的《美国最高法院》、编辑个人文集《政治世界探微》，占用了教学以外的大部分时间，使我无暇全力专注于课题的研究。2005年8月，我获得了中美政府间的富布莱特项目的资助，以研究学者的身份前往美国艾奥瓦州德雷克大学法学院宪法中心研修，使我有机会修改并完成文稿。

在这个项目启动时，我曾经邀请我的老友、《美国宪政历程》的合作者陈伟加盟。可是，他婉言谢绝，因其兴趣已转移，打算"改行"研究国共战史。虽然拒绝再上"贼船"，但是，陈伟还是为我提供了一些研究所需要的资料，比如我手头经常用来核对资料的绝佳工具书《牛津美国最高法院研究必备》（The Oxford Companion to the Supreme Court of the United States），就是他花费心思从旧书市场淘出，再托朋友"不远万里带到中国"。此外，他审读了我最早的部分初稿，针对我过多依赖《美国宪政历程》资料以及内容重复的问题，提出了诚恳的批评意见。《美国宪政历程》的另一位作者、山东大学历史文化学院副教授白雪峰博士，再次加盟，负责撰写1950至1960年代沃伦法院的精彩篇章。我的学生、年轻的学术伙伴胡晓进博士候选人，也为全书贡献了三章初稿。他在文稿中所体现出来的聪颖和勤奋，再次显示了其作为学者的优秀潜质。

当我写下这些文字时，我和我的家人正生活在一个只有7000人的美国小镇——格林奈尔（Grinnell）。小镇宁静平和，虽然缺少陶渊明笔下"桃花源"的美景美境，但却有着"夜不闭户、路不拾遗"的淳朴古风。这个小镇最大的产业就是国人很少知道的格林奈尔学院（Grinnell College），一个只有1500名学生却有高达14亿美元信托基金的全美最富有的文理学院（Liberal Arts College）。在这个学院，我的太太吴耘给三个不同的年级、五十余名学生讲授汉语。我的女儿琬洁，一个14岁的中国初二学生，在古林高中却选修高二的数学，显示了中国教育体制下题海战术所训练出的出色的数学成绩。遗憾的是，在批判性思考方面，她却缺少一些美国孩子那样的勇气和想象力。与他们在一起，不仅使我免于在海外的思乡之苦，尽享家庭的天伦之乐，而且，也让我更好地体会到美国最高法院大法官卡多佐的一句名言："充实的生活体现在人生的方方面面。"

（任东来、胡晓进等：《在宪政舞台上：美国最高法院的历史轨迹》，中国法制出版社，2007）

尊重学术　敬重学者

——写在《美国史研究与学术创新》面世之际

2003年5月13日，将是武汉大学刘绪贻教授九十华诞。刘绪贻先生是我国当代著名历史学家、老一辈社会学家。改革开放以来，先生老当益壮，在中国美国史研究的学科规划、队伍组织、人才培养、著书立说、翻译介绍等诸方面，贡献彰著，德高望重。为此，吾等联络学界同道友好，组编《美国史研究与学术创新——刘绪贻教授九十华诞祝贺集》，以表达我们对刘先生的由衷祝贺之忱。

一

在我们看来，编辑和出版学术文集是对学者学术生涯的一种最好的纪念方式。古今中外，大都如此。以我们所熟知的美国的史学界为例，每当一个著名的历史学家到了一定的年龄（如70岁、80岁等）或从终身教职主动退休时，往往都会有其学生或同道编辑出版一册学术水平很高的专题性文集，既表达对该学者学术成就的承认和敬重，也表示同仁们的学术情谊与合作精神。反观我国史学界，虽说也曾为少数前辈学者出过类似的学术专集，但无论是数量还是质量，都还远远不能尽如人意。以我国美国史研究界为例，尽管老中青学者人才济济，但这一方面的工作似乎还没有很好地开展起来。迄今为止，只有南开大学美国史研究室编辑过《美国历史问题新探——杨生茂教授八十寿辰纪念论文集》（中国社会科学出版社，1996）。本来，在学术传统上，国人一向尊师重教，讲究师道尊严，可惜这种好的做法后来却逐渐式微了。近些年来，情况虽有所好转，但还远远不够。如何从学术界自身开始、然后扩而大之到全社会都真正养成尊重学术、尊重学者的环境和风气，依然任重道远。如今我们之组编《美国史研究与学术创新——刘绪贻教授九十华诞祝贺集》一书，也是希望在这一方面有所贡献，具体而细微地推进此一工作。

与国外学者通常比较重视学者文集不同，我国的学术界和出版界似乎对单卷本或多卷本的"专著"更加重视，而对于学术文集（无论个人文集还是多人专题文集）大都有一些抵拒心理甚至是排斥的态度，所以后者的编辑与出版往往面临更多的难处。事实上，一些高水平的学术文集由于议题集中、主题明确、"水分"较少，反而可能比大部分所谓的"专著"更有学术价值。某些以较长时段为选择范围，从众多专家的学术论文中精心选择出来的学术论文合集，可以说在相当大程度上代表了某一领域甚至是某一学科的前沿水平和发展方向。我们希望通过本书的编辑与出版，能够向学术界和出版界证明：高水准的学术文集有着确凿无疑的存在价值、出版价值与购藏价值。

从1980年起，中国美国史研究会曾编辑过四种美国史论文集（分别由三联书店、东方出版社、中国社会科学出版社出版），但它们基本上是研究会年会的论文专集，在时间跨度、主题综合性和研究深度上均受到一定的局限。1984年，天津人民出版社曾出版过杨生茂先生、林静芬先生选编的《美国史论文选（1949~1979）》，这是到目前为止仅有的一种长时间跨度、综合性的美国史论文选集，它为同行和读者提供了很大的阅读便利。可惜，类似的选本以后却再也没有编辑出版过。

自20世纪70年代末中国改革开放与中美关系正常化以来，中国的美国史研究，不论是作为世界史研究的一部分还是作为美国研究的分支，都率先进入学科重建、科际整合、学术创新的新时期，其长足进步和迅速发展与黄绍湘、杨生茂、刘绪贻、刘祚昌、罗荣渠、汪熙、丁则民、邓蜀生等老一辈美国研究专家的身体力行及其卓越成就密不可分。尽管像其他一些基础性学科一样，美国史的教学和研究在今天依然面临着不少突出问题与严峻挑战，但二十多年来，无论是人才培养、学术交流还是成果发表、学术讨论，美国史研究所取得的显著进步和巨大业绩都是有目共睹、世所公认的。特别是在以论文为主要载体的学术创新研究方面，无论是研究领域的深度广度、文献资料发掘运用，还是研究课题的学术取向、研究方法的探索尝试，与过去相比，都已经发生了深刻变化。本书从学术论文这个基本的成果层面反映了改革开放以来中国美国史研究的最新发展，就此意义而言，也可以说是上述《美国史论文选（1949~1979）》的姊妹篇。

就私愿而言，我们不仅希望本书是老中青三代同仁奉献给刘绪贻先生九十岁生日的"学术蛋糕",而且也希望本书能成为系统反映有关我国美国史创新性学术成果的一个窗口,还希望它能成为便利广大读者了解美国、理解美国,进而推进美国史研究与学术创新的一个理想读本。

二

刘绪贻先生是我们一向敬重的学界前辈,特别是他勇于追求学术真理、敢于学术创新、热心学术公益、不断开拓进取的学人精神,在学界内外,有口皆碑。《美国史研究与学术创新——刘绪贻教授九十华诞祝贺集》的编辑与出版,不仅是为了向刘先生九十华诞献上一份"学术蛋糕",而且也是为了表彰和光大刘先生的道德文章及其学人精神。

在这里,我们要真诚感谢本书各位作者的热情支持与通力合作,特别要感谢同样是美国史研究前辈学者的南开大学教授杨生茂先生、山东师范大学教授刘祚昌先生、复旦大学教授汪熙先生、人民出版社编审邓蜀生先生等,慷慨为本书赐稿。已故北大教授罗荣渠先生生前为刘绪贻先生志同道合的友人,征得周颖如女士同意,将罗先生大作《论美国史与中美关系史研究》收入本书。

本书之能够顺利出版,要特别感谢中国法制出版社和该社社长祝立明先生。在学术著作出版依然艰难如故的今天,要不是祝先生鼎力支持,那么,本书的出版可能还会面临更多的困难。对于立明先生热心学术、关怀学术的大度情怀,我们深表钦佩!

受编者之托,北京师范大学历史系美国史研究生于展、苏麓垒、张灵灵、李秀英、孙洁琼、胡群英、兰教材,曾协助阅读本书清样,贡献良多,谨此一并说明并致谢。

作为编者,我们虽然已付诸最大努力,但因时间仓促,且学术视界与能力有限,加之篇幅限制等技术原因,故本书难免沧海遗珠之憾,特此说明,并请读者朋友见谅。在本书即将付梓之际,作为学界晚辈,我们谨向刘绪贻先生再次表达由衷的贺忱与敬意!

(黄安年、任东来、杨玉圣主编《美国史研究与学术创新——刘绪贻教授九十华诞祝贺集》,中国法制出版社,2003)

(与黄安年、杨玉圣合作,原载《学术界》2003年第3期)

《政治和命运》中译本絮语

一

《政治和命运》（*Politics and Fate*）一书的作者是安德鲁·甘布尔（Andrw Gamble）。他是英国的著名学者，现为谢菲尔德大学（The University of Sheffield）政治学教授和该校政治经济学研究中心（The Political Economy Research Centre）主任。甘布尔教授的主要研究领域是政治学理论和当代英国政治，他先后撰写过十余种学术著作，比较有名的有：《当代社会和政治思潮》（*Introduction to Modern Social and Political Thought*，1981）、《自由经济和强大政府：撒切尔主义的政治学》（*The Free Economy and the Strong State: The Politics of Thatcherism*，1994）、《海耶克：自由的铁笼》（*Hayek: The Iron Cage of Liberty*，1996）。此外，他还和其他学者一起编辑过10余种学术著作，比如《马克思主义与社会科学》（*Marxism and Social Science*，1999）、《撒切尔的法律》（*Thatcher's Law*，1989）、《英国的政党制度和经济政策》（*The British Party System and Economic Policy, 1945–1983: Studies in Adversary Politics*，1990），等等。

《政治和命运》一书是他最新的一本著作，作为《21世纪主题》（Themes for the 21st Century）丛书之一，在2000年由政治出版社（Polity Press）出版。这本著作实际上是一个有影响的政治学家为非政治学者但关心政治和人类命运的知识分子读者所撰写的普及性著作。

政治一向被认为是人类控制其命运的一种活动。但是，20世纪极权主义（totalitarianism）政治给人类所带来的巨大灾难，以及所谓自由民主制（liberal democracy）在处理人类社会和自然环境方面所表现出来的无能为力和自私自利，使人们开始怀疑政治，甚至鄙视政治，一些解构主义者和后现代信奉者甚至提出要消解和消灭政治，政治终结的论调随着历史终结论的出现而甚嚣尘上，并且进一步扩展为民族国家的终结、权威的终结和公共领域的终结，一时间，国际学术界形成了被作者称为终结论（endism）的强大思潮。

终结论者对人类能否控制自己的命运充满了怀疑，对人类的前途也深感悲观。他们的一个基本看法是：全球化和现代技术发展必然释放出种种非人力量（impersonal forces），这些力量所创造出来的现代社会实际上是一个束缚人类进一步发展和创造的铁笼子。这个社会既是反政治的（anti-political），也是非政治的（unpolitical），它没有希望，也缺少能够做出其他选择所需要的手段，因此，它也没有前途。这种彻底的悲观主义情绪反映了人们对20世纪自由主义和社会主义乌托邦理想的破灭，以及对近代以来占思想界主导地位的以理性和进步观念为核心的启蒙主义甚至是现代性本身的深深失望。

面对这些世纪末的悲观论调，甘布尔重新举起启蒙主义的旗帜，剖析并批驳了各种终结论的理论前提和历史论据，用逻辑和历史的方法，阐述了政治的必要性和可能性，强调政治的形式可能改变，但政治的本质——作为人类社会命运主宰——却不会改变。虽然政治和人类命运之间存在着无法消除的张力，但是，人类应该也有可能控制它所创造出来的种种力量。甘布尔似乎相信，人类的命运并不是由非人力量所决定，而是由人类自己创造出来的政治所决定。至于这种政治能否实现人类的目标，则取决于人类能否从过去的成败荣辱中汲取经验。

二

政治作为一门学术，在西方一般都是追溯到古希腊的哲人亚里士多德那里。他在其传世名著《政治学》中对政治的定义——"人是政治的动物"——至今仍被人们广为接受，现今林林总总的政治定义不过是亚里士多德定义的扩充和深化而已。这一定义的重要性就在于政治是界定人类和非人类的一个标识。由此可见，政治在人类社会组织和生活中的重要性。

人类的形成和发展几乎与政治难舍难分。在人类的早期，因为自然环境的残酷，个体如果不与群体合作便无法生存，于是就有了群体合作，有了氏族社会，有了公共空间，有了公共权力以管理公与私的关系，也就有了政治最重要的含义——权力。有了不同的氏族，人类不仅面临来自自然的挑战，而且还有来自同类的挑战。为了争夺有限的生存资源，人类之间就出现了仇杀，于是就有了"我们"和"他们"的身份确定，"我们"可能从氏族发展为部落及部落联盟，最后成为国家。他们也可能遵循同样的途径成为另一个国家，于是政治便有了另一种含义——确定和建构身份。国家只是个人最后的身份，而在国家内部，因出身、血缘、地域、职业和地位不同有着不同的人群，而有限的公共资源不可能得到平等均分，即便是弱肉强食，也还是需要某种秩序，于是，政治便有了第三种含义——秩序的政治。

虽然这三种具体的政治概念是甘布尔提出的，但它的历史解说却是我这个历史学者加上去的。谈论这三种具体政治时，甘布尔用的是 the political（政治衍生物，政治要素），它们在一起构成了 politics（政治）。这样细微的差别有时在中文中很难转译出来，只好一股脑地翻译为"政治"。

narratives（叙事、叙述）也是作者常用的一个概念，并且进一步发展为 meta-narratives, grand narratives, historical narratives。我只好根据上下文把它们分别译为元或根本叙事、宏大叙事和历史叙事。为什么一些后现代作者喜欢用"叙事"这一概念，来代替传统的"历史"这一类似的概念呢？我想，关键可能在于他们想颠覆历史这一概念中的客观性和真实性，而叙事则可以是完全主观的，因叙事者的不同而异，没有多少甚至可能根本没有什么客观性和真实性可言。

甘布尔把 20 世纪后期学界各种大谈特谈历史终结、政治终结、意识形态终结的思潮和论调称之为 endism，考虑到这些作者大都是后现代的信奉者，也就是那些最讨厌各种"主义"的人，故用"终结论"来译之。与此相关的便是 postmodernism 和 post-modernity。显然，把没有信仰、抛弃历史、拒绝政治、无所谓未来的这些后现代观念概括并称为"后现代主义"是非常不恰当的，因为这些观念容不得任何信仰和政治，遑论主义。所以只好简单地用后现代［状态］和后现代特性来意译。而 postmodernist 也就只好称之为后现代分子或后现代信奉者。

Accountability 是一个越来越被广泛使用的政治概念，甘布尔的著述也不例外。中文世界一般把它译为问责制。其含义大概可以从两个方面来理解：一是掌权者，不论是民选官员，还是任命官员（公务员、官僚、行政人员或文官）都有义务回应公民（选民、公众）的要求和质问；二是公众，不论是公民还是社会群体，都有权利通过一定的途径获得各种必要的信息。

除了一些常用的政治概念外，作者还自造了一些词。比如 hyperglobalist，它是指那些极度热衷于全球化的那些人，因此译为"全球化热衷分子"。扩展型国家（extended state）是甘布尔常用的另一个概念，主要是指由于社会福利等一系列社会责任的扩大而造成的国家权力和政府机构的不断扩大。

另外，在自由派（liberals）这一概念外，作者还用了 libertarians 这一表述。它在哲学上是指自由意志论者，但在政治学上，通常是指一味强调个人权利和自由，认为民众应该对其思想和行动有充分的自由，反对受制于政府的权威，这里只好译为"极端自由派"。

在最近政治学的著述中，从政府（government）到治理（governance）的转变已经成为一个值得注意的现象。甘布尔在本书中对此也有不少的论述。本来，治理的概念来自企业的管理，它在政治学上的广泛应用可能反映了这一现实，即在全球化的时代，社会中的网络结构发展迅猛，传统金字塔式的政府管理已不再适用于新的现实，而且，政府的管理日益受到全球化的冲击和腐蚀。但另一方面，全球化所带来的机会和问题需要更多的政府以外的管理，于是，政治学家们便越来越多地用治理这一概念来描述这些既有政府也有非政府的管理。

虽然这是一本普及性读物，但作者喜欢咬文嚼字，典型的句型是一个从句套着一个从句，严谨有余，流畅不足，理解和翻译起来相当麻烦。承担本书翻译工作的是南京大学历史系四位世界史研究生，我对全部译文做了逐字逐句的校订。但由于英语水平和专业知识的限制，译校者虽然尽了最大的努力，但肯定还会存在着这样或那样的问题和错误，敬请方家不吝指教。

（安德鲁·甘布尔：《政治和命运》，胡晓进、罗珊珍等译，任东来校，江苏人民出版社，2003）

（原载《博览群书》2003 年第 6 期）

学生时代的读书记忆

我成长在"文革"后期，青少年时代基本不读书，也无书可读。混到高中毕业，正好赶上改革开放，大学恢复招生，有幸考入东北师范大学历史系。1978级同学，特别是文科同学，来自五湖四海，各行各业的人都有，但主体是所谓老三届（1966~1969年间高、初中学生），这些人中不少是同学中的"饱学之士"，或通古代文史，或懂近代学问，或精马列经典。在他们面前，我等刚刚从高中毕业的小字辈实在是白丁一个，相形见绌。于是，只好恶补苦读，埋头追赶。为此，古代的典籍学过一些，但大多似懂非懂；马列经典啃过一点，但基本上只是皮毛。那时，时髦的近现代西方名著是不能不涉猎的，但记住的也不过是一些零碎的术语概念，唯有汤因比《历史研究》中的"挑战-应战"理论还牢记在心。

从大学一路不间断地读下来，十年后，居然读成了国内第一位美国历史研究方向的史学博士，跻身于中国最早的一批博士之列。随后便成为职业"读书人"，整日与书为伍。但读书的感受却大相径庭。大学时代的读书更多是"为读书而读书"，功利性不大。一旦谋得大学的教职，由于制度的因素和生存的需要，读书便成为工作的工具，为论文、为上课而读书，书是读得，或者确切地说，是看得越来越多，但印象却是越来越淡薄，影响所及也只限于完成论著和上课而已。

回想大学的十年，对自己影响最大的论著既不是中外文学名著，也不是华洋社科经典，恰恰是那些浅显易懂的普及读物和直白浅显的学术著作。所谓影响，无非就是自己读后有一种"原来如此！"或者"还可以这样！"的恍然大悟。

大学高年级时，一套出自美国名记者威廉·曼彻斯特的《光荣与梦想》，给我打开了一个崭新的世界，原来一个国家可以如此多元而不至于解体，一个社会可以如此多样且可以繁荣发展，一个民族可以如此混杂却不至于四分五裂。由此，这样的感慨便引导我走上了美国研究的学术道路。大学毕业，又有幸进京读国际关系研究生。当时物质条件依然简陋，情感思想一片困惑。一本初版的《傅雷家书》简直就成了自己的修身指南，让骚动不安的心灵有了宁静的港湾。傅雷先生那清丽的文字，谆谆的教诲，深深的父爱，让我终身受益。如果说《傅雷家书》是那个时代我的感性圣经，那么，陈有为的《基辛格评传》似乎给我指出了职业的梦想。这本精炼生动的小书，激起多少国际事务研究生的外交智囊梦，幻想着有一天自己的学问能够直接服务于国家领导人。然而，读完美国学者罗纳德·斯蒂尔的《李普曼传》，智囊梦便烟消云散。这个美国国际评论界的巨擘，年轻时一度为伍德罗·威尔逊总统效力，帮助其勾画了第一次世界大战后的国际秩序，但最后他却发现，"学者想控制政治，其结果却是政治控制了学者"。从此，他放弃幕僚角色，走上了以旁观者的身份纵论天下大事的不归路。智囊梦是破碎了，但是，学术何为的问题并没有解决，彷徨之际，无意中翻阅到中国现代史学奠基者顾颉刚为《古史辨》写的长序，才知道他老人家年轻时也有如此疑惑，并最终在学术的实践中发现，学术的目的就是求真而非求用，"真"求出来了，自然会有人去"用"，但这"用"是别人的事，而不是学者的责任。原来，学者的职业目标就是"为学术而学术"！

但是，1980年代的中国依然相当贫困，大多数国人仍然在为温饱而苦苦劳作，同时，学术与现实结合得也异常紧密，在这样的背景下，对于一个有心"报效"国家的青年学子来说，为学术而学术无异是一个很不现实的高贵梦想。"古为今用，洋为中用"的经世致用思想，是我辈发展中国家学者无法摆脱的一种情结。于是，读了洋书，回过头来再看中国书，以便弄清楚究竟哪些洋玩艺可以为我所用。通过孙越生先生的介绍文章，我找来了中国经济学先驱王亚南的《中国官僚政治研究》。该书剖析和点评了中国政治的思想传统和制度背景，其对官僚本质的刻画可谓入木三分，让人拍案叫绝。王书虽然以古喻今，但毕竟只是谈论古代中国。这一遗憾在我读完蒋廷黻旧作《中国近代史》和陈旭麓的遗著《近代中国社会的新陈代谢》之后，终于得到了弥补。两书都从近代世界的发展大势立论，讨论中国睁眼看世界的艰难而又痛苦的过程，以及这一过程中的中西冲突和新旧对撞。蒋书以外交为主线，言简意赅，字字珠玑，篇幅不过百十页；陈书以新旧对立、冲突、交替为主线,展开了对政治、经济、社会全方位的叙述,洋洋洒洒数十万字,写得畅快淋漓。如果说这三本书有什么共同特点的话,那就是它们既有理论的深度,又有历史学的厚度,辅之以政论家传神的文笔。

(原载 2004 年 3 月 11 日《南方周末》)

编后记

挚友任东来教授不幸于 2013 年 5 月 2 日英年早逝后，在悲痛之余，我们这些东来的亲友一直想为东来做些有意义的事，以追怀东来的学术人生。如今呈现给读者的这部《读书的学问——任东来教授书评集》，即是此一努力的结晶之一。明年，2014 年 5 月 2 日，即东来去世一周年之际，还将编辑《有厚度的学术人生——任东来教授追思集》，既以表彰东来的道德文章，亦以此表达吾等对东来的追悼之情。

本书的编纂工作，由东来教授的夫人、南京大学副教授吴耘老师和东来教授培养的第一位博士学位获得者、我的同事胡晓进博士以及我本人合作完成。东来指导过的博士研究生颜廷（江苏师范大学）、李丹（扬州大学），也曾参与文稿收集与整理工作。

承李万生博士为本书题签，社会科学文献出版社人文分社副总编辑张晓莉博士为包括本书在内的《学术共同体文库》劳心费力。谨此一并致谢。

本书系《学术共同体文库》之一。《学术共同体文库》的编纂工作，得到了中国政法大学副校长、中国政法大学县域法治研究中心主任李树忠教授的大力支持。本书的出版，蒙中国政法大学县域法治研究中心提供资助。特此说明并致谢。

杨玉圣
2013 年 11 月 8 日
于法大逸夫楼办公室

《学术共同体文库》

中国政法大学县域法治研究中心　主办

杨玉圣　主编

社会科学文献出版社　出版

《依法治国与县域法治》　李树忠、王树国、尹洪阳　主编

《读书的学问——任东来教授书评集》　吴耘、杨玉圣、胡晓进　编

《社会性别与生态文明》　胡玉坤　著

《小区善治研究》　杨玉圣　著

《美利坚政制之源》　满运龙　著

《有厚度的学术人生——任东来教授追思集》　李剑鸣、杨玉圣、胡晓进　主编

《文明危机论》　朱光烈　著

《文化的薪火》　沈登苗　著

《松林书院及其文化传承》　夏永军、王岩　主编

《学术规范与学术伦理读本》　杨玉圣、刘斌　主编

《士大夫与中国法律传统》　陈景良　著

《美利坚史论稿》　满运龙　著

《依法行政与县域法治》　李树忠、王树国、尹洪阳　主编

《新城镇化建设之路》　崔照忠　著

图书在版编目(CIP)数据

读书的学问：任东来教授书评集/吴耘，杨玉圣，胡晓进编.
—北京：社会科学文献出版社，2014.5
（学术共同体文库）
ISBN 978-7-5097-5845-8

Ⅰ.①读⋯ Ⅱ.①吴⋯ ②杨⋯ ③胡⋯ Ⅲ.①书评-中国-现代-选集 Ⅳ.①G236

中国版本图书馆 CIP 数据核字（2014）第 063343 号

·学术共同体文库·

读书的学问
——任东来教授书评集

编　　者 / 吴　耘　杨玉圣　胡晓进

出 版 人 / 谢寿光
出 版 者 / 社会科学文献出版社
地　　址 / 北京市西城区北三环中路甲29号院3号楼华龙大厦
邮政编码 / 100029

责任部门 / 人文分社（010）59367215　　责任编辑 / 张晓莉　李邦文
电子信箱 / renwen@ssap.cn　　　　　　 责任校对 / 刘玉清
项目统筹 / 张晓莉　　　　　　　　　　　责任印制 / 岳　阳
经　　销 / 社会科学文献出版社市场营销中心（010）59367081　59367089
读者服务 / 读者服务中心（010）59367028

印　　装 / 北京鹏润伟业印刷有限公司
开　　本 / 787mm×1092mm 1/16　　　印　张 / 24.25
版　　次 / 2014年5月第1版　　　　　　字　数 / 421千字
印　　次 / 2014年5月第1次印刷
书　　号 / ISBN 978-7-5097-5845-8
定　　价 / 139.00元

本书如有破损、缺页、装订错误，请与本社读者服务中心联系更换
▲ 版权所有　翻印必究